Benedek/Brown   Scheidung: Wie helfe ich unserem Kind?

Elissa P. Benedek, M.D./Catherine F. Brown

Scheidung:
Wie helfe ich unserem Kind?

... während der Trennung und danach

Problemlösungen für Kinder
aller Altersstufen

Traumatische Erfahrungen vermeiden

Aus dem Amerikanischen
von Susanne Stopfel

 TRIAS

Titel der Originalausgabe:
Elissa P. Benedek, M.D. / Catherine F.
Brown, How to Help Your Child
Overcome Your Divorce

First published in the
United States by American
Psychiatric Press, Inc.,
Washington D.C. and
London, England.
© 1995 All rights reserved

Umschlaggestaltung:
Cyclus · D+P Loenicker, Stuttgart

Lektorat:
Sylvia Aschenbrenner

*Die Deutsche Bibliothek –
CIP-Einheitsaufnahme
Benedek, Elissa P.:*
Scheidung: wie helfe ich unserem
Kind? : ... während der Trennung und
danach ; Problemlösungen für Kinder
aller Altersstufen ; traumatische Er-
fahrungen vermeiden / Elissa P. Bene-
dek ; Catherine F. Brown. Aus dem
Amerikan. von Susanne Stopfel. –
Stuttgart : TRIAS Thieme Hippokrates
Enke, 1997
    Einheitssacht.: How to help your
    child overcome your divorce <dt.>
NE: Brown, Catherine F.:

Wichtiger Hinweis: Die Autorinnen
haben sich bemüht sicherzustellen, daß
alle in diesem Buch aufgeführten Informationen zum Zeitpunkt der Veröffentlichung korrekt sind und den gängigen
psychiatrischen und medizinischen
Normen entsprechen. Da Forschung
und Praxis sich jedoch beständig wei-
terentwickeln, können sich auch die
therapeutischen Normen ändern. Zudem erfordern spezifische Situationen
zuweilen eine spezifische therapeutische Vorgehensweise, die in diesem
Buch nicht erwähnt wird. Aus diesen
Gründen und weil weder menschliches
Versagen noch medizinische Fehlschlä-
ge jemals ganz auszuschließen sind,
empfehlen wir unseren Lesern, sich an
die Vorschläge der Ärzte und Therapeuten zu halten, die direkt mit ihrer
Betreuung oder der Betreuung ihrer
Angehörigen zu tun haben.

© 1997 Georg Thieme Verlag,
Rüdigerstraße 14,
D-70469 Stuttgart
Printed in Germany
Satz: Fotosatz H. Buck, Kumhausen
Druck: Druckhaus Götz GmbH,
Ludwigsburg

ISBN-3-89373-369-8

Inhalt

Zu diesem Buch   9

Schöne neue Welt?   13
Der Preis der Freiheit   15

Die Entscheidung für die Scheidung   17
Kinder merken, wenn etwas nicht stimmt   19
Der Stellenwert der Zuneigung   20
Kinder brauchen *beide* Eltern   22

Wie sagen wir es unseren Kindern?   25
Sich auf die Fragen der Kinder vorbereiten   26
Das Gespräch mit den Kindern: mit oder ohne den Partner?   33
Die Diskussion vorerst beenden   36
Gesprächsbereitschaft signalisieren   37

Die Auswirkungen des Scheidungsverfahrens auf die Kinder verringern   39
Den richtigen Weg einschlagen   39
Methoden der Konfliktlösung   43
Sorgerechtsfragen   51
Besuchsrecht   57
Unterhaltszahlungen   58
Nach der Scheidung mit Streitfragen umgehen   60
Wenn es keinen Konflikt gibt   65

Die Auswirkungen der Scheidung auf die Kinder — 66

Verbreitete Reaktionen — 67

Auch Ihre eigenen Reaktionen spielen eine Rolle — 81

Der unvoreingenommene Standpunkt — 83

Wann haben die Kinder es hinter sich? — 91

Die Auswirkungen der Scheidung auf die Rolle der Eltern — 94

Verbreitete Reaktionen — 96

Erste Schritte in ein neues Leben — 109

Das Besuchsrecht: Chance für eine gesunde Eltern-Kind-Beziehung — 120

Voraussetzung für den Erfolg: Der Einsatz beider Eltern — 122

Normale Reaktionen auf die Besuchszeiten — 132

Besuche natürlich und ungezwungen gestalten — 133

Zwischen den Besuchen — 137

Wenn die Kinder keine Besuche machen wollen — 139

Der Umgang mit wütenden und entfremdeten Kindern — 140

Für die Sicherheit der Kinder sorgen — 143

Sonderfälle in Scheidungsfamilien — 145

Wenn ein Elternteil unbeteiligt oder abwesend ist — 146

Wenn ein Elternteil überfürsorglich ist — 148

Wenn ein Elternteil psychisch krank ist — 149

Wenn ein Elternteil alkohol- oder drogenabhängig ist — 151

Wenn ein Elternteil das Kind körperlich oder seelisch
mißhandelt   151

Wenn ein Elternteil im Gefängnis sitzt   153

Wenn ein Elternteil stirbt   154

Wenn ein Elternteil ein anderes Wertesystem hat   155

**Was können Eltern tun, um die Selbstachtung
ihrer Kinder zu fördern?**   158

Was ist Selbstachtung?   158

Besondere Probleme bei Kindern geschiedener Eltern   160

Aktives Zuhören   162

Kooperation fördern   169

Kindern zum Erfolg verhelfen   172

Loben   175

Kritik äußern   176

Probleme lösen   177

Überlebenstraining lehren   180

Haustiere halten   181

Disziplin: Kinder konsequent erziehen   183

Was ist Disziplin?   185

Machen Sie sich einen Plan!   189

Kindliches Verhalten korrigieren   198

Besondere Probleme geschiedener Eltern   200

Die Unterstützung anderer in Anspruch nehmen   203

Warum Freunde und Verwandte für Kinder wichtig sind   206

Verwandte   209

Freunde 211

Lehrer 212

Beziehungen erleichtern 215

**Warnsignale: Wann Sie einen Fachmann
zu Rate ziehen sollten** 217

Die Schwelle zum Abnormalen 219

Wann Sie schnell handeln müssen 221

Jungen und Mädchen 222

Die Auswahl eines Therapeuten 223

Die Beurteilung durch den Therapeuten 226

Sexueller Mißbrauch und körperliche Mißhandlung 228

Mit der Stieffamilie leben lernen 232

Kindliche Reaktionen auf die zweite Ehe 234

Stiefmütter und Stiefväter: Fallgruben und Chancen 238

Wie wächst eine Stieffamilie zusammen? 241

Antworten auf häufige Fragen von Eltern 253

Eltern in der Pflicht – Ein Nachwort 268

Adressen 273

Literatur 277

Sachverzeichnis 280

Zu diesem Buch

Eines Abends vor nicht allzu langer Zeit saß ich (»Ich« ist in diesem Buch immer Dr. Elissa P. Benedek) mit einer Freundin im Restaurant, die zwei Kinder hat – Natalie, neun Jahre alt, und Max, zwölf. Während wir auf unser Essen warteten, erzählte Edith mir ziemlich erregt von einem Zwischenfall, der sich ein paar Tage zuvor an der Schule ihrer Kinder ereignet hatte.

»Du wirst das vielleicht nicht glauben«, sagte meine Freundin. »Neulich, als ich die Kinder von der Schule abgeholt habe, hatte ich noch schnell etwas im Schulsekretariat zu erledigen. Sie haben inzwischen auf dem Parkplatz auf mich gewartet. Ich war kaum im Sekretariat angekommen, da kommt Nat hereingerannt und erzählt mir, daß irgendein Junge Max verprügelt!« Sie holte tief Luft und erzählte weiter. »Ich bin zum Auto zurückgerannt, aber da war der Kerl schon weg. Max hatte eine Platzwunde im Gesicht. Nat hat mir erzählt, sie hätte versucht, den Jungen von ihm abzuhalten, aber er hat sie einfach zur Seite gestoßen.«

»Ist mit Max alles in Ordnung?« fragte ich.

»Ja, es ist weiter nichts passiert, aber ich glaube, die arme Nat ist furchtbar erschrocken«, sagte Edith. »Der Junge hatte Max schon früher ein paarmal angegriffen, also dachte ich, ich sage lieber der Rektorin Bescheid. Damit sie sich etwas einfallen lassen kann – irgendeine Strafe oder sonst etwas.«

»Und hat sie's getan?« fragte ich.

»Nein«, antwortete Edith, und jetzt war ihr Gesichtsausdruck härter als zuvor. »Ich bin gleich am nächsten Tag hingegangen. Max habe ich mitgenommen, damit er ihr genau erzählen konnte, was der Junge getan hatte und wie Max reagiert hatte. Sie hat sich die Platzwunde angesehen und ihn in die Klasse zurückgeschickt. Und was sie dann gesagt hat, war wirklich unglaublich.« Mittlerweile war Edith wirklich wütend. »Sie hat gesagt ›Sie müssen das verstehen – die Eltern dieses Jungen sind geschieden. In solchen Fällen kann man nun mal nicht viel tun. Soviel Verständnis müssen wir einfach aufbringen.‹«

Edith machte eine Pause. »Und ich sehe wirklich nicht ein, was die geschiedenen Eltern damit zu tun haben sollen. Sie hat eigentlich nichts weiter getan, als diesem Jungen einen Freibrief darüber auszustellen, daß er andere Kinder terrorisieren darf.«

Edith hatte ganz recht. Die Rektorin hat dem Jungen in mehr als einer Hinsicht einen sehr schlechten Dienst erwiesen. Zum einen spiegelt ihre Einstellung ihre Überzeugung wider, daß die Kinder geschiedener Eltern in irgendeiner Weise anders sein müssen als Kinder traditioneller Zwei-Eltern-Familien, zum Beispiel insofern, als sie mehr Schwierigkeiten haben oder mit anderen Kindern weniger gut auskommen werden. Zweitens hat sie versäumt, ihn für seine Handlungen zur Verantwortung zu ziehen, und statt dessen Entschuldigungen für seine Rücksichtslosigkeit und sein gefährliches Verhalten gefunden. Und schließlich hat sie Hinweise darauf ignoriert, daß der Junge Unterstützung dabei brauchen könnte, seine Empfindungen auf eine gefahrlose und zweckmäßige Art auszudrücken. Vielleicht hat dabei der Gedanke eine Rolle gespielt, daß solche Lehren bei einem Kind aus einem »kaputten Elternhaus« ohnehin wenig bewirken würden.

Unglücklicherweise steht die Rektorin mit ihrer Haltung nicht allein; viele Menschen vertreten solche irrigen Überzeugungen und Haltungen den Kindern geschiedener Eltern gegenüber, nicht zuletzt die Eltern selbst.

Eine Scheidung gehört wahrscheinlich zu den traumatischsten Erfahrungen, die ein Kind überhaupt machen kann, und in der Regel beginnt mit ihr eine ganze Reihe von Veränderungen im Leben des Kindes, die das Potential haben, seine Entwicklung ganz erheblich zu beeinflussen. Sie merken schon, daß ich das Wort *Potential* verwende. In einer Scheidungsfamilie aufzuwachsen ist nicht notwendigerweise schädlich für Kinder. Viel wichtiger ist die Art und Weise, wie die Eltern die Auflösung ihrer Ehe handhaben, wie sie nach der Scheidung mit ihrem Leben und ihrer Beziehung zueinander umgehen und wie sie für ihre Kinder sorgen. Wenn Sie also geschieden sind oder sich scheiden lassen wollen, sollten Sie wissen, daß Sie auf eine Art an diese Veränderungen herangehen können, die es Ihren Kindern ermöglicht, sich auf die neuen Verhältnisse einzustellen und zu ausgeglichenen und lebenstüchtigen Menschen heranzuwachsen.

Zu den größten Herausforderungen, denen sich Eltern während der Scheidung gegenübersehen, gehört die Notwendigkeit, ihren Kindern zusätzliche Aufmerksamkeit und eine starke und verläßliche Autorität zu einem Zeitpunkt zu bieten, wenn sie sich am wenigsten dazu in der Lage sehen. Es ist nicht weiter verwunderlich, daß viele Eltern sich in dieser Phase von ihren eigenen Problemen überwältigt fühlen und den größten Teil ihrer Energie darauf verwenden, mit ihnen fertig zu werden. Unter diesen Umständen bleibt für die Kinder nicht mehr viel Zeit oder Geduld übrig. Und Familien mit einer problematischen oder gewalttätigen Vergangenheit

– ob es sich dabei nun um körperliche oder seelische Mißhandlungen oder um Drogenmißbrauch gehandelt hat – sehen sich noch größeren Schwierigkeiten gegenüber, denn hier sind die Eltern ihren Aufgaben vielleicht schon seit langem nicht mehr gerecht geworden. Mit Zuversicht und Selbstvertrauen aber sollten Sie in der Lage sein, derartige Probleme zu überwinden und sich in dieser Situation erfolgreich um Ihre Kinder zu kümmern. Der Einsatz mag ein schwieriges und zuweilen auch ein einsames Unterfangen sein, aber er ist wichtig für die Zukunft Ihrer Kinder.

Der erste Schritt bei der Aufgabe, Ihren Kindern bei der Bewältigung Ihrer Scheidung zu helfen, besteht darin, daß Sie sich mit den Anforderungen vertraut machen, die als nächstes auf Sie zukommen werden.

- Helfen Sie Ihren Kindern zu verstehen, was Trennung und Scheidung unter den gegebenen Umständen für Ihre Familie bedeuten.
- Erklären Sie Ihren Kindern, welche Auswirkungen die Scheidung auf sie haben wird – auf eine Art, die dem Alter jedes Kindes angemessen ist.
- Versichern Sie Ihren Kindern, daß sie auch weiterhin geliebt und umsorgt werden, und sorgen Sie dafür, daß dieses Versprechen gehalten wird.
- Ermutigen Sie Ihre Kinder, eine enge und harmonische Beziehung zu ihrem anderen Elternteil aufrechtzuerhalten, und tun Sie alles, was in Ihrer Macht steht, um dies möglich zu machen.
- Halten Sie Ihr eigenes Verhältnis zu Ihrem früheren Partner so harmonisch wie möglich. Wenn es Auseinandersetzungen gibt, müssen Sie die Kinder davor bewahren, mit in sie hineingezogen zu werden.
- Arbeiten Sie in allen Fragen, die die Kinder betreffen, mit Ihrem früheren Partner zusammen.
- Helfen Sie Ihren Kindern dabei, ein gutes Verhältnis zu sich selbst zu entwickeln und sich als einzigartige und gewürdigte Individuen zu sehen.
- Helfen Sie ihnen, sich Hilfe und Unterstützung von anderen Menschen ihres Umkreises und wenn nötig von Fachleuten zu verschaffen.

Dieses Buch ist das Resultat meiner vielen Jahre in der Kinderpsychiatrie. Ich habe während dieser Zeit viel mit geschiedenen Paaren und mit Familien kurz vor der Scheidung zu tun gehabt, sowohl in meiner Praxis als auch in meiner Eigenschaft als Sachverständige vor Gericht. Das Buch soll Ihnen helfen, den oben genannten Aufgaben gerecht zu werden. Natürlich ist es keine unfehlbare Anleitung, mit deren Hilfe Sie jedes Erziehungsproblem vermeiden werden, das im Zusammenhang mit einer Scheidung auftreten kann. Aber es beschreibt einige Grundprinzipien, an die Sie sich halten können, wenn Sie sicher sein wollen, Ihre Kinder nach bestem Wissen zu seelisch gesunden, zufriedenen und ausgeglichenen Menschen zu erziehen und ihnen ein Zuhause zu geben, in dem sie sich gewürdigt und sicher fühlen können. Wenn Sie versuchen, sich während der schwierigen Übergangszeit auf die Bedürfnisse Ihrer Kinder zu konzentrieren, werden Sie ihnen nicht nur einen kurzfristigen Dienst erweisen; Sie legen auch ein Fundament für ihr Wohlergehen in der Zukunft.

Sie und der andere Elternteil werden immer die wichtigsten Menschen im Leben Ihrer Kinder bleiben. Die schlimmste Tragödie, die ihnen im Augenblick zustoßen kann, ist das Gefühl, beide Eltern verloren zu haben. Das beste Gefühl, das Sie ihnen vermitteln können, ist die Überzeugung, daß sie nach wie vor zwei liebevolle Eltern haben und dazu einen verläßlichen Kreis hilfsbereiter Freunde und Verwandter.

Schöne neue Welt?

Wenn Sie in den Vereinigten Staaten der fünfziger oder sechziger Jahre aufgewachsen wären, hätten Sie mit einiger Sicherheit die Fernsehserie *Leave It to Beaver* gekannt – eine Familienserie, die noch heute von Zeit zu Zeit wieder gesendet wird. Die Cleavers sind eine Bilderbuchfamilie. June und Ward Cleaver bewohnen mit ihren beiden liebenswerten und abenteuerlustigen Söhnen ein hübsches Haus im amerikanischen Kolonialstil in einer angesehenen Wohngegend. Die Episoden drehen sich in der Regel um irgendeine harmlose Eskapade der beiden Jungen, und unmittelbar nachdem der Familienfriede wiederhergestellt ist, erscheint der Abspann auf dem Bildschirm.

June Cleaver erinnert mich an viele Mütter, die ich selbst in meiner Jugend gekannt habe. Wie die meisten Frauen ihrer Schicht und Generation ist sie eine »Nur-Hausfrau«, die ihrer Familie zur Verfügung steht, wann immer sie gebraucht wird. Ihre fröhliche Dienstbereitschaft macht sie zu einer fast unsichtbaren, aber unentbehrlichen Hintergrundfigur im turbulenten Leben ihres Ehemannes und ihrer Kinder. Auch Ward ist der perfekte Familienvater der fünfziger Jahre. Während June dafür sorgt, daß an der Heimatfront alles seinen geregelten Gang geht, verläßt Ward jeden Morgen das Haus, um seinem Bürojob nachzugehen. Wenn er gegen Abend nach Hause kommt, hat er für die Fehler und Unartigkeiten seiner Söhne immer die passende Lektion parat und bringt sie mit einer angemessenen Mischung aus Entschlossenheit, Verständnis und Humor an.

Inzwischen leben wir in den neunziger Jahren, und es sieht ganz so aus, als seien June, Ward und ihre Söhne für immer aus der Nachbarschaft verschwunden. Wenn die Cleavers in unserer schnellebigen, anstrengenden und manchmal beängstigenden Welt lebten, sähe ihr Alltag mit Sicherheit ganz anders aus. Vermutlich wäre June berufstätig, und »Biber« (der jüngere Sohn) würde seine Nachmittage in einer Betreuungseinrichtung verbringen. Sein älterer Bruder Wally würde inzwischen seine Freundin besuchen – ohne elterliche Aufsicht, denn höchstwahrscheinlich arbeitet auch die Mutter der Freundin außer Haus. Ward würde auf dem Heimweg die Einkäufe erledigen und den Abendbrottisch decken, vielleicht nachdem er zuerst die Überreste des Frühstücks fortgeräumt hätte. Und nach dem Abendessen würde June die Geschirrspülmaschine anwerfen, während Ward die Hausaufgaben seiner Söhne zu verstehen versuchte.

Es ist bedauerlich, daß das Familienleben vieler Menschen in diesem Jahrzehnt geprägt ist von der Notwendigkeit, viel zu arbeiten, um die hohen Lebenshaltungskosten aufzubringen, und davon, daß nie genug Zeit für all die Dinge bleibt, die sie tun müßten oder tun wollen. Aber daneben hat die gesellschaftliche Entwicklung der letzten dreißig oder vierzig Jahre durchaus auch ihre positiven Seiten. Frauen haben heute viel eher als früher die Möglichkeit, selbst zu entscheiden, wie ihr Leben verlaufen soll, und sie haben sich viele Freiheiten erkämpft. Der wichtigste Aspekt dabei ist vielleicht der ökonomische: Frauen, die ihr eigenes Gehalt mit nach Hause bringen und ihre eigenen Entscheidungen darüber treffen können, wie sie ihr Leben leben wollen, sind nicht mehr abhängig von einem Mann – sei es nun der Vater oder der Ehemann –, wenn es um Nahrung, Kleidung und ein Dach über dem Kopf geht. Frauen können heute auch entscheiden, ob und wann sie Kinder wollen. Auch Männer haben sich im Zuge dieser Veränderungen vielen Herausforderungen gegenübergesehen. Nun müssen sie lernen, Gefühle offen auszudrücken, ihren Teil Verantwortung für die Erziehung ihrer Kinder zu übernehmen und Frauen als Gleichgestellte zu respektieren.

Es ist kein Zufall, daß die verhältnismäßig niedrige Scheidungsrate der fünfziger Jahre in den sechziger und siebziger Jahren steil anstieg. In dem liberaleren gesellschaftlichen Klima, das sich in diesen Jahren herausbildete und in dem die Zufriedenheit des Einzelnen höher eingeschätzt wurde als das Wohl der Gemeinschaft, haben Männer wie Frauen sich mehr als zuvor die Freiheit genommen, soziale und religiöse Vorstellungen über die Dauerhaftigkeit einer Ehe zu hinterfragen. Gleichzeitig begann man zur Kenntnis zu nehmen, daß es bei Scheidungen keinen Schuldigen zu geben braucht und daß eine Ehe allein deshalb zu Ende gehen kann, weil die Eheleute einander nicht mehr lieben oder nicht mehr miteinander auskommen. Es ist heute nicht mehr nötig, dem Partner seelische Grausamkeit nachzuweisen oder eine Rufmordkampagne gegen ihn zu beginnen, um eine Ehe legal beenden zu können.

Obwohl die meisten dieser Neuerungen zweifellos Veränderungen zum Besseren sind – tatsächlich habe ich als eine Frau, die in einem vor allem männlich geprägten Beruf arbeitet, selbst von mehreren davon profitiert –, ist es uns noch nicht gelungen, unsere Gesellschaft diesen Veränderungen entsprechend umzugestalten. Viele berufstätige Frauen haben kleine Kinder; dennoch hat die Regierung wenig dazu getan, Betreuungseinrichtungen zu schaffen, in denen diese Kinder tagsüber sicher und bezahlbar untergebracht werden können. Selbst Mütter und Väter der oberen Einkommensschichten haben oft Schwierigkeiten, eine verläßliche und vertrauenswürdige Betreuung für ihre Kinder zu finden. Und obwohl die schuldlose Scheidung es einfacher gemacht hat, einer gescheiterten Beziehung zu entkommen, haben viele sorgeberechtigte Mütter Schwierigkeiten, die ihnen zustehenden Beträge auch tatsächlich ausgezahlt zu bekommen. Es ist an der Zeit, sich mit diesen und verwandten Problemen auseinanderzusetzen, die die Zukunft vieler Kinder beeinträchtigen können.

≡ Der Preis der Freiheit

Es ist tragisch, daß das Auseinanderfallen der traditionellen Familie und die weitreichende Wirkung von Scheidungen auf die Gesellschaft ein Teil des Preises sind, den wir für unsere Selbstverwirklichung und die größere Auswahl möglicher Lebensentwürfe zahlen müssen. Sehen Sie sich die Zahlen einmal an:

- 1995 wurden in Deutschland 169 425 Ehen* geschieden.
- Davon waren insgesamt 142 292 Kinder* betroffen.
- Etwa die Hälfte aller Ehen werden innerhalb der ersten sieben Jahre geschieden. Das bedeutet, daß viele Kinder – etwa die Hälfte der in den achtziger Jahren geborenen Kinder – vor dem Erreichen der Volljährigkeit wenigstens eine Zeitlang mit einem alleinerziehenden Elternteil zusammenleben werden.
- Bei 30 bis 40 Prozent der Menschen, deren Eltern sich scheiden ließen, treten diagnostizierbare psychische Probleme auf. Diese Zahl ist dreimal so hoch wie bei Menschen, die in intakten Familien aufgewachsen sind.

Diese Zahlen lassen keinen Zweifel daran, daß Scheidung ein ernstzunehmendes gesellschaftliches Problem ist, aber man würde es sich zu einfach machen, wollte man das Phänomen einfach als eine Frage von Gut und Böse betrachten (dieser Gesichtspunkt wird ab Seite 17 näher besprochen). Die Einstellung zur Scheidung ändert sich mit der Zeit und mit den Bedürfnissen der Gesellschaft. Die ersten schriftlichen Scheidungsregelungen finden sich in dem altbabylonischen Codex des Hammurabi. In vielen früheren Gesellschaften hatte nur der Ehemann das Recht, sich von seiner Frau scheiden zu lassen. Mit dem Aufstieg des Christentums eliminierten die frühen Kirchenlehrer jede Möglichkeit einer Ehescheidung; sie vertraten die Ansicht, eine Ehe solle bis in den Tod währen. Das Resultat war nicht nur die Stabilität der Familie (allerdings unabhängig von der persönlichen Zufriedenheit der einzelnen Familienmitglieder), sondern auch die Stabilität der Gemeinschaft. Heute wird die Scheidung von den meisten

---

* Quelle: Statistisches Bundesamt, Wiesbaden

christlichen Gruppierungen anerkannt. Eine Ausnahme ist die katholische Kirche, die eine strikte Ablehnung der Scheidung und komplizierte Regelungen für die Annullierung von Ehen aufrechterhält. In vielen Bereichen unterstützt die Kirche jedoch Bestrebungen, geschiedene Katholiken und ihre Familien auch weiterhin zu erreichen.

Man kann sagen, daß das Pendel nun weit in die andere Richtung ausgeschlagen hat. Das Wohl des Individuums ist heute eine wichtige und lohnende Erwägung. Und allmählich, wenn auch viel zu langsam, bezieht man hier auch das Wohl der Kinder mit ein. Für uns Menschen des zwanzigsten Jahrhunderts ist es eine befremdliche Überlegung, daß Kinder noch vor nicht allzulanger Zeit vor allem unter dem ökonomischen Gesichtspunkt betrachtet wurden. Sie waren ein Vermögenswert, eine Investition in der Erwartung, daß ihre Arbeitskraft der Familie zugute kommen würde. Wenn die Familie auf dem Land lebte, arbeiteten sie auf den Feldern oder auch in einem Bergwerk. In den Städten wurden sie, für einen Hungerlohn und bei unmenschlichen Arbeitszeiten, als Fabrikarbeiter oder Ladengehilfen beschäftigt. Viele Kinder wurden mißhandelt oder verletzt, bevor sich die Gesetzgebung mit dem Problem zu befassen begann und die Kinderarbeit strikt begrenzt und schließlich verboten wurde.

Heute, könnte man mit einer Portion Zynismus sagen, werden Kinder von manchen Menschen auf andere, vielleicht kaum weniger schädliche Weise ausgenutzt, wenn ihre scheidungswilligen Eltern gegeneinander losziehen – vielleicht weil sie selbst es so wollen, vielleicht weil die geltenden Gesetze es fördern. In einem solchen Kleinkrieg haben die Kinder oft genug eine Bedeutung, die sich nicht wesentlich von der des Trockners oder der Waschmaschine unterscheidet: Wer darf die behalten? Mama oder Papa?

Die Entscheidung für die Scheidung

Angesichts der ernüchternden Umstände, die eine Scheidung nach sich zieht, und der mittlerweile gesammelten Daten, denen zufolge Kinder geschiedener Eltern anfälliger für eine ganze Reihe unterschiedlicher psychischer und Entwicklungsprobleme sind als andere, werden viele Paare zweifeln, ob eine Trennung wirklich die beste Lösung ist. Manche Leute fragen sich nun wahrscheinlich, ob sie ihre eigenen Wünsche zurückstellen und die Ehe wenigstens so lange aufrechterhalten sollten, bis die Kinder aus dem Haus gehen. Menschen, die die Scheidung ohnehin nicht wollten, von ihrem Partner aber dazu gedrängt wurden, könnten nun versucht sein, ihm die Statistiken um die Ohren zu schlagen in der Hoffnung, Schuldgefühle oder eine Meinungsänderung zu bewirken.

Untersuchungen und meine eigene klinische Erfahrung haben immer wieder ergeben, daß es sich kaum jemals auszahlt, eine Ehe einzig der Kinder wegen aufrechtzuerhalten. Je nach der Situation der jeweiligen Familie kann diese Lösung den Kindern sogar größeren Schaden zufügen, als wenn die Eltern sich getrennt hätten, als offensichtlich wurde, daß die Differenzen nicht mehr beizulegen waren. Kinder, die Zeugen elterlicher Konflikte werden – sei es nun demonstratives Schweigen, Drohungen und ständiges Geschrei oder Ohrfeigen und Schlimmeres –, finden sich mit der Situation weniger gut ab als Kinder aus Scheidungsfamilien. Verbale und körperliche Gewalt dieser Art ist nichts Ungewöhnliches unter scheidungswilligen Paaren. Man geht davon aus, daß bei fast der Hälfte aller Scheidungen ein gewisses Maß an Gewalt im Spiel ist. In solchen Fällen kann es vorkommen, daß die Kinder die Trennung ihrer Eltern sogar begrüßen – als eine Erholung von den ständigen Streitereien und eine Hoffnung darauf, daß ihr Zuhause wieder zu dem wird, was es eigentlich sein sollte: ein sicherer Hafen. Kurz gesagt, manchmal ist eine Ehe nur durch die Scheidung zu retten.

»Mein Vater hat meiner Mutter dauernd gedroht, er würde sie verlassen«, erzählte mir der zwanzigjährige Carl eines Tages. »Dann hat er so getan, als wollte er sie schlagen – so lange, bis sie angefangen hat zu weinen. Wenn sie so weit war, war er einigermaßen zufrieden. Als nächstes hat er sich die Autoschlüssel genommen und ist abgehauen und erst wiedergekommen, wenn er guter Laune und total betrunken war. Ich habe ihn gehaßt. Ich habe mir oft gewünscht, er würde gar nicht mehr zurückkommen.«

Carl war bei mir in Behandlung, weil er – seinen eigenen Worten zufolge – keine Freunde hatte. Während unserer Sitzungen erkannte er einen der Gründe dafür, nämlich daß er Schwierigkeiten hatte, anderen Menschen zu trauen. Als Heranwachsender hatte er gelernt, daß er sich auf Worte nicht verlassen konnte und daß er bei keinem Menschen mit Schutz und Hilfe rechnen konnte, nicht einmal bei den beiden Leuten, die für seine Existenz verantwortlich waren. Ganz und gar nicht nebenbei hatte er dabei auch ein einschüchterndes Verhalten anderen Menschen gegenüber gelernt. In Fällen wie diesen kann eine Scheidung tatsächlich die vernünftigste Lösung sein.

Die ersten Jahre im Leben der fünfzehnjährigen Sarah hatten ganz ähnlich ausgesehen wie Carls Kindheit, aber Sarahs Mutter hatte sich scheiden lassen, als das Mädchen sechs Jahre alt war. Ich hatte Mutter und Tochter einige Male bei mir in der Praxis gehabt, während sie versuchten, sich an die neue Lage zu gewöhnen, und obwohl es die unvermeidlichen Höhen und Tiefen gegeben hatte, trat in ihrem Leben wieder Normalität ein. Zehn Jahre später traf ich die beiden zufällig wieder, als sie gerade dabei waren, ein Kleid für Sarahs Abschlußball zu kaufen. Sarah hat eine ganz andere Lektion gelernt als Carl: ihr Rollenvorbild war eine starke und lebenstüchtige Frau, voll und ganz in der Lage, ihr Leben in die Hand zu nehmen und praktikable Lösungen für ihre Probleme zu finden.

Geschiedene Eltern zu haben oder in einer Scheidungsfamilie zu leben ist für sich genommen nicht schädlich. Viel wichtiger ist es, wie die Beziehungen zwischen den Familienmitgliedern und das Familienleben aussehen. Damit soll nicht gesagt sein, daß eine Scheidung in allen Fällen die Antwort ist. In unserer »Ich zuerst«-Epoche haben sich viele Menschen die Überzeugung zugelegt, sie dürften ihre eigenen Wünsche und Bedürfnisse über die aller anderen stellen, ganz gleich wie die Konsequenzen aussehen werden. Manche Leute entscheiden sich lieber gleich für eine Scheidung, als es zuerst mit einer Eheberatung oder einer Therapie zu versuchen, weil sie der Ansicht sind, es sei ihnen nicht zuzumuten, für den Erfolg und die Erfüllung in einer Partnerschaft arbeiten zu müssen.

Die Situation aller Beteiligten muß unter allen Aspekten genau analysiert werden, und es gibt Fachleute für eben diese Aufgabe (ab Seite 223 finden Sie Ratschläge für die Auswahl eines Therapeuten). Wenn sich die Eltern aber sicher sind, daß in ihrem Fall eine Scheidung der richtige Ausweg ist, habe ich eine sehr klare und einfache Antwort: **das erste Ziel muß nun sein, die Auswirkungen der Scheidung auf die Kinder so gering wie möglich zu halten.**

≡   Kinder merken, wenn etwas nicht stimmt

Scheiternde Ehen sind heute nichts Ungewöhnliches mehr. Kinder, die über das Kindergartenalter hinaus sind, kennen in der Regel das Wort *Scheidung* und haben eine Vorstellung davon, daß es sich auf Familien bezieht, in denen »Mama und Papa nicht mehr zusammen wohnen«, wie ein Fünfjähriger es mir gegenüber einmal ausdrückte. Die meisten Kinder haben mindestens einen Freund oder eine Freundin mit geschiedenen Eltern, oder sie kennen eine Cousine oder einen anderen Angehörigen, der in einer Scheidungsfamilie lebt. Das Thema ist so allgegenwärtig, daß selbst Kinder, die in einer harmonischen und intakten Familie aufwachsen, sich zuweilen fragen, ob ihr Papa und ihre Mama sich vielleicht auch scheiden lassen werden – so wie es der Papa und die Mama der besten Freundin getan haben. Dies kann eine der Grundbefürchtungen im Leben eines Kindes sein und bis an die Wurzel seines Gefühls von Identität und Sicherheit reichen.

Wenn es in Ihrer Ehe schon seit einiger Zeit Spannungen und Unzufriedenheit gegeben hat, können Sie davon ausgehen, **daß Ihre Kinder längst gemerkt haben, daß etwas nicht stimmt.** Tatsächlich lernen Kinder in Familien, in denen es ernsthafte Konflikte gibt – vor allem bei körperlicher Gewalt und Alkoholismus –, die Stimmung ihrer Eltern abzulesen, ohne daß sie sich dessen auch nur bewußt wären. Sie registrieren noch die geringsten Anzeichen dafür, wann sie sich einem ärgerlichen oder unglücklichen Elternteil gefahrlos nähern können und wann es klüger ist, ihm aus dem Weg zu gehen. Sie wissen genau – ein einziger Fehler in dieser Hinsicht kann zu einem Schwall von Schimpfworten oder einer Ohrfeige führen.

Daß sie eine gewisse Vorstellung von der Bedeutung des Wortes Scheidung und Erfahrungen mit häuslichen Streitereien haben, bereitet die meisten Kinder aber nicht auf die Ankündigung vor, daß ihre Eltern sich trennen und irgendwann scheiden lassen wollen. Wenn der endgültige Bruch schließlich da ist, weil ein Elternteil die gemeinsame Wohnung verlassen hat, sind viele Kinder aufrichtig entsetzt. Natürlich ist der Schock noch größer bei den verhältnismäßig wenigen Kindern, deren Eltern sie von den eigenen Auseinandersetzungen abgeschirmt haben.

Die Reaktionen der meisten Kinder auf die Scheidung ihrer Eltern wurzeln tief in ihrer egozentrischen Vorstellung von der Welt. In ihrem kurzen Leben haben sie reichlich Gelegenheit gehabt, diese Ansicht bestätigt zu sehen: Das Leben von Papa und Mama scheint sich im wesentlichen um die Kinder und ihre Bedürfnisse zu drehen. Eine andere Weltordnung ist für sie kaum vorstellbar – sie haben nie eine andere kennengelernt.

≡   ## Der Stellenwert der Zuneigung

Von den ersten Tagen ihres Lebens an entwickeln Kinder eine Zuneigung zu den Menschen, die sich um sie kümmern – in aller Regel Mutter und Vater. Sie ist ein Zeichen für die gesunde Entwicklung des Kindes. **Ohne feste Bindungen und den liebevollen Umgang, dem sie entspringen, können Kinder sich nicht normal entwickeln.** Wenn solche Kinder heranwachsen, fühlen sie sich unsicher und mit sich selbst nicht im reinen; sie haben Schwierigkeiten, eine Beziehung zu anderen Menschen zu entwickeln, und sind anfällig für eine Reihe von Verhaltens- und Persönlichkeitsstörungen.

Daß Menschen für ihre Entwicklung den Kontakt zu anderen Menschen brauchen, ist in ihr biologisches System einprogrammiert. Forschungen haben ergeben, daß die frühesten Fähigkeiten, die Kinder überhaupt entwickeln, instinktiv darauf gerichtet sind, die wichtigsten Erwachsenen ihrer Umgebung zu einer Reaktion zu bewegen. In ihren ersten Tagen und Wochen lernen Babys zu gurgeln und zu lächeln, auf die Stimmen ihrer Eltern zu reagieren, in vertraute Gesichter zu starren und die Bewegungen der Menschen ringsum zu verfolgen. Es gibt nicht viele Erwachsene, die diesen Verführungsversuchen widerstehen können; die meisten Menschen verlieren prompt ihr Herz. Im Lauf der Zeit vertieft sich die Zuneigung zwischen Eltern und Kind; letzten Endes hängt von ihr das Überleben des Kindes ab.

Wahrscheinlich kennen Sie den Ausdruck *Trennungsangst*. Dieses Phänomen ist Teil einer normalen Entwicklungsphase. Von einem Elternteil getrennt zu werden (selbst wenn er das Kind schlecht behandelt) ruft vermutlich die größte Angst hervor, der ein Kind überhaupt ausgesetzt sein kann; schon sehr kleine Kinder, die noch kein Jahr alt sind, können diese Angst verspüren. **Wenn sich die Eltern zur Scheidung entschließen und einer von ihnen die Familie verläßt, wird das Sicherheitsgefühl des Kindes – sein gesamtes Vertrauen in seine Fähigkeit zu überleben – erschüttert.** Daß Mama und Papa jetzt nicht mehr zusammen sind, ist eine Katastrophe des gleichen Ausmaßes, als habe ein Erdbeben das Grundstück geschluckt, auf dem ihr Elternhaus gebaut war.

Ein sehr bekannter Fachmann für kindliche Entwicklung, John Bowlby, hat festgestellt, daß Kinder drei Stufen des Kummers durchmachen, wenn sie von einem Elternteil verlassen oder über einen längeren Zeitraum hinweg vernachlässigt werden. Zuerst sind sie ärgerlich und verstört und protestieren gegen das, was geschehen ist. Dann ziehen sie sich zurück und wirken unglücklich; sie können Depressionen entwickeln, Gewicht verlieren oder unter Schlafstörungen leiden. Schließlich beginnen sie sich innerlich von dem Geschehenen zu lösen. Vielleicht bestreiten sie jetzt jedes Interesse an dem abwesenden Elternteil. Bei ihrer Suche nach neuen Beziehungen zu anderen Erwachsenen können sie nun überbedürftig oder anspruchsvoll werden.

Es ist ganz natürlich, daß Kinder sich nach dem Elternteil sehnen, der die Familie verlassen hat. Selbst wenn sie ihn regelmäßig und auf der Grundlage einer großzügigen Besuchsregelung wiedersehen dürfen, sind viele Kinder noch immer unglücklich und unzufrieden. Der Angehörige ist fortgegangen, aber die Zuneigung der Kinder hat damit nicht aufgehört. Solche Gefühle werden schmerzhaft klar in einem Brief, den ich einmal von einer Frau erhielt, deren früherer Ehemann sich vier Jahre lang nicht um seinen Sohn gekümmert hatte und auch jetzt nur sporadisch von sich hören ließ:

»Mein Ex-Ehemann hat offenbar nie verstanden, daß es eine Wirkung auf unseren Sohn Peter hat, was er tut oder nicht tut. Ich mußte ihm eigens sagen, er sollte seine Briefe doch mit ›Papa‹ unterschreiben, und er dürfte Peter nicht immer schreiben, daß er auf mich aufpassen soll – schließlich sind wir die Erwachsenen, und es ist unsere Aufgabe, auf Peter aufzupassen. Und in all der Zeit, seit mein Mann aus unserem Leben verschwunden ist, hat mein Bruder nicht eingesehen, wie Peter ihn vermissen kann. Er hat mich ein paarmal gefragt: ›Wie kann er jemanden vermissen, den er nicht einmal kennt?‹ Ja nun, er vermißt seinen Vater, weil es sein Vater ist, weil er mit dem Wissen leben muß, daß es einen Menschen und nur einen auf der Welt gibt, der sein Vater ist. Und daß dieser Mensch irgendwo lebt und wir ihm nicht einmal wichtig genug sind für einen Besuch oder Brief oder Anruf. Ich glaube, Peter wäre mit der Tatsache der Scheidung viel besser fertiggeworden, wenn sein Vater ihn regelmäßig besucht hätte. Einfach verlassen zu werden, das war das wirklich Schmerzhafte – und in einem gewissen Maß wird es das wahrscheinlich für den Rest seines Lebens bleiben.«

≡   ## Kinder brauchen *beide* Eltern

Die meisten Kinder geschiedener Eltern leben mit ihren Müttern zusammen. Daß die Mütter das Sorgerecht erhalten, entweder auf eigenen Wunsch oder durch Gerichtsbeschluß, ist nicht unbedingt für alle Familien die beste Lösung, aber es ist eine Lösung, die sich mit der Zeit etabliert hat. Erst während der letzten zehn Jahre haben die Väter sich zunehmend um das Sorgerecht bemüht und es in manchen Fällen auch bekommen, aber in aller Regel neigen die Richter noch immer dazu, die Kinder den Müttern zu überlassen.

Die meisten nicht sorgeberechtigten Mütter halten den Kontakt mit ihren Kindern in viel höherem Maß aufrecht als die Väter. Eine in den Vereinigten Staaten durchgeführte Studie ergab, daß 50 Prozent der Kinder, deren Mütter das Sorgerecht hatten, ihre Väter im vergangenen Jahr nicht zu Gesicht bekommen hatten; nur 16,4 Prozent sahen sie wöchentlich oder öfter. Im Gegensatz dazu hatten nur 13 Prozent der Kinder sorgeberechtigter Väter ihre Mütter im vergangenen Jahr nicht gesehen, und 31 Prozent sahen sie einmal wöchentlich oder öfter. Nach amerikanischen Statistiken hatten im Jahre 1990 38 Prozent der Väter, die nicht mit ihren Kindern zusammenlebten, weder das Recht sie zu besuchen noch einen Anteil am Sorgerecht. Diese Daten zeigen, daß Väter mit viel größerer Wahrscheinlichkeit aus dem Leben ihrer Kinder verschwinden als Mütter. Aber Mutter und Vater sind im Leben des Kindes nicht austauschbar. Ihre Rollen ergänzen sich gegenseitig, und das Kind profitiert auf unterschiedliche Weise von seiner Beziehung zu beiden.

Die meisten Väter haben einen positiven und liebevollen Einfluß auf die Entwicklung ihrer Kinder. Wenn der Vater die Familie verläßt, beraubt er seine Kinder eines wichtigen männlichen Rollenvorbilds. Darüber hinaus verlieren Söhne ihre wahrscheinlich verläßlichste Informationsquelle, wenn es darum geht, männliches Verhalten in den unterschiedlichsten Lebensbereichen zu erlernen – Verantwortung, Erfolg, Vaterschaft, das Auskommen mit anderen, das Verhältnis zum anderen Geschlecht und den Umgang mit Aggressionen.

Studien haben ergeben, daß Jungen aus Familien, in denen der Vater abwesend ist, unter Umständen weniger ehrgeizig, weniger an Sport interessiert, abhängiger von anderen und aggressiver sind. Sie können mehr Schwierigkeiten in der Schule haben und sind schwieriger zu disziplinieren. Wenn der Vater die Familie verläßt, bevor seine Söhne im schulpflichtigen Alter sind, können die Kinder in ihrem Verständnis ihrer geschlechtlichen Identität noch verwirrter werden.

Mädchen, deren Väter abwesend sind, haben oft Schwierigkeiten, mit dem anderen Geschlecht umgehen zu lernen. Manche Mädchen betonen ihre Sexualität, weil sie keine Erfahrung damit haben, Männer auf andere Weise auf sich aufmerksam zu machen, wie sie es im Umgang mit ihrem Vater gelernt haben würden. Jüngere Mädchen schaffen sich vielleicht einen Phantasievater und finden Entschuldigungen für sein Verhalten, mit denen sie sich selbst trösten und die ihnen den Kummer über die reale Situation ersparen. Leider wachsen viele Mädchen, die von ihren Vätern vernachlässigt wurden, zu Frauen heran, die Glück und Zufriedenheit daran messen, wieviel Erfolg sie bei Männern haben. Manche Frauen verbringen Jahre in Beziehungen zu Männern, in denen sie unbewußt ihre Kinder- und Jugendzeit aufzuarbeiten versuchen, während der sie sich von ihren Vätern vernachlässigt oder zurückgewiesen fühlten. Solche Beziehungen sind in der Regel nicht lebensfähig und gehen irgendwann zu Ende. Eine Studie hat einmal das Gefühl von Vernachlässigung und Zurückweisung, das diese Mädchen erfahren hatten, mit ihrer mangelnden psychologischen Reife als junge Erwachsene, noch Jahre nach der Scheidung, in Zusammenhang gebracht.

Auch auf andere Weise fügen Väter, die nicht mit ihren Familien in Kontakt bleiben, ihren Kindern Schaden zu. Studien haben ergeben, daß die Fähigkeit der Mutter, mit Streß umzugehen und ein liebevolles Verhältnis zu ihren Kindern aufrechtzuerhalten, Voraussagen über die Fähigkeit der Kinder zuläßt, sich auf die neuen Verhältnisse einzustellen. Mütter, die bei der Versorgung der Kinder wenig Hilfe und Unterstützung von ihren früheren Partnern erfahren, werden vermutlich mehr Schwierigkeiten haben, ihr Leben auf Kurs zu halten. Diese Mütter müssen nun die gesamte Verantwortung auch in den Lebensbereichen übernehmen, in denen sie zuvor zumindest bis zu einem gewissen Grad von zwei Menschen getragen wurde – von der Versorgung der Kinder über die Hausarbeit bis hin zu Finanzfragen. Wenn der Vater die Verbindung zu den Kindern aufrechterhält, nimmt er der Mutter einen Teil ihrer emotionalen Last ab, und wann immer die Kinder bei ihm zu Besuch sind, bleibt ihr etwas Zeit für sich selbst, die sie dringend braucht. Zudem liefert es den Kindern ein wichtiges Rollenmodell, wenn sie verfolgen können, wie ein Mann und eine Frau auf der Basis des Gebens und Nehmens zusammenarbeiten. Besonders bedeutsam ist dies, wenn die Scheidung selbst von Feindseligkeit und Konflikten geprägt war.

Wenn Kinder beim Heranwachsen ein gesundes Selbstbild und die Fähigkeit entwickeln sollen, stabile und liebevolle Beziehungen zu anderen einzugehen, müssen sie auch weiterhin Zugang zu den beiden wichtigsten Bezugspersonen in ihrem Leben haben – ihren Eltern. Im Lauf dieses Buches werden Sie feststellen, daß die Scheidung diesen Prozeß nicht notwendigerweise beenden muß – vorausgesetzt, die Eltern sind in der Lage, die Interessen ihrer Kinder obenan zu stellen.

Dies ist zugegebenermaßen keine leichte Aufgabe. Der Zerfall einer Ehe ist ein Drama, in dem die beiden Protagonisten ein Ende durchspielen müssen, mit dem sie nicht gerechnet hatten. Die Kinder scheinen dabei beinahe Nebenrollen innezuhaben. Verständlicherweise ist es schwer, die Aufmerksamkeit von den Emotionen abzuwenden, die im Augenblick beherrschend sind, sei es nun Verletztheit, Ärger, Demütigung, Erleichterung oder Schuldgefühle. Aber wenn Sie Ihre Elternrolle ernst nehmen, müssen Sie alles tun, um eben dies zustandezubringen. Wenn die Bindung zwischen den Kindern und einem oder beiden ihrer Eltern nach der Scheidung abstirbt, dann ist der Grund dafür, daß die Eltern ihrer Verantwortung nicht gerecht geworden sind.

Wie sagen wir es unseren Kindern?

Manche Eltern sind der Ansicht, es sei nicht nötig, den Kindern von ihren Trennungs- und Scheidungsplänen zu erzählen. Schließlich, so lautet die Begründung, werden solche Entscheidungen von Erwachsenen getroffen und gehen die Kinder nichts an. Wenn die Kinder noch sehr klein sind – etwa unter fünf Jahren – würden sie ohnehin nicht verstehen, worum es geht – so meinen jedenfalls die Eltern. Und in Fällen, in denen ein Partner die Scheidung will, der andere aber nicht, glauben sie, daß die Kinder nur für eine entsetzliche Szene sorgen würden, komplett mit ungerechtfertigten Vorwürfen und Tränen. Unter diesen Umständen ist es doch viel besser, wenn ein Elternteil stillschweigend verschwindet und der andere die Situation erklärt, meinen sie.

Derartige Rechtfertigungen sind ein Fehler. Kein Kind sollte morgens aufstehen und als erstes feststellen, daß Papa verschwunden ist und seine Zahnbürste gleich mitgenommen hat, oder aus der Schule nach Hause kommen und einen Zettel finden, auf dem Mama ihm mitteilt, daß sie nicht mehr zurückkommen wird. Solche gedankenlosen Handlungen geben dem Kind nicht nur Grund, sich zurückgewiesen zu fühlen; sie zwingen es auch, sein gesamtes Vorstellungsvermögen einzusetzen, um irgendeine Erklärung für die Katastrophe zu finden. Angesichts des unerklärlichen Verschwindens seiner Mutter fragte der dreijährige Tom seinen Vater, ob die Polizei sie mitgenommen habe. Eine Woche zuvor hatte er gesehen, wie ein Mann in einem Geschäft verhaftet und mit einem Polizeiauto abgeholt worden war.

Die Art und Weise, wie Sie Ihre Kinder über Ihre Trennung und Scheidung informieren, wird die Atmosphäre prägen, in der Sie sich auf die vielen Veränderungen einstellen, die Ihnen in dieser neuen Phase des Familienlebens bevorstehen.

 Behalten Sie im Gedächtnis, daß Trennung und Scheidung an sich für die Kinder noch keine Schädigungen bedeuten müssen. Das Wohl Ihrer Kinder hängt unmittelbar davon ab, wie Sie und Ihr Partner sich verhalten, als einzelne ebenso wie als Team, und von den Entscheidungen, die Sie von jetzt an treffen.

Wenn Ihre Kinder mit den Ereignissen nach Ihrer Trennung und Scheidung zurechtkommen sollen, müssen sie das Gefühl haben können, daß Sie behutsam und mit Bedacht für alle Beteiligten handeln.

Nehmen Sie sich einen Augenblick Zeit und überlegen Sie, wie der Zusammenbruch Ihrer Ehe aus der Sicht Ihrer Kinder aussieht. Die Ehe mag zu Ende sein, aber es ist nun einmal eine Tatsache, daß die Welt deshalb nicht untergehen wird. Sie haben eine Chance, in Ihrem Leben die Kontrolle zu übernehmen und unter neuen Umständen von vorn zu beginnen, die Ihnen eine Hoffnung auf Zufriedenheit und irgendwann Erfüllung geben. Ihre Kinder dagegen sind Ihnen und ihrem anderen Elternteil ausgeliefert. Ihr Schicksal ist mit dem Ihren verknüpft; sie sind nicht in der Lage, das Ergebnis zu beeinflussen. In dem daraus resultierenden Wirrwarr von Gefühlen – Trauer, Hilflosigkeit, Zurückgewiesensein, Wut – fühlen sie sich machtlos und verwirrt. Es ist nun Ihre Aufgabe und die Ihres Partners, die Familieneinheit, die Ihre Kinder kannten, durch ein neues System zu ersetzen, in dem Stabilität und Vorhersagbarkeit gewährleistet sind. Innerhalb dieses Systems brauchen sie eine liebevolle Beziehung zu beiden Eltern, wie sie sie vermutlich zuvor gekannt haben.

Sich auf die Fragen der Kinder vorbereiten

Im wirklichen Leben sind Paare selten, die es fertigbringen, den Auszug eines Elternteils im Hinblick auf seine Wirkung auf die Kinder zu planen. Oft kommt es vor, daß ein Partner geht, ohne auch nur dem anderen Bescheid gesagt zu haben, ganz zu schweigen von den Kindern; oder er oder sie erklärt seine Absichten und verläßt unmittelbar darauf die Wohnung. Wenn Sie noch dabei sind, eine Trennung oder Scheidung nur zu erwägen, sollten Sie und Ihr Partner sich gemeinsam überlegen, wie Sie Ihren Kindern die Neuigkeit beibringen werden. Je besser Sie auf die unvermeidlichen Fragen vorbereitet sind, desto erfolgreicher werden Sie sein, wenn es darum geht, den Kindern bei der Bewältigung ihrer Reaktionen zu helfen.

 Wenn Sie mit den Kindern sprechen, sollte eine der wichtigsten Mitteilungen die sein, daß sie an den Problemen zwischen Ihnen und Ihrem Partner und an Ihrer Entscheidung, sich zu trennen, in keiner Weise schuld sind.

Kinder, vor allem kleinere Kinder, nehmen oft an, daß sie selbst den Bruch zwischen Mama und Papa verursacht haben – aus welchen Gründen auch immer, logisch oder nicht: sie haben ein schlechtes Zeugnis nach Hause gebracht, sie haben mit dem ausziehenden Elternteil gestritten, sie haben den Videorecorder kaputtgemacht, sie haben Geld aus der Börse eines Elternteils genommen und so fort.

Der fünfjährige Josh informierte mich nach der Trennung seiner Eltern unter Tränen darüber, daß alles ganz allein seine Schuld war: »Ich hab' meinem Vati gesagt, er soll weggehen und nie wiederkommen, weil er mir kein neues Fahrrad kaufen wollte.«

Sie müssen also betonen – und immer wieder betonen –, daß die Kinder nichts getan haben, das die Trennung ihrer Eltern hätte verursachen können, und sich keinerlei Vorwürfe machen sollten.

Zuweilen, wenn die Zwistigkeiten zwischen den Eltern schon lange bestanden haben, sorgen die Kinder tatsächlich für zusätzliche Spannungen zwischen ihnen und können zum Thema vieler Auseinandersetzungen werden. Andere Menschen verlassen die Familie gerade deshalb, weil sie sich mit ihrer elterlichen Verantwortung überfordert fühlen. Aber auch unter diesen Bedingungen gilt: **Die Kinder sind für das Auseinanderbrechen einer Ehe nicht verantwortlich.** Menschen, die als Grund für ihre ständigen Differenzen ihre Kinder anführen, benutzen sie einfach als eine billige Entschuldigung dafür, weiter zu streiten. Und Leute, die nicht bereit sind zu lernen, wie sie ihrer Elternrolle gerecht werden können, weil ihnen die an sie gestellten Ansprüche nicht »gefallen«, liefern nur einen weiteren Beweis für ihre Unreife, indem sie davonrennen.

Es folgen einige der Fragen, die Kinder am häufigsten stellen, wenn sie von der bevorstehenden Trennung oder Scheidung ihrer Eltern erfahren.

Wer von beiden wird ausziehen?
Erklären Sie, welcher Elternteil die gemeinsame Wohnung verlassen wird und bei wem die Kinder in Zukunft leben werden.

Warum geht dieser Elternteil fort?
Sie können viele Gründe angeben, je nach Alter des Kindes, aber behalten Sie im Gedächtnis, daß das, was Sie sagen, ebenso wichtig ist wie das, was Sie nicht sagen. Wenn Sie Ihren Kindern gleich am Anfang zuviele Informationen geben, werden Sie sie nur überfordern und noch weiter verwirren. Zuviel auf einmal können sie nicht verarbeiten. So könnten Sie zum Beispiel sagen, daß Papa und Mama sich nicht so gut vertragen, wie Eltern es tun sollten, oder daß sie einander nicht mehr lieben. Sie sollten aber nicht mit der Erklärung beginnen, daß Papa eine neue Freundin hat und jetzt lieber mit ihr zusammenleben möchte oder daß Mama zuviel trinkt. Solche Erläuterungen mögen später einmal angebracht sein, aber sie sollten nicht schon in der ersten Auskunft eine Rolle spielen. Generell gesagt – welches spezifische Problem Sie und Ihr Partner auch immer miteinander haben, Sie sollten es auf keinen Fall Ihren Kindern aufbürden.

Sie sollten auch der Versuchung widerstehen, von dem anderen Elternteil ein so negatives Bild zu zeichnen, daß die Beziehung der Kinder zu diesem Partner beeinträchtigt wird oder daß sie sich gezwungen fühlen, sich auf eine Seite zu schlagen. Kinder lieben beide Eltern und identifizieren sich mit ihnen. Wenn ein Elternteil ihnen zu verstehen gibt, es sei in irgendeiner Weise falsch, den anderen liebzuhaben, werden die Kinder unvermeidlich zu dem Schluß kommen, etwas stimme mit ihrem Urteilsvermögen nicht – und folglich mit ihnen selbst. Es besteht die Gefahr, daß sie irgendwann die Fähigkeit verlieren, ihren eigenen Empfindungen zu vertrauen.

Daneben werden Ihre Kinder Ihnen wahrscheinlich eine Reihe unbehaglicher oder peinlicher Fragen über den Bruch stellen. Kinder sind gute Beobachter und merken in der Regel schnell, wenn die Eltern sich ungewöhnlich verhalten. Wenn sie von Ihnen Details über das Zerwürfnis wissen wollen, antworten Sie ihnen so ehrlich wie möglich. Früher oder später wird die Wahrheit ohnehin ans Licht kommen, und Lügen oder Vertuschungsversuche können sich dann leicht als Bumerang erweisen und Ihre Glaubwürdigkeit in den Augen Ihrer Kinder untergraben. Natürlich sollten Sie ihnen nicht gerade jedes Detail mitteilen, aber einen Überblick über die Situation können Sie ihnen geben.

Wenn Ihr zehnjähriger Sohn zum Beispiel fragt: »Gehst du von Mama weg, weil du eine Freundin hast?«, formulieren Sie Ihre Antwort so, daß sie kein schlechtes Licht auf Ihre Ehefrau wirft, und zeigen Sie, daß Sie beide noch immer ein Team sind, wenn es um die Kinder geht. Die Antwort könnte etwa lauten: »Ich gehe fort, weil deine Mutter und ich uns nicht mehr vertragen. Du hast ja bestimmt gemerkt, daß wir uns in letzter Zeit ziemlich viel gestritten haben, und wir glauben beide, daß es nicht gut für uns alle ist, so zusammenzuleben. Deshalb ziehe ich aus, aber ich werde mich oft mit euch treffen und mit euch reden können.« Wenn Ihr Sohn auf einer Auskunft über Ihre Freundin besteht oder wenn Sie mit ihr zusammenleben werden, sollten Sie die Wahrheit sagen: »Ja, ich habe eine neue Freundin, aber ich bin immer noch dein Papa. Ich habe euch lieb, und das wird auch immer so bleiben.«

Auf Fragen, die sich auf gefährliches Verhalten des anderen Elternteils beziehen, können Sie direkter antworten. Wenn Sie sich aufgrund körperlicher oder seelischer Mißhandlungen trennen, sollten Sie dies von Anfang an zugeben. Ihre Kinder wissen mit Sicherheit ganz genau, was vorgefallen ist, und wenn Sie versprechen, sie zu schützen, dient ihnen dies als ein erster Schritt zurück zu einem Gefühl der Sicherheit. »Ich verlasse euren Vater und nehme euch mit, weil er manchmal so wütend wird, daß er uns schlägt. Ich kann nicht zulassen, daß wir in einem Haushalt leben, in dem wir Angst haben müssen, daß jemand uns weh tut. So sollte man nicht leben. Ich möchte versuchen, uns ein besseres Zuhause aufzubauen.« Mit einer solchen Antwort betonen Sie das positive Ziel Ihrer Handlungsweise und nicht den Konflikt zwischen Ihnen und Ihrem Partner. Sie sollten nicht antworten: »Ja, ich lasse mich scheiden, weil euer Vater ein schlechter Mensch ist und es ihm Spaß macht, anderen Leuten weh zu tun. Er liebt euch nicht, sonst würde er sich nicht so benehmen.« Selbst wenn manches davon stimmt, eine solche Breitseite kann Ihren Kindern das Gefühl vermitteln, sie müßten ihren Vater verteidigen oder ihre Zuneigung zu ihm hinterfragen.

Warum sollen wir bei einem Elternteil wohnen und nicht bei dem andern?

Bei welchem Elternteil die Kinder auch immer leben sollen, betonen Sie, daß die Entscheidung durch das Wohl der Kinder motiviert war. Behaupten Sie nicht, einer von beiden liebe die Kinder mehr. Lassen Sie auch nicht durchblicken, daß der eine Elternteil geeigneter sei als der andere, für sie zu sorgen. Ausnahmen sind Familien, in denen Probleme wie Gewalttätigkeit, Alkoholismus, sexueller Mißbrauch und so fort so offensichtlich sind, daß die Kinder sie bemerkt haben müssen – und in denen sie nicht nur von einem Elternteil unterstellt werden!

Eine mögliche Antwort könnte lauten: »Ich wünschte, wir könnten alle zusammenbleiben, aber das geht nicht. Also haben eure Mama und ich beschlossen, daß es am besten ist, ihr bleibt mit ihr hier. So könnt ihr weiter in eure Schule gehen und eure Freunde treffen. Aber ihr könnt immer noch eine Menge Zeit mit mir verbringen.«

Wo wird der Elternteil leben, der die gemeinsame Wohnung verläßt?

Seien Sie so spezifisch wie möglich, ohne Details zu erwähnen, die Ihre Kinder nicht zu wissen brauchen. Wenn Papa zum Beispiel zu seiner Freundin ziehen will, brauchen die Kinder zunächst nur zu erfahren, daß er bei jemand anderem wohnen wird. (Tatsächlich wäre er besser beraten, wenn er sich eine eigene Wohnung suchte, in seinem eigenen Interesse ebenso wie in dem der Kinder –, aber das gehört hier nicht zur Sache.) Nähere Einzelheiten können die Kinder dann erfahren, wenn sie relevant werden.

Kleine Kinder denken in sehr konkreten Zusammenhängen. Vielleicht werden sie höchst alltägliche Dinge wissen wollen – etwa ob die neue

Wohnung einen Herd, einen Kühlschrank und ein Bett hat. Sie sollten auch eine Vorstellung davon haben, wo genau der Elternteil sich aufhält; andernfalls werden sie sich eigene Erklärungen zurechtlegen. Ein vierjähriges Mädchen erzählte mir einmal, sein Papa sei im Himmel. Der Gedanke tröstete sie, denn in ihrer Vorstellung war der Himmel ein schöner und sicherer Ort, wo man bestimmt gut für Papa sorgen würde.

Wenn es möglich ist, sollten Sie Ihren Kindern die neue Wohnung Ihres Partners zeigen und ihnen versichern, daß es ihm dort gut gehen wird.

Werden wir den Elternteil wiedersehen?

Auch das ist eine Frage, die Kinder im Vorschulalter oft stellen. Ihre Fähigkeit, über ihre direkten Kenntnisse und Erfahrungen hinauszudenken, ist begrenzt. Sie sollten ihnen versichern, daß sie den ausziehenden Elternteil jederzeit anrufen oder besuchen können (wenn das den Tatsachen entspricht). Wenn der Elternteil weiter fortzieht, sollte Kindern über sechs Jahren erklärt werden, welche Auswirkungen der Umzug auf ihren Umgang mit diesem Elternteil haben wird. Kinder unter sechs Jahren haben keine klare Vorstellung von Entfernungen; sie unterscheiden nicht zwischen der benachbarten Kleinstadt und einem Ort am anderen Ende des Landes. Sie verstehen lediglich, daß Papa oder Mama nicht mehr bei ihnen ist.

Der ausziehende Elternteil sollte den Kindern genau sagen, wie oft er sie anrufen oder besuchen will. Ein bestimmter Zeitpunkt für den ersten Anruf oder Besuch sollte schon jetzt ausgemacht werden – und zwar so bald wie möglich.

Was wird jetzt mit uns passieren?

Vor allem Schulkinder werden sehr genau wissen wollen, wie die Entscheidung ihrer Eltern sich auf ihr Leben auswirken wird. Wo werden wir wohnen? In welche Schule werde ich gehen? Kann ich meine Freunde noch besuchen? Und Oma und Opa? Kann ich in meiner Handballmannschaft bleiben (oder welche andere Freizeitbeschäftigung auch immer weiterführen)? Können wir den Hund mitnehmen? – und so weiter und so fort.

Wenn Trennung und Scheidung keinen Umzug für die Kinder mit sich bringen – um so besser. Sie werden sich leichter mit den Neuigkeiten abfinden, wenn in einer Zeit, in der ihr gesamtes emotionales Umfeld brüchig wird, wenigstens die Wohnungssituation stabil bleibt. Wenn Sie auf einige der Fragen keine Antwort wissen, geben Sie es ehrlich zu. Es ist besser, wenn Ihre Kinder sehen, daß Sie über diese wichtigen Anliegen nachgedacht haben, und so auch erkennen, daß Sie die Lage unter Kontrolle haben, als wenn Sie Ihre Auskünfte jede Woche neu formulieren müßten.

Vorschulkindern sollten Sie auch erklären, inwiefern die Trennung oder Scheidung sich auf ihr Leben auswirken wird, aber betonen Sie dabei, daß die Beziehung des ausziehenden Elternteils zu dem Kind weitergeht. Halten Sie Ihre Ausführungen einfach und bleiben Sie bei der Sache.

Am wichtigsten ist es, daß die Eltern ihren Kindern, gleichgültig welchen Alters, versichern, daß sie sie lieben und sich auch weiterhin um sie kümmern werden.

Wird der ausziehende Elternteil nicht einsam und traurig sein?

Es ist ganz natürlich, daß sich Kinder um den Elternteil sorgen, der aus ihrem Blickfeld verschwunden ist. Sie projizieren ihre eigenen Empfindungen auf diesen Elternteil, so wie sie es bei einer verlorenen Lieblingspuppe oder einem Stofftier tun würden:»Aber sie weint doch, wenn ich sie nicht bald finde!« Es ist natürlich das Kind, das Tränen vergießt.

Geben Sie zu, daß der Elternteil vielleicht einsam und traurig sein wird, daß diese Empfindungen aber durch häufige Anrufe und Besuche gemildert werden können. Bestreiten Sie solche Gefühle nicht, um die Befürchtungen der Kinder abzustellen: sie sollen auch das Gefühl haben, daß sie ihren Eltern wichtig genug sind, um ihrerseits vermißt zu werden.

Wann zieht der Elternteil aus?

Es gibt keinen richtigen oder falschen Zeitpunkt für den Auszug des Elternteils, der die gemeinsame Wohnung verlassen wird. Selbst unter den besten denkbaren Voraussetzungen werden die Zurückbleibenden aufgewühlt sein, wenn der Augenblick schließlich da ist. Ich habe alle möglichen Arrangements miterlebt: die Eltern ziehen in getrennte Schlafzimmer, bis sie zu dem Schluß gekommen sind, daß die Kinder nun auf den Auszug vorbereitet sind; der ausziehende Partner bleibt noch eine festgelegte Zeit, etwa eine Woche oder einen Monat, manchmal bis zu sechs Monate lang; die Eltern kündigen ihren Kindern den Auszug an, während die gepackten Koffer schon an der Wohnungstür stehen.

Im Idealfall sollten die Kinder ein bis zwei Wochen Zeit haben, sich an die Neuigkeit zu gewöhnen. Während dieser Zeit sollten beide Eltern sie ermutigen, über ihre Fragen und Anliegen zu sprechen. Länger zu warten kann in den Kindern falsche Hoffnungen erwecken, daß die Eltern vielleicht doch zusammenbleiben werden.

Wird der Elternteil jemals zurückkommen?

Nicht alle Trennungen führen zu einer Scheidung. Manche Paare trennen sich, um ihre Probleme zu überdenken und sich für das weitere Vorgehen zu entscheiden. Manchmal wird eine Trennung unter der Voraussetzung beschlossen, daß der Partner, der Alkohol mißbraucht oder gewalttätig wird, zurückkommen kann, wenn er oder sie mit einer Therapie beginnt oder seine Probleme auf andere Weise löst. Solche Trennungen werden im guten Glauben beschlossen und fallen weniger kompliziert aus, wenn keine Kinder mitzubedenken sind. Wenn Kinder da sind, sorgt das wiederholte Aus- und Einziehen eines Elternteils allerdings dafür, daß alle Beteiligten wie auf glühenden Kohlen sitzen, bringt die Beziehung der Eltern zueinander pausenlos ins Gedächtnis zurück und hindert die Familie daran, ihr Leben wieder in Gang zu bringen. All das kann zur Verunsicherung der Kinder beitragen und sie das Vertrauen in die Eltern verlieren lassen, die sich doch eigentlich um sie kümmern sollten.

Wenn Ihre Trennung ein Probelauf oder eine befristete Sache sein soll, erklären Sie Ihren Kindern, daß der ausziehende Elternteil vielleicht zu einem nicht näher bestimmten Zeitpunkt zurückkommen wird. Aber machen Sie ihnen keine falschen Hoffnungen, denn manchmal führen solche Trennungen nun einmal zur Scheidung. Wenn keine Sicherheitsbedenken bestehen, versuchen Sie eine Routine aufzubauen, in der der Elternteil, der nicht mehr zu Hause lebt, die Kinder regelmäßig besucht oder von ihnen besucht wird. Leben Sie nicht Tag für Tag in der Hoffnung darauf, daß der verlorene Partner wieder auftaucht.

Wenngleich zu hoffen steht, daß die Eltern während der Trennungsphase ihre Differenzen klären können, sollten sie nicht zulassen, daß die Wohnung zu einem Hotel verkommt. Manche Menschen setzen das Ausziehen als ein Mittel ein, mit dem sie ihren Partner einschüchtern oder erschrecken; andere kommen und gehen ganz nach Lust und Laune, weil sie sich nicht entscheiden können, ob sie die Ehe aufrechterhalten oder sich ein für allemal trennen und dann scheiden lassen wollen. Aus welchem Grund auch immer, Menschen, die ihre Koffer gar nicht mehr auspacken, handeln nicht mehr im guten Glauben, sondern nur noch aus Selbstsucht. Und Menschen, die ein solches Verhalten dulden, sollten sich ihre eigenen Beweggründe näher ansehen: Warum lassen sie sich auf diese Weise ausnutzen? Warum lassen sie zu, daß ihr Leben ständig aus dem Gleis geworfen wird – von einem Menschen, der offensichtlich zu unreif ist, um sein eigenes Leben in die Hand zu nehmen? Wenn sie glauben, der Grund sei die Hoffnung, im Interesse der Kinder die Ehe zu retten, betrügen sie sich selbst. Das Drehtürsyndrom dient nur dazu, den Konflikt am Leben zu halten, und beweist den Kindern, daß ihre Eltern mit ihrem Leben nicht fertigwerden. Solche Menschen sollten sich von einem Psychologen beraten lassen, da sie offensichtlich nicht in der Lage sind, ihre Probleme selbst zu lösen.

Das Gespräch mit den Kindern: mit oder ohne den Partner?

Sobald Sie – und im Idealfall auch Ihr Partner – Ihre Haltung zu den oben angesprochenen Fragen durchdacht haben, sind Sie so weit, daß Sie mit Ihren Kindern sprechen können. Sie und Ihr Partner sollten das Gespräch gemeinsam führen und abwechselnd sprechen. Es sollte nicht darauf hinauslaufen, daß ein Elternteil einen Monolog vorträgt, während der andere zu einem Teil der Zuhörerschaft wird.

 Kinder, deren Eltern gemeinsam die Verantwortung für die Scheidung übernehmen, werden auf lange Sicht besser mit den Tatsachen zurechtkommen.

Suchen Sie sich einen Zeitpunkt aus, zu dem Sie beide gelassen sind, die Familie genug Zeit zum Reden hat und keine Gefahr besteht, daß Sie gehetzt oder unterbrochen werden. Obwohl es sehr schwierig sein kann – vermeiden Sie, verstört zu wirken oder aus der Fassung zu geraten. Kinder können sehr entsetzt reagieren, wenn sie einen ihrer Eltern weinen sehen, und es ist gut möglich, daß sie daraufhin aufhören, Fragen zu stellen und ihre Gefühle auszudrücken – nur um die Unterhaltung und mit ihr den Kummer des Elternteils so schnell wie möglich zu beenden. Denken Sie daran, die von den Eltern zur Schau gestellten Empfindungen haben einen großen Einfluß darauf, wie die Kinder die Neuigkeit aufnehmen. Wenn einer der Eltern erschüttert und verstört wirkt, werden die Kinder es ebenfalls sein. Wenn beide Eltern ihre Mitteilungen einigermaßen selbstsicher und zuversichtlich vortragen, selbst wenn sie verständlicherweise sehr unglücklich sind, werden die Kinder mit mehr Vertrauen reagieren.

Wenn nur eine Seite die Scheidung wünscht, sollte sich der Partner, der die Ehe lieber aufrechterhalten hätte, vor den Kindern nicht wie ein Märtyrer oder ein edler Dulder gebärden, in dem er oder sie Bemerkungen wie die folgenden macht: »Ja, euer Vater läßt uns allein. Ich weiß auch nicht, weshalb er uns das antut.« »Eure Mutter hat einen neuen Freund. Jetzt braucht sie uns nicht mehr.« Dies kann zugegebenermaßen sehr schwierig sein, wenn ein Partner das Gefühl hat, man habe ihm ein entsetzliches Unrecht zugefügt. Aber auch hier würden Sie den Kindern eine ungerechtfertigte Bürde auferlegen, indem Sie sie zwingen, sich für eine Seite zu entscheiden. Und welche Seite sie auch wählen, sie werden sich schuldig und innerlich zerrissen fühlen.

Auch wenn Ihr Partner sich weigert, an dem Gespräch teilzunehmen, gelten die gleichen Regeln: Versuchen Sie gelassen, selbstsicher und Fragen gegenüber aufgeschlossen zu bleiben. Erzählen Sie Ihren Kindern nicht, Ihr Partner oder irgend jemand sonst sei schuld am Auseinanderbrechen der Familie. Die Schuldfrage müssen die Erwachsenen unter sich ausmachen, sie sollte nicht den Kindern aufgebürdet werden. Es kann sehr schwer sein, sich daran zu halten, vor allem wenn Ihr Partner plötzlich ausgezogen ist und das Erklären Ihnen überlassen hat. Nichtsdestoweniger sollte Ihr wichtigstes Ziel jetzt sein, Ihren Kindern die Informationen zu geben, die sie brauchen, sie über die Zukunft zu beruhigen und alle Türen offenzuhalten, damit sie sich jederzeit mit Ihnen, dem zweiten Elternteil und anderen Menschen aussprechen können.

Es folgen ein paar zusätzliche Gesichtspunkte, die Sie beachten sollten und bei denen das Alter der Kinder mitberücksichtigt wurde. Wenn Ihre Kinder unterschiedlichen Altersgruppen angehören, können Sie Ihre Erklärungen dem Alter des jeweiligen Kindes anpassen.

■ Kinder unter fünf Jahren

Kleine Kinder brauchen keine langen und detaillierten Erklärungen für den Bruch zwischen ihren Eltern. Gebrauchen Sie das Wort Scheidung (wenn Sie wirklich eine Scheidung und nicht nur eine Trennung auf Probe anstreben); das Kind wird seine Bedeutung wahrscheinlich nicht gleich verstehen, mit der Zeit aber verstehen lernen. Außerdem neigen Kinder in dieser Altersgruppe dazu, ihre Eltern als Einheit wahrzunehmen, nicht als zwei einzelne Personen. Sie sollten also erklären, daß dem Elternteil, der die gemeinsame Wohnung verläßt, nichts Schlimmes zustoßen wird. Gerade kleine Kinder können auf den Gedanken kommen, sie hätten den Elternteil vertrieben; versichern Sie ihnen also, daß die Trennung nicht ihre Schuld ist.

Beschreiben Sie das Arrangement, das der ausziehende Partner getroffen hat, in möglichst einfachen Worten: »Angela, ich werde in meiner eigenen Wohnung in der Nähe wohnen, und du bleibst mit Mama hier. Morgen nehme ich dich mit und zeige dir, wo ich wohnen werde, und du kannst mich so oft besuchen, wie du willst. Ich würde gern ein paar von deinen Spielsachen bei mir in der neuen Wohnung aufheben, wenn dir das recht ist.«

Ihr Tonfall mehr noch als die eigentlichen Worte sollte Ihre Kinder davon überzeugen, daß niemand aus ihrem Leben verschwinden wird.

■ **Fünf- bis Achtjährige**

Die meisten Kinder zwischen fünf und acht Jahren werden die Bedeutung dessen verstehen, was Sie ihnen sagen, und sie werden Näheres darüber wissen wollen, was nun mit ihnen selbst geschehen wird. Da sie sich gerade von ihren Eltern abzulösen und mehr als zuvor mit ihren Freunden zu identifizieren beginnen, sollten Sie die Betonung auf diejenigen Bereiche ihres Lebens legen, die vom Auszug eines Elternteils *nicht* betroffen sind. Also zum Beispiel: »Du wirst weiter in dieselbe Schule gehen und dieselben Lehrer haben.« »Mama und Papa werden nicht mehr in einem Haus zusammenwohnen, aber als deine Eltern arbeiten wir noch zusammen. Du kannst dich auf uns verlassen.«

Wie bei kleineren Kindern sollten Sie ausdrücklich zu verstehen geben, daß Trennung und Scheidung nicht die Schuld der Kinder sind – und auch nicht die Schuld irgendeines anderen Menschen. Kinder dieses Alters sind noch damit beschäftigt, ihr eigenes Verhalten beherrschen zu lernen. Sie können ihnen zeigen, daß Sie die Lage unter Kontrolle haben, indem Sie die Trennung und die Scheidung als eine reife, gemeinsam getroffene Entscheidung hinstellen – selbst dann, wenn das nicht ganz den Tatsachen entspricht.

■ **Neun- bis Zwölfjährige**

Viele der Punkte, die für Fünf- bis Achtjährige gelten, sind auch für ältere Kinder wichtig. Aber Sie können davon ausgehen, daß ältere Kinder heftiger und wütender auf die Neuigkeiten reagieren werden – wenn nicht gleich am Anfang, dann sicherlich später. Kinder dieser Altersgruppe haben ein besser ausgebildetes, wenn auch nach wie vor unreifes Gewissen. Sie denken in den Kategorien von gut und böse, richtig und falsch; unter Umständen haben sie das Gefühl, ihre Seite wählen zu müssen. So kann es vorkommen, daß ein Kind, wenn es den Verdacht hat, ein Partner verlasse die Familie eines neuen Partners wegen, sehr direkte und ärgerliche Fragen über das neue Verhältnis stellen und den Zusammenbruch der Familie unverblümt dem Elternteil anlasten wird, der die Affäre hat. Ihre Kommentare und Fragen können auch ihr wachsendes Gespür für ihre eigene Sexualität widerspiegeln.

Sie sollten erklären, daß Trennung und Scheidung für alle Beteiligten die beste Lösung sind und daß die Beziehung zwischen den Kindern und dem ausziehenden Elternteil weitergehen wird, auch wenn die Ehe endet. In diesem Alter schließen Jungen sich meist mehr an den Vater an und entwickeln ein stärkeres Gefühl der Identität mit ihrem Geschlecht; Jungen, die weiterhin bei ihrer Mutter wohnen, brauchen unter Umständen die wiederholte Versicherung, daß sie ihren Vater auch weiterhin treffen werden.

≡   Die Diskussion vorerst beenden

Wenn das Thema nicht schon früher angesprochen wurde, können Sie den Kindern abschließend versichern, daß sie auch weiterhin alle Verwandten treffen können, mit denen sie zuvor zu tun hatten, ganz gleich auf welcher Seite der Familie. Erklären Sie, daß eine Scheidung etwas ist, das zwischen den beiden Eheleuten vorfällt, nicht zwischen ihren Verwandten.

Obwohl es für Sie schmerzlich sein mag oder Sie sich unbehaglich fühlen werden, wenn Sie gerade jetzt mit den Verwandten Ihres Partners verkehren müssen – Sie sollten Ihre Kinder nicht von dem Kontakt mit Menschen abschneiden, die sie lieben. (In einzelnen Bundesstaaten in den USA haben manche Verwandte, etwa die Großeltern, einen Anspruch darauf, ihre Enkel zu sehen.) Ihre Kinder haben schon genug Verluste erlitten; sie brauchen so viel Liebe, Sicherheit und Stabilität, wie sie bekommen können. Tatsächlich kann es auch Ihnen einen Teil der Last abnehmen, wenn Sie sich an Verwandte wenden können. Sie könnten hier Babysitter für den Notfall finden – und Ihre Kinder zusätzliche Gesprächspartner, die ihnen helfen können, mit ihren Empfindungen über die Trennung ihrer Eltern fertigzuwerden.

Darüber hinaus sollten Sie die Kinder ermutigen, mit Ihnen über ihre Reaktionen zu sprechen – sowohl jetzt als auch später noch. Wenn ihre erste Reaktion Schweigen ist, dürfen Sie daraus nicht schließen, daß sie Ihre Ankündigung verstanden und akzeptiert hätten. Manchmal weigern sich Kinder zu sprechen oder versuchen das Thema zu wechseln, um das Gehörte auszublenden und so tun zu können, als sei nichts geschehen. Solche Reaktionen sind Zeichen der Verweigerung. Wenn die Kinder ärgerlich reagieren, versuchen Sie die Situation zu meistern, ohne die Geduld zu verlieren, in Tränen auszubrechen, Strafen anzudrohen oder auch Ihren Partner für den Auftritt verantwortlich zu machen, um Ihren Gefühlen Luft zu machen. Wie die erste Reaktion Ihrer Kinder auch ausfällt, sagen Sie ihnen, daß Sie (und hoffentlich auch der Partner) ihnen immer zur Verfügung stehen und ihre Fragen beantworten werden, wenn sie darüber sprechen wollen.

Es folgen einige Fragen, die Sie Ihren Kindern stellen können, wenn Sie ihr Schweigen brechen und herausfinden wollen, ob sie Ihre Ausführungen verstanden haben. Sie können diese und ähnliche Fragen auch in den Monaten nach der ursprünglichen Diskussion noch stellen, wenn sich in Ihrem Leben weitere Veränderungen einstellen.

– *Hast du noch irgendwelche Fragen zu dem, was ich/wir dir gerade erklärt habe(n)?*

– *Was empfindest du in der Sache?*

– *Was an der Scheidung macht dich traurig? wütend? glücklich? aufgeregt? erleichtert? Was macht dir Angst? (Suchen Sie sich die Reaktionen heraus, die Sie an dem Kind zu bemerken meinen.)*

– *Was meinst du, was Papa/Mama passieren wird, wenn er/sie auszieht?*

– *Was meinst du, was mit dir passieren wird?*

Vielleicht werden Sie die Diskussion damit beenden wollen, daß Sie Ihre Kinder fragen, ob sie gern mit jemandem außerhalb des innersten Familienkreises sprechen wollen. Nahe Verwandte, zum Beispiel Großeltern oder die Lieblingstante, wären hier eine gute Wahl. Wenn Sie es sich leisten können oder Ihre Versicherung dafür aufkommt, können Sie sich auch an einen auf Kinder und Heranwachsende spezialisierten Psychologen wenden. Erkundigen Sie sich auch, ob es in der Schule oder der Gemeinde Programme für Kinder geschiedener Eltern gibt.

Gesprächsbereitschaft signalisieren

Von dem Augenblick an, in dem Sie Ihren Kindern Ihre Trennung oder Scheidung angekündigt haben, sollten Sie ihnen immer wieder versichern, daß man sie nicht verlassen wird, und sie ermutigen, ihre Empfindungen mit Ihnen zu teilen. Wenn die Kinder Fragen stellen, tun Sie Ihr Bestes, ihnen zu antworten, und wenn Sie mit ihnen gerade mitten im Berufsverkehr steckten; Sie können später immer noch Details ergänzen, wenn es nötig ist. Werden Sie nicht ungeduldig, wenn Sie die gleiche Frage wieder und wieder beantworten sollen. Behalten Sie auch im Gedächtnis, daß kleine Kinder ihre Sprache noch nicht vollständig gemeistert haben und nicht alles in Worte fassen können, was in ihren Gedanken vorgeht. Manchmal können Fragen eine versteckte Bedeutung haben, die Sie erst finden müssen.

So kam eines Tages der fünfjährige Duncan zu seinem nicht sorge-berechtigten Vater und fragte: »Wieso kommt John dauernd zu uns und schläft in Mamas Bett, so wie du's immer gemacht hast?« Die erste Reaktion des Vaters hätte nun sein können, das Kind nach weiteren Einzelheiten auszufragen oder über das Verhalten seiner Mutter in Rage zu geraten. Keine dieser Reaktionen wäre der Situation angemessen. Kinder sollten niemals als Spione eingesetzt werden, und ebensowenig sollten sie das Publikum abgeben müssen, wenn ein Partner seinen Ansichten über den anderen Luft macht. Solche Reaktionen spiegeln nur die Empfindungen des Erwachsenen; sie gehen nicht wirklich auf die Fragen des Kindes ein.

Duncans Vater merkte, daß sein Sohn nicht über das Liebesleben seiner Mutter aufgeklärt werden wollte. Die eigentliche Bedeutung seiner Frage war: Hat die Mama mich noch lieb? Wenn sie so viel Zeit mit ihrem neuen Freund verbringt, wird sie sich dann noch um mich kümmern können? Und wenn sie für dich einen Ersatz gefunden hat, findet sie dann vielleicht auch einen für mich? In einer solchen Situation kann es vorkommen, daß der Elternteil zwar das wirkliche Anliegen des Kindes erkennt, der Versuchung, auf irgendeine Art über den früheren Partner herzuziehen, aber trotzdem nicht widerstehen kann. Tun Sie das nicht! Kinder brauchen das Gefühl, daß sie in ihrer Zuneigung zu ihrem anderen Elternteil Ihren Rückhalt haben.

Behalten Sie das Wissen um Ihre bevorstehende Scheidung nicht für sich. Im Interesse der Kinder sollten Sie auch andere Menschen, die in ihrem Leben eine Rolle spielen, von der Scheidung und anderen relevanten Umständen unterrichten. Sie müssen über derlei Bescheid wissen, um mit Ihren Kindern umgehen und die Fragen beantworten zu können, die sie eventuell stellen werden. Dazu gehören Großeltern und andere nahe Verwandte, Freunde, Lehrer, Kindergartenpersonal, Babysitter, Haushaltshilfen und Ärzte. Bitten Sie sie auch, ein Auge darauf zu haben, ob sich das Verhalten der Kinder verändert oder ob Probleme irgendeiner Art auftauchen, und Ihnen davon zu erzählen. So kann es zum Beispiel vorkommen, daß Ihr Kind sich in der Schule den anderen Kindern gegenüber aggressiver verhält als zuvor, obwohl es zu Hause hilfsbereit und kooperativ ist. Es ist verstört und wütend genug, um sich in der Schule entsprechend zu verhalten, gibt sich aber große Mühe, sich zu Hause zusammenzunehmen, weil es fürchtet, Sie zu vertreiben, so wie es (in seiner ichbezogenen Welt) schon den anderen Elternteil vertrieben hat.

Die Auswirkungen des Scheidungsverfahrens auf die Kinder verringern

Wenn Sie eine Scheidung erwägen oder wenn der Scheidungsprozeß bereits im Gang ist, haben Sie nun Gelegenheit, eine offene und kooperative Atmosphäre für die Verhandlungen mit Ihrem Partner zu schaffen, in der das Wohl aller Familienmitglieder berücksichtigt werden kann. Dieses Kapitel soll Ihnen helfen, dieses Ziel zu erreichen. Es enthält auch Ratschläge, mit deren Hilfe Sie häßliche und destruktive Auseinandersetzungen vermeiden und Meinungsverschiedenheiten beilegen können, denen sich geschiedene Eltern zu irgendeinem Zeitpunkt gegenübersehen können.

Den richtigen Weg einschlagen

Ich habe an anderer Stelle schon erwähnt, daß es für Kinder nicht notwendigerweise schädlich sein muß, in einer Scheidungsfamilie zu leben; es sind die Auseinandersetzungen und andere Probleme, die sich aus der Scheidung ergeben, die bleibende Schäden verursachen können. Wenn die Eltern vermeiden wollen, daß ihre Scheidung zu einem schmutzigen, häßlichen Kleinkrieg verkommt, in dem jeder Partner mit dem Finger auf den anderen zeigt, haben sie die Möglichkeit, dies zu erreichen. Sie können einen Ton der Verständigung und Zusammenarbeit vorgeben, der ihnen helfen wird, ihr Verhältnis für die zukünftigen Aufgaben in die richtige Form zu bringen. So mag es zum Beispiel eine große Versuchung sein, unnachgiebig um den größeren Teil des Familienvermögens zu kämpfen – Haus, Auto, Mobiliar, das ganze Drum und Dran –, um es einem Partner heimzuzahlen, der die Familie eines neuen Verhältnisses wegen verlassen hat. Aber eine solche Schlacht wird zwischen den früheren Eheleuten so viel Bitterkeit und Ärger erzeugen (und dabei so ungeheuerliche Finanzmittel verschlingen), daß Verständigung und Zusammenarbeit in Fragen, die die Kinder betreffen, fast unmöglich werden. Leute, die so handeln, werden ihre Schlacht vielleicht gewinnen; den Krieg werden sie – und die Kinder – unvermeidlich verlieren.

Wenn es zwischen Ihnen und Ihrem Partner Konflikte gibt – und Sie können davon ausgehen, daß das der Fall sein wird –, dann sparen Sie sich die Auseinandersetzungen für die Fragen auf, auf die es wirklich ankommt. Vergeuden Sie Ihre Zeit und Energie nicht mit dem Zank um Kleinigkeiten, etwa die Frage, bei wem die Kinderfahrräder untergestellt werden sollen oder wer den Computer bekommt. Oft sind es gerade solche Nebensachen, deren Klärung Sie mehr Zeit und Energie kostet, als die ganze Angelegenheit verdient. Ihr Symbolwert am Ende einer Ehe läßt sie viel wichtiger erscheinen, als sie tatsächlich sind – oder in einer so schwierigen Zeit sein sollten.

Wenn Sie entschieden haben, daß Sie eine gesetzliche Trennung oder eine Scheidung anstreben wollen, ist es bestimmt ein guter Anfang, sich mit den entsprechenden Gesetzen und Abläufen vertraut zu machen. Die nächste Bibliothek oder Beratungsstelle wird wahrscheinlich Bücher oder Broschüren zu diesem Thema haben oder Ihnen doch wenigstens sagen können, wohin Sie sich mit Ihren Fragen wenden können. Als nächstes sollten Sie sich einen Anwalt suchen, der Ihre Interessen *und die Ihrer Kinder* vertritt. Ihr Partner sollte das gleiche tun. Es ist am besten, wenn jeder von Ihnen seinen eigenen Anwalt hat, denn so können Sie sichergehen, daß die Entscheidung allen Seiten gerecht wird. Menschen, denen es gleichgültig ist, ob die endgültige Vereinbarung ihrem Partner gegenüber fair ist, haben schon einen Kurs eingeschlagen, der sie selbst und ihre Kinder in Schwierigkeiten bringen wird.

Suchen Sie sich auf jeden Fall einen Anwalt, der Erfahrung mit Scheidungsfällen und den zugehörigen Anliegen wie Sorge- und Besuchsrecht und Unterhaltsfragen hat. Das mag nach einer Selbstverständlichkeit klingen, aber viele Menschen greifen einfach nach den Gelben Seiten oder rufen den Anwalt an, der einmal irgendein Anliegen der Nachbarfamilie vertreten hat. Wirklich geeignete Informationsquellen dagegen sind die örtliche Anwaltskammer und Menschen, deren Scheidung geschickt und gewissenhaft gehandhabt wurde.

Manche Familien haben schon ihren Anwalt, dem sie dann ganz selbstverständlich auch ihre Scheidungsangelegenheiten anvertrauen. Ein Vorteil bei diesem Vorgehen ist, daß der Anwalt die Familie bereits kennt – sowohl persönlich als auch in ihrer Eigenschaft als Geschäftspartner. Trotzdem sollte ein Familienanwalt nur in den harmonischsten Scheidungsfällen hinzugezogen werden. Meist hat der Anwalt zu einem der beiden Partner ein vertrauteres Verhältnis als zu dem anderen, was möglicherweise sein Urteil beeinflussen könnte. In diesem Fall sollte der Anwalt es ablehnen, den Fall anzunehmen, und den Interessenkonflikt als Grund dafür angeben. Selbst wenn der Familienanwalt die Scheidung übernimmt, sollte ein zweiter Anwalt die Punkte der Scheidungsvereinbarung noch einmal überprüfen, bevor sie verabschiedet werden.

Es kann nicht schaden, wenn Sie sich von Anfang an darauf einstellen, daß Sie möglicherweise enttäuscht sein werden – welches rechtliche

Arrangement Sie und Ihr Partner auch treffen. Angesichts der vielen unterschiedlichen Entscheidungsmöglichkeiten einserseits und der individuellen Situation und der Probleme jeder einzelnen Familie andererseits ist es sehr selten, daß alle Parteien mit der schließlich gefundenen Lösung wunschlos glücklich sind. Wenn Sie dies gleich zu Anfang des Prozesses akzeptieren, wird es Ihnen leichter fallen, für Kompromisse zugänglich zu bleiben und nicht steckenzubleiben, wenn Details verhandelt werden. Nichtsdestoweniger ist es möglich, eine Situation zu schaffen, in der beide Eltern einen möglichst unbeschränkten Kontakt mit den Kindern aufrechterhalten.

 Die emotionale Stabilität und das langfristige Wohl der Kinder hängen davon ab, daß sie eine positive und stabile Beziehung zu beiden Eltern haben, unabhängig davon, wer das Sorgerecht erhält.

Ich habe im letzten Kapitel schon betont, wie wichtig es ist, daß Sie und Ihr Partner während des gesamten Trennungs- und Scheidungsprozesses den Kindern gegenüber offen und aufrichtig bleiben. Je mehr Sie mit Ihren Kindern sprechen, desto besser. Halten Sie sie auf dem laufenden darüber, was gerade geschieht –, und passen Sie Ihre Mitteilungen auch hier der intellektuellen Reife Ihrer Kinder an.

Zudem sollte es Ihnen gerade jetzt ein besonderes Anliegen sein, das Familienleben so stabil wie möglich zu halten. Selbstverständlich ist die Übergangsphase zwischen Ehe und Scheidung eine anstrengende und aufreibende Zeit. Sie sind gezwungen, viele schwierige Entscheidungen zu treffen, und Ihr Leben wandelt sich von Grund auf. Zugleich werden auch an Ihre Kinder große Ansprüche gestellt, oft mehr, als sie ihrem Alter und ihrer Erfahrung nach eigentlich handhaben können. Die Anspannung ist groß, der Geduldsfaden wird brüchig. Sie müssen der Versuchung widerstehen, Ihren Kindern gegenüber ungeduldig zu werden und sie mit Worten oder Handlungen zu verletzen (etwa indem Sie sie ohrfeigen), auf die Sie unter anderen Umständen nicht verfallen wären. Ganz besonders sollten Sie darauf achten, nichts zu sagen, aus dem Ihre Kinder schließen könnten, *sie* seien die Ursache für das Auseinanderbrechen der Familie.

Ich kenne eine Frau, die sich darüber ärgerte, daß ihre vierjährige Tochter auch nach mehrfachen Ermahnungen ihr Spielzeug nicht wegräumte. Schließlich verlor die Mutter die Geduld und schnauzte sie an:»Du weißt genau, wie sauer Papa immer war, wenn du dein Zeug im Hof herumliegen läßt!« Die Mutter war sehr überrascht, als ihre Tochter ein paar Tage später fragte: »Mama, wenn ich den Flur aufräume, kommt Papa dann zurück?«

Ihre elterlichen Fähigkeiten werden wahrscheinlich auf die Probe gestellt wie nie zuvor. Auch wenn Sie im Augenblick – und verständlicherweise – überfordert sind, versuchen Sie, den gewohnten Tagesablauf und die Gebräuche in Ihrer Familie aufrechtzuerhalten. Feiern Sie auch weiterhin Geburtstagsparties und gehen Sie in den Zirkus oder den Zoo. Wenn Sie sonntags immer mit Liebe gekocht und an einem schön gedeckten Tisch gegessen haben, tun Sie es auch weiterhin. Sie könnten gerade jetzt auch ein paar neue Gewohnheiten einführen. Versuchen Sie sich in Ihre Kinder hineinzuversetzen: Was würden sie denn am meisten schätzen? Eine freundliche Bemerkung, eine Gutenachtgeschichte, gemeinsam das Abendessen machen, in aller Ruhe zusammen einkaufen gehen – lauter einfache Dinge, die Sie gemeinsam tun können und die Ihren Kindern zeigen, daß Sie ihnen auch weiterhin zur Verfügung stehen. Zeigen Sie ihnen, daß es in ihrem Leben immer noch Dinge gibt, auf die sie sich verlassen können.

Einige Punkte, die Sie zu Beginn der Scheidung im Gedächtnis behalten sollten:

- Tun Sie alles, um die Anspannung so niedrig wie möglich zu halten und sich nicht in Gegenwart der Kinder mit Ihrem Partner zu streiten. Sie werden sich mit der Scheidung besser abfinden, wenn Sie und Ihr Partner lernen, Ihre Differenzen aus dem Spiel zu lassen und zu kommunizieren, damit das Wohl der Kinder Vorrang hat. Denken Sie auch daran, daß die Streßschwelle bei Kindern niedriger liegt als bei Erwachsenen.
- Die Eheleute sollten jeweils einen eigenen Anwalt haben, der ihre individuellen Interessen und die der Kinder vertritt.
- Sorgen Sie dafür, daß Ihre Kinder über den Stand der Dinge auf dem laufenden sind; ermutigen Sie sie, mit Ihnen über das Thema zu sprechen. Sie sollten die Scheidung auch nicht für sich behalten. Menschen, die im Leben Ihrer Kinder eine Rolle spielen – Großeltern, enge Freunde der Familie, Lehrer und Trainer und so fort –, sollten unterrichtet werden. So gibt es außer Ihnen noch andere, die ein Auge auf die Kinder haben und an die sie sich bei Bedarf wenden können.
- Versuchen Sie den gewohnten Tagesablauf aufrechtzuerhalten. Kinder brauchen im Leben Stabilität und Vorhersagbarkeit.

☰ Methoden der Konfliktlösung

Eine Scheidung ist die rechtliche Anerkennung des Endes einer Ehe. Aus diesem Grund muß ein Gericht eingeschaltet werden. Nun hängt vieles von der Fähigkeit der Ehepartner ab, sich auf eine Lösung zu einigen, die den Bedürfnissen aller Familienmitglieder gerecht zu werden versucht. Je besser sie zusammenarbeiten, desto schneller und weniger traumatisch wird der Prozeß vonstatten gehen. Das ist der Punkt, auf den es ankommt.

Um die Entscheidungen treffen zu können, die Menschen in Ihrer Situation gemeinhin bevorstehen, sollten Sie mit den rechtlichen Grundbegriffen wie Scheidungsfolgenvereinbarung, Sorgerecht, Besuchsrecht und Kinderunterhalt vertraut sein. Die meisten dieser Begriffe kennen Sie wahrscheinlich. Trotzdem sollten Sie, wenn Sie sich das erste Mal mit einem Anwalt (oder einem anderen Spezialisten, etwa einem Vermittler) treffen, Ihren Kenntnisstand zusammen mit dieser Person durchgehen, um Mißverständnisse zu vermeiden.

Sie müssen auch wissen, wie sich diese Möglichkeiten auf die Kinder auswirken werden. Je nach der Situation Ihrer Familie besteht bei manchen die Aussicht, daß sie ihren Zweck tadellos erfüllen, andere dagegen können verhängnisvoll sein.

☰ Der Rechtsstreit und das Parteiensystem

Das deutsche Rechtssystem ist ein Parteiensystem. Einfach ausgedrückt gehören zu einem Rechtsstreit zwei Parteien. Die Standpunkte und Argumente dieser Parteien werden in einer bestimmten Form einem Gericht vorgelegt, wobei die Widersprüche in der Argumentation die »Wahrheit« zu ermitteln helfen. Beide Seiten müssen sich in ihrem Vorgehen an strenge Verfahrensregeln halten, die gewährleisten sollen, daß der Prozeß fair geführt werden kann.

In einem Parteiensystem geht man zum Beispiel davon aus, daß eine des Mordes angeklagte Person so lange unschuldig ist, bis ihre Schuld erwiesen ist. In einem solchen Rechtsfall ist der des Mordes Beschuldigte der Angeklagte, und der Staat ist der Ankläger. Es ist Sache des Anklägers, die Schuld des Angeklagten über jeden vernünftigen Zweifel hinaus zu beweisen. In einem Zivilprozeß nennt man die klagende Partei Kläger/in, die angeklagte Partei nennt man Beklagte/r. Beide zusammen sind die Prozeßparteien, das heißt, sie führen einen Rechtsstreit.

Für solche Fälle scheint das Parteiensystem seinen Zweck besser zu erfüllen als andere im Lauf der Geschichte erprobte Verfahren. Familien allerdings ist besser gedient, wenn sie eine Situation vermeiden, in der ein Partner vor Gericht gegen den anderen steht. Oft finden sich die Kinder zwischen den Parteien wieder, hin- und hergezerrt von ihrer Loyalität beiden Eltern gegenüber. Diese Situation schadet allen Familienmitgliedern. Ironischerweise liegt das Schicksal solcher Familien damit in den Händen eines Richters, der sich die Litanei der Aussagen von Anwälten, Spezialisten und Zeugen anhört und dann eine Entscheidung präsentiert, mit der vielleicht niemand glücklich ist.

Ich erinnere mich an eine besonders rührende Situation, in der ein Kind nicht nur beiden Eltern gegenüber loyal blieb, sondern auf seine eigene Art sogar einen Waffenstillstand herbeizuführen versuchte, und zwar mit einer Taktik, die einem viel älteren Kind gut angestanden hätte. Wenn die Mutter irgendeiner wirklichen oder eingebildeten Untat wegen über den Vater herfiel, erinnerte die sechsjährige Rebecca sie: »Aber Mama, Papa macht doch auch viele gute Sachen.« Ihrem Vater gegenüber verhielt sie sich ebenso. Ganz offensichtlich war ihre Anhänglichkeit an beide Eltern etwas, das man unterstützen und nicht zerstören sollte.

Oft beschweren sich Paare während der Scheidung darüber, daß »die Anwälte die ganzen Streitereien angefangen« hätten. Natürlich kommt es vor, daß Anwälte einen erbitterten Kampf unterstützen, denn es geht ihnen ja darum, für ihren jeweiligen Klienten die beste Lösung zu erreichen. Es ist ihre Aufgabe, in den Kategorien des Gewinnens und Verlierens zu denken. Aber viele Klienten scheinen zu vergessen, daß der Anwalt in ihrem Auftrag handelt. Viele Jahre in der forensischen Psychiatrie haben mich gelehrt, daß es der Klient ist, der den Ton der Scheidungsverhandlungen vorgibt. Wenn der Klient vernünftig ist, wird sein Anwalt es ebenso sein; ist der Klient streitsüchtig und stellt überzogene Ansprüche, wird der Anwalt auch dies übernehmen. Derart starrsinnige Menschen finden sich oft in teuren und emotional erschöpfenden Verhandlungen wieder. Klienten, die daran interessiert sind, mit Kompromissen und Vernunft zu einer Einigung zu kommen, sollten dies ihrem Anwalt gleich beim ersten Treffen mitteilen und ihn auch später gelegentlich daran erinnern. Mit dieser Vorgehensweise ist den Kindern am besten gedient, denn sie beschränkt den elterlichen Konflikt auf ein Minimum.

Manchmal ist der Konflikt unvermeidlich. Wenn der Partner, der das Sorgerecht verlangt, die Kinder körperlich mißhandelt oder sexuell mißbraucht oder wenn er psychisch labil ist, kann es vorkommen, daß dem zweiten Elternteil kein andere Wahl bleibt: er muß Schritte unternehmen, um den Kontakt der Kinder mit dem ehemaligen Partner einzuschränken oder zu beenden. Wenn der Konflikt aber weniger ernster Natur ist, gibt es Möglichkeiten, lähmende und sinnlose Gerichtsdramen zu vermeiden. Dazu gehören in erster Linie Vermittlung und Schlichtung.

Mediation

Meditation (oder »Vermittlung«) ist, sowohl in finanzieller als auch in emotionaler Beziehung, sehr viel billiger als ein Rechtsstreit. Mediation bedeutet, daß die Partner ihre Scheidungsverhandlungen unter der Leitung eines unparteiischen Dritten selbst führen. Dieser Dritte, der Vermittler, ist in der Regel ein Anwalt, kann aber auch ein Psychologe oder ein Angehöriger einer verwandten Disziplin sein. Einige Bundesstaaten in den USA verlangen von allen Eltern, die eine Scheidung anstreben, daß sie sich einer Mediation unterziehen. Erst wenn diese scheitert, kann der Rechtsstreit vor Gericht weiterverfolgt werden.

Da diese Methode verhältnismäßig neu ist (sie entstand erst im Lauf des letzten Jahrzehnts), sollten die Referenzen und die Erfahrung des Vermittlers besonders gründlich überprüft werden. Mögliche Klienten sollten sich auch erkundigen, ob der Vermittler in Scheidungs- und verwandten Fragen bereits feste Ansichten und Werte vertritt, die den Vermittlungsprozeß beeinflussen könnten. Einige der Fragen, die Sie stellen können, lauten: Sind Sie der Ansicht, daß Scheidung falsch oder unmoralisch ist? Halten Sie es für besser, das Sorgerecht der Mutter und nicht dem Vater zuzusprechen? Empfehlen Sie immer das gemeinsame Sorgerecht? Oder grundsätzlich das alleinige Sorgerecht? Würden Sie jemals zustimmen, wenn ein Elternteil verlangt, den Umgang des anderen mit den Kindern einzuschränken? Ein Vermittler sollte in diesen Fragen unvoreingenommen und neutral sein.

Es ist auch wichtig, daß der Vermittler zu keinem der Partner schon früher Kontakt gehabt hat, weil ihn dies voreingenommen machen könnte.

Wenn bei dem Versuch, zu einer Einigung zu kommen, ein Vermittler in Anspruch genommen wird, sind es die Eheleute selbst, die die Entscheidungen treffen und die Verantwortung für die Lösung ihrer Probleme übernehmen. Da sie ihre Lösungen selbst gefunden haben, ist die Wahrscheinlichkeit viel größer, daß sie sich auf die Dauer an ihre Übereinkünfte halten. Zudem gestattet die Vermittlung beiden Eltern, ein Arrangement erst auszuprobieren und den Erfolg zu prüfen, bevor sie sich endgültig darauf einlassen. Die einzige Bedingung ist, daß die Übereinkunft den gesetzlichen Vorgaben entsprechen muß. Es ist ohne weiteres möglich, zum Vermittler zurückzukehren, wenn ein neues Problem auftaucht oder eine alte Lösung nicht mehr funktioniert.

Eine außerordentlich nützliche Nebenwirkung der Vermittlung ist es, daß die Partner dabei lernen können, sich effizient miteinander zu verständigen und sich zu einigen. Sie werden diese Fähigkeit brauchen, um ihren Kindern gute Eltern zu sein und in Erziehungsfragen weiterhin zusammenzuarbeiten.

Wenn nicht gerade gewichtige Gründe dagegen sprechen, sollten die Anwälte der Eheleute die Entscheidung, es mit einer Vermittlung zu versuchen, unterstützen. (Manchmal beschließt ein Paar, sich einen Vermittler zu suchen, bevor auch nur die Anwälte gefunden sind.) Ein Anwalt, der sich gegen die Vermittlung stellt oder den Eheleuten ihre Entscheidung auszureden versucht, erweist seinen Klienten und ihrer Familie keinen guten Dienst. In diesem Fall würde ich vorschlagen, den Anwalt zu wechseln.

Es gibt unterschiedliche Vorgehensweisen, wenn die Eheleute sich darauf geeinigt haben, es mit einer Vermittlung zu versuchen. Ich bevorzuge die folgende: Die Partner suchen gemeinsam nach einem Vermittler – einem Menschen, den keiner von ihnen zuvor kannte und mit dem nichts sie verbindet. Die Anzahl der Treffen braucht nicht festgelegt zu werden; sechs bis zehn Sitzungen sind die Regel. Ein guter Vermittler besteht darauf, daß beide Partner anwesend sind. Sich mit dem Ehemann oder der Ehefrau allein zu treffen untergräbt den gesamten Prozeß, der schließlich den Zweck hat, beide Partner beim Erreichen einer Übereinkunft zusammenarbeiten zu lassen. Es könnte auch Mißtrauen zwischen den Eheleuten säen (oder vertiefen), denn ein Partner könnte vermuten, daß der Vermittler sich auf die Seite des anderen stellt oder daß etwas vor ihm oder ihr verheimlicht wird.

Beim ersten Treffen sollte der Vermittler erklären, wie die Vermittlung funktioniert und worin ihre Vorteile gegenüber einem Rechtsstreit bestehen. Vermutlich wird er beide Partner bitten, einen Vertrag zu unterzeichnen, in dem Vorgehensweise und Zahlungsbedingungen aufgeführt sind. Kurz gesagt, beide Eheleute müssen sich verpflichten, ehrlich und vollständig alle Angaben zu machen (finanziell, medizinisch und so fort), die der Vermittler für notwendig hält, um zu einer gerechten Einigung zu kommen. Fachkundige Außenstehende, etwa Finanzexperten oder Psychologen, können hinzugezogen werden, wenn der Vermittler es für angebracht hält.

Während der Sitzungen ist es Aufgabe des Vermittlers, die Eheleute bei der Sache zu halten und dafür zu sorgen, daß es vorangeht. Er stellt sicher, daß alle relevanten Fragen angesprochen werden, und erläutert die jeweiligen Möglichkeiten. Dazu gehören auch die Auswirkungen, die jede mögliche Lösung für jeden der beiden Eheleute haben kann, denn so wird sichergestellt, daß beide fair behandelt werden und wissen, worauf sie sich einlassen. Wenn die beiden einander angreifen oder irrelevante Fragen zu diskutieren beginnen (was unvermeidlich geschieht, weil sie ihre emotionale Belastung kaum an der Garderobe abgeben können), muß der Vermittler eingreifen und die Aufmerksamkeit wieder auf die wirklich wichtigen Anliegen lenken.

Der Vermittler muß ein feines Gespür für allerlei zwischenmenschliche Probleme haben, etwa wenn ein Partner viel zuviel und der andere gar nicht redet oder wenn ein Partner aggressiv und dominant ist, während der andere sich davor fürchtet, in irgendeinem Punkt zu widersprechen. Der Vermittler muß eingreifen und dafür sorgen, daß jeder der beiden sagt, was er denkt, und sich nicht überrollt vorkommt. Manche Menschen sind still und bescheiden, gerade weil sie die ganze Angelegenheit abkürzen wollen; ihr Unbehagen in der Gegenwart des anderen Partners ist vielleicht so groß, daß ihnen jede Einigung recht ist.

Wenn eine Einigung erreicht ist, wird sie als rechtlich anerkannter Vertrag aufgesetzt und von beiden Partnern überprüft. Beide sollten ihre Anwälte bitten, das Dokument auf die Frage hin gegenzulesen, ob es tatsächlich den Interessen der Beteiligten entspricht. Wenn beide Seiten den Vertrag gutheißen, wird man sie bitten, ihn zu unterzeichnen. Der Vertrag gilt als Teil der endgültigen Scheidungsfolgenvereinbarung, die vom Richter bestätigt werden muß.

Manche Vermittler sind der Ansicht, die Kinder des Paares sollten zumindest zeitweise hinzugezogen werden. Ich würde von einem solchen Vorgehen abraten, wenn die Kinder jünger als vierzehn Jahre sind (und manchmal auch danach noch – je nach Reife des Kindes). Die Entscheidungen, auf die man sich über die Vermittlung einigt, sollten von Erwachsenen getroffen werden; Kindern fehlt das Verständnis, die Erfahrung und die emotionale Reife, die nötig sind, um solche Entscheidungen treffen zu können. Sie dennoch dazu zu zwingen hieße ihnen eine unangemessene Bürde aufzuerlegen.

Jeffrey, ein intelligenter und ungewöhnlich reifer Junge von elf Jahren, wurde bei der Vermittlung seiner Eltern hinzugezogen. Er beschrieb mir, wie er sich auf dem »heißen Stuhl« fühlte, als der

Vermittler ihn in Gegenwart seiner Eltern fragte, bei welchem von beiden er leben wolle.

»Was soll man denn da sagen?« fragte er mich unglücklich. »Wenn ich meine Mutter ausgesucht hätte, hätte mein Vater gedacht, daß ich nicht mehr mit ihm zusammensein will. Wenn ich meinen Vater ausgesucht hätte, hätte meine Mutter gedacht, daß ich sie nicht mehr liebhabe, und sie wäre ganz allein in unserem Haus gewesen. Ich wollte gar niemanden aussuchen, und ich hab's auch nicht gemacht«, schloß er nachdrücklich. »Ich will einfach nur, daß Mama und Papa und ich wieder zusammen wohnen.«

Jeffrey half sich damit, daß er aus dem Zimmer rannte. Nach dieser Episode begann er an Gewicht zu verlieren und hatte Schwierigkeiten beim Einschlafen. Schließlich brachten seine Eltern ihn zu mir in der Hoffnung, daß ich ihm helfen könnte, und ich brauchte nicht lange, um zu den Wurzeln des Problems vorzustoßen. Ich erklärte den Eltern daraufhin, daß es in ihre Verantwortung fiel, mit Hilfe des Vermittlers das Sorgerecht für Jeffrey zu klären. Sie mußten einsehen, was das wirklich wichtige Ziel war: sich auf ein Arrangement zu einigen, das Jeffrey so viel Zugang zu seinen Eltern gab wie möglich, unabhängig davon, mit wem er zusammenlebte.

Jeffrey hatte Glück; seine Eltern waren aufrichtig daran interessiert, ihn glücklich und zufrieden zu sehen. Der Fall des neunjährigen Bobby illustriert einen anderen Grund, weshalb die Eltern die Entscheidungen treffen sollten.

Bobby mußte die gleiche Frage beantworten wie Jeffrey, und auch die Gründe waren nach außen hin die gleichen. Das Ergebnis dagegen fiel ganz anders aus: Bobby entschied sich für seine Mutter, und sein Vater ließ es ihn niemals vergessen. »Sehr viel kann dir ja nicht an mir liegen, sonst wärst du zu mir gekommen.« »Nein, ich kann es mir nicht leisten, dir den Tennisschläger zu kaufen. Wenn du bei mir lebtest, hätten wir mehr Geld – dann bräuchte ich ja auch nicht für zwei Haushalte zu zahlen.« Und so weiter und so fort. Als Bobby ein Teenager war, brauchte er eine Therapie, um mit seinen überwältigenden Schuldgefühlen fertigwerden zu können. Er glaubte seinen Vater in irgendeiner Weise verraten zu haben.

Mediation ist eine gute Methode, um Meinungsverschiedenheiten beizulegen, aber sie ist nicht immer erfolgreich, und in manchen Fällen sollte sie lieber gar nicht eingesetzt werden. Es gibt Eltern, bei denen eine Vermittlung wenig hoffnungsvoll ist, und Situationen, die vor Gericht besser aufgehoben sind.

Eine Vermittlung ist unangemessen oder erfolglos:

- Bei Menschen, die nicht bereit sind, die für eine faire Lösung notwendigen Angaben zu machen. Oft treten solche Schwierigkeiten bei der Klärung von Finanzen und der ehegüterrechtlichen Ansprüche auf, vor allem in vermögenden Familien.
- Wenn die scheidungswilligen Partner sich überhaupt nur über ihre Anwälte verständigen.
- Bei Leuten, die wild entschlossen sind zu »gewinnen«, ihren Standpunkt für den einzig richtigen halten, dem Partner in nichts nachgeben wollen und so fort. Ob sie sich nun darüber im klaren sind oder nicht, diese Menschen wollen den Streit gar nicht wirklich beenden und sind deshalb auch unfähig zum Kompromiß. Jede erfolgreiche Vermittlung beruht aber auf Kompromissen – sie kennt keine Gewinner und Verlierer. Zudem benutzen solche Eltern ihre Kinder bewußt oder unbewußt als Waffen oder Verhandlungsgut, um so den anderen Partner zu verletzen. Letzten Endes sind die Kinder kaum mehr als ein Teil der Beute, die der »siegreiche« Elternteil einstreicht.
- Bei Menschen, die sich an der Scheidung so schuldig fühlen, daß sie im Grunde bereit sind, dem anderen Partner alles zu überlassen – einschließlich der Kinder. Eine besonders verderbliche Folge dieser Schuldgefühle ist es, daß die betreffende Person den Kontakt mit ihren Kindern oft meidet oder irgendwann ganz abbricht, nur um nicht daran erinnert zu werden, wieviel Kummer und Schaden sie mit ihrem Verhalten angerichtet hat.
- Bei Menschen, die davon überzeugt sind, nichts im Leben verdient zu haben. Anders als der oben beschriebene schuldbewußte Partner wollten diese Leute die Scheidung meist nicht. Ihr Selbstwertgefühl ist so niedrig, daß sie selbstzerstörerisch handeln. In aller Regel ist eine Vermittlung bei diesen Menschen ohne die Hilfe eines Psychologen zwecklos.
- Bei Menschen mit emotionalen Problemen oder Geisteskranken, deren Zustand es ihnen unmöglich macht, zu einer fairen oder kompetenten Übereinkunft zu gelangen. Allerdings kommt es auch vor, daß der Vermittler irgendwann während des Vermittlungsprozesses feststellt, daß einer oder beide Partner psychologische oder psychiatrische Hilfe brauchen, wenn die Vermittlung er-

folgreich sein soll. In diesem Fall werden die weiteren Sitzungen vertagt, bis alle Beteiligten in der Lage sind, sie fortzusetzen.

● Wenn der Verdacht besteht, daß die Kinder körperlich mißhandelt oder sexuell mißbraucht werden oder daß die Eltern ihren Kindern durch ihr Verhalten in anderer Weise schaden – etwa durch Kriminalität, verbale Mißhandlung oder Alkohol- beziehungsweise Drogenmißbrauch. Diese Punkte werden ab Seite 145 und ab Seite 217 behandelt.

Schlichtung

Eine weitere Möglichkeit, Meinungsverschiedenheiten eines scheidungswilligen Paares beizulegen, ist die Schlichtung. Sie ähnelt der Vermittlung insofern, als die Partner gemeinsam einen unparteiischen Dritten wählen und gemeinsam mit ihm zu einer Lösung zu kommen versuchen. Allerdings spielt der Schlichter eine aktivere Rolle als der Vermittler, indem er auf der Grundlage seiner Kenntnisse über das Paar spezifische Vorschläge macht.

Von Meinungsverschiedenheiten im Geschäft oder im Sport wissen Sie vielleicht, daß es zwei Typen von Schlichtung gibt, die bindende und die nichtbindende. Bei der bindenden Schlichtung müssen die Parteien die Empfehlungen des Schlichters akzeptieren, bei der nichtbindenden können sie entscheiden, ob sie sie akzeptieren oder nicht.

Selbst diese kurze Erklärung wird Ihnen gezeigt haben, worin der wesentliche Vorteil der Vermittlung gegenüber der Schlichtung besteht: hier ist das scheidungswillige Paar selbst verantwortlich dafür, eine Lösung für seine Meinungsverschiedenheiten zu finden (wenn auch unter der behutsam leitenden Hand des Vermittlers) und das Resultat der gefundenen Übereinstimmung zu überwachen.

Paare, bei denen die Vermittlung nicht erfolgreich war, versuchen es unter Umständen noch mit Schlichtung, bevor sie vor Gericht ziehen. Einen Rechtsstreit würde ich in den meisten Scheidungsfällen nur als allerletzte Möglichkeit in Betracht ziehen. Er lebt vom Konflikt; es liegt in der Natur der Sache, daß es hier Gewinner und Verlierer geben muß. Aber in der Regel gewinnt niemand wirklich – am wenigsten die Kinder. Gewonnen haben allenfalls die Anwälte, deren Aufgabe darin bestand, einander die widerstreitenden Positionen ihrer Klienten um die Ohren zu schlagen, und der Richter, der eine Lösung präsentiert, deren Weisheit seiner Ansicht nach höchstens Salomo noch hätte übertreffen können.

☰ Sorgerechtsfragen

Welche Methode die Eltern auch immer wählen, um ihre Konflikte beizulegen, die wichtigste Entscheidung betrifft das Sorgerecht für die Kinder. Sollen sie bei Mama leben? Oder bei Papa? Sollen sich Mama und Papa das Sorgerecht teilen? Sollen die Kinder getrennt werden – das eine zu Mama, das andere zu Papa? Sind beide Eltern in der Lage, gemeinsam die Verantwortung für alle Entscheidungen über das Wohl ihrer Kinder zu übernehmen, oder sollte diese Aufgabe nur einem von beiden übertragen werden?

All das sind schwierige und herzzerreißende Fragen. Wenn Sie und Ihr früherer Partner nach den Antworten suchen, sollten die Interessen der Kinder ganz vorne stehen. Manchmal ist dies leichter gesagt als getan. Ihre Ehe ist am Ende, aber Sie beide sind immer noch die Eltern Ihrer Kinder und werden es immer sein.

Wenn Sie der zurückgewiesene Partner sind (selbst wenn die Scheidung Ihr Wunsch war), müssen Sie der Versuchung widerstehen, Ihren Partner dafür bestrafen oder es ihm heimzahlen zu wollen, daß er oder sie Sie und die Kinder in eine so fürchterliche Lage gebracht hat. Versuchen Sie den Gedanken zu vermeiden, daß Sie »verlassen« wurden – auch dann, wenn der Begriff im Grunde zutrifft. Er ist emotional allzu befrachtet.

Wenn Sie es sind, die oder der die Beziehung beendet hat, müssen Sie dem Wunsch widerstehen, den unerfreulichen Folgen Ihres Verhaltens entgehen zu wollen. Brechen Sie in Ihrem Wunsch, Ihr Leben wieder in Gang zu bringen, keine Brücken zwischen sich und Ihren Kindern ab.

═ Alleiniges Sorgerecht

Beim alleinigen Sorgerecht, der traditionellen Entscheidung, liegt die Rechtsverantwortung in vollem Umfang bei einem der beiden Eltern, und die Kinder leben den größten Teil ihrer Zeit mit diesem Elternteil zusammen. Wenn die Eltern sich einigen können, wer das alleinige Sorgerecht für die Kinder erhalten soll, wird der Richter diese Entscheidung in der Regel akzeptieren und sie in die endgültige Scheidungsfolgenvereinbarung übernehmen. Können sich die Eltern nicht einigen, ist ein Prozeß um das Sorgerecht unvermeidlich.

Bei der Entscheidung, wer das Sorgerecht erhalten soll, halten sich die Richter meist an das Kriterium des Kindeswohls. Die Fähigkeiten beider Eltern, für das körperliche und geistige Wohlergehen des Kindes zu sorgen, ihre physische und psychische Gesundheit und eventuell Fälle von unmoralischem Verhalten und körperlichem oder sexuellem Mißbrauch der Kinder in der Vergangenheit werden gegeneinander abgewogen. Auch Geschlecht, Alter und Religion der Kinder können in Betracht gezogen werden. Die nötigen Informationen stammen meist aus Berichten der Eltern, der Gutachter und anderer (zum Beispiel der Großeltern). Manchmal werden auch die Kinder selbst hinzugezogen; je nach Alter können sie gefragt werden, mit welchem Elternteil sie lieber zusammenleben würden.

In den letzten Jahren haben Gerichte das Sorgerecht meist der Mutter zugesprochen. Umgekehrt waren es bis zum Anfang dieses Jahrhunderts unweigerlich die Väter, die das Sorgerecht erhielten. Geschiedene Frauen galten als unfähig, sich um ihre Kinder zu kümmern, auch weil sie oft unwissend waren und weder Rechte besaßen noch Aussicht darauf hatten, auf vertretbare Weise ihren Lebensunterhalt zu verdienen. Zudem waren Kinder, wie bereits angesprochen, eine wertvolle ökonomische Investition, die die Väter behalten wollten. Als die Frauen damit begannen, Rechte zu verlangen und sich Zutritt zu Bildungseinrichtungen zu verschaffen, und die gesellschaftliche Einstellung zum Status des Kindes sich änderte, änderten sich auch die Gesetze, und es begann die Tendenz, geschiedenen Müttern das Sorgerecht für ihre Kinder zuzusprechen.

Gemeinsames Sorgerecht

In jüngster Zeit ist ein anderes Sorgerechtsmodell sehr üblich geworden – das gemeinsame Sorgerecht. Es gibt inzwischen zwei gebräuchliche Varianten, die gemeinsame Versorgung und die gemeinsame juristische Sorge. Das am häufigsten anzutreffende Arrangement ist, daß die Eltern die juristische Sorge gemeinsam tragen, aber in vielen Familien teilen sich die Eltern sowohl die juristische Sorge als auch in die gemeinsame Versorgung.

Bei der gemeinsamen juristischen Sorge tragen die Eltern gemeinsam die Verantwortung für alle Entscheidungen, die ihre Kinder betreffen, obwohl die Kinder den größten Teil ihrer Zeit mit nur einem Elternteil verbringen. Die Eltern treffen alle die Kinder betreffenden Entscheidungen gemeinsam; kein Partner hat größere Rechte als der andere.

Bei der gemeinsamen Versorgung leben die Kinder abwechselnd und für eine jeweils festgelegte Zeitspanne im Haushalt jedes Elternteils (oder aber es sind die Kinder, die einen festen Wohnort haben, während die Eltern diese Adresse abwechselnd eine festgelegte Zeitspanne lang teilen).

Die Zeitspannen sind nicht vorgeschrieben; sie können Tage oder auch Monate dauern, je nach den individuellen Bedürfnissen der Familie. So könnten die Kinder etwa jeweils drei Tage mit ihrer Mutter, dann vier Tage bei ihrem Vater verbringen. Oder sie könnten jede Woche oder jeden Monat von einem zum anderen wechseln.

Getrennt oder gemeinsam: was ist besser?

In den letzten Jahrzehnten ist die Begeisterung für das gemeinsame Sorgerecht stetig gestiegen. Heute sind sich viele Fachleute darüber einig, daß es oft die beste Lösung für Kinder geschiedener Eltern darstellt, wenn bestimmte Bedingungen erfüllt sind. Der wichtigste Punkt dabei ist, daß es den Kindern viel Kontakt mit beiden Eltern und unter stabilen Bedingungen ermöglicht. Wenn das gemeinsame Sorgerecht erfolgreich ausgeübt wird, bietet es den Kindern auch Vorbilder – erwachsene Menschen, die zwar an ihrer Ehe gescheitert sind, sich aber dennoch als kompetente Eltern erweisen. Es mindert die Unsicherheit der Kinder, deren Familie gerade auseinandergerissen wurde, wenn sie sehen, daß ihre Eltern verläßlich und imstande sind, sich um sie zu kümmern und dabei zusammenzuarbeiten.

Zweitens vermeidet das gemeinsame Sorgerecht einige unerwünschte Nebeneffekte des alleinigen Sorgerechts, vor allen in Fällen, in denen die Entscheidung von einem Gericht getroffen wurde. Der Elternteil, dem das Sorgerecht nicht zugesprochen wurde, hat oft das Gefühl, als weniger geeignet und kompetent betrachtet worden zu sein als der andere. Seine Selbstachtung leidet darunter ebenso wie sein Gefühl, seinen Kindern wichtig zu sein. Darüber hinaus haben diese Menschen mit einem sehr realen Verlust zu kämpfen: sie können ihre Kinder nicht mehr regelmäßig sehen. Sie fürchten – mit einiger Berechtigung –, daß die förmlichen Besuche an Wochenenden oder in den Ferien niemals die Freude an kleinen Alltagsdingen ersetzen können: gebraucht zu werden, wenn Kratzer wegzuküssen oder Monster aus dem Schrank zu verscheuchen sind, die beiläufigen Triumphe und Katastrophen teilen zu dürfen, die das Kind am nächsten Tag vielleicht schon vergessen hat – kurz gesagt, zusammenzusein aus keinem anderen guten Grund als dem, daß man sich liebt.

Wenn das gemeinsame Sorgerecht ein Erfolg werden soll, wird allerdings beiden Eltern ein ungeheurer Einsatz abverlangt. Im Idealfall sollten die Eltern, die die gemeinsame Versorgung übernommen haben, einander zu Fuß erreichen können, so daß die Kinder (wenn sie alt genug sind) nach Belieben kommen und gehen können und mit denselben Freunden wie früher verkehren, unabhängig davon, bei wem sie gerade leben. Wenn die Kinder im schulpflichtigen Alter sind, müssen die Eltern nahe genug beieinander leben, um einen regelmäßigen Schulbesuch ermöglichen zu können. Die gemeinsame juristische Sorge verlangt, daß beide Eltern in der Lage sind, in allen Belangen der Kinder zusammenzuarbeiten und sich ohne Streit und Feindseligkeit zu verständigen. Sie müssen zudem eine ähnliche Einstellung zu ihrer Elternrolle haben, wenn auch nicht unbedingt den gleichen Erziehungsstil. Kinder sind in der Regel recht flexibel und können sich ohne weiteres einer Situation anpassen, in der etwa die Mutter Wert auf Disziplin legt und der Vater eher ein Softie ist.

Eltern, die an irgendeiner Form des gemeinsamen Sorgerechts interessiert sind, sollten sich über ihre Beweggründe im klaren sein. Manchmal sind die Motive von Eltern, die sich für diese Lösung aussprechen, unklar oder gemischt. Vielleicht wollen sie nicht zugeben, daß sie das alleinige Sorgerecht gar nicht wollen, und betrachten das gemeinsame Sorgerecht als einen Ausweg, der es ihnen erspart, das Gesicht zu verlieren. Andere Menschen meinen so ohne Mühe an einen Babysitter zu kommen – das gemeinsame Sorgerecht gibt ihnen die Möglichkeit, die Kinder bei dem anderen Elternteil abzuladen, wann immer es ihnen paßt. Viele Eltern finden keinen Ausweg zwischen der Erkenntnis, daß sie nicht in der Lage sind, ihre Elternpflichten zu gleichen Teilen mit dem früheren Partner zu teilen, und der Furcht davor, was ihre Kinder von ihnen denken könnten, wenn sie sich nicht auf das gemeinsame Sorgerecht einlassen. Die übelsten einschlägigen Fälle, die ich in meiner klinischen Praxis erlebt habe, sind aber wohl Menschen wie Jill.

> Jill wußte sehr wohl, daß kein Richter ihr jemals das alleinige Sorgerecht für ihre beiden Kinder zusprechen würde. Zugleich aber war sie so erfüllt von Feindseligkeit gegen ihren Ehemann, daß sie entschlossen war, sich das gemeinsame Sorgerecht zu erkämpfen, nur um ihm nicht das alleinige Sorgerecht zu lassen. Sie hatte Erfolg damit; als sich dann aber herausstellte, daß sie der Verantwortung nicht gewachsen war, fanden sie und ihr Ex-Ehemann sich erneut vor Gericht wieder.

Selbst wenn das gemeinsame Sorgerecht mit den besten Absichten und anfangs mit Erfolg übernommen wurde, ändern sich doch Menschen und Situationen mit der Zeit, und unter Umständen funktioniert das Arrangement irgendwann nicht mehr. Vielleicht nimmt ein Elternteil eine Stelle in einer anderen Stadt an. Vielleicht heiratet einer der Partner wieder, und der andere nimmt ihm die Heirat so übel, daß eine Zusammenarbeit unmöglich wird. Stiefkinder können die Situation in der Wohnung zu-sätzlich komplizieren. Manchmal ermutigt auch die ständige Zusammenar-beit, die das gemeinsame Sorgerecht mit sich bringt, die Kinder zu Wunschträumen, daß Mama und Papa sich doch wieder zusammentun wer-den.

Ganz offensichtlich kommt das gemeinsame Sorgerecht al-so nicht für jede Familie in Frage, und Richter, die dazu neigen, es den Familien aufzuzwingen, erweisen den Kindern unter Umstän-den einen sehr schlechten Dienst. Tatsächlich kann diese Lösung für viele Familien, die sich wegen des Sorgerechts vor Gericht wiederfinden, ge-nau die falsche sein. Gerade diese Familien haben sich bereits in der Ent-schlossenheit beider Eltern verfangen, zu kämpfen und zu gewinnen. Wenn eine Familie zu dem oben beschriebenen Einsatz nicht in der Lage ist, wer-den die Kinder unvermeidlich einen weiteren Bruch in ihrem Leben zu ver-kraften haben – dann nämlich, wenn das nächste Arrangement getroffen werden muß.

Angesichts des Drucks, der zugunsten des gemeinsamen Sorge-rechts auf Eltern ausgeübt wird, gerät das alleinige Sorgerecht un-gerechtfertigterweise in den Ruf einer »zweitbesten« oder in ir-gendeiner Weise unerwünschten Notlösung. Dabei ist es für Schei-dungsfamilien oft die einzige brauchbare Lösung. Ganz gleich wie das Arrangement nun heißt oder was vor Gericht beschlossen wur-de, für die Kinder ist es am wichtigsten, daß die Verbindung mit beiden Eltern aufrechterhalten wird. Lassen Sie sich nicht durch Vorurteile oder Etiketten von diesem Ziel ablenken.

Die Rolle der Gutachter bei Sorgerechtsstreitigkeiten

Es gibt viel zu viele Sorgerechtsprozesse, in denen jeder Partner entschlossen ist, den Richter davon zu überzeugen, daß er oder sie der bes-sere Elternteil sei. Statt ihr eigenes Anliegen zu vertreten, führen diese Leute Gründe dafür an, daß der andere Partner für seine Aufgabe völlig un-geeignet sei und die Kinder wahrscheinlich zu jugendlichen Kriminellen oder Schlimmerem erziehen werde. Wie kann der Richter entscheiden, wenn beide Eltern die Situation – wahrheitsgemäß oder nicht – auf diese Weise darstellen?

Eine Möglichkeit, Informationen über die Familie zu erhalten, be-steht darin, sich an Gutachter zu wenden. In der Regel handelt es sich dabei um auf Kinder oder Familien spezialisierte Psychologen, Psychiater und Sozialarbeiter, die Erfahrung damit haben, die Situation in einer Familie für rechtliche (oder *forensische*) Zwecke abzuschätzen. Meist sind diese Spezialisten auf eine von zwei Arten in den Sorgerechtsprozeß einbezogen: sie wurden entweder von den Eltern oder vom Gericht konsultiert. In jedem Fall sind sie unparteiisch, und ihre Ergebnisse und Empfehlungen werden dem Gericht in mündlicher und/oder schriftlicher Form vorgelegt.

Vor allem in jüngster Zeit ist den sachverständigen Zeugen vorgeworfen worden, sie seien nichts weiter als der verlängerte Arm ihrer Auftraggeber – Experten, die von ihren Klienten für ihre Aussagen bezahlt werden. Das Honorar beeinträchtige den Wert der Aussage – es wird davon ausgegangen, daß die Bezahlung den betreffenden Spezialisten dazu verführt, das Urteil abzugeben, das der Klient oder sein Anwalt hören will. Dies mag in manchen Fällen sicherlich zutreffen. Aber ich bin der Ansicht, daß das Hinzuziehen von Sachverständigen mit strengen moralischen Maßstäben für das Gericht – und für die Kinder, um die es bei dem Streit geht – eine große Hilfe sein kann. Solche Experten werden klarstellen, daß sie nicht garantieren können, ob ihre Ergebnisse die Position ihres Klienten stärken werden oder nicht: ihre Aufgabe ist es, eine ehrliche Einschätzung der Frage zu liefern, ob der Klient in der Lage ist, ein guter Vater oder eine gute Mutter zu sein.

Um die für diesen Zweck notwendigen Informationen zu finden, interviewt der Sachverständige den Klienten, die Kinder, den anderen Partner und weitere Personen, die vielleicht relevante Aussagen machen können. Die Ergebnisse werden in Form eines Berichtes vorgelegt, und der Sachverständige steht dem Richter und den Anwälten beider Seiten vor Gericht für Fragen zur Verfügung. Wenn alle Aussagen berücksichtigt sind, entscheidet der Richter, bei welchem Elternteil die Kinder in Zukunft leben werden.

Vom Gericht bestellte Gutachter haben in der Regel den Auftrag erhalten, beide Parteien – also meist Mutter und Vater – und die Kinder zu befragen. Ihre Untersuchungen entsprechen denen der Sachverständigen; das Ziel der Untersuchung aber ist es herauszufinden, welcher Elternteil für das Zusammenleben mit den Kindern geeigneter ist. Auch hier liegt die endgültige Entscheidung aber beim Richter.

Gelegentlich werden auch Therapeuten von ihren Patienten gebeten, in Sorgerechtsprozessen für sie auszusagen. Wenn ein Therapeut sich darauf einläßt, sollte er klarstellen, daß er Fragen nur über den Patienten und über niemanden sonst beantworten wird – auch über den früheren Partner des Patienten nicht. Ein Urteil über Menschen abzugeben, mit denen der Therapeut nicht gearbeitet hat, ist ein unethisches Verhalten, das auf Hörensagen und bloße Mutmaßungen hinausläuft. Ist der Patient ein Kind, sollte zu der Aussage des Therapeuten das Einverständnis des Kindes und die Zustimmung beider Eltern eingeholt werden.

Eltern, die psychische Hilfe brauchen, haben oft Bedenken, eine Therapie zu beginnen, wenn sie mit einem Sorgerechtsstreit rechnen oder bereits in einem stecken. Sie befürchten, der gegnerische Anwalt könnte davon erfahren und diese Information ausnutzen, indem er ihnen zum Beispiel Labilität oder die Unfähigkeit, mit Streß fertigzuwerden, nachweist. Diese Furcht ist manchmal durchaus begründet. Man kann der Möglichkeit aber begegnen, indem man den Therapeuten zu erklären bittet, daß Menschen, die ihr Bedürfnis nach Hilfe erkennen und danach handeln, sowohl Klarsicht als auch Charakterstärke beweisen. Viel schädlicher sind Leute, die zwar Hilfe bräuchten, es aber aus Starrsinn oder falschem Stolz nicht zugeben wollen.

☰ Besuchsrecht

Wenn die Eltern nicht gemeinsam das Sorgerecht für die Kinder haben, müssen sie die Besuchsbedingungen in der Scheidungsfolgenvereinbarung festlegen. Auch hier sollte das Ziel sein, den Kindern einen möglichst ungehinderten Umgang mit beiden Eltern zu ermöglichen, gleichgültig wie das Sorgerecht geregelt wurde. Aber auch damit endet die Verantwortung der Eltern noch nicht: Die Kinder sollten ermutigt werden, soviel Zeit wie möglich mit beiden Eltern zu verbringen.

Das heißt mehr verlangen, als man zunächst annehmen sollte. Ohne es auch nur zu merken, zeigen manche Eltern ihren Kindern, daß es sie bekümmert, wenn die Kinder Zeit mit dem anderen Elternteil verbringen oder ihre Zuneigung zu ihm zeigen.

So kam der siebenjährige Matthew nach einem wunderbaren Nachmittag, an dem er mit seiner Mutter in den Zoo gegangen war, nach Hause und zeigte seinem Vater voller Begeisterung eine Sammlung von Tieren, die die Mutter ihm zur Erinnerung geschenkt hatte. Der Vater seufzte: »Und dieses billige Plastikzeug ist alles, was sie dir gekauft hat?«

Mit der Zeit werden solche Bemerkungen dem Kind die Freude verderben und es an seiner Einschätzung seiner Mutter zweifeln lassen – auch dann, wenn dies gar nicht beabsichtigt ist.

Es gibt keinen »richtigen« oder allgemein empfehlenswerten Be-suchsplan. Die Kinder Wochenenden und Ferien bei dem Elternteil verbrin-gen zu lassen, der nicht das Sorgerecht hat, mag eine beliebte Variante sein, aber es ist nicht die einzige Möglichkeit. Im Idealfall sollte der Besuchsplan den Bedürfnissen der Eltern ebenso gerecht werden wie denen der Kinder. Besuche für Vorschulkinder zu planen ist oft einfacher, weil man hier nicht die zahllosen Unternehmungen berücksichtigen muß, an denen Schulkin-der oft teilnehmen. So können die Eltern leichter auch einmal ein paar Übernachtungen mitten in der Woche oder andere »ungewöhnliche« Zeiten einplanen.

Es gibt unterschiedliche Meinungen darüber, ob Kleinstkinder bei Besuchen über Nacht bleiben sollten, wenn es die Mutter ist, die das Sorge-recht hat. Ich bin der Ansicht, solche Besuche sollten in den meisten Fällen nicht nur erlaubt, sondern sogar ermutigt werden. Es dürfte heute nicht mehr allzu viele Väter geben, die nicht in der Lage sind, sich kompetent um ein Baby oder Kleinkind zu kümmern. Die meisten Mütter verlegen sich bei der Ernährung nicht ausschließlich auf das Stillen, schon gar nicht, wenn sie berufstätig sind. Wenn das Baby nur mit Muttermilch ernährt wird, kann die Milch abgepumpt und aufgehoben werden.

Besuchsfragen werden ausführlicher ab Seite 120 erörtert.

≡ Unterhaltszahlungen

Wenn ein Paar ein Kind in die Welt setzt, sind beide von Anfang an für dieses Kind verantwortlich – in finanzieller wie in emotionaler Hinsicht, und zwar auch dann noch, wenn sie sich scheiden lassen. Trotzdem versu-chen viele Eltern, die sich zu Unterhaltszahlungen bereit erklärt haben oder zu ihnen verpflichtet wurden, dieser Verantwortung aus dem Weg zu gehen.

Ninas Eltern ließen sich scheiden, als sie drei Jahre alt war. Ihr Va-ter, ein Geschäftsmann, wehrte sich nachdrücklich gegen die Schei-dung und kämpfte erbittert um das Sorgerecht für seine kleine Prinzessin. Er war fassungslos, als er verlor. Sein Unternehmen schien alles zu sein, was ihm nun noch blieb, und er steckte seine gesamte Energie in den geschäftlichen Erfolg. Seine Bemühungen zahlten sich aus, und da er nun in der Lage gewesen wäre, mehr Unterhalt zu zahlen, zog Ninas Mutter erneut vor Gericht. Obwohl ihr eine höhere Unterhaltssumme zugesprochen wurde, zahlte der

Vater den Mehrbetrag nicht. Nina, inzwischen zehn Jahre alt, konnte die ständigen Auseinandersetzungen zwischen ihren Eltern irgendwann nicht mehr ertragen und erklärte ihrer Mutter, ihr liege nichts an dem Geld. Mir allerdings erzählte sie, daß sie nicht nur den Streit satt hatte, sondern auch gekränkt darüber war, daß ihr Vater seinen geschäftlichen Erfolg nicht freiwillig mit ihr teilte. Sähe er es nicht auch gern, wenn sie Klavierstunden nehmen könnte? Würde er sie nicht lieber in einem Haus als in einer Wohnung untergebracht sehen? Wäre es wirklich so schrecklich, wenn ihre Mutter weniger arbeiten müßte und mehr Zeit mit ihr verbringen könnte?

Wenn eine Gesellschaft mit dem Geld so viele Assoziationen verbindet wie die unsere, ist es zwecklos, sich einzureden, daß Kinder sich nicht verletzt oder in irgendeiner Weise betrogen fühlen werden, wenn ein Elternteil sich weigert, seinen Anteil zu zahlen. Irgendwann werden die Kinder eine solche Weigerung fast zwangsläufig als einen Beweis von mangelnder Zuneigung oder von Gleichgültigkeit ihrem Wohlergehen gegenüber interpretieren.

Es gibt noch einen weiteren Punkt zu beachten, unabhängig von den rechtlichen und finanziellen Aspekten der Verantwortung. Alle Eltern haben die Verpflichtung, nach besten Kräften für ihre Kinder zu sorgen, ob sie nun mit ihnen zusammenleben oder nicht. Diese Pflicht sollten sie nicht einfach beiseiteschieben, wenn sie auf den anderen Elternteil nicht gut zu sprechen sind. Sie glauben ihren früheren Partner zu bestrafen, indem sie die Unterhaltszahlungen zurückhalten, und verlieren die Tatsache aus den Augen, daß sie in Wirklichkeit die Kinder bestrafen. Ein kleiner Test für solche Eltern: Wenn Sie noch mit dem anderen Elternteil verheiratet wären – würden Sie sich dann auch weigern, für die Kinder aufzukommen oder ihnen gewisse Chancen zu eröffnen?

≡   ## Nach der Scheidung mit Streitfragen umgehen

Selbst wenn eine Scheidung relativ harmonisch vonstatten geht, können die meisten Paare sich auf eines verlassen: ein gewisses Maß an Auseinandersetzungen steht ihnen bevor, sobald es um die Kinder geht. Und daran wird sich vermutlich auch nichts ändern. Erinnern Sie sich an die Zeit, als Sie und Ihr Partner noch glücklich verheiratet waren? Auch damals gab es Meinungsverschiedenheiten, aber Ihre Reaktionen darauf sahen anders aus. Weil Sie einander liebten, war es in Ihrer beider Interesse, den Konflikt beizulegen und sich zu versöhnen. Diesen Beweggrund haben Sie nun nicht mehr, aber ein anderer sollte an seine Stelle treten: Weil Sie Ihre Kinder lieben, sollten Sie mit ihrem anderen Elternteil (Ihrem früheren Partner) auszukommen versuchen – zum Besten der Kinder ebenso wie zu Ihrem eigenen Besten. Ärger und Feindseligkeit aufrechtzuerhalten hindert Sie daran, Ihr Leben wieder ins Gleis zu bringen, kann Ihnen und den Kindern ernsthafte psychologische Schäden zufügen und untergräbt das Recht Ihrer Kinder auf ein gesundes und tragfähiges Verhältnis zu beiden Eltern. Darüber hinaus können Sie sicher sein, daß einem Menschen, der einen großen Teil seiner Energie in den Streit mit jemand anderem steckt, nicht mehr allzuviel Energie dafür übrigbleibt, seinen Kindern ein guter Vater oder eine gute Mutter zu sein.

Was also sollten Sie tun, wenn Ihr früherer Partner sich weigert, Unterhalt zu zahlen? Oder häufigere Besuche verlangt als Sie für angebracht halten? Oder ebenso wie Sie das alleinige Sorgerecht verlangt? Sollten Sie einfach nachgeben? Manchmal, manchmal auch nicht; das hängt von den Umständen ab. Möglichkeiten, derartige Fragen mit einem ehemaligen Partner zu klären, finden Sie ab Seite 253; nur zwei Punkte sind hier wichtig. Zum einen sollten die Eltern nach besten Kräften zu verhindern versuchen, daß ihre Kinder in solche Auseinandersetzungen mit hineingezogen werden. Zum anderen sollten die Eltern mit ihren Meinungsverschiedenheiten erst dann vor Gericht gehen, wenn alles andere fehlgeschlagen ist (vorausgesetzt, es geht nicht um körperliche oder sexuelle Mißhandlungen). Es kann zugegebenermaßen sehr schwer sein, den Gang zum Gericht zu vermeiden. Allerlei widerstreitende Interessen – von Großeltern, Freunden, Anwälten – drängen einen oder beide Partner vielleicht dazu, die Angelegenheit auf diesem Weg beizulegen. Aber der Preis für diese Lösung kann zu hoch sein. Oft reißt sie emotionale Wunden wieder auf, die eben zu heilen begonnen hatten. Beide Seiten können durch einen Rechtsstreit an den Rand des finanziellen Ruins gebracht werden. Und schließlich löst die Rechtsprechung unter Umständen nicht einmal das Problem, denn es können Monate oder sogar Jahre vergehen, bevor das Gericht ein endgültiges Urteil fällt oder die Zahlungen schließlich erzwungen werden.

Als Dorothy zu mir in die Sprechstunde kam, war sie sehr wütend auf ihren Ex-Ehemann. Die beiden waren in einen Mehrfrontenkrieg verwickelt, in dem es unter anderem um das Besuchsrecht, um finanzielle Fragen, sogar um Entscheidungen im medizinischen Bereich ging. Dorothy beklagte sich ständig darüber, daß ihr Partner sich weigerte, in irgendeiner Weise mit ihr zusammenzuarbeiten. Schließlich gestattete sie mir, mit ihm selbst zu sprechen. Er stellte sich als ein freundlicher und vernünftiger Mann heraus, der froh war, über die gemeinsamen Probleme sprechen zu können, aber nicht wußte, wie er mit Dorothy auskommen sollte. Es war offensichtlich, daß sie die Situation mir gegenüber übertrieben hatte und daß sie selbst einen großen Teil des Problems darstellte.

Aus diesem Fall kann man mehrere Lehren ziehen. Die erste ist, daß fast jeder Partner – und vor allem derjenige, der die Scheidung nicht gewünscht oder nicht betrieben hat – seinen oder ihren Partner für unkooperativ hält. Das ist weder überraschend noch abnormal. Ein Teil der Feindseligkeit, die der Wunsch des anderen Elternteils nach der Scheidung hervorgerufen hat, äußert sich später in unterschiedlichen Abwehrreaktionen.

Nehmen wir an, ein Mann, der seine Ehe nicht beenden wollte, stellt fest, daß er und seine Ex-Frau sich nicht über die Besuchsregeln einigen können. Frustriert behauptet er, sie sei unkooperativ und vollkommen unflexibel, aber ein Blick auf die Realität zeigt, daß er es ist, der ihr die Kinder grundsätzlich erst zu einer Uhrzeit nach Hause zurückbringt, zu der sie unter normalen Umständen längst im Bett gewesen wären. Ohne daß er selbst es weiß, suggeriert sein Verhalten: »Warum sollte ich jetzt kooperativ sein? Ich habe diese Scheidung schließlich nicht gewollt.« Tatsächlich sabotiert er den Versuch, zu einem Arrangement zu kommen, mit dem sowohl er selbst als auch die Mutter der Kinder leben können. Ein solches Verhalten gibt ihm zwar die Möglichkeit, die Tatsache der Scheidung vor sich selbst zu leugnen, kann das Geschehene aber nicht ungeschehen machen. Zudem wird es für weitere Verletzungen und noch mehr Ärger sorgen, und auf beides werden die Kinder mit Sicherheit reagieren.

Eine andere Schlußfolgerung, die man aus diesem Szenario ziehen könnte, ist, daß der Vorwurf der Unkooperativität manchmal beide Partner trifft. Sie sind so sehr damit beschäftigt, einander die Schuld zuzuschieben, daß sie nicht mehr erkennen, wie sie selbst zu der Pattsituation beitragen.

Einige Fragen, die Sie sich stellen könnten, wenn Sie sich in einer Auseinandersetzung mit Ihrem Ex-Partner über die Kinder finden:

Welche Kompromisse könnte *ich* in dieser Situation schließen?

In dem oben beschriebenen Streit um die Besuchszeiten hätte die Mutter sich bereit erklären können, die Kinder jedes zweite Wochenende bis zum Abend bei ihrem Vater bleiben zu lassen und zunächst einmal die Folgen abzuwarten.

Trage ich dadurch zu dem Problem bei, daß ich die Motive für mein Verhalten nicht anerkennen will?

Manche Leute versuchen Kindern den Kontakt mit dem anderen Elternteil zu verbieten, wenn dieser einen neuen festen Partner hat, der bei dem Besuch anwesend sein wird. Nach außen hin wollen sie die Kinder davor bewahren, das Sexualleben anderer zur Kenntnis nehmen zu müssen. Der eigentliche Grund ist, daß sie auf die neue Liebe des ehemaligen Partners eifersüchtig sind.

Wenn ich in einer Sache nachgebe, würde mein Partner dann vielleicht in einer anderen nachgeben?

Manche Anliegen sind einem Elternteil wichtiger als dem anderen und bieten so die Möglichkeit, einen Handel abzuschließen. Nehmen wir an, Mama geht es auf die Nerven, ihre siebenjährige Tochter jeden Samstagmorgen zum Ballettunterricht zu fahren, und Papa fühlt sich beim Kinderarzt völlig fehl am Platz. Ein simpler Tausch könnte beiden helfen.

Wenn wir uns nicht einigen können: Habe ich die Möglichkeiten wirklich erwogen oder stelle ich mich nur aus Prinzip stur?

Ihr Ex-Ehemann fragt, ob er die Kinder schon am Freitagmittag von der Schule abholen darf, statt sie erst am Samstagmorgen mit in das gemeinsame Wochenende zu nehmen. Sie sagen nein. Als er nach dem Grund fragt, fällt Ihnen nichts Besseres ein als: »Wir hatten uns auf etwas anderes geeinigt, und ich wüßte nicht, warum wir das ändern sollten.« Viele Probleme können vermieden werden, einfach indem man den Wünschen des anderen gegenüber offen bleibt und sich etwas Zeit nimmt, um die eigenen Reaktionen zu überprüfen.

Könnte es sein, daß ich mehr Zeit als andere mit Reden und weniger mit Zuhören verbringe?

Menschen mit wenig Durchsetzungsvermögen oder Leute, die den Frieden um jeden Preis aufrechterhalten wollen, sind in der Regel auch sehr nachgiebig in den Sorgerechtsverhandlungen. Der energischere Partner sollte die Situation nicht ausnützen, denn auf diese Weise erzielte Abmachungen müssen nicht unbedingt dem Wohl der Beteiligten dienen. Zudem ist die Wahrscheinlichkeit groß, daß sie keinen Bestand haben: der weniger durchsetzungsfähige Partner hat zwar nachgegeben, aber nicht wirklich zugestimmt.

Wenn ich meine Zustimmung zu einem Vorschlag meines Ex-Partners verweigert habe, weil ich fürchte, meinen Kindern Schaden zuzufügen: Habe ich mir die Zeit genommen herauszufinden, ob dies wirklich mein Grund war?

Angenommen, Ihr Ex-Ehemann will Ihre elf- und dreizehnjährigen Kinder mit auf eine Kanutour nehmen. Sie haben jedes Recht, sich um ihre Sicherheit Gedanken zu machen, aber wenn Sie sich mit den Organisatoren in Verbindung setzen und vielleicht noch zusätzliche Informationen aus der Bibliothek oder von einschlägigen Vereinen einholen, sind Sie in der Lage, eine vernünftige Entscheidung zu treffen. Auch hier ist der wichtigste Grundsatz, reine Reflexantworten zu vermeiden, die Sie und den anderen Elternteil nur weiter in gegnerische Lager treiben könnten.

Wenn die Kinder ein Anliegen haben, das den anderen Elternteil verletzt oder ihm schadet – könnte ich der Grund sein?

Auf den ersten Blick mag das völlig unmöglich erscheinen: Wie könnten *Sie* die Kinder dazu gebracht haben, den anderen Elternteil zu verletzen? Aber stellen Sie sich einmal die folgende Situation vor: Ihre Kinder erklären Ihnen, sie wollten ihre Zeit nicht mehr mit dem anderen Elternteil verbringen. Ihre erste Reaktion würde vermutlich darin bestehen, daß Sie auf ihre Befürchtungen eingehen oder beschließen, sie vor möglichen Schäden zu bewahren: Bestimmt würden die Kinder so etwas nicht sagen, wenn nicht etwas Übles dahintersteckte, oder? Dabei können Kinder viele Gründe dafür haben, einen solchen Wunsch zu äußern. Zum einen sind sie Meister darin, ihre Eltern gegeneinander auszuspielen. Sie sind durchaus in der Lage, sich gegen einen Elternteil zu verbünden, um ihre Position bei dem anderen zu stärken. Eine andere Möglichkeit ist, daß ein Elternteil die Kinder dazu bringt, sich ihrer Freude an der Gesellschaft des anderen wegen so schuldig zu fühlen, daß sie dem unbehaglichen Gefühl zu entgehen versuchen – selbst wenn sie dazu einen von beiden aus ihrem Leben ausschließen müssen.

Wenn die Kinder sagen, sie wollten nicht mit dem anderen Elternteil zusammensein, ziehen Sie keine übereilten Schlüsse. Fragen Sie sie statt dessen nach dem Grund. (Wenn der Grund körperliche oder sexuelle Gewalt ist, finden Sie Näheres ab Seite 217.) Es reicht nicht, wenn geschiedene Eltern einen Besuchsplan aufstellen; sie müssen auch alles tun, um den Umgang der Kinder mit beiden Eltern zu ermutigen und zu unterstützen. Dabei kommt es nicht darauf an, wer von beiden das Sorgerecht hat. Eltern, die ihren Kindern einen solchen Umgang erschweren, ob sie dies nun mit physischen oder mit psychologischen Mitteln tun, mögen sich dem Wortlaut nach an ihre Verantwortung halten, werden ihrem Sinn und Zweck aber nicht gerecht.

Wenn einer der Partner tatsächlich unkooperativ ist, sollte man im Gedächtnis behalten, daß Menschen und Umstände sich im Lauf der Zeit wandeln können. Geben Sie nicht auf. (Ich habe oft erlebt, daß unkooperative Menschen plötzlich sehr kooperativ werden, wenn sie einen neuen Partner finden und eine zweite Heirat zu erwägen beginnen.) Sie können davon ausgehen, daß eine Zusammenarbeit gerade zu Beginn der Verhandlungen am schwierigsten zu erzielen ist, denn die wichtigsten und schwierigsten Anliegen werden gleich am Anfang besprochen.

Wenn der Konflikt sich fortsetzt, werden Sie natürlich professionelle Hilfe brauchen. Dorothy und ihr Ex-Ehemann wandten sich schließlich an einen Vermittler und brachten es fertig, sich zu einigen (sogar zu *meiner* Überraschung). Auch ein Therapeut kann eine gute Lösung sein, je nachdem, wie das Problem beschaffen ist und wie es sich kundtut.

Lassen Sie mich noch einmal darauf hinweisen, daß es die wichtigste Aufgabe scheidungswilliger Paare ist, das Wohlergehen ihrer Kinder sicherzustellen und auf jede mögliche Art zusammenzuarbeiten, um den Interessen der Kinder zu dienen. Solange die einstigen Eheleute gemeinsame Nachkommen haben (also aller Wahrscheinlichkeit nach so lange, bis einer von ihnen stirbt), werden sie miteinander zu tun haben. Streitereien sind nutzlos und dienen höchstens dazu, die Kinder gegen ihre Eltern aufzubringen. Irgendwann werden Ihre Kinder alt genug sein, um sich ihre eigene Meinung über das Verhalten ihrer Eltern zu bilden.

≡ Wenn es keinen Konflikt gibt

Natürlich besteht immer die Möglichkeit, daß Sie und Ihr Partner keine nennenswerten Meinungsverschiedenheiten haben, wenn Sie die Details Ihrer Scheidung ausarbeiten. In diesem Fall dürfen Sie sich glücklich schätzen, denn Sie gehören einer Minderheit an. Behalten Sie aber im Gedächtnis, daß Sie selbst zwar höchst zufrieden sein mögen, daß Sie aber immer noch die Verantwortung haben, die Vereinbarung im Hinblick auf die Bedürfnisse und das Wohl Ihrer Kinder zu betrachten.

Das bekannteste Beispiel für diese Situation ist vielleicht das Besuchsrecht. Wenn Ihr nicht sorgeberechtigter Partner an einer großzügigen Regelung gar nicht interessiert zu sein scheint, sollten Sie herausfinden warum. Denken Sie daran, daß Kinder von einem stetigen und tragfähigen Umgang mit beiden Eltern auch nach der Scheidung profitieren. Auch wenn Sie selbst gar nichts dagegen hätten, mit Ihrem einstigen Partner nicht mehr allzuviel zu tun zu haben – im Interesse Ihrer Kinder wäre eine solche Situation bestimmt nicht. Sie sollten alles tun, was in Ihrer Macht steht, um dafür zu sorgen, daß Ihre Kinder eine Beziehung zu ihrem anderen Elternteil aufrechterhalten.

Die Auswirkungen der Scheidung auf die Kinder

Vom Augenblick ihrer Geburt an entwickeln Kinder neue Fähigkeiten und erwerben neue Kenntnisse. Bis sie erwachsen sind, haben sie eine fast unvorstellbare Fülle von Informationen aufgenommen. Auf diesem langen Weg machen die meisten Kinder, die keine schwerwiegenden körperlichen oder geistigen Behinderungen haben, in ihrer körperlichen, seelischen und intellektuellen Entwicklung bestimmte vorhersagbare Phasen durch. Obwohl jedes Kind sich seinem eigenen Zeitplan entsprechend entwickelt, teilen die meisten gleichaltrigen Kinder doch ähnliche Charakteristika.

Ein echtes Trauma – etwa die Scheidung der Eltern oder der Tod eines Elternteils – kann die Entwicklung eines Kindes unterbrechen. Das Kind kann dann entweder auf der Entwicklungsstufe innehalten, auf der es sich befand, als es das Trauma erlebte, oder auf eine frühere, bereits gemeisterte Stufe zurückfallen. Wenn Eltern sagen, sie wollten ihren Kindern bei der Überwindung eines Traumas helfen, bedeutet das in psychologischer Hinsicht, sie wollen sichergehen, daß ihre Kinder sich normal entwickeln und eine positive Einstellung zum Leben behalten. **Das Kind kann es sich nicht leisten, einen großen Teil seiner verfügbaren Energie für die Lösung zusätzlicher Probleme aufzuwenden – etwa eines unberechenbaren Familienlebens oder der Vernachlässigung seiner Bedürfnisse, elterlicher Streitereien oder Schwierigkeiten mit seinen Freunden. Wenn diese Art von Streß zum Dauerzustand wird, wird auch das widerstandsfähigste Kind irgendwann Probleme entwickeln.**

Ich habe an anderer Stelle in diesem Buch schon darauf hingewiesen, daß Kinder um so heftiger auf die Trennung und Scheidung ihrer Eltern reagieren, je mehr Aufruhr und anhaltenden Streit zwischen den Eltern es in ihrem Leben gibt. Wenn die Eltern für ihre Kinder ein stabiles Familienleben aufrechterhalten und sich einigermaßen miteinander verständigen, werden die Kinder auf lange Sicht sehr viel besser fahren. Natürlich müssen Sie nach wie vor davon ausgehen, daß Ihre Kinder Schwierigkeiten haben werden, die Tatsache zu akzeptieren, daß die Familie, in der sie ihr Leben verbracht haben, nicht mehr dieselbe ist und daß sie keine Möglichkeit haben, diese Entwicklung aufzuhalten. Die Furcht vor dem Unbekannten nimmt ihr gesamtes Vorstellungsvermögen ein. Selbst wenn es in einer Familie offene Gewalt und jahrelangen Streit gegeben hat, sind die meisten

Kinder noch entsetzt, wenn der endgültige Zusammenbruch kommt, und wünschen sich, die Familie hätte trotz allem zusammenbleiben können.

≡ Verbreitete Reaktionen

Wie Erwachsene sehen sich auch Kinder den unterschiedlichsten Emotionen ausgeliefert, wenn ihre Familie auseinanderbricht. Diese Gefühle können in unterschiedlichen Lebensabschnitten wieder und wieder auftauchen. Bestimmte Empfindungen können während bestimmter Zeitperioden im Vordergrund stehen; andere treten inzwischen hinter ihnen zurück, um erst später wieder wichtig zu werden.

Kinder müssen ihre Gefühle an die Oberfläche kommen lassen, um sie aufarbeiten und lösen zu können, und ihre Eltern müssen ihnen dabei helfen. Wenn den Kindern nicht gestattet wird, sich mit ihren Emotionen auseinanderzusetzen, können diese Gefühle später in Form von anderen Problemen wieder auftauchen, etwa als Depressionen, Angstgefühle, Trennungsangst, Persönlichkeitsstörungen oder Konzentrationsschwäche. Zudem werden diese Kinder im Vergleich zu anderen übertrieben liebebedürftig und anspruchsvoll sein und mehr Aufmerksamkeit von den Erwachsenen verlangen. Wenn sie älter werden, können sie Schwierigkeiten haben, sich Ziele zu setzen und sie zu erreichen, mit sich selbst allein zu sein oder anderen gegenüber Einfühlungsvermögen zu zeigen, weil sie selbst nie etwas dergleichen erfahren haben.

In einer Zeit, in der die Eltern selbst Schwierigkeiten haben, mit ihren Emotionen zurechtzukommen, kann es besonders mühsam sein, Kindern den emotionalen Freiraum zuzugestehen, den sie brauchen, um sich über ihre Gefühle klar zu werden, und jederzeit ein offenes Ohr für sie zu haben.

LaWanda zum Beispiel fühlte sich völlig hilflos, wenn ihr Sohn sich nach ihrer Scheidung von seinem Vater nachts in den Schlaf weinte. Sie hörte ihn leise im Bett schluchzen und konnte dabei an nichts anderes denken als daran, wie sie selbst ihren Mann vermißte.

»Ich habe einfach nicht gewußt, wie ich Zac trösten sollte, wo ich doch nicht einmal mich selbst trösten konnte«, erklärte sie mir. »Und ich hatte Angst, daß er sich noch schlimmer fühlen würde, wenn er sehen könnte, daß ich selbst auch weine.« Nachdem LaWanda sich vorgenommen hatte, sich mit ihrem eigenen Kummer auseinanderzusetzen, stellte sie fest, daß sie nun eher in der Lage war, auch Zac zu helfen. Je mehr sie sich ihm zur Verfügung stellte, desto weniger Trost brauchte er. »Ich habe gelernt, zu ihm zu sagen: »Wir sind zur Zeit beide ein bißchen traurig«, erzählte sie.

Es folgen einige der Reaktionen, die bei Kindern unmittelbar nach der Trennung oder Scheidung ihrer Eltern am häufigsten auftreten. Wenn Sie wissen, worauf Sie gefaßt sein müssen, können Sie Ihren Kindern eher dabei helfen, mit ihren Gefühlen fertigzuwerden. Techniken, mit denen Sie ihnen helfen können, sie auszudrücken, finden Sie ab Seite 162. Schwieriger zu handhabende oder länger andauernde Reaktionen werden ab Seite 217 näher besprochen.

Furcht

Fast alle Kinder äußern Furcht im Zusammenhang mit der Trennung ihrer Eltern und dem Zusammenbruch der Familie; wovor genau sie sich fürchten, hängt von ihrem Alter ab. Vorschulkinder empfinden wahrscheinlich am ehesten so existenzielle Ängste wie etwa die Furcht, von dem Elternteil verlassen zu werden, bei dem sie nun leben, sich ohne Nahrung oder Wohnung zu finden oder aus den Empfindungen des ausziehenden Elternteils verdrängt zu werden. Solche Ängste können sich darin äußern, daß das Kind weint und klammert, wenn es bei anderen Menschen bleiben soll, und darin, daß es den sorgeberechtigten Elternteil nicht mehr aus den Augen lassen will. Ein anderes Zeichen ist, wenn das Kind einen geliebten Gegenstand wieder ausgräbt, aus dem es eigentlich schon herausgewachsen war, etwa einen Teddy oder eine Decke. Auch ältere Kinder können sich davor fürchten, von ihrem sorgeberechtigten Elternteil verlassen zu werden, aber im allgemeinen beziehen sich ihre Befürchtungen eher darauf, wie die Scheidung ihr Leben verändern oder beeinträchtigen wird.

Wenn Sie Ihren Kindern helfen wollen, sich dem Unbekannten etwas weniger ausgeliefert zu fühlen, bitten Sie sie zu beschreiben, wovor sie sich fürchten. Einige Fragen:

- *»Was glaubst du, was dir passieren kann, wenn ich heute arbeiten gehe?«*
- *»Was glaubst du, könnte Papa passieren, wenn du gerade nicht bei ihm bist?«*
- *»Glaubst du, Mama hat dich nicht mehr lieb, weil sie nicht die ganze Zeit in der Nähe ist?«*

Zudem sollten Sie und Ihr früherer Partner dafür sorgen, daß Ihr Verhalten den Kindern gegenüber konsequent und verläßlich ist, ihnen versichern, daß keiner von Ihnen sie im Stich lassen wird, und ihnen zur Verfügung stehen, wenn sie über ihre Befürchtungen sprechen wollen.

Kummer

Die am weitesten verbreitete kindliche Reaktion auf das Auseinanderbrechen der Familie ist vermutlich Kummer. Es ist fast unmöglich, die Intensität in Worte zu fassen, mit der Kummer ein Kind erfüllen kann.

Als der fünfjährige Yaphet eines Abends vor dem Fernseher saß und sich *Bambi* ansah, brach er in Tränen aus. »Jetzt hat er niemanden mehr, der sich um ihn kümmert!« sagte er zu seiner Mutter. Zu diesem Zeitpunkt hatte der Junge seinen Vater seit eineinhalb Jahren nicht mehr gesehen.

Das Verschwinden eines Elternteils aus dem Alltag des Kindes und die Sehnsucht nach der Familie, wie sie einmal war, können Kummerreaktionen hervorrufen, die viel mit der Trauer um einen Verstorbenen gemeinsam haben. Ein Elternteil ist im Leben eines Kindes durch niemanden zu ersetzen und wird unweigerlich entsetzlich vermißt werden – selbst dann, wenn er das Kind schlecht behandelt hat. Es ist also völlig normal, wenn ein Kind nach dem Abschied von einem Elternteil noch lange weint, dem Leben nachtrauert, das die Familie einmal geführt hat, und sich danach sehnt, zu diesem Leben zurückkehren zu können.

Zu weinen und traurig auszusehen sind nur zwei mögliche Arten, wie Kinder Trauer ausdrücken. Andere Zeichen sind das Bedürfnis nach Einsamkeit, weniger gesprächig oder freundlich zu sein als üblich, Bilder zu malen, die Trauer ausdrücken (ein weinendes Gesicht, ein zerbrochenes Herz), ständiges Tagträumen und wenig oder gar kein Interesse an Dingen, die früher einmal Spaß gemacht haben. Vor allem Jungen können ihren Kummer auch in Form von Wut und Aggressivität ausdrücken.

Wie LaWanda befürchten viele Eltern, mit ihren Kindern über deren Kummer zu sprechen würde nur dazu führen, daß die Kinder sich noch mehr in ihre Gefühle hineinsteigern und sich noch unglücklicher fühlen. Das trifft nicht zu.

 Am besten hilft man Kindern bei der Bewältigung ihres Kummers, wenn man ihnen die Möglichkeit gibt, ihn auszudrücken und nach ihren eigenen Bedürfnissen über ihn zu sprechen.

Ignorieren Sie ihre Trauer nicht und hoffen Sie nicht einfach, sie würde schon von allein vorbeigehen. Sie sollten Ihren Kindern das Recht auf ihre Gefühle auch nicht aberkennen, zum Beispiel indem Sie herabsetzende Bemerkungen machen: »Weinen hilft da gar nichts. Davon kommt deine Mutter auch nicht zurück.« »Ich weiß wirklich nicht, was es da zu weinen gibt. Du solltest froh sein, daß dein Vater endlich weg ist.«

Jungen brauchen unter Umständen zusätzliche Unterstützung und Ermutigung, um ihre Trauer ausdrücken zu können. Unsere Gesellschaft vermittelt Jungen von frühester Jugend an die Überzeugung, daß es in irgendeiner Weise »falsch« oder »schwach« sei, traurig zu sein oder zu weinen. Ich habe Eltern in meiner eigenen Praxis zu Jungen sagen hören, die kurz davor waren, in Tränen auszubrechen: »Ein großer Junge weint nicht« oder »Du führst dich auf wie ein Mädchen. Komm schon, sei ein Mann und heul' nicht.«

Wenn Sie die Gefühle Ihrer Kinder anerkannt und sie getröstet haben, versuchen Sie sie auf etwas hinzulenken, das ihnen Freude macht. Ich werde später noch darauf zurückkommen, daß es auch Ihnen selbst nicht schaden kann, wenn Sie *Ihre* Gefühle mit Ihren Kindern teilen. Zunächst wird es sie vielleicht erschrecken, wenn sie das Ausmaß Ihrer Empfindungen erkennen, aber es wird ihnen auch zu verstehen geben, daß solche Gefühle angemessen sind: »Weißt du, manchmal bin ich auch entsetzlich traurig. Ich vermisse unsere Familie, und wenn ich darüber nachdenke, wie es einmal war, fange ich manchmal an zu weinen. Dir geht es wahrscheinlich genauso.«

Die siebenjährige Dana, ein Kind, das mit sich und seinen Gefühlen im Einklang war, versuchte ihre Trauer gar nicht zu verbergen. Sie präsentierte mir ihre eigene Version des Kinderliedes »If you're happy and you know it, clap your hands« (Wenn du glücklich bist und es weißt, klatsche in die Hände), indem sie mir vorsang: »If you're sad and you know it, wipe your tears« (Wenn du traurig bist und es weißt, wisch dir die Tränen ab). Sie hatte offensichtlich verstanden, worauf es ankommt.

═══ Wut

Kinder können ihrer Wut über das Auseinanderbrechen ihrer Familie auf viele verschiedene Arten Ausdruck verleihen, je nach Alter, Temperament und familiärer Situation. Manche Kinder, vor allem Jungen, machen ihren Gefühlen Luft, indem sie Streit anfangen, ihre Eltern und Lehrer anschreien oder auch andere Menschen, die ihnen in die Quere kommen, oder destruktiv werden. Ältere Kinder haben eine klarere Vorstellung von den Einzelheiten des Bruches zwischen ihren Eltern und richten ihren Ärger manchmal gezielt gegen den Elternteil, den sie für die Scheidung verantwortlich machen. Wut ist aber etwas, das man durchaus auch begrüßen kann: sie ist ein Zeichen dafür, daß die Kinder die Situation zu akzeptieren beginnen. Würden sie das nicht tun, bestände für sie keine Notwendigkeit, gegen die Tatsachen anzukämpfen.

Auf kurze Sicht ist es das beste Mittel gegen Ärger, wenn Sie Ihren Kindern gestatten, ihren Gefühlen auf akzeptable Art Luft zu machen. Damit bestätigen Sie ihnen ihr Recht darauf, ärgerlich zu sein, und zeigen ihnen, daß jemand bereit ist, ihnen zuzuhören. Schon kleine Kinder werden ruhiger sein, wenn sie wissen, daß sie sich auf Sie verlassen können – auch wenn es darum geht, mit Emotionen fertig zu werden, die überwältigend stark sein können. Ermutigen Sie sie dazu, sich auszutoben und ihren chaotischen Gefühlen auf diese Weise Luft zu machen, etwa indem sie auf ein Kissen einschlagen, rennen, schwimmen oder auf den Abenteuerspielplatz gehen.

Umgekehrt reagieren manche Kinder, indem sie sich völlig zurückziehen und von anderen isolieren. Auch sie sollten dazu ermutigt werden, ihre Gefühle auszudrücken.

Auf keinen Fall dürfen Sie die Wut Ihrer Kinder verleugnen, ihnen sagen, solche Gefühle seien falsch oder schlecht, oder sie dazu zwingen, ihre Empfindungen in sich zu verschließen. Kinder, denen man nicht gestattet, Wut zu zeigen, sind in Gefahr, Depressionen zu entwickeln. Ködern Sie Ihre Kinder auch nicht mit Bemerkungen wie »Ja, du bist ganz schön sauer, daß dein Vater uns verlassen hat, nicht wahr?« Solche Fragen vermitteln kein Mitgefühl; viel eher werden sie die Feindseligkeit des Kindes dem anderen Elternteil gegenüber schüren oder aber es zwingen, sich für seine Gefühle zu rechtfertigen. Wenn Sie Ihren Kindern helfen, ihren Ärger auf eine positive und angemessene Art auszudrücken, werden sie ihr ganzes Leben lang davon profitieren können.

Vor einigen Jahren behandelte ich eine attraktive junge Frau namens Helen, die große Schwierigkeiten damit hatte, ihre Gefühle auszudrücken, vor allem Ärger. Als Helen sieben Jahre alt gewesen war, hatten ihre Eltern angekündigt, daß sie sich scheiden lassen würden. Für Helen war die Neuigkeit ein schwerer Schock – sie hatte ihre Eltern niemals auch nur streiten gehört, es hatte zwischen ihnen keine ärgerlichen Worte, keine Drohungen, kein gar nichts gegeben. In Helens Familie war es üblich gewesen, daß man seinen Ärger für sich behielt. Erst einige Jahre später hatte sie herausgefunden, daß ihr Vater ein Verhältnis mit einer Nachbarin gehabt hatte.

Nach der Trennung ihrer Eltern lebten Helen und ihr jüngerer Bruder bei ihrer Mutter. Wann immer die Geschwister sich stritten, sagte Helens Mutter: »Du darfst auf deinen kleinen Bruder nicht wütend sein. Du bist die Ältere, du müßtest es doch wirklich besser wissen.« Unglücklicherweise verinnerlichte Helen zwei Verhaltensweisen: ihre Wut nach innen zu kehren und um jeden Preis Entschuldigungen für Menschen zu finden, die sie im Stich gelassen oder verletzt hatten. Was auch immer andere ihr antaten, sie brachte es immer fertig, die Sache so zu drehen, daß in irgendeiner Weise sie die Schuldige war. In der Therapie lernte Helen unter anderem, ihrer Wut und Enttäuschung Ausdruck zu verleihen und andere Menschen für ihr Verhalten ihr gegenüber verantwortlich zu machen.

Bei den meisten Kindern wird die Wut sich irgendwann gelegt haben, wenn die Eltern mitfühlend und geduldig sind.

Ungefähr ein Jahr nach der Scheidung verschwand Letties früherer Ehemann plötzlich und vollständig aus ihrem Leben; niemand wußte, wohin er gegangen sein könnte, es war nur bekannt, daß er fortgezogen war. Eines Tages hatte sein neunjähriger Sohn Wayne plötzlich genug. Er nahm eines der alten Hemden seines Vaters und riß es in Fetzen. Als Lettie dazukam, sah sie sofort, daß Wayne wütend und verstört war. Aber zu diesem Zeitpunkt war er nur zu der Erklärung bereit, er habe Lappen gebraucht, um sein Fahrrad zu putzen. Später gelang es Lettie, ihn dazu zu bewegen, über seine Gefühle und die Abwesenheit seines Vaters zu sprechen.

»Bist du noch wütend auf Papa?« fragte sie Wayne etwa zwei Jahre nach diesem Vorfall.

»Nein, jetzt nicht mehr«, sagte Wayne. »Aber auf dich bin ich sauer.«

»Wieso um alles in der Welt bist du sauer auf *mich*?« fragte Lettie sehr erstaunt.

»Weil du da bist natürlich!« Wayne begann zu lachen. »Auf wen könnte ich denn sonst noch sauer sein?«

═══   Schuldgefühle

Kinder haben keine Kontrolle über die Entscheidung ihrer Eltern, getrennte Wege zu gehen. Eine Emotion, die ihnen eine Art von Kontrolle zurückzugeben scheint, sind Schuldgefühle. Sie entspringen der Überzeugung des Kindes, daß es der Mittelpunkt der Welt ist und somit entweder die Ursache oder das Ziel von allem sein muß, das ringsum vor sich geht. Wenn das Kind sich nur besser benommen oder bessere Noten nach Hause gebracht hätte, wenn es sich nicht heimlich gewünscht hätte, Papa möge doch verschwinden, Mama gestern abend nicht widersprochen hätte – es kann so ziemlich alles Denkbare sein –, dann wären Mama und Papa noch zusammen. Viele Kinder halten es auch für ihre Pflicht, alles zu tun, was in ihrer Macht steht, um die Eltern wieder zusammenzubringen.

Natürlich können Kinder ihren Eltern nicht in präzisen Wendungen erklären, daß sie sich für die Trennung verantwortlich fühlen. Ein Anzeichen dafür ist aber die Bereitwilligkeit, fast der Eifer, mit der sie die Verantwortung für alles und jedes übernehmen: »Ich war's, die die Lampe kaputtgemacht hat.« »Ich habe die ganzen Kekse aufgegessen.« »Ich habe mit dem Ball nach dem Auto geworfen und die Antenne abgebrochen.«

Schuldgefühle können so stark sein, daß es schwer ist, die Kinder davon zu überzeugen, daß sie nicht für die Scheidung verantwortlich sind. Deshalb habe ich auf den Seiten 25 bis 38 so nachdrücklich betont, daß die Eltern den Kindern vom Zeitpunkt ihrer Scheidung an klarmachen müssen, daß nicht sie der Grund waren. Die Kinder müssen auch verstehen, daß die Scheidung endgültig ist und daß sie nichts tun können, um die Familie wieder zusammenzubringen. Diese Mitteilungen müssen Sie immer wieder wiederholen, vor allem während der Zeit der ersten Umgewöhnung.

Niemals sollten Eltern Bemerkungen machen wie die folgenden: »Vielleicht hätte dein Papa uns nicht verlassen, wenn du in der Schule nicht so viele Dummheiten machtest« oder auch schlicht: »Das ist alles deine Schuld« –, auf diese Weise bestätigen Sie ihnen ihre finstersten Befürchtungen und teilen ihnen mit, daß ihre Schuldgefühle nur angemessen sind. Selbst wohlgemeinte Bemerkungen können Kindern unterschwellig suggerieren, daß sie die eigentliche Ursache des elterlichen Problems sind: »Vier Kinder waren einfach zuviel für Mama – sie hat das alles nicht mehr geschafft« oder »Wir haben uns gedacht, eine Scheidung wäre im Augenblick wohl das beste für euch Kinder.« Angesichts der Schuldgefühle, die Ihre Kinder ohnehin mit sich herumtragen, sollten Sie Ihre Worte sehr sorgfältig und einfühlsam wählen.

Einsamkeit

Wenn eine Familie eines ihrer Mitglieder verliert, das bisher Tag für Tag anwesend war, entsteht ein riesiges Loch im Gefüge. Die Familie hat sich verändert, sie wird nie wieder dieselbe sein. Die Kinder werden einsam sein und den Elternteil vermissen, der aus der gemeinsamen Wohnung ausgezogen ist, ob er ihnen zuvor nun sehr nahe gestanden hat oder nicht. Zudem bringt die neue Situation noch eine andere Art von Einsamkeit mit sich. Der sorgeberechtigte Elternteil, vor allem wenn es die Mutter ist, wird nun wahrscheinlich weniger Zeit für die Kinder haben; sie wird ganztags arbeiten oder zwei, drei Teilzeitjobs annehmen, um das nötige Geld heranzuschaffen. Zudem fällt die alltägliche Hausarbeit, die zuvor von zwei Leuten bewältigt wurde, nun allein in ihre Verantwortung. Damit sind die Kinder öfter als sich selbst überlassen. Jüngere Kinder erfinden sich vielleicht imaginäre Spielgefährten, die ihnen Gesellschaft leisten. Ältere werden zu Schlüsselkindern, die gezwungen sind, sich selbst zu versorgen und mit ihren Anliegen und Befürchtungen in den einsamen Stunden, bevor Mama oder Papa von der Arbeit kommt, allein fertigzuwerden. Sie haben viel Zeit, über ihren Kummer nachzudenken und Phantasien darüber zu spinnen, wie sie die Familie wieder zusammenführen könnten.

Einsamkeit ist allerdings nicht das gleiche wie Alleinsein. Obwohl die Kinder jetzt in der Tat weniger Zeit mit ihren Eltern verbringen, können sie die zusätzliche Zeit nutzen, um intellektuell zu wachsen und sich selbst besser kennenzulernen. Sie müssen lernen, sich eine Zeitlang in ihrer eigenen Gesellschaft wohlzufühlen und vielleicht einer ruhigen Beschäftigung nachzugehen, etwa zu lesen, zu zeichnen, zu spielen, einen Brief an den anderen Elternteil zu schreiben oder einfach nachzudenken.

Sie werden festgestellt haben, daß in dieser Aufzählung Beschäftigungen wie Fernsehen und Videospielen fehlen. Dies sind passive Vergnügungen, die Kindern nicht dabei helfen, ihr Vorstellungsvermögen zu entwickeln und ihre Zeit einzuteilen. Unbeaufsichtigtes Fernsehen birgt auch noch andere Gefahren. Fernsehen ist mit wachsender Aggressivität und einer erhöhten Toleranz gegenüber Gewalt bei Kindern in Verbindung gebracht worden, und es kann sie sexuellen Bildern und Szenen aussetzen, die ihrem Alter und Verständnis nicht angemessen sind.

═══ Ablehnung

Es ist für Kinder schwer zu verstehen, daß eine Ehe etwas ist, das zwischen zwei Erwachsenen besteht, nicht zwischen den Erwachsenen und den eventuell vorhandenen Kindern. Unglücklicherweise können Kinder der Ansicht sein, daß die Eltern, weil sie einander zurückgewiesen haben, nun auch sie zurückweisen, sozusagen im Zuge der Gesamtabmachung. Da die Familie auseinanderbricht, wenn die Ehe es tut, ist diese Ansicht vollkommen verständlich. Ein verschlossener Achtjähriger versuchte es mir einmal so zu erklären: »Ich passe nirgendwo hin. Ich habe das Gefühl, ich bin innen hohl.«

Wenn Sie den Kindern Ihre bevorstehende Trennung und Scheidung erklären, sollten Sie und Ihr früherer Partner einmütig versichern, daß Ihre Beziehung nichts mit dem Verhältnis zwischen jedem einzelnen von Ihnen und den Kindern zu tun hat. Darüber hinaus hat der Elternteil, der nicht mehr in der Familie lebt, die größere Verantwortung dafür, eine Verbindung zu den Kindern aufrechtzuerhalten.

═══ Regression

Viele Kinder reagieren auf die Trennung ihrer Eltern damit, daß sie sich auf eine frühere Entwicklungsstufe zurückziehen. Kurzfristig (das heißt ein paar Monate lang) ist dies eine normale Reaktion. Sie gibt dem Kind die Möglichkeit, wieder zu Atem zu kommen angesichts von Ereignissen, die zu überwältigend sind, um schnell verarbeitet zu werden, und sich geistig an einen sicheren und tröstlichen Ort zurückzuziehen, an dem es mehr Kontrolle über die Dinge hat.

Einige verbreitete regressive Verhaltensweisen sind Daumenlutschen, Bettnässen, Wutanfälle, Zuschlagen, Klammern und das Wiederausgraben irgendeines alten Trostgegenstandes, etwa einer Decke oder einer Puppe. Solche Verhaltensweisen können Ihre Geduld strapazieren oder Sie enttäuschen, aber Sie sollten auf keinen Fall mit Strafen reagieren. Strafen sind nicht nur wirkungslos, sie sind auch das genaue Gegenteil dessen, was das Kind im Augenblick braucht: Ihre Unterstützung und Ihren freundlichen Zuspruch. Es könnte hilfreich sein, wenn Sie sich ins Gedächtnis rufen, daß das Kind sich mit seiner »Ungezogenheit« nicht an Ihnen zu rächen oder unangebrachte Aufmerksamkeit zu erregen versucht. Es ist ganz einfach noch nicht in der Lage, mit seinen Emotionen fertigzuwerden.

=== Schlafstörungen

Viele Kinder haben Schwierigkeiten, ins Bett zu gehen, leiden unter Schlaflosigkeit, Angstgefühlen und Alpträumen. Im Schlaf besteht die Gefahr, weitere Verluste und Zurückweisungen zu erleiden: er ist eine Reise in eine unbekannte, dunkle Welt. Und für ein Kind, das eines Morgens aufwachte und feststellen mußte, daß ein Elternteil am Abend zuvor die Wohnung verlassen hatte, kann die Schlafenszeit noch zusätzlich mit unschönen Erinnerungen verbunden sein.

Auch Probleme im Zusammenhang mit dem Schlafengehen sollten nach ein paar Monaten verschwunden sein, aber bis dahin sollten Sie besonderen Wert auf den traditionellen Ablauf von Abend und Schlafenszeit legen, der sich in Ihrer Familie eingespielt hat. Damit erleichtern Sie Ihren Kindern den Übergang von einem geschäftigen Tag zu einer friedlichen und erholsamen Nacht. Vor allem sollten Sie die Bräuche aufrechterhalten, die Sie vor der Scheidung befolgt haben. Wenn Ihre Kinder vor der Trennung der Eltern an einen Abendspaziergang oder eine Gutenachtgeschichte gewöhnt waren, schaffen Sie diese Gewohnheit nicht ab – auch dann nicht, wenn Sie selbst todmüde sind oder keine Zeit zu haben meinen. Solche Bräuche sind wichtig, nicht nur um ihrer selbst willen, sondern auch der Nähe und der Erinnerungen wegen, die sie hervorrufen. Nehmen Sie sich auch die Zeit, mit Ihren Kindern über ihren Schultag zu sprechen und ihre Hausaufgaben durchzusehen; so halten Sie sich über die Aktivitäten und Fortschritte jedes Kindes auf dem laufenden.

Sie sollten auch versuchen, den Ablauf des Abends von Tag zu Tag ähnlich zu halten, so daß jedes Kind weiß, was es wann zu erledigen hat. Auf diese Weise können Sie unnötiges Hin und Her, Gereiztheit und unvorhergesehene Zwischenfälle auf ein Minimum beschränken. Eine Familie aus meiner Bekanntschaft hält sich, wenn die Kinder nachmittags aus der Schule kommen, an ein einfaches Programm: zuerst wird eine Kleinigkeit gegessen, es folgen Hausaufgaben, das Abendessen und die dazugehörige Hausarbeit, dann die Schlafenszeit. Nach einem Plan, den die Familie gemeinsam aufstellt und der am Kühlschrank angeschlagen wird, wechseln sich die Kinder mit Aufgaben wie Tischdecken und Geschirrspülen, den Müll hinaustragen und die Katzenstreu ersetzen ab. Mit Freunden zu spielen oder fernzusehen ist unter der Woche erlaubt, wenn Haushalts- und Hausaufgaben rechtzeitig abgeschlossen sind. Der Vater achtet darauf, daß er für jedes Kind ein paar Minuten Zeit hat, bevor es ins Bett geht.

Vor allem kleine Kinder können weinen und sich an dem Elternteil festklammern, wenn sie ihm gute Nacht sagen sollen. Sie sollten dem Kind also versichern, daß Sie nur ein paar Meter entfernt sind und daß Sie noch einmal nach ihm sehen werden, bevor Sie selbst schlafen gehen. Geben Sie nicht der Versuchung nach, im Zimmer zu bleiben, bis das Kind eingeschlafen ist. Zum einen werden Sie sich über seine Ansprüche zu ärgern beginnen, wenn Sie dies Abend für Abend wiederholen müssen; zum anderen erweisen Sie ihm einen schlechten Dienst, wenn Sie ihm keine Gelegenheit geben zu lernen, wie es sich selbst trösten kann.

Das Fallbeispiel der vierjährigen Molly zeigt die langfristigen Folgen eines solchen Verhaltens auf.

Nach der Trennung ihrer Eltern durfte Molly im Schlafzimmer ihrer Mutter auf dem Boden schlafen, wenn sie in ihrem Zimmer nicht einschlafen konnte. Als sie zehn war, konnte oder wollte sie die meisten Nächte noch immer nicht anderswo schlafen, außer wenn sie bei ihrem Vater zu Besuch war.

Obwohl die Mutter nur die besten Absichten hatte, züchtete sie Überabhängigkeit in Molly und behinderte ihre normale Entwicklung. Die Lehre daraus? Legen Sie sich nicht zu Ihrem Kind ins Bett und erlauben Sie dem Kind nicht, in Ihrem Bett zu schlafen. Wenn Sie in den Massenmedien hören oder lesen, die ganze Familie sollte zusammen schlafen, fallen Sie auf diesen Ratschlag nicht herein.

Selbstbefriedigung

Kinder fangen früh damit an, ihren Körper zu erforschen und herauszufinden, was zu ihrem Wohlbefinden beiträgt. Dies ist ein natürlicher Teil des Erwachsenwerdens und der wachsenden Vertrautheit mit ihrer eigenen Sexualität; es bedeutet nicht, daß das Kind mißbraucht wurde. Wenn Sie allerdings feststellen, daß ein Kind deutlich mehr masturbiert als früher, daß es ständig seine Geschlechtsorgane berührt oder geistesabwesend in aller Öffentlichkeit mit seinem Körper spielt, sollten Sie sich an einen Fachmann wenden.

Schulprobleme

Kinder drücken ihre Verstörung über die Trennung und Scheidung ihrer Eltern oft durch größere Aggressivität und dadurch aus, daß sie die Mitarbeit in der Schule zu verweigern beginnen. Je erfolgreicher Sie Ihnen dabei helfen, mit den beschriebenen Empfindungen fertigzuwerden, desto unwahrscheinlicher ist es, daß die schulischen Leistungen und die Freundschaften Ihrer Kinder von ihnen in Mitleidenschaft gezogen werden. Ich habe schon erwähnt, daß es sich empfiehlt, sich regelmäßig mit den Lehrern Ihrer Kinder zu treffen. Sie können Ihnen sagen, ob das Kind mehr Schwierigkeiten als früher dabei hat, sich auf seine Arbeit zu konzentrieren, mit seinen Mitschülern auszukommen und so weiter. Es ist nicht ungewöhnlich, daß Kinder in der Schule, nicht aber zu Hause Probleme haben.

In meiner Praxis habe ich mit Eltern zu tun gehabt, die ihre Kinder zu Hause behalten, statt sie in die Schule zu schicken, weil sie ihre eigene Einsamkeit nicht ertragen. Ganz offensichtlich ist ein solches Verhalten unangemessen, und Sie würden damit eine ungesunde wechselseitige Abhängigkeit begründen. Diese Kinder können irgendwann zu dem Schluß kommen, daß dem Elternteil etwas Furchtbares zustoßen wird, wenn sie schließlich wieder zur Schule gehen. Zudem werden ihnen auf diese Weise ihr Unterricht und ihre sozialen Kontakte genommen. Die Eltern müssen die Verantwortung für ihre Zufriedenheit und Erfüllung selbst tragen; sie dürfen nicht zulassen, daß sie praktisch zu Kindern ihrer Kinder werden.

Körperliche Probleme

Manche Kinder reagieren auf Streß mit gesundheitlichen Problemen, etwa Bauchschmerzen, Kopfschmerzen, Schmerzen in der Brust oder Krämpfen. Kinder können derartige Beschwerden auch entwickeln, wenn sie ihre Gefühle nicht offen anerkennen, ausdrücken und durcharbeiten können oder wenn man es ihnen nicht gestattet. Solche Schmerzen sind meist echt und sollten von einem Arzt behandelt werden.

Kinder gebrauchen diese Beschwerden sehr selten als eine Methode, sich die Aufmerksamkeit der Erwachsenen zu sichern, zumindest am Anfang. Manchmal allerdings behaupten sie, ein Problem zu haben, das nur einer ihrer Eltern beheben kann. Es kann der sorgeberechtigte oder der nicht sorgeberechtigte Elternteil sein, dessen Anwesenheit auf diese Weise erzwungen werden soll.

Behalten Sie im Gedächtnis, daß Kinder, vor allem Kinder im Vorschulalter, jeden Erreger aufzuschnappen scheinen, der in Reichweite kommt. Wenn ein Kind sich also über Unwohlsein beklagt, hat dies wahrscheinlich nicht das geringste mit Ihrer Scheidung zu tun. Lassen Sie den Kinderarzt entscheiden. Eines der Kinder meiner Nachbarin entwickelte am letzten Abend, bevor sie auf eine Dienstreise gehen wollte, allem Anschein nach Ohrenschmerzen. Die Mutter glaubte, ihr Sohn habe seine Beschwerden erfunden, weil er verhindern wollte, daß sie verreiste. Ein paar Tage später bemerkte die Tante, die sich währenddessen um die Kinder kümmerte, daß aus dem Ohr des Jungen Flüssigkeit tropfte. Der Kinderarzt, zu dem sie ihn brachte, erklärte ihr, daß der Junge absolut nicht simuliert hatte. Die Verzögerung hatte zu einem gerissenen Trommelfell geführt.

Eßstörungen

Eßstörungen treten bei Mädchen häufiger auf als bei Jungen, aber jedes Kind sollte daraufhin beobachtet werden, ob es sich ungesunde Eßgewohnheiten zugelegt hat oder ob es in dieser Hinsicht sichtbare Veränderungen gegeben hat. In den letzten Jahren haben Berichte über Anorexie (Magersucht) und Bulimie (Eß-Brech-Sucht) in Frauenzeitschriften und im Fernsehen für viel Aufmerksamkeit gesorgt. Aber dies sind nicht die einzigen Eßstörungen, die Kinder entwickeln können. Sie können sich auch überessen, Lebensmittel in ihren Zimmern oder ihrem Schulschließfach horten oder nur ein oder zwei bestimmte Nahrungsmittel zu sich nehmen. Eßstörungen können manchmal auch ein Zeichen dafür sein, daß ein Kind ein emotionales Problem hat oder in einem Machtkampf mit einem Elternteil oder beiden seiner Eltern steckt.

Eine gewisse Veränderung der Eßgewohnheiten kann eine ganz normale Reaktion auf das Auseinanderbrechen der Familie sein. Seien Sie nicht zu überrascht, wenn Ihre Kinder (genau wie Sie selbst) das Interesse am Essen verlieren oder mehr Appetit entwickeln als zuvor. Wenn Sie allerdings feststellen, daß ein Kind mehr als ein paar Pfund zu- oder abnimmt und zuviel oder zu wenig Interesse am Essen zeigt, sollten Sie sofort den Kinderarzt aufsuchen.

Der Wunsch nach Versöhnung

Noch Jahre nachdem ihre Eltern sich scheiden ließen und sogar nachdem sie wieder geheiratet haben, halten viele Kinder an ihrem Wunschtraum fest, die Eltern würden irgendwie wieder zueinanderfinden. Obwohl dies eine normale Reaktion ist, sollten Sie solches Wunschdenken nicht ermutigen – auch dann nicht, wenn Sie den Wunsch Ihrer Kinder teilen.

Ted, der dreiunddreißigjährige Vater zweier Töchter im Alter von neun und sechs Jahren, setzte seine Kinder als Botschafter an seine frühere Frau ein, in der Hoffnung, sie zu einer Versöhnung bewegen zu können. In schmerzlichen kleinen Briefen an die Mutter berichteten die Mädchen, wie einsam und traurig Papa ohne sie war und daß sie jede Nacht darum beteten, sie würde zurückkommen. Ted verhinderte auf diese Weise nicht nur, daß sein eigenes Leben wieder in Gang kam; er setzte auch seine Töchter einer grausamen Enttäuschung aus, als sich herausstellte, daß die Methode nichts fruchtete. Natürlich beschuldigten die Mädchen ihre Mutter daraufhin, gemein und starrköpfig zu sein. In dieser Familie gab es erst Fortschritte, als Ted sich selbst gegenüber zugeben konnte, daß die Ehe zu Ende war, und dies auch seinen Töchtern erklärte.

Manchmal allerdings senden die Eltern ganz unfreiwillig Signale an ihre Kinder, die falsche Hoffnungen wecken. Nach der Trennung kann es zu einer Art Waffenstillstand kommen, in dem die Eltern ihre Differenzen zurückstellen und im Interesse der Kinder zusammenarbeiten. Wenn die Kinder feststellen, daß die Streitereien und Spannungen aufgehört haben, nehmen sie an, daß die Eltern jetzt wieder miteinander auskommen und daß die Scheidung damit unnötig ist. Wenn Sie den Verdacht haben, daß Ihre Kinder so denken, sollten Sie ihnen bei Gelegenheit zu verstehen geben: »Mama und Papa sind nicht mehr verheiratet, und wir können nie wieder zusammen wohnen. Aber ihr sollt wissen, daß wir weiter zusammenarbeiten und alles tun werden, um auf die bestmögliche Art für euch zu sorgen. Wir werden immer eure Eltern sein, und das bedeutet, wir setzen uns immer wieder einmal zusammen und sprechen darüber, was für euch am besten ist.«

Auch Ihre eigenen Reaktionen spielen eine Rolle

Kindliche Reaktionen auf die Trennung und Scheidung der Eltern werden stark von den Reaktionen der Eltern selbst beeinflußt. Studien haben ergeben, daß die psychologische Anpassung des sorgeberechtigten Elternteils an die neue Situation ein entscheidender Faktor bei der langfristigen Anpassung der Kinder ist.

Je besser es den Eltern gelingt, ihr Leben nach der Scheidung wieder in die Hand zu nehmen, desto gelassener werden auch die Kinder sein.

In dem Maß, in dem die Eltern zulassen, daß Streß sich in ihr Leben schleicht und auf das der Kinder übergreift, wird auch die Anpassung der Kinder langsamer und mühsamer vor sich gehen.

Wenn Sie Ihrer Scheidung wegen unglücklich und verbittert sind, stehen die Chancen gut, daß Sie diese Empfindungen an Ihre Kinder weitergeben werden – nicht nur auf direktem Weg, sondern auch unterschwellig. So wissen Sie natürlich längst, daß Sie Ihren früheren Partner nicht vor den Kindern herabwürdigen sollten, indem Sie Bemerkungen machen wie zum Beispiel: »Was euer Vater doch für ein erbärmlicher Mensch ist. Jetzt hat er uns in diese Lage gebracht, und ich weiß wirklich nicht mehr, was ich machen soll« oder »Eure Mutter hatte doch keine Ahnung, wie sie für euch hätte sorgen müssen. Das einzige, was sie interessiert, ist ihre ewige Trinkerei. Ohne sie komme ich viel besser zurecht.« Aber Sie sollten nicht vergessen, welche Wirkung auch eine stetige Abfolge weniger direkter Kommentare auf Ihre Kinder haben kann: »Die Nachbarn sind wahrscheinlich schon ganz erleichtert, daß es hier jetzt nicht mehr so laut hergeht.« »Ich bin so froh, daß ich jetzt nicht mehr jedesmal um Erlaubnis bitten muß, wenn ich mir etwas kaufen will.« »Deine *Mutter* ist am Telefon.« »Jetzt können wir tun, was wir wollen, und keiner macht uns Vorschriften.« Und so weiter. Bemerkungen dieser Art vermitteln die unausgesprochene Botschaft, daß Sie noch keinen Frieden mit der Vergangenheit und mit Ihrem früheren Partner geschlossen haben. Sie können sich darauf verlassen, daß die Kinder früher oder später zu dem Schluß kommen werden, ihr anderer Elternteil sei in irgendeiner Weise »schlecht« oder ihrer Zuneigung und Loyalität nicht würdig. Und sie werden unglücklich und verwirrt sein.

Sie brauchen nicht alles, was Sie im Zusammenhang mit Ihrer Scheidung empfinden, vor den Kindern zu verbergen. Einerseits werden Sie nicht ständig deprimiert oder ärgerlich erscheinen wollen; damit würden

Sie die Kinder nur noch zusätzlich verstören. Andererseits wollen Sie aber auch nicht den Eindruck erwecken, Ihre Ehe hätte ihnen nichts bedeutet. Wie finden Sie also einen gangbaren Mittelweg? Wenn Sie es fertigbringen, sachlich über Ihre Empfindungen zu sprechen, ohne daß es dabei zu Ärger, abfälligen Bezeichnungen, Schuldzuweisungen und unsinnigen Kontrollverlusten kommt, wissen Sie, daß Sie Ihre Sache richtig machen. Mit anderen Worten, Ihre Aussagen sollten vor allem *Ihre* Gefühle betreffen, und sie sollten nach Möglichkeit positiv und zuversichtlich enden.

Ärger ist das Gefühl, mit dem für die meisten Menschen vermutlich am schwierigsten umzugehen ist. Wäre es von dem einen Partner nicht auch zuviel verlangt, nicht ärgerlich zu sein, wenn der andere seit Monaten nichts von sich hat hören lassen? Oder wenn er schon wieder mit den Unterhaltszahlungen im Rückstand ist? Oder um die Besuchsrechtsregelungen streitet?

Überlegen Sie, wie Sie selbst in der folgenden Situation reagieren würden: Eines Abends kommen die Kinder vom Spielen nach Hause, werfen einen Blick in Ihr verstörtes Gesicht und fragen Sie, was denn los sei. Sie können sich eben noch bremsen – eine Sekunde bevor Sie die Teller fürs Abendessen auf den Boden geschmettert und angefangen hätten, Obszönitäten zu schreien. Sollten Sie Ihre Gefühle mit den Kindern teilen?

Die Antwort ist ja – aber in Auswahl. Den Kindern eine Antwort zu geben, die Ihrer derzeitigen Innentemperatur entspricht, wäre natürlich eine Möglichkeit, Dampf abzulassen – mehr aber auch nicht. Ihre Probleme lösen Sie damit nicht, und Ihren Kindern hilft es nicht, wenn sie sehen, wie wütend Sie auf den anderen Elternteil sind, und sich über Dinge Sorgen machen müssen, die sie nicht betreffen – tatsächlich würde es sie eher verletzen. In einer solchen Situation sollten Sie lieber warten, bis Sie sich wieder unter Kontrolle haben, und dann mit Ihren Kindern sprechen: »Hört mal, im Augenblick bin ich ziemlich wütend, und es wäre keine gute Idee, jetzt darüber zu reden. Aber danke fürs Nachfragen. Es ist gut zu wissen, daß es euch interessiert. Wißt ihr was, laßt mich das Abendessen machen, und danach können wir uns unterhalten.« Später können Sie sagen: »Ich war wirklich wütend vorhin, aber jetzt geht's mir schon besser. Manchmal bin ich frustriert, wenn dies oder jenes nicht so läuft, wie ich es gern hätte, aber es hilft, wenn man sich die Dinge in Frieden überlegt. Habt ihr das auch schon mal mitgemacht?«

Auf diese Weise ermutigen Sie die Kinder, ihre Empfindungen mit Ihnen zu teilen, und zeigen ihnen, daß auch sie ein Anrecht auf starke Gefühle haben. Hätten Sie ihre Frage, was denn los sei, statt dessen einfach mit »Gar nichts« beantwortet, hätten die Kinder Schwierigkeiten gehabt, Ihre Worte mit ihren eigenen Eindrücken in Einklang zu bringen. Irgendwann hätten sie das Vertrauen in ihr Urteilsvermögen und Ihre Glaubwürdigkeit verloren. Sie hätten auch zu dem Schluß kommen können, daß sie ihre Gefühle verbergen sollten, da Sie es ja auch tun. Unter diesen Umständen würde die Kommunikation zusammenbrechen.

Wenn Sie den Kindern Ihre Gedanken mitteilen, behalten Sie den Unterschied zwischen Ihren Empfindungen und den Problemen und Anliegen im Gedächtnis, die diese Empfindungen hervorgerufen haben. Ihre Kinder sind kaum das richtige Publikum für Ihre persönlichen Probleme. Wenn Sie über Persönliches sprechen wollen, sollten Sie sich lieber an gute Freunde, Verwandte oder einen Therapeuten wenden. Hier finden Sie ein verläßliches und unvoreingenommenes Gegenüber und das Verständnis eines Erwachsenen – und das ist es auch, was Sie brauchen.

≡ Der unvoreingenommene Standpunkt

Wenn ein Kind ärgerlich oder verstört wirkt, gehen Sie nicht gleich als erstes davon aus, der Grund dafür müsse in der Scheidung zu suchen sein oder in irgend etwas, das Sie oder der andere Elternteil getan (oder nicht getan) haben. Sich auf diese und nur diese Erklärungen zu versteifen wird Ihnen nicht helfen, das Problem des Kindes zu ergründen; es wird lediglich jeder aufschlußreichen Diskussion ein Ende machen. Selbst wenn Sie sicher wissen, daß der andere Elternteil hinter dem Problem steckt, sollten Sie es nicht aussprechen. Sie würden Ihr Kind damit nur in eine unerträgliche Situation bringen, die seine Loyalität beiden Eltern gegenüber auf die Probe stellt. (Ausnahmen sind sexuelle, seelische oder körperliche Mißhandlungen, die ab Seite 145 und ab Seite 217 näher besprochen werden.)

Angenommen, Sie sehen das Kind ein paar Stunden nach einem Besuch bei seinem anderen Elternteil weinen. Ihr erster Gedanke wäre nun vielleicht, sich zu erkundigen: »Was hat dein Vater denn getan, daß du dich so aufregst?« Das Kind würde damit reagieren, daß es den anderen Elternteil verteidigt – »Er hat doch gar nichts gemacht« –, und die Unterhaltung wäre prompt in eine Sackgasse geraten, kaum daß sie begonnen hat. Wenn Sie nachfragen, wird das Kind Ihnen vielleicht weitere Details nennen – aber nur ungern, denn nun ist es zu dem Schluß gekommen, daß seine Eltern auf zwei verschiedenen Seiten stehen. Ihr Ziel ist es, dem zweiten Elternteil irgend eine Verfehlung nachzuweisen; die Aufgabe des Kindes ist dementsprechend, ihn zu schützen. Wo ist nun das wirkliche Problem des Kindes geblieben? Es ist viel hilfreicher, Fragen neutral zu formulieren, etwa: »Ich habe das Gefühl, etwas stimmt nicht, Timmy. Wollen wir darüber reden?«

Altersspezifische Erwägungen

Vorschulkinder

Kinder unter fünf Jahren stecken mitten in einer spannenden Expedition in ein für sie völlig unverständliches Universum. Ihre Hauptbeschäftigung ist in diesen Jahren, bestimmte Fertigkeiten zu erlernen, vor allem Sprache und koordinierte Bewegung, während sie versuchen, mit ihren sehr begrenzten intellektuellen Möglichkeiten Ordnung in das Chaos zu bringen. Kinder dieses Alters, die die Trennung und Scheidung ihrer Eltern miterleben, werden eher regredieren und Schlafstörungen entwickeln als ältere Kinder. Die erste Fähigkeit, die sich bei einem unter Streß stehenden Kind dieses Alters zurückentwickelt oder abnormal zu wirken beginnt, ist meist die Sprache. Erhöhte Aggressivität tritt oft bei Kindern auf, die Streitereien ausgesetzt sind, ob nun körperlicher oder verbaler Art.

In diesem Alter ist das Denken des Kindes geprägt von Wunschdenken und Magie. Das Kind glaubt, alle Ereignisse seien auf seine Person bezogen; so kann es auf den Gedanken kommen, es selbst habe den Elternteil zum Ausziehen bewogen, und deshalb schuldbewußt und traurig sein. Es kann auch Wunschträume spinnen, in denen es vorgibt, die Trennung habe nie stattgefunden, oder sich aufwendige Erklärungen zurechtlegen, die seinem Gefühl von Zurückgewiesensein und Verlust wenigstens einen Sinn verleihen.

Die vierjährige Jerilynn saß eines Morgens auf dem Sofa, ihren Teddy neben sich und einen teuren Atlas auf dem Schoß, und malte mit einem schwarzen Stift Linien in eine der Karten. Als ihre Mutter hereinkam und den ruinierten Atlas sah, fragte sie: »Wer hat dir erlaubt, dieses Buch zu nehmen und darin herumzumalen?« Jerilynn antwortete gelassen: »Teddy sagt, ich soll das machen. Er hat gesagt, wir sollen einen Strich von unserem Haus zu Daddys Haus malen, damit wir ihn finden. Daddy wartet da auf uns.« Jerilynn hat nicht etwa gelogen, um sich einer Strafe zu entziehen. Sie wünschte sich nur, bei ihrem Vater zu sein, der kurz zuvor in einen weit entfernten Bundesstaat gezogen war.

Sich imaginäre Gefährten auszudenken und sich mit ihnen zu unterhalten ist bei Kindern dieses Alters normal und kann einem seelisch unter Druck stehenden Kind helfen, seine Gefühle zu klären. Derartige Gedankenspiele weisen nicht auf eine Persönlichkeitsspaltung oder andere ernsthafte psychologische Schäden hin.

Die andere Seite des Wunschdenkens ist Furcht. Mit ihrem wachsenden, wenn auch immer noch begrenzten Zeitgefühl können kleine Kinder erkennen, daß in der Vergangenheit Schlimmes geschehen sein kann oder daß möglicherweise Schlimmes hinter der nächsten Ecke wartet. Es ist wichtig, daß man sich zwei Aspekte kindlicher Ängste bewußt macht: sie sind in kleinen Dosen notwendig für ein gesundes intellektuelles und emotionales Wachstum, und sie erscheinen bei den meisten Kindern in einer vorhersagbaren Phase ihrer Entwicklung.

Als Kyle zwei Jahre alt war, fürchtete er sich vor nichts und niemandem. Auf dem Spielplatz kletterte er höher als sein älterer Bruder; er bat nie um ein Nachtlicht und fand leicht Freunde. Als er dreieinhalb war, entwickelte er eine Angst vor dem Mond, die seine Mutter höchst bizarr fand. Wenn es dunkel wurde, klammerte Kyle sich an sie und schluchzte: »Der Mond kommt in mein Zimmer und nimmt mich mit!« Wenn er abends den Verdacht hatte, der Mond werde sichtbar sein, wurde das Schlafengehen zu einem Willenskampf zwischen Mutter und Kind, und Kyle weigerte sich, in seinem Zimmer allein zu bleiben. Die Mutter vermutete, irgendetwas müsse ihm diese Angst vor dem Mond beigebracht haben; genauso wahrscheinlich ist es aber, daß Kyle einfach eine Furcht entwickelt hat, die bei Kindern seines Alters ganz normal ist. In seinem für diese Phase typischen magischen und egozentrischen Weltbild war der Mond lebendig und plante, ihn seiner Mutter fortzunehmen.

Kindliche Ängste können nicht rational angegangen werden und sind mit Fakten nicht fortzuerklären. Da sie ihre Basis nicht in der Realität haben, vermitteln solche Erklärungen dem Kind oft nur das Gefühl, daß seine Eltern es nicht verstehen. Kyles Mutter stellte fest, daß sie ihn rasch beruhigen konnte, indem sie sich ans Fenster stellte und einen einfachen Zauberspruch aufsagte, in dem der Mond aufgefordert wurde, doch bitte von seinem Plan abzusehen. Was hätte Kyle auch glücklicher machen können als das Wissen, daß seine Mutter den Mond vertreiben konnte? (Zugleich vermittelte sie ihm auch ein Gefühl von Kompetenz und Souveränität, indem sie ihm beibrachte, sich die magischen Worte selbst aufzusagen, wann immer er Angst hatte.)

Nicht alle Vorschulkinder entwickeln solche Vorstellungen, aber in aller Regel schreiben sie unbelebten Dingen menschliche Empfindungen und Emotionen zu. Kinder glauben, letzten Endes seien sie durch ihre allmächtigen Eltern vor allem, was sie fürchten, geschützt. Ihre größte Angst ist dementsprechend, sie könnten diesen elterlichen Schutz verlieren. Wenn ein Elternteil die Familie verläßt, wird diese Befürchtung wahr. Und wenn einer der beiden einfach gehen kann, so schlußfolgern sie, was sollte den anderen daran hindern, es genauso zu machen? Die unklare Vorstellung kleiner Kinder von Zeit und Entfernungen verstärkt diese Furcht noch; sie können keinen großen Unterschied darin sehen, ob der Elternteil morgens das Haus verläßt, um zur Arbeit zu gehen, oder ob er in einen anderen Bundesstaat zieht.

Ihre Ängste beherrschen zu lernen ist eine Methode, wie Kinder erkennen können, daß sie eine gewisse Kontrolle über ihr Leben haben und in der Lage sind, mit unübersichtlichen Situationen fertig zu werden. Sie können Ihren Kindern durch diese Phase helfen, indem Sie ihre Ängste respektieren und sie niemals als Babys hinstellen. Versichern Sie ihnen immer wieder, daß sie nichts mit dem Auszug des anderen Elternteils zu tun haben. Erinnern Sie sie daran, daß Sie immer da sein und für sie sorgen werden. Wenn Sie sie allein lassen, weil Sie zur Arbeit gehen oder abends ausgehen, erklären Sie ihnen, wer sich um sie kümmern wird, wann Sie zurückkommen und womit sie in der Zwischenzeit rechnen müssen. Wenn Ihre Kinder tagsüber in einem Kindergarten oder Hort untergebracht sind, sorgen Sie dafür, daß sie morgens von jemandem begrüßt werden, den sie kennen und der ihnen die ersten Minuten dort überbrücken hilft. Vermeiden Sie lange Trennungen. Üben Sie beängstigende Situationen nach Möglichkeit vorher ein; zumindest sollten Sie über sie sprechen und es vielleicht mit Rollenspielen versuchen. Wenn Ihre Tochter zum Beispiel eine neue Vorschule besuchen soll, nehmen Sie sie ein paar Tage zuvor mit in die Schule, gehen Sie mit ihr durchs Haus, zeigen Sie ihr das Klassenzimmer und stellen Sie sie ihrem Lehrer vor. Bitten Sie den Lehrer, dem Kind zu erklären, wie der Schultag aussehen wird.

▪ Fünf- bis Achtjährige

Wenn Kinder erst einmal fünf Jahre alt sind, haben sie eine gewisse Kontrolle über aggressive und emotionale Impulse erlangt und beginnen sich zu eigenständigen Persönlichkeiten auszubilden. Sie sind erfüllt von Neugier auf die Welt, in der sie leben, und Sie sollten ihnen die Auswahl unter möglichst vielen Aktivitäten bieten – Sportarten, künstlerischen Techniken, Spiel- oder Jugendgruppen. Als größte Aufgabe steht den Kindern nun bevor, auf dem Erlernten aufzubauen, um den Übergang zur Schule bewältigen zu können, sich ein festes Fundament für die vielen Schuljahre zu erarbeiten und zu lernen, mit Freunden und mit anderen Erwachsenen zurechtzukommen.

Auch in diesem Alter leben Kinder noch in einer Phantasiewelt, aber diese Welt sieht schon anders aus als die kleiner Kinder. Sie sind fasziniert von Heldenfiguren, von imaginären wie Batman bis zu realen wie Papa, die alles können, was sie selbst gerne könnten. Ihre Traumwelt dient als ein Druckventil; sie gestattet ihnen, ihre Gefühle und ihre Energie auszuleben, ohne sich selbst (und in der Regel auch ohne anderen) zu schaden.

Es ist nicht weiter überraschend, daß die Trennung und Scheidung ihrer Eltern Kinder in dieser kritischen Lebensphase aus der Bahn werfen kann. Mit ihren wachsenden, wenn auch immer noch begrenzten intellektuellen Fähigkeiten haben sie ein klareres Verständnis davon, was eine Scheidung bedeutet, und nehmen die physische Abwesenheit des fehlenden Elternteils um so schmerzlicher zur Kenntnis. Sie haben das Bedürfnis nach konkreten Antworten auf Fragen wie: Wer sorgt jetzt für mich? Was passiert mit mir? Sie sehnen sich danach, daß ihre Eltern wieder zueinander finden könnten, und unter Umständen suchen sie Mittel und Wege, um die Aussöhnung selbst zustandezubringen. Ihre Loyalität beiden Eltern gegenüber ist ungebrochen.

Wenn das Auseinanderbrechen der Familie die schulischen Leistungen der Kinder und ihre Fähigkeit, mit anderen auszukommen, zu beeinträchtigen scheint, sollten Sie sich sofort an eine Beratungsstelle oder einen Therapeuten wenden. Wenn Sie das Problem jetzt ignorieren, werden Sie nur ernstere Probleme in der Zukunft schaffen. Warnsignale sind schlechtere Schulnoten, Schwierigkeiten, Freunde zu finden, Streit mit anderen Kindern, schnell wechselnde Stimmungen, Isolation, Widerwillen, über Nacht bei Freunden zu bleiben und den Elternteil währenddessen allein zu lassen, und die scheinbare Unfähigkeit, sich zu Hause oder in der Schule an die vorgegebenen Regeln zu halten.

■ Neun- bis Zwölfjährige

In diesem Alter machen die körperlichen und intellektuellen Fähigkeiten von Kindern große Fortschritte. Auch soziale Talente werden entwickelt; die Kinder werden geschickter darin, Freundschaften zu beginnen, aufrechtzuerhalten und zu beenden. Die meisten von ihnen sind jetzt besser in der Lage, mit den Nachwirkungen von Trennung und Scheidung umzugehen. Sie können über den Bruch zwischen ihren Eltern und die durch ihn verursachten Veränderungen in ihrem Leben aber auch sehr ärgerlich sein. Unter Umständen nehmen sie es dem nicht sorgeberechtigten Partner bitter übel, daß er nicht öfter auftaucht. Sie sind sich klar darüber, daß Geld erforderlich ist, um zu leben und gewisse Dinge zu erwerben, und können dem Partner, der seine Unterhaltszahlungen nicht leistet, deshalb Vorwürfe machen. Nichtsdestoweniger werden sie den abwesenden Elternteil sehr vermissen, vor allem wenn es der ihres eigenen Geschlechts ist. Bei Kindern dieses Alters besteht auch mehr als bei jüngeren die Gefahr, daß sie in einem unangemessenen Umfang als Vertraute herangezogen werden, wenn einer ihrer Eltern auf den anderen wütend ist.

Für diese Altersgruppe sind Rollenvorbilder besonders wichtig. Dadurch, daß sie ihre Eltern und andere von ihnen geschätzte Verwandte, Freunde und Lehrer beobachten, entwickeln die Kinder ihre Fähigkeiten beim Teilen, beim Führen anderer, beim Begründen von Freundschaften und bei der Entwicklung einer positiven, selbstsicheren Grundhaltung.

In dem Maß, in dem Ihre Kinder ihr Repertoire von Problembewältigungstechniken erweitern, blühen auch ihre Selbstachtung und ihr Selbstvertrauen auf. Wenn sie allerdings feststellen müssen, daß sie anspruchsvollen und belastenden Situationen nicht gewachsen sind, leidet ihre Selbstachtung, und es entsteht eine Abwärtsspirale: je vertrauter sie mit dem Gefühl des Versagens in der Schule oder im Umgang mit anderen werden, desto tiefer sinkt ihr Selbstvertrauen, und je tiefer ihr Selbstvertrauen sinkt, desto sicherer werden sie versagen. Es ist also sehr wichtig, daß Sie Ihren Kindern dabei helfen, über eine Auswahl von Freizeitbeschäftigungen ein eigenes soziales Leben zu entwickeln, und sich über ihre Fortschritte in der Schule auf dem laufenden halten. Wenn sie sich von anderen Kindern ihres Alters absondern oder sich weigern, an den Aktivitäten der anderen teilzunehmen, sollten Sie sich vielleicht mit einem Kinderarzt oder Therapeuten in Verbindung setzen.

Wenn Ihre Kinder in die Pubertät kommen, sollten Sie nicht überrascht oder verletzt sein, wenn sie nun mehr Zeit mit ihren Freunden verbringen als mit ihrer Familie. Das ist ein normaler und notwendiger Teil des Erwachsenwerdens. Ein Aspekt des Abtrennungsprozesses von der Familie ist es, daß Kinder nun versuchen, durch äußere Details ihren Freunden ähnlicher zu werden: sie kleiden sich wie sie, tragen ihr Haar auf die gleiche Art, gebrauchen eine bestimmte Sprache, hören eine bestimmte Musik und so weiter. Wenn sich Ihr Sohn plötzlich ein Ohr durchstechen lassen will oder Ihre Tochter sich die Haare in einer auffallenden Farbe färbt, ist der Grund dafür wahrscheinlich ganz einfach der, daß sie ihre Freunde imitieren wollen – nicht etwa, daß ihre Eltern geschieden sind.

Auch körperliche Veränderungen setzen jetzt ein, die sie vielleicht beunruhigen oder erschrecken werden. Vielleicht können Sie sich noch an die Seelenqualen Ihrer eigenen frühen Jugend erinnern, wenn ein winziger Pickel Ihnen vorkam wie ein Vulkan kurz vor der Explosion und Sie den Eindruck hatten, Ihre Nase sei entschieden zu groß für Ihr Gesicht. Wenn also Ihr Sohn oder Ihre Tochter stundenlang vor dem Spiegel steht und Pickel vernichtet oder auf der Suche nach der richtigen Frisur für den Abend eine Dose Haarspray verbraucht, haben Sie mit einer großzügigen Prise Geduld und Respekt – und wenn Sie der Versuchung widerstehen, sich über Ihr Kind lustig zu machen – schon viel getan, um ihm aus seiner Verunsicherung herauszuhelfen und Ihr Verständnis zu zeigen.

In diesem Alter entwickeln Kinder auch ein Interesse an Sex. So werden Jungen sich vielleicht allein oder mit Freunden Männermagazine ansehen. Sie sollten nicht überreagieren; in diesem Alter bedeutet ein Interesse an Sex nicht, daß Ihre Kinder sexuell aktiv sind! Behalten Sie auch im Gedächtnis, vor allem wenn Sie selbst wieder Verabredungen eingehen, daß Ihre Kinder sich über Ihre eigene sexuelle Dimension klar zu werden beginnen – ein Aspekt, der den meisten jüngeren Kindern unangenehm ist (»*Meine* Mama würde sowas aber nie machen!«). Sorgen Sie dafür, daß entweder Sie oder der andere Elternteil sie auf die Veränderungen in ihrem Körper vorbereitet, etwa auf die weibliche Menstruation und auf nächtliche Ejakulationen bei Jungen. Sprechen Sie über Selbstbefriedigung und versichern Sie ihnen, daß es normal ist, seinen Körper zu erforschen. Erklären Sie ihnen Aids und andere Geschlechtskrankheiten in einer Sprache, die sie verstehen können.

Wenn Sie Ihren Kindern dieses Thema nahebringen wollen, reicht es nicht, Aufklärungsbücher und ähnliches in der Wohnung herumliegen zu lassen. Sie müssen offen und ehrlich mit jedem Kind einzeln sprechen. Vielleicht können Sie sich zuvor bei Ihrem Kinderarzt erkundigen; er kann Ihnen Ratschläge geben und Bücher oder Videofilme empfehlen. Es könnte auch nützlich sein, wenn Sie sich zunächst über Ihre eigenen Werte und Ansichten zum Thema Freundschaften und (vorehelichen) Sex klar werden. Damit versetzen Sie sich selbst in die Lage, bei der Diskussion über dieses Thema über die bloßen Fakten hinauszugehen und Ihren Kindern deutlich zu machen, welches Verhalten Sie von ihnen erwarten.

Wenn Sie bei der Diskussion sexueller Fragen vermeiden wollen, Ihr Kind in Verlegenheit zu bringen, könnten Sie in der dritten Person sprechen. Zum Beispiel könnten Sie zu Ihrer elfjährigen Tochter sagen: »Viele Mädchen in deinem Alter merken irgendwann, daß ihnen dort unten Haare wachsen. Weißt du, was ich meine?« Auf diese Weise werden Sie eher Erfolg haben, als wenn Sie sie mit Fragen wie »Hast du eigentlich schon Haare dort unten?« in Verlegenheit bringen. Die erste Frage wird eher zu einer produktiven Unterhaltung führen, und Ihre Tochter wird unbefangener eigene Fragen stellen und nähere Informationen verlangen.

Wenn Sie den Verdacht haben, eines Ihrer Kinder sei sexuell aktiv, sprechen Sie Ihre Vermutungen aus. Vor einer Generation noch war das Schlimmste, das Eltern sich vorstellen konnten, eine uneheliche Schwangerschaft oder eine Abtreibung. Heute gibt es eine viel größere Gefahr: den Tod. Wenn Ihre Kinder einmal sexuell aktiv sind, können Sie die Uhr nicht mehr zurückdrehen. Die beste Vorgehensweise ist nun, mit Ihren Kindern über die Konsequenzen ihrer Handlungsweise zu sprechen und ihnen ein verantwortungsbewußtes Verhalten nahezulegen – zum Beispiel indem Sie sie auffordern, grundsätzlich Kondome und eine andere verläßliche Methode der Geburtenkontrolle zu verwenden.

Sie werden fraglos unruhige Zeiten erleben, wenn Sie sich zu einem Zeitpunkt von Ihrem Partner scheiden lassen, zu dem Sie ein Kind an der Schwelle zur Pubertät in der Familie haben. Aber denken Sie daran, Sie werden solche Krisen eher meistern können, wenn Sie das häusliche Leben stabil halten und für Verhaltensregeln sorgen, die Sie konsequent aufrechterhalten. Verschwenden Sie Ihre Zeit und Energie nicht mit Streitereien über Dinge, die letzten Endes völlig unwichtig sind, etwa eine Haartracht oder ein T-Shirt. Ihre Kinder werden mit der Zeit aus dem Bedürfnis herauswachsen, sich von Menschen außerhalb ihrer eigenen Altersgruppe abzusetzen. Nehmen Sie einfach zur Kenntnis, daß die wachsende Unabhängigkeit Ihres Kindes keine persönliche Ablehnung seiner Eltern bedeutet.

≡ Wann haben die Kinder es hinter sich?

Die anfänglichen Reaktionen Ihrer Kinder auf das Ende Ihrer Ehe sollten im Lauf der Zeit nachlassen – rechnen Sie mit einem halben bis zu einem ganzen Jahr bei Mädchen und eineinhalb bis zwei Jahren bei Jungen. Wenn sich ihr Verhalten dann nicht zu normalisieren beginnt oder wenn es sogar auffälliger wird, sollten Sie sich an einen Fachmann wenden (Näheres finden Sie ab Seite 217). Zugleich sollten Sie verstehen, daß nicht alle dieser Reaktionen zeitlich begrenzte Erscheinungen sind; es gibt also keine allgemeingültigen Regeln dafür, wie lange der Anpassungsprozeß eines Kindes dauern darf. Es kann vorkommen, daß Ihre Kinder noch als junge Erwachsene Probleme aufzuarbeiten haben. So stellte Karen, eine attraktive junge Frau von zwanzig Jahren, fest, daß sie sich nur von blonden, blauäugigen Männern angezogen fühlte – Männern, die aussahen wie ihr Vater. Sie hatte diese Verbindung zwischen den Männern, mit denen sie sich einließ, und ihrem Vater niemals zur Kenntnis genommen, bevor sie in einer Therapie zur Sprache kam. Unglücklicherweise gingen ihre Beziehungen ebenso wie die Ehe ihrer Eltern unweigerlich in die Brüche. Eines ihrer Ziele in der Therapie war, den Grund dafür herauszufinden, um diesen Kreislauf irgendwann durchbrechen zu können.

Was Ihre Kinder am meisten brauchen

Es folgen einige wichtige Punkte, die Sie im Gedächtnis behalten sollten, wenn Sie Ihren Kindern bei der Bewältigung ihrer Gefühle nach dem Auseinanderbrechen der Familie helfen wollen.

- Stellen Sie sich Ihren Kindern zur Verfügung, indem Sie so viel Zeit wie möglich mit ihnen verbringen und sie ermutigen, mit Ihnen über ihre Empfindungen zu sprechen. Eine hilfreiche Methode ist es, etwa folgendes zu sagen: »Weißt du, Liebes, daß deine Mama fortgegangen ist, ist für uns alle schlimm. Und ich weiß, daß wir alle auf unsere eigene Art damit fertig werden müssen.« Bestehen Sie aber nicht darauf, daß die Kinder ihre Empfindungen mit Ihnen teilen. Die meisten Kinder werden aufgeschlossener, wenn sie einmal wissen, daß Sie ihnen zuhören werden.

- Anerkennen Sie ihre Empfindungen und zeigen Sie Mitgefühl; urteilen Sie nicht über sie und versuchen Sie nicht, ihre Gefühle zu verleugnen oder zur Bedeutungslosigkeit herunterzureden.

- Kritisieren Sie Ihren früheren Partner nicht Ihren Kindern gegenüber. Denken Sie daran, sie lieben Sie beide, und Sie sollten ihre Zuneigung zu dem anderen Elternteil nicht nur akzeptieren, sondern sogar ermutigen.

● Versuchen Sie, den Konflikt zwischen Ihnen und Ihrem früheren Partner möglichst gering zu halten. Wenn Sie schon nicht mehr tun können als das, streiten Sie sich wenigstens nicht in Gegenwart der Kinder!

● Helfen Sie den Kindern, mit dem Gefühl der Einsamkeit fertig zu werden. Einen wichtigen Beitrag dazu leisten Sie, wenn Sie ihnen das Vertrauen vermitteln, daß sie fast jede Situation meistern können. Bringen Sie ihnen die Notrufnummern bei und erklären Sie ihnen, was zu tun ist, wenn es in der Wohnung brennt. Lehren Sie ältere Kinder, den Herd zu bedienen und einfache Mahlzeiten zu kochen. Sorgen Sie dafür, daß sie wissen, was sie in Ihrer Abwesenheit *nicht* tun dürfen. Natürlich sollten Sie sichergestellt haben, daß sie nicht nur die Nummer Ihres Arbeitsplatzes finden können, sondern auch die Nummer eines Nachbarn oder Verwandten, der tagsüber Zeit hat, mit ihnen zu sprechen und in Bedarfsfällen auszuhelfen. Halten Sie alkoholische Getränke, Medikamente und giftige Stoffe unter Verschluß.

● Bestrafen Sie Ihre Kinder nicht für regressives Verhalten und machen Sie sich nicht über sie lustig. Sie werden von allein aus solchen Verhaltensweisen herauswachsen, wenn Sie ihnen zur Seite stehen, Interesse an ihnen und ihren Gefühlen zeigen und Geduld mit ihnen haben.

● Lassen Sie nicht zu, daß Fernseher und Videospiele die Rolle des Babysitters übernehmen oder dazu mißbraucht werden, die Zeit totzuschlagen. Beschränken Sie die Zeit, die für solche passiven Beschäftigungen zur Verfügung steht, auf eine Stunde pro Tag unter der Woche und zwei Stunden an Wochenenden – vorausgesetzt, Hausarbeit und Hausaufgaben sind vorher gemacht worden. Helfen Sie Ihren Kindern dabei, ihre Zeit auf aktivere Art und Weise zu verbringen. Sie sollten eine Auswahl von Büchern, Spielen und Mal- und Bastelmaterialien bei der Hand haben, ebenso wie Briefpapier für den Fall, daß sie an Freunde oder ihren anderen Elternteil schreiben wollen. Wenn Sie es sich leisten können, schaffen Sie einen Computer an. Viele Lernprogramme, die Sie heute kaufen können, machen so viel Spaß, daß Ihre Kinder kaum merken werden, daß sie etwas lernen. Und ermutigen Sie sie nach besten Kräften, Freunde mit nach Hause zu bringen. Selbst wenn Sie von dem zusätzlichen Lärm und der Extraarbeit nicht begeistert sind, betrachten Sie dieses »Opfer« als eine Investition in die Teenagerjahre Ihrer Kinder: Sie bringen ihnen bei, daß ihre Freunde zu Hause willkommen sind – und Sie werden wissen, wo Ihre Kinder stecken.

- Respektieren Sie das Bedürfnis Ihrer Kinder nach einer Privatsphäre und nach Zeit für sich allein. Wenn die Kinder keine eigenen Zimmer haben, richten Sie ihr Zimmer so ein, daß jedes Kind eigenen Schrankraum hat und eine Ecke, die es mit niemandem teilen muß.

- Halten Sie ein Auge auf Ihren Nachwuchs, ganz gleich wie beschäftigt Sie selbst sind. Sie müssen wissen, wo der Rest der Familie ist, und die Kinder müssen wissen, daß Sie es wissen. Die Frage »Wissen Sie, wo Ihre Kinder sind?« ist auch heute noch relevant, und zwar unabhängig von der Tageszeit. Umgekehrt sollten Sie Ihre Kinder darüber informiert halten, wo *Sie* zu finden sind. Auch Ihre Kinder können sich Sorgen machen.

Die Auswirkungen der Scheidung
auf die Rolle der Eltern

Schon wenige Monate nach der Trennung von ihrem Ehemann
stellte die fünfunddreißigjährige Maureen fest, daß sie die Schwierigkeiten eines Lebens ohne ihn unterschätzt hatte. Die Hausarbeit, die sich zuvor zwei Leute geteilt hatten, lag nun allein auf
ihren Schultern. Da sie das alleinige Sorgerecht für ihre acht- und
sechsjährigen Töchter hatte, fiel ihr die gesamte Verantwortung
für das Wohl ihrer Familie zu. Sie hatte keine Verwandten in er-
reichbarer Nähe, denn sie und ihr Ehemann waren umgezogen,
gleich nachdem sie ihre Ausbildung abgeschlossen hatten. Als
Maureens früherer Ehemann eine Stelle in einem anderen Bundesstaat annahm, waren die beiden Mädchen völlig niedergeschmettert, und Maureen hatte plötzlich keinen Babysitter für den
Notfall mehr. Wann immer nun eines der Kinder krank wurde,
mußte sie sich entscheiden, ob sie sich von ihrem Ganztagsjob als
Krankenschwester freistellen lassen oder ein krankes Kind in die
Schule schicken sollte. Und da sie zudem noch entschlossen war,
genug Geld für ein kleines Haus in einer Vorstadt zur Seite zu legen, in der ihre Kinder bessere Schulen vorgefunden hätten, hatte
sie oft Überstunden gemacht, wenn die Mädchen bei ihrem Vater
zu Besuch waren.

Maureen fühlte sich oft müde und überfordert und hatte das Gefühl, der Tag habe nicht genug Stunden für all die Anliegen, um die
sie sich hätte kümmern müssen. Ironischerweise war die am
schwersten zu ertragende Tageszeit der Abend, wenn die Arbeit
getan war. Sobald es in der Wohnung still wurde und die Kinder im
Bett waren, wurde es schwierig, die Erinnerungen an glücklichere
– und leichtere – Zeiten fernzuhalten, und Maureen begann sich zu
fragen, wie ihre nächsten Schritte aussehen sollten. Sie mußte vor
sich selbst zugeben, daß ihre Ehe nicht mehr zu retten gewesen
war, aber nichtsdestoweniger vermißte sie die Gesellschaft und Unterstützung ihres Partners.

Maureens Situation ist typisch für die Lage, in der sich viele sorgeberechtigte Eltern gleich im ersten Jahr nach ihrer Trennung oder Scheidung wiederfinden. Auch der nicht sorgeberechtigte Partner hat es nicht
viel leichter. Die täglichen Anforderungen an seine Zeit und Energie sind
vielleicht weniger hoch, aber er wird feststellen, daß der Verlust der Kinder

und des vertrauten Familienlebens ebenso schwer zu ertragen sein kann. Zudem hängt der Schmerz, den eine Scheidung mit sich bringt, nicht immer nur davon ab, welcher der beiden Partner die Scheidung wollte oder betrieben hat. Beide können damit rechnen, daß die nähere Zukunft eine Zeit voll Kummer und innerem Aufruhr sein wird.

Menschen in Maureens Lage stehen an einem Wendepunkt für sich und ihre Kinder. Wie sie darangehen, ihr Leben nach dem Auseinanderbrechen ihrer Ehe neu zu organisieren, ist ein weiterer wichtiger Faktor bei der Anpassung ihrer Kinder an die neuen Verhältnisse.

Der Prozeß der Trennung und Scheidung führt zu einer für beide Eltern kaum zu meisternden Situation. Sie brauchen Zeit für sich selbst, um mit dem Streß und den Emotionen fertigzuwerden, die das Ende ihrer Ehe mit sich gebracht hat, und um sich einen Kurs für die Zukunft zurechtlegen zu können. Zugleich sind ihre Kinder gerade jetzt besonders darauf angewiesen, sich auf ihre Eltern verlassen und ihrer Zuneigung vertrauen zu können. Die Eltern wiederum können so in ihre eigenen Probleme vergraben sein, daß sie den Kindern gegenüber vielleicht nicht mehr, sondern weniger Freundlichkeit und in der Erziehung weniger Konsequenz aufbringen als zuvor. Aber je mehr sich die Eltern nach einer Scheidung in sich zurückziehen, um wieder zu sich selbst zu finden, desto deutlicher werden die Kinder ihr Bedürfnis nach Aufmerksamkeit äußern. Wenn Eltern wie Kinder ihr inneres Gleichgewicht verloren haben, verschlimmern sie ihre wechselseitigen Probleme. Wenn die Eltern diesen Kreislauf durchbrechen wollen, müssen sie

- ihr Leben in die Hand nehmen,
- eine liebevolle und verläßliche Umgebung für ihre Kinder schaffen,
- den Kindern gegenüber Autorität ausüben lernen und
- sich über die Probleme im klaren sein, die geschiedenen Eltern in aller Regel bevorstehen und die in diesem Kapitel beschrieben werden.

Maureen gehörte zu den glücklicheren oder, treffender ausgedrückt, einfühlsameren Eltern. Vor ein paar Jahren faßte sie ihre Haltung in dieser schwierigen Zeit mir gegenüber so zusammen: »Es war nicht gerade leicht, aber ich habe irgendwann verstanden, daß meine Kinder vor allem eine einigermaßen stabile Mutter brauchten, auf die sie sich verlassen konnten.« Das mag eine grob vereinfachte Darstellung all dessen sein, was sie tatsächlich für ihre Kinder getan hat, aber ihr Instinkt für das, was die Situation erforderte, war unfehlbar.

Verbreitete Reaktionen

Wenn ein Ehepaar sich trennt und dann scheiden läßt, machen beide einen Spießrutenlauf von Emotionen durch – von Trauer, Angst, Schuldgefühlen, Scham und Schock bis hin zu dem Hochgefühl, wenn sie glauben, nun seien alle Probleme gelöst. Der Partner, der die Scheidung nicht wollte, mag sich wertlos und nicht liebenswert fühlen; der Partner, der sie betrieben hat, beginnt vielleicht nachträglich zu zweifeln. Solche Gefühle laufen nicht in einer festen Reihenfolge ab; jedes einzelne davon kann wieder und wieder auftauchen und verschwinden.

Zur gleichen Zeit müssen sie sich an neue Lebensbedingungen gewöhnen. Der Partner, bei dem die Kinder wohnen werden, bleibt vielleicht in der gemeinsamen Wohnung – einer Umgebung, die alle Zurückbleibenden ständig an den Elternteil erinnert, der nun fehlt. Wenn die Wohnung oder das Haus verkauft und der Erlös auf die beiden Parteien verteilt werden muß, werden vermutlich beide Eltern umziehen. Vielleicht besuchen die Kinder nun eine neue Schule und müssen sich neue Freunde suchen. Die Mutter läßt ihre Freundinnen aus der Nachbarschaft zurück, mit denen sie plaudern und die sie in Notfällen um Hilfe bitten konnte, und fühlt sich nun vielleicht isoliert und unsicher, weil ihr sozialer und ökonomischer Status abgesunken ist. Wenn sie zuvor nicht ganztägig berufstätig war, wird sie es nun vermutlich werden. Der nicht sorgeberechtigte Elternteil, in der Regel der Vater, mag zwar Unterhalt zahlen, wird aber vielleicht die Tatsache übelnehmen, daß auch sein Lebensstandard gesunken ist und daß er nun nur noch eine Nebenrolle im Leben seiner Kinder spielt. Vielleicht stecken beide Eltern zudem in einer gerichtlichen Auseinandersetzung um Sorgerecht und Besuchsregelungen.

Eine der beunruhigendsten Reaktionen ist es, wenn einer der Partner nicht mehr die Energie aufbringt, zur Arbeit zu gehen, die täglich anfallenden Hausarbeiten zu erledigen, sich angemessen um die Kinder zu kümmern – kurz, wenn er oder sie das Interesse am Leben selbst zu verlieren scheint. Dies sind Zeichen für eine ernste Depression. Wenn die Symptome einen Monat oder länger anhalten, sollte ein Fachmann hinzugezogen werden (siehe auch ab Seite 217). Wenn die entsprechende Person einen Selbstmord zu erwägen scheint oder von ihm spricht, muß sofort ein Psychiater konsultiert werden.

Ich habe im letzten Kapitel schon darauf hingewiesen, wie wichtig es ist, daß die Eltern solche Reaktionen überwinden und im Interesse des Wohls ihrer Kinder lernen, mit dem Streß umzugehen, den ihre Scheidung mit sich gebracht hat. Die Fähigkeit der Kinder, sich an die neue Situation anzupassen, steht in einem direkten Zusammenhang mit dem Anpassungsvermögen der Eltern.

Regression bei Erwachsenen

Ich habe bereits erwähnt, daß Kinder sich als Reaktion auf die Trennung und Scheidung ihrer Eltern manchmal auf eine frühere, bereits überwundene Stufe ihrer Entwicklung zurückziehen (siehe auch Seite 66). Das gleiche kann einem erwachsenen Menschen geschehen, wenn eine erzwungene oder auf besonders rücksichtslose Weise durchgesetzte Scheidung ihn oder sie auf eine frühere Entwicklungsstufe zurückwirft oder ein Verhalten zur Folge hat, das für diese Person völlig uncharakteristisch ist. Manche Erwachsenen lassen sich dabei bis zur völligen Hilflosigkeit gehen und verlassen sich darauf, daß andere Menschen – einschließlich ihrer eigenen Kinder – sich um sie kümmern.

Eve zum Beispiel war völlig verstört, als ihr Mann sie nach zehn Ehejahren plötzlich verließ. Obwohl sie den Haushalt zuvor mühelos in Ordnung gehalten und sich sorgfältig um ihren Sohn gekümmert hatte, hatte sie nach dem Auszug ihres Mannes plötzlich Schwierigkeiten, selbst die alltäglichsten Entscheidungen zu treffen. Ob nun das Dach undicht wurde oder der Herd nicht funktionierte, jedesmal rief sie ihren früheren Ehemann an und fragte ihn um Rat. Nachdem sie mehrere Monate hintereinander ihr Konto überzogen hatte, bat sie ihn, für die Rechnungen aufzukommen. Da er seines plötzlichen Auszugs wegen ein schlechtes Gewissen hatte, erklärte er sich jedesmal bereit, ihr zu helfen. Bald allerdings stellte er fest, daß sie immer abhängiger von ihm wurde, je mehr er ihr half. Nach einigen weiteren Monaten begann er zu fürchten, ihre Hilflosigkeit und ihr kindisches Verhalten könnten zu einer ernsthaften Gefahr für ihren Sohn werden. Eve wandte sich mit der Bitte um Hilfe an mich, als er damit zu drohen begann, er werde das Sorgerecht für den Jungen einklagen.

Auch Liz geriet nach ihrer Scheidung in ernsthafte psychologische Schwierigkeiten. Um sich über den Kummer hinwegzutäuschen, ließ sie sich mit einer ganzen Reihe von Männern ein. Zuvor hatte sie nur mit ihrem Ehemann geschlafen und war stolz darauf gewesen, in der Hochzeitsnacht noch Jungfrau gewesen zu sein. Nach einem Jahr voller Affären, die alle nur eine oder zwei Nächte lang gedauert hatten, fühlte sie sich beschämt und peinlich berührt von ihrem uncharakteristischen Benehmen. Bald nachdem sie mit einer Therapie begonnen hatte, beschloß sie auch, sich auf Herpes und Aids testen zu lassen. Die Testresultate waren bisher alle negativ, aber es werden noch einige weitere Untersuchungen nötig sein, bevor sie sicher sein kann, nicht HIV-positiv zu sein.

Die meisten Menschen kommen von ihrem regressiven Verhalten ohne psychologische Hilfe wieder los. In der Regel sind solche Veränderungen von kurzer Dauer und gehen von selbst vorbei, sobald die entsprechende Person sich in der Lage sieht, ihr inneres Gleichgewicht wiederherzustellen und eine Vorstellung von der Zukunft zu entwickeln.

Eltern als Kinder, Kinder als Eltern

Nach einer Scheidung entwickeln manche Eltern eine spezielle Form der Regression, indem sie zu abhängig von einem oder mehreren ihrer Kinder werden. Im Grunde spielt sich dabei ein Rollenwechsel ab, und die Kinder werden zu den Betreuern, Vertrauten und Ratgebern ihrer Eltern. Solche Eltern sind meist verstört, deprimiert und einsam, und sie sind entweder nicht willens oder nicht imstande, die Verantwortung für sich selbst zu übernehmen. Manchmal handelt es sich dabei um Alkoholiker oder andere Drogenabhängige. Das Ergebnis ist eine Form geistiger Sklaverei und eine gestörte Entwicklung beim Kind und eine fehlerhafte Wahrnehmung der Wirklichkeit beim Erwachsenen. Bei der verheerendsten (aber auch sehr seltenen) Variante kann es bis zum Inzest kommen, wenn der Erwachsene das Kind als Ersatz für den verlorenen Partner heranzieht. Viel häufiger ist es, daß der Elternteil das Kind bei sich im Bett schlafen läßt, um die eigene Einsamkeit zu mildern. (Ich habe bereits betont, daß Erwachsene ihre Kinder weder auffordern noch ihnen gestatten sollten, mit ihnen in ein und demselben Bett zu schlafen.)

Die meisten Eltern allerdings sind in Gefahr, sich auf viel subtilere Weise von ihren Kindern abhängig zu machen.

Nancy zum Beispiel ließ sich nach fünfzehn Ehejahren scheiden. Sie war ungewöhnlich schüchtern und hatte niemals Freundschaften geschlossen. Während ihrer Ehe hatte sie ihre Zeit damit verbracht, sich um ihre Familie zu kümmern, und dies hatte ihr eine willkommene Entschuldigung dafür geliefert, keine neuen Bekanntschaften schließen zu müssen. Nun war die einzige Gesellschaft, die ihr geblieben war, ihre zehnjährige Tochter Alexa. Die beiden waren unzertrennlich. An den Wochenenden, an denen Alexa nicht ihren Vater besuchte, verbrachten Mutter und Tochter den größten Teil ihrer Zeit mit Schaufensterbummeln, gingen ins Kino oder unternahmen Ausflüge und kurze Reisen.

Weniger als ein Jahr nach der Scheidung begann Nancy Alexas Besuche bei ihrem Vater zu behindern. Wenn er anrief, um den Zeitpunkt auszumachen, zu dem er seine Tochter abholen sollte, erzählte Nancy ihm, Alexa habe zuviel zu tun oder wolle dieses Wochenende nicht mitkommen, weil sie bereits Pläne für irgendeine Unternehmung mit ihrer Mutter habe. Als die Besuche schließlich ganz aufhörten, beauftragte der Vater einen Anwalt damit, seine Besuchsrechte durchzusetzen, und ich lernte Nancy und Alexa in meiner Eigenschaft als der vom Gericht bestallte Gutachter kennen.

Das Ausmaß von Nancys Problemen wurde offensichtlich, als ich die Familienmitglieder interviewte. Alexa merkte an, nach dem Auszug ihres Vaters habe ihre Mutter sich neben ihrer Arbeit nur noch fürs Fernsehen interessiert. Außer ein paar Freunden von Alexa kam niemals jemand zu Besuch, und auch sie und ihre Mutter machten keine Besuche, nicht einmal bei Verwandten. Alexa war ein sensibles und intelligentes Kind; sie machte sich Sorgen, weil ihre Mutter so viel allein war, und nahm es auf sich, ihr Leben aufzuhellen. Schließlich war es so weit gekommen, daß Alexa sich davor fürchtete, ihre Mutter alleinzulassen, denn wenn Alexa nicht da war, verbrachte Nancy ihre Zeit mit Schlafen und Fernsehen.

Ganz offensichtlich drehte Alexas Leben sich einzig um ihre Mutter. In dem Maß, in dem sie mehr und mehr die Verantwortung für Nancys Wohlergehen übernahm, blieb sie auch von den normalen Erfahrungen einer normalen Heranwachsenden ausgeschlossen. Die Besorgnis ihres Vaters war durchaus berechtigt. Ich riet Nancy und Alexa, mit einer Familientherapie zu beginnen, in der die Rollen von Mutter und Kind geklärt werden konnten. Nancy brauchte auch individuelle Hilfe bei weiteren Problemen, die sich bei meiner Evaluation gezeigt hatten. Ich empfahl außerdem, daß Alexas Besuche bei ihrem Vater sofort wieder aufgenommen werden sollten.

Warnsignale

Jedes dieser Zeichen kann anzeigen, daß die Eltern zu abhängig von ihren Kindern sind:

- Sich darauf zu verlassen, daß das älteste Kind den größten Teil der Fürsorge für seine Geschwister übernimmt.

- Zu erwarten, daß die Kinder die Mahlzeiten bereiten, den größten Teil der Hausarbeit erledigen etc., und zwar in einem solchen Ausmaß, daß die Hausaufgaben und das soziale Leben der Kinder darunter zu leiden beginnen.

- Finanzielle Schwierigkeiten den Kindern gegenüber detailliert zu beschreiben.

- Die Erlaubnis der Kinder einzuholen, bevor der Elternteil eine Verabredung eingeht.

- Intime Einzelheiten über die Ehe und die Scheidung preiszugeben.

- Über das eigene Liebesleben zu sprechen.

- Einsamkeit oder Depressionen begegnen zu wollen, indem man die Kinder von der Schule fernhält.

- Den Kindern Besuche bei ihrem anderen Elternteil ausreden zu wollen.

- Sich bei den Kindern darüber zu beklagen, wie hart das Leben doch ist.

Es besteht immer die Gefahr, daß Sie zu abhängig von Ihren Kindern werden, wenn kein anderer Erwachsener zur Verfügung steht, an den Sie sich wenden können, wenn Sie einen Rat brauchen oder sich einfach mit jemandem unterhalten wollen. Es spricht nichts dagegen, Ihre Kinder in Angelegenheiten, die sie betreffen, um ihre Meinung zu bitten (tatsächlich helfen Sie ihnen auf diese Weise, ihr Gefühl für Verantwortung und ihre Zugehörigkeit zur Familie zu stärken), aber wenden Sie sich nicht an sie, wenn Sie Hilfe in Fragen brauchen, die nur Sie selbst angehen oder die nur mit Erwachsenen besprochen werden sollten. So ist es völlig akzeptabel, Ihre Kinder zu bitten, sie sollten bei der Auswahl des neuen Familienautos helfen, aber Sie sollten sie nicht fragen, ob Sie sich mit jemandem verabreden sollen, den Sie vor kurzem an Ihrem Arbeitsplatz kennengelernt haben.

Verleugnung und Sublimierung

Manche Menschen bestreiten, daß sie ihrer Scheidung wegen in irgendeiner Weise verstört oder wütend sind. Sie behaupten, sich mühelos an die neuen Bedingungen gewöhnt und ihr neues Leben als Alleinstehende ohne Probleme in Gang gebracht zu haben.

Eileen, eine ehemalige Patientin von mir, gehörte in diese Kategorie. Ihr zufolge war der einzige Grund dafür, daß sie sich um eine Therapie bemühte, die Schwierigkeiten, die sie mit ihrem zehnjährigen Sohn hatte. Sie konnte nicht verstehen, weshalb er die Scheidung nach drei Jahren immer noch nicht verwunden hatte; sie selbst, meinte sie, hatte damit nicht die geringsten Probleme. Eileen war eine überaus aktive Frau, die sich für mehrere Anliegen in ihrer Gemeinde engagierte; vor allem setzte sie sich für den Gewässerschutz und andere Umweltfragen ein. Daneben hatte sie einen anspruchsvollen Beruf und arbeitete ehrenamtlich an der Schule ihres Sohnes. Mit der Zeit stellte sich heraus, daß ihre Scheidung ihr trotz allem noch zu schaffen machte und daß es zudem Konflikte und Rivalitäten zwischen Maureen, ihrer Schwester und anderen Mitgliedern ihrer Familie gab. Um sich vor diesen unerfreulichen Gefühlen zu schützen, verwandte sie ihre gesamte Energie darauf, jede wache Minute beschäftigt zu sein. Diese Vorgehensweise wird auch als Sublimierung bezeichnet. In Eileens Fall dauerte es eine ganze Weile, die Schutzmauern zu durchbrechen, die sie um sich errichtet hatte, aber irgendwann war sie in der Lage, ihr Leben so weit in den Griff zu bekommen, daß sie sich mehr Zeit für ihren Sohn nehmen und ihre Freude daran haben konnte.

Menschen wie Eileen sollten nicht mit Leuten verwechselt werden, die in einem geschäftigen, erfüllten Leben in ihrem Element sind. Wir alle täten gut daran, uns auf eine Vielzahl von Anliegen und Aktivitäten einzulassen. Interessen außerhalb des Alltags zu entwickeln erweitert den Intellekt ebenso wie unseren Kreis von Freunden und Bekannten. Gefährlich wird es erst, wenn wir unseren Tagesablauf derartig mit Aktivitäten vollgestopft haben, daß wir vielleicht nur noch vermeiden wollen, uns einem bestimmten Problem zu stellen, oder keine Zeit und Energie mehr für unsere persönlichen Bedürfnisse und die anderer Menschen haben, die uns nahestehen. Diese Art von Geschäftigkeit kann ein Versuch sein, Depressionen abzuwehren. In diesem Fall wird sie das Unvermeidliche nur hinausschieben.

Überlastete Kinder

Für viele gestreßte, überarbeitete alleinerziehende Eltern ist die Versuchung allzu groß, einen Zustand entstehen zu lassen, in dem sie sich einfach darauf verlassen, daß das älteste Kind sich um die jüngeren kümmert. Oder sie übertragen ihren Kindern Aufgaben, die sie nicht nur gefährden können oder ihnen eine unrealistische Verantwortung aufbürden, sondern sie auch von ihrer Arbeit für die Schule und einem für ihr Alter normalen sozialen Leben fernhalten. Und ein Einzelkind kann sich in einer noch schwierigeren Lage wiederfinden, wenn von ihm erwartet wird, allein zurechtzukommen, und es keine Geschwister hat, mit denen es seine Angst vor dem Alleinsein und seine Befürchtungen um den abwesenden Elternteil teilen kann.

Es ist vertretbar, wenn alleinstehende Eltern erwarten, daß ihre Kinder einen Teil der Haushaltspflichten übernehmen, aber derartige Aufgaben sollten innerhalb bestimmter Grenzen bleiben:

1. Die Aufgaben müssen dem Alter der Kinder entsprechen. So darf es zum Beispiel nicht zu den Pflichten eines neunjährigen Kindes gehören, jeden Abend das Abendessen zu machen und danach aufzuräumen.

2. Ganz generell sollten Kinder unter zehn Jahren nicht ohne Aufsicht alleingelassen werden, und Kinder unter zwölf sollten nicht mit der Aufsicht über jüngere Geschwister betraut werden. Das bedeutet nicht etwa, daß Kinder in der Lage sind, alleingelassen zu werden oder als Babysitter zu fungieren, sobald sie das magische Alter erreicht haben. Die Reife und die Bereitwilligkeit des Kindes sind die Faktoren, auf die es hier ankommt.

3. Ältere Kinder sollten nicht die gesamte Verantwortung dafür übertragen bekommen, für ihre jüngeren Geschwister zu sorgen. Sie sind Geschwister, keine Ersatzeltern. Mit einer solchen Praxis überfordern Sie nicht nur die älteren Kinder; auch für die jüngeren kann sie unerwünschte Konsequenzen haben. Untersuchungen weisen darauf hin, daß Kinder, die von älteren Geschwistern versorgt werden, ein ungenügendes Maß an Selbstachtung entwickeln. Das mag daran liegen, daß das jüngere Kind nicht genug elterliche Aufmerksamkeit erhalten hat, an Spannungen innerhalb der Familie oder auch daran, daß ältere Kinder die jüngeren tyrannisieren, wenn kein Erwachsener da ist.

4. Das Kind sollte nicht in einem Maß mit Hausarbeit betraut werden, daß seine Arbeit für die Schule, seine Schlafenszeit und seine

Kontakte zu Freunden darunter leiden. Die Schule ist der Hauptberuf des Kindes, und ein aktives Sozialleben ist ein wesentlicher Bestandteil einer gesunden Entwicklung.

Statt ihre Kinder mit Aufgaben zu überlasten, neigen manche Eltern zum anderen Extrem und gehen zu vorsichtig mit Verantwortlichkeiten um. Um ihre Schuldgefühle wegen der Scheidung und ihrer unerfreulichen Auswirkungen zu beschwichtigen, schließen diese Eltern ihre Kinder von allen Arbeiten im Haushalt aus und versuchen alles und jedes selbst zu tun. Oder sie verwenden etwa folgende Argumentation: »Mir haben sie als Kind viel zu viel Hausarbeit aufgebürdet. Ich will das meinem Kind nicht auch zumuten.« Solche selbstlosen Absichten sind aber unrealistisch aus der Sicht des Erwachsenen und erweisen dem Kind einen schlechten Dienst. Aufgaben übertragen zu bekommen, die ihrem Alter angemessen sind und deren Erledigung von ihnen erwartet wird, weckt in Kindern ein Gefühl von Leistungsfähigkeit und Selbstdisziplin. So können sie sich auf die zunehmend schwierigeren Aufgaben vorbereiten, die ihnen in der Schule, in anderen Institutionen und schließlich im Berufsleben bevorstehen.

Untersuchungen haben ergeben, daß Kinder geschiedener Eltern in unerwarteter Weise von der Verantwortung profitierten, die sie bereits sehr früh im Leben übernommen hatten. Viele dieser Kinder stellten später fest, daß ihre Erfahrungen damit, in einer Scheidungsfamilie aufzuwachsen, ihnen ein Gefühl von innerer Stärke, Unabhängigkeit und Kompetenz gegeben hatten. Sie waren unverkennbar stolz auf sich selbst und auf ihre Fähigkeit, ihren Eltern in einer Zeit zur Seite zu stehen, in der die Zukunft der Familie ernstlich gefährdet war. Kinder geschiedener Eltern brauchen – wie alle Kinder – das Gefühl, gebraucht zu werden; die Eltern sollten sie also nicht vor den Unwägbarkeiten des Alltags zu schützen versuchen. Die Gefahr liegt vielmehr darin, daß die Kinder um ihre Kindheit betrogen werden könnten, indem man sie zwingt, erwachsen zu werden, bevor sie innerlich dazu bereit sind. Die so verlorenen Jahre würden sie niemals nachholen können.

Geeignete Aufgaben für Kinder

Dies ist eine Auflistung von Aufgaben und Verantwortlichkeiten, die Kindern eines bestimmten Alters im allgemeinen zugemutet werden können. Sie ist nicht auf Vollständigkeit angelegt, aber sie wird Ihnen eine ungefähre Vorstellung von den Fähigkeiten der Kinder geben und davon, wie man sie im Lauf der Zeit ausbauen kann.

Dreijährige:
- Ihr Eigentum wegräumen, etwa Spielzeug mit Hilfe und Anleitung der Eltern in die Spielzeugtruhe legen.
- Abfall mit Anleitung der Eltern in den Abfalleimer werfen.

Vierjährige:
- Den Tisch decken helfen.
- Spielzeug mit wenig fremder Hilfe forträumen.
- Schmutzwäsche in den Wäschekorb legen.
- Ein Haustier versorgen helfen.

Fünfjährige:
- Mit elterlicher Hilfe das Bett machen.
- Ihren Mantel selbst an einem niedrigen Haken aufhängen.
- Den Tisch decken.
- Zähne putzen, Haare kämmen und sich mit wenig Hilfe selbst anziehen.
- Beim Gießen der Zimmerpflanzen helfen.

Sechsjährige
- Das Bett selbst machen (wenn auch nicht perfekt).
- Ans Telefon gehen (aber nicht unbedingt etwas ausrichten).
- Eigenverantwortlicher bei der Pflege von Haustieren helfen.
- Zimmerpflanzen gießen.
- Beim Zusammenlegen und Wegräumen der frischen Wäsche helfen.
- Besteck aus der Geschirrspülmaschine nehmen und einräumen.

Sieben- bis Neunjährige
- Ein einfaches Schulfrühstück zusammenstellen (z.B. Käsebrot und Kekse).
- Küche und Bad nach Benutzung aufräumen.
- Ans Telefon gehen und das Anliegen des Anrufers ausrichten.

Zehn- bis Zwölfjährige
- Geschirr spülen und abtrocknen.
- Beim Autowaschen helfen.
- Staubwischen.
- Ein Haustier weitgehend selbständig versorgen.
- Gemähtes Gras zusammenrechen.
- Die Geschirrspülmaschine füllen, anwerfen und ausräumen.
- Zeitungen austragen.

■ **Zwölfjährige**
- Gelegentlich kurz auf Geschwister oder Nachbarskinder aufpassen.
- Badezimmerfußboden, Waschbecken, Toilette saubermachen.
- Waschmaschine und Trockner bedienen.
- Einfache Mahlzeiten bereiten.

Gewalttätigkeit

Eine Gefahr, auf die Sie vor allem in den ersten Monaten nach einer Trennung oder Scheidung gefaßt sein müssen, sind Gewalttätigkeiten zwischen den ehemaligen Partnern oder Mißhandlungen der Kinder durch die Eltern. Ein Vater, dem das Besuchsrecht verweigert wird, weil er mit den Unterhaltszahlungen im Rückstand ist, kann in Versuchung kommen, die Mutter zu ohrfeigen, wenn sie in Gegenwart der Kinder herabsetzend mit ihm spricht. Eine Mutter, die abends von der Arbeit nach Hause kommt und als erstes feststellt, daß die Kinder einen Liter Milch auf dem Küchenfußboden verschüttet haben, schlägt vielleicht nach dem nächsten Kind, das zu ihr kommt und sie etwas fragen will. Sogar die Kinder können ihren Eltern gegenüber gewalttätig werden. Ich hatte einmal einen zwölfjährigen Jungen als Patienten, der unter anderem seinen Vater die Vortreppe hinuntergestoßen hatte, als dieser ihn eines Abends zum Essen hereinholen wollte.

Die Nerven überbeanspruchter Eltern mögen oft bis zum Zerreißen gespannt sein, aber es gibt absolut keine Entschuldigung dafür, gewalttätig zu werden. Wenn Sie feststellen, daß Sie die Kontrolle zu verlieren beginnen und jemanden schlagen wollen, sollten Sie aus dem Zimmer gehen oder sich, wenn dies nicht möglich ist, eine »innere Pause« verordnen, bis Sie sich wieder in der Hand haben. Der gute alte Ratschlag, immer zuerst bis zwanzig oder noch weiter zu zählen, hat nach wie vor eine Menge für sich. Wenn Sie Grund zu der Befürchtung haben, jemand anderes könnte gewalttätig werden, sollten Sie die Wohnung sofort verlassen und die Kinder mitnehmen.

Gewalt in der Familie hat während der letzten zehn Jahre so viel öffentliche Aufmerksamkeit erregt, daß es mittlerweile in den meisten Städten eine Reihe von Institutionen und Selbsthilfeorganisationen gibt, sowohl für Gewaltopfer als auch für Menschen, die ihre gewalttätigen Tendenzen zu überwinden versuchen. Erkundigen Sie sich nach den einschlägigen Telefonnummern; Informationen über Selbsthilfegruppen finden Sie im Telefonbuch, bei der Stadtverwaltung und vielleicht auch bei Krankenhäusern. Auch die örtlichen Ärzte- und Anwaltskammern können oft mit Informationen weiterhelfen.

Dieser Tage ist die Wahrscheinlichkeit größer, daß Eltern, die ihre Kinder körperlich mißhandeln, identifiziert und Kinderschutzorganisationen gemeldet werden. Kinderärzte, Notärzte, das Notaufnahmepersonal von Krankenhäusern und andere Spezialisten sind zunehmend in der Lage, Verletzungen zu erkennen, die auf Kindesmißhandlung hindeuten. In diesem Fall haben sie die Pflicht, ihren Verdacht an die entsprechende Behörde weiterzugeben, die den Fall daraufhin untersuchen und wenn nötig Schritte unternehmen wird, um das Opfer und andere Kinder in diesem Haushalt zu schützen. Die möglichen Maßnahmen reichen von obligatorischer Familienberatung bis zu dem letzten Mittel, den Eltern ihre Kinder fortzunehmen.

Wenn Sie oder Ihre Kinder unter Gewalttätigkeiten Ihres früheren Partners zu leiden haben, sollten Sie sich umgehend ein Umgangsverbot beschaffen, das ihn oder sie von Ihnen und den Kindern fernhält. Derartige Gerichtsbeschlüsse sind zugegebenermaßen von geringem praktischem Nutzen gegen einen Menschen, der entschlossen ist, ernsthaften Schaden anzurichten, aber sie werden manche Leute abschrecken und Ihnen zumindest die nötigen Unterlagen liefern, wenn Sie feststellen, daß Sie weitere Maßnahmen ergreifen müssen. Erkundigen Sie sich bei Ihrem Anwalt, was Sie sonst noch für Möglichkeiten haben.

Denken Sie daran, Ihre beste Chance, gewalttätige Auseinandersetzungen zu vermeiden, liegt darin, sich so schnell wie möglich vom Schauplatz zu entfernen. Als nächstes sollten Sie jemandem – einem Verwandten oder Freund – die Lage schildern und sich Hilfe verschaffen, wenn Sie sich nach wie vor bedroht fühlen. Sagen Sie auch Ihrem Hausarzt Bescheid; er wird Ihnen neben der medizinischen Betreuung Rat und Hilfe bieten können. Schließlich und endlich, machen Sie sich keine Vorwürfe! Sie können einen anderen Menschen nicht zur Gewalttätigkeit getrieben haben; für ein solches Verhalten ist die betreffende Person ganz allein verantwortlich.

Isolation und Hyperaktivität

Unmittelbar nach einer Trennung oder Scheidung neigen viele Menschen zu einem von zwei extremen Lebensstilen: entweder schotten sie sich von anderen Menschen ab, oder sie stürzen sich in ein hektisches gesellschaftliches Leben.

Menschen, die sich in die Isolation flüchten, können für ihr Verhalten unterschiedliche Gründe haben. Manche Eltern können sich vielleicht keinen Babysitter leisten; andere haben Schuldgefühle, wenn sie die Kinder einem Babysitter anvertrauen, nachdem sie sie schon den ganzen Tag über alleingelassen haben. Ihre Motive sind unterschiedlich, aber beide Elterntypen können ihre Kinder mit der Zeit abzulehnen beginnen. Aus ihrem Blickwinkel betrachtet bringen die Kinder sie um die Möglichkeit, auch einmal aus dem anstrengenden Alltag auszubrechen und etwas Zeit mit anderen Erwachsenen zu verbringen.

Andere Eltern wiederum führen ihre Arbeit und die Kinder als eine willkommene Entschuldigung dafür an, den Kontakt mit anderen Menschen zu vermeiden. Oft sind sie nach wie vor traurig und verstört über ihre Scheidung; sie bringen es nicht fertig, die Vergangenheit vergangen sein zu lassen und die ersten Schritte in ein neues Leben zu tun. Sie zeigen kein Interesse daran, Verabredungen einzugehen, und bestreiten unter Umständen, überhaupt sexuelle Bedürfnisse zu haben. Manchmal halten sie an unrealistischen Erwartungen fest, daß der frühere Partner zu ihnen zurückkehren könnte, und leben freiwillig weiterhin in einem »Für-alle-Fälle«-Schwebezustand.

Manche Menschen fühlen sich von ihrem Kummer und ihrer eigenen Unfähigkeit, sich neue Ziele zu setzen, so überwältigt, daß ihnen die Energie fehlt, irgendetwas über das absolute Minimum hinaus zu tun, das ihnen über den Tag hinweghilft. Die zusätzliche Anstrengung, die es kosten würde, neue Bekanntschaften zu machen oder sich neuen Herausforderungen zu stellen, scheint ihnen unmöglich aufzubringen. Ein solches Verhalten fördert oft eine übertriebene Abhängigkeit von den Kindern, die jetzt den einzigen Bezugspunkt im Leben des Elternteils darstellen. Was wird aus einem solchen Menschen, wenn die Kinder eigene Wege zu gehen beginnen und sich schließlich ihr eigenes Leben aufbauen? In ihrer schlimmsten Form kann Isolation zu schweren Depressionen und anderen psychologischen Problemen führen. Ich habe in diesem Kapitel schon einmal darauf hingewiesen: solche Menschen brauchen die Hilfe eines Fachmannes.

Jacks Geschichte ist ein typisches Beispiel für Eltern, die sich nach ihrer Scheidung von anderen Menschen abschotten. Jack war der sorgeberechtigte Vater von zwei Mädchen und einem Jungen, alle unter zehn Jahren alt. Seine Wochentage waren eine einförmige Abfolge von hastigem Frühstück, schmutziger Wäsche und Fahrgemeinschaften. Es sah so aus, als gebe es jeden Tag mindestens eine Krise, die seine Aufmerksamkeit forderte – ein krankes Kind, vergessene Hausaufgaben –, und oft genug boten ihm die Wochenenden die einzige Gelegenheit, die Hausarbeit nachzuholen. Bei den wenigen Gelegenheiten, bei denen er es mit einem Babysitter versucht hatte, hatte das jüngste Kind bis zur Hysterie geweint und geschrien. Obwohl Jack nie bedauerte, das Sorgerecht für seine Kinder zu haben, sehnte er sich danach, etwas Zeit außerhalb der Wohnung verbringen zu können.

Ein solcher Wunsch ist vollkommen verständlich. Tatsächlich kann es einem Menschen helfen, seiner Elternrolle besser gerecht zu werden, wenn er auch Zeit mit anderen Erwachsenen und ohne die Kinder verbringt. Es gibt ihm eine Chance, Abstand von seinen Problemen und den häuslichen Spannungen zu gewinnen und sie wieder in ihrem angemessenen Maßstab zu sehen. Immerhin ist die Elternrolle auch nur eine von vielen möglichen Rollen im Leben eines erwachsenen Menschen.

Am anderen Ende des sozialen Spektrums finden sich die Eltern, die überall eher anzutreffen sind als zu Hause. Ihr Stundenplan ist zum Bersten gefüllt mit Abendklassen, Gemeindearbeit, Ausflügen mit Freunden und so fort, und währenddessen werden die Kinder von einem Team von Babysittern, dem anderen Elternteil und hilfsbereiten Freunden und Verwandten betreut. Manche Menschen ersetzen den früheren Ehepartner durch ein neues Verhältnis, bevor sie emotional wirklich dazu bereit sind, oder sie stürzen sich in ein ebenso hektisches wie wahlloses Gesellschafts- und Liebesleben. Manchmal versuchen diese Menschen (bewußt oder unbewußt) die Tatsache zu verdrängen, daß sie überhaupt Kinder haben, die sie an ihre zerbrochene Ehe und an eine Verantwortung erinnern, die sie nicht wollen. Die Kinder werden zweifellos darunter leiden, daß sie ohne die beständige elterliche Liebe und Fürsorge auskommen müssen, die sie brauchen, vor allem in den ersten Monaten nach der Scheidung ihrer Eltern. Der Kummer der Kinder wird durch die Eskapaden eines völlig außer Kontrolle geratenen Elternteils noch verschärft, und es ist nicht weiter überraschend, daß viele dieser Kinder ein solches Verhalten irgendwann selbst übernehmen.

≡ Erste Schritte in ein neues Leben

In den ersten Monaten und noch bis zu einem Jahr nach einer Scheidung stehen diese und andere Folgen des emotionalen und finanziellen Umbruchs und der veränderten Lebensweise, die die Auflösung der Familie mit sich gebracht hat, für alle Beteiligten im Vordergrund. Wenn sich der Staub schließlich zu legen beginnt, stehen Sie vor der Herausforderung, sich ein neues Leben aufzubauen.

Die erste Aufgabe bei diesem Anliegen besteht darin, daß Sie Ihre erfolglose Ehe hinter sich lassen und sich mit den Gefühlen auseinandersetzen müssen, die Sie in der Folge noch immer verspüren – Kummer, Ärger, Selbstvorwürfe oder Schuldgefühle. Dies ist kein Prozeß, den Sie von einem Tag auf den anderen abschließen können; um Ihre Gefühle durchzuarbeiten, brauchen Sie Zeit und die Bereitschaft, Ihren Wert als Individuum, Ihre Liebesfähigkeit und Ihre Fähigkeit, wiedergeliebt zu werden, anzuerkennen. Darüber hinaus müssen Sie zur Kenntnis nehmen, daß Ihre Rolle als Ehepartner und Ihre Elternrolle zwei verschiedene Dinge sind. Ihre Ehe endete in einer Scheidung, aber Ihre Elternschaft geht weiter. Ihre Kinder lieben Sie bedingungslos, und nun ist es an Ihnen, ihnen zu beweisen, daß diese Liebe bei Ihnen gut aufgehoben ist.

Es bestehen gute Aussichten, daß Sie zu irgendeinem Zeitpunkt in der Zukunft wieder heiraten werden; wenn Sie aber das erste Jahr nach der Scheidung noch nicht hinter sich haben, sind Sie gut beraten, sich mit neuen Liebesbeziehungen Zeit zu lassen. Wenn es dazu kommt, ist das gut und schön; das Hauptziel Ihres Lebens sollte es gerade jetzt nicht sein.

Ich erinnere mich gut an die geschiedene Mutter einer meiner Patientinnen, die eben diesen Fehler machte. Wenn sie nicht gerade bei der Arbeit war, verbrachte sie jede freie Minute mit der unablässigen Suche nach einem Mann, der sie von ihrem Singledasein und der Notwendigkeit, allein für sich und ihre Tochter aufkommen zu müssen, erlösen würde. Jeden Freitag- und Samstagabend warf sie sich in Ausgehkleidung und Make-up, begoß sich großzügig mit Parfum und traf sich mit ihren gleichaltrigen Freundinnen in einem Club, der von Menschen ihres Typs frequentiert wurde. Die verzweifelte Aktivität der Mutter hatte traurige Folgen für ihre Tochter, die währenddessen ständig alleingelassen wurde. Sie begann Drogen zu nehmen und in Geschäften zu stehlen, und ihre Leistungen in der Schule fielen rapide ab. Natürlich gab es zwischen Mutter und Tochter noch mehr Probleme, aber die obsessive

Jagd der Mutter nach einem Partner für sich selbst und einem Vater für ihr Kind ließ ihr wenig Zeit und Energie dafür, sich mit den Bedürfnissen der Tochter zu befassen, geschweige denn eine normale Mutter-Tochter-Beziehung aufrechtzuerhalten.

Als nächstes müssen Sie die Tatsache akzeptieren, daß Ihre Scheidung endgültig ist. Sie werden auch weiterhin mit Ihrem ehemaligen Partner zu tun haben – und wie ich immer wieder betont habe, steht es zu hoffen, daß dieser Kontakt möglichst spannungsfrei und von Kooperation bestimmt sein wird. Die Wunschträume Ihrer Kinder von einer möglichen Versöhnung der Eltern werden vielleicht niemals ganz aufhören, aber von einem bestimmten Zeitpunkt an müssen sie – ebenso wie Sie selbst – ihren Frieden mit der Tatsache der Scheidung geschlossen haben. Die Chancen dafür stehen sehr viel besser, wenn die Kinder sehen, daß Sie mit gutem Beispiel vorangehen.

Daß die Kinder in der Lage sind, sich mit der Scheidung abzufinden, hat wichtige Konsequenzen – nicht nur in der Zeit unmittelbar nach dem Auseinanderbrechen der Familie, sondern auch dann noch, wenn sie erwachsen sind. Bei Kindern geschiedener Eltern besteht mehr als bei anderen die Gefahr, daß sie als Erwachsene ihre eigene Scheidung erleben werden; sie stürzen sich manchmal in Beziehungen, für die sie ungenügend vorbereitet sind, nur um zu beweisen, daß sie liebenswert sind, und um gegen ihre Furcht vor Zurückweisungen anzukämpfen. Wenn sie sehen, daß Sie mit einem so entsetzlichen Trauma fertigwerden, können derartige Reaktionen in ihrem späteren Leben vielleicht vermieden werden.

Ihre Chancen dafür, im Hinblick auf die Scheidung zu einem inneren Frieden zu finden, stehen in einem direkten Zusammenhang mit dem Verhältnis, das Sie und Ihr früherer Partner in Ihrer Eigenschaft als Eltern Ihrer gemeinsamen Kinder zueinander aufbauen. Wenn es Sie emotional stark belastet, Ihren ehemaligen Partner wiederzutreffen oder an ihn zu denken, müssen Sie Ihre Ansichten und Einstellungen ihm gegenüber eventuell sorgfältig überwachen, wenn Ihre Kinder anwesend sind. Denken Sie daran, auch wenn Sie beide Ihre Ehe nicht aufrechthalten konnten, hat dies nichts mit Ihrem Recht oder Ihrer Fähigkeit zu tun, Ihren Kindern gute Eltern zu sein.

Ein soziales Netz aufbauen

Für viele Menschen ist es einer der schwierigsten Aspekte ihres Status als Alleinerziehende, mit der sozialen Isolation fertigzuwerden, die in diese Situation geradezu eingebaut zu sein scheint. Mehr als ein alleinerziehender Elternteil hat mir gegenüber schon angemerkt:»Ich habe einfach kein Leben außerhalb der Familie. Es ist nicht, daß ich nicht gern eins hätte; mir fehlt einfach die Zeit – oder das Geld.« Dies könnte der richtige Augenblick sein, um sich zu sagen, daß Ihr Wohlbefinden (und Ihre seelische Gesundheit) letzten Endes von Ihrer Fähigkeit abhängen, sich eine neue Identität zu schaffen, in der Ihre Elternrolle nur ein Aspekt unter mehreren ist.

Auch wenn es ironisch klingt: Ein eigenes Leben zu haben wird Sie in Ihrer Elternrolle sehr viel erfolgreicher machen, denn es erweitert Ihren Horizont und damit die Einstellungen, mit denen Sie das Verhalten und die Bedürfnisse Ihrer Kinder beurteilen und auf sie reagieren. Dies gilt für verheiratete ebenso wie für geschiedene Eltern. Ich habe eine Anzahl von Frauen in mittleren Jahren als Patientinnen gehabt, die ihr ganzes Leben ihren Familien gewidmet hatten. Wenn diese Frauen überhaupt jemals berufstätig waren, dann waren sie es meistens, um den Kindern ihre Ausbildung finanzieren zu helfen. Auch ehrenamtliche Tätigkeiten kreisten meist um die Kinder, etwa im Elternbeirat oder in der Pfadfindergruppe. Obwohl ihre Motive höchst ehrenwert waren und obwohl viele von ihnen erfolgreiche, lebenstüchtige Kinder haben, auf die sie stolz sind, scheinen diese Frauen nun völlig unfähig zu sein, ihre Energie in neue Bahnen zu lenken. Besonders tragisch sind die Fälle, in denen die Eltern weiterhin versuchen, sich in das Leben ihrer längst erwachsenen Kinder einzuschalten, und sich dabei prompt zurückgewiesen sehen.

Sich wieder ins gesellschaftliche Leben zu stürzen heißt nicht einfach, nach einem neuen Partner zu suchen; es bedeutet auch, alte Freundschaften mit Leuten, die Sie als Teil eines Paares gekannt haben, auf einer neuen Basis weiterzuführen und neue Freundschaften mit Menschen anzuknüpfen, mit denen Sie jetzt vielleicht mehr gemeinsam haben. Weiter gehört dazu, interessante neue Aufgaben und Beschäftigungen zu finden, die Ihnen helfen können, Ihre Kenntnisse oder Ihren Freundeskreis zu erweitern. Viele eben geschiedenen Leute nutzen die Gunst der Stunde und widmen sich ihrer Weiterbildung, ihrer Karriere, ihren Hobbys und anderen Dingen, für die sie in der Ehe keine Zeit gefunden haben.

Die einfachste und sicherste Methode, den eigenen sozialen Kreis zu erweitern, ist es vielleicht, neben Familie und Freunden auch die eigenen

Interessen zu kultivieren. Sie haben eine bessere Chance, Leute Ihrer Wellenlänge zu treffen, wenn Sie sie im Zusammenhang mit Aktivitäten kennenlernen, die Sie interessieren, oder in Gesellschaft von Menschen, die Sie schon vorher kannten.

So habe ich zum Beispiel eine Frau gekannt, die sich ihr ganzes Leben lang für Malerei interessiert hatte, aber der Ansicht war, sie habe nicht genug Talent, um einen ernsthaften Versuch zu machen. Nach ihrer Scheidung kam sie zu dem Schluß, daß sie nichts zu verlieren habe, und meldete sich für einen Malereikurs bei einer örtlichen Erwachsenenbildungseinrichtung an. Ein anderer Teilnehmer des Kurses, der ehrenamtlich in einem Krankenhaus arbeitete, lud sie ein, einmal pro Woche ins Krankenhaus zu kommen und ihr Talent mit den Patienten auf der Kinderstation zu teilen. Ihre Selbstachtung stieg ins Unermeßliche – zum einen hatte sie nun ein besseres Verhältnis zu ihrer Malerei, zum anderen fühlte sie sich von den Kindern gewürdigt und gebraucht.

Eine andere Frau lernte Fiedel spielen und begann mit Holzschuhtanz. Sie traf ihren zweiten Ehemann bei einem einwöchigen Fiedlertreffen in Georgia.

Wenn Sie einer Kirche oder einer anderen Religionsgemeinschaft angehören – oder gern angehören würden –, werden Sie viele Gelegenheiten haben, sich an interessanten Aktivitäten zu beteiligen und neue Bekanntschaften zu schließen. Mancherorts gibt es sogar besondere Gruppen für Singles, aber das bedeutet nicht, daß Sie sich auf dieses Angebot beschränken müssen! Kirchlich organisierte Aktivitäten haben oft den Vorteil, daß sie die spezifischen Schwierigkeiten von Eltern kleiner Kinder berücksichtigen. Ich kenne einen Chorleiter, der den Sängern erlaubt, ihre Kinder zu den Proben mitzubringen, und zu diesem Zweck eine Spielecke eingerichtet hat. Während der Gottesdienste können die Kinder an einer Bibelgruppe teilnehmen, oder sie werden in einem Nebenraum beschäftigt und beaufsichtigt.

In den meisten Städten gibt es mittlerweile auch Beratungsstellen und Selbsthilfegruppen für alleinerziehende Eltern. Es ist wahr, daß manche Menschen derartige Gruppen meiden – aus Furcht davor, man könnte sie der Jagd nach einem neuen Partner verdächtigen oder sie könnten auf andere Weise ins Gerede kommen. Aber die meisten Menschen, die sich an solchen Aktivitäten beteiligen, scheinen die emotionale Unterstützung durch die Gruppe zu schätzen und wissen es zu würdigen, daß bei den gemeinsamen Unternehmungen oft die Kinder mitgenommen werden können. Darüber hinaus macht die Struktur solcher Gruppen es leicht, teilzunehmen oder aber auch wieder fortzubleiben, wenn Ihre Bedürfnisse sich ändern und die Gruppe Ihnen nicht mehr zusagt.

Ausgehen und sich verabreden

Viele geschiedene Menschen haben mit diesen oder anderen Worten zu mir gesagt:»Ich habe kein Interesse daran, mit jemandem auszugehen oder jemals wieder zu heiraten. Ich habe meine Lektion gelernt. Ich glaube nicht, daß ich noch einmal riskieren werde, so verletzt zu werden.« Diese Reaktion ist in der Zeit kurz nach der Scheidung, wenn die Erinnerungen und die Wunden noch frisch sind, nichts Ungewöhnliches, aber auf die Dauer hält sie meist nicht vor. Irgendwann beginnen die meisten geschiedenen Leute wieder Verabredungen einzugehen, und oft heiraten sie ein zweites Mal.

Wenn Sie wieder damit beginnen, mit jemandem auszugehen, steht Ihren Kindern eine weitere Veränderung bevor. Sie haben ein Recht auf Ihr gesellschaftliches Leben, aber Sie haben auch die Verantwortung, dieses Leben so zu führen, daß Ihre Kinder sich daran gewöhnen können, Sie mit jemandem zusammen zu sehen, der möglicherweise ein neuer Partner werden könnte. Natürlich kollidiert diese Erkenntnis mit den Wunschträumen, die sie wahrscheinlich noch immer hegen: daß ihre Eltern eines Tages wieder zusammenfinden könnten.

Manchmal versuchen Kinder ihre Eltern davon abzuhalten, wieder mit jemandem auszugehen. Weiter oben habe ich über Eltern gesprochen, die von ihren Kindern abhängig werden; auch der umgekehrte Fall ist nicht ungewöhnlich. Wenn der Elternteil wieder Interesse am Ausgehen zu zeigen beginnt, kann sich ein allzu abhängiges Kind plötzlich unerwünscht oder nicht mehr gebraucht fühlen und niedergeschlagen reagieren, weil es nun eine weniger wichtige Rolle spielt als zuvor. Vielleicht hat der Elternteil das Kind früher als Vertrauten herangezogen; nun hat er oder sie auf einmal jemand anderen für diesen Zweck. Das Resultat kann sein, daß das Kind die neue Beziehung zu sabotieren versucht oder sich Maßnahmen einfallen läßt, um zu verhindern, daß der Elternteil das Haus verläßt. Eine solche Situation ist der beste Beweis dafür, daß die Eltern sich ein eigenes Leben aufbauen und ihren Kindern dabei helfen müssen, das gleiche zu tun, damit keine Seite zu abhängig von der anderen wird.

Es ist verständlich, daß es einschüchternd und verwirrend sein kann, sich zum ersten Mal wieder auf eine Verabredung einzulassen. Mit den widerstreitenden Emotionen, die Sie als Jugendlicher und junger Erwachsener in dieser Situation erlebt haben, konnten Sie vermutlich einfacher umgehen als mit dem, was Sie nun als längst erwachsener und geschiedener Single erleben. Damals lernten Sie über sich selbst und die Spielregeln von Beziehungen ebensoviel wie über Sex und über den Menschen, mit dem Sie ausgingen. Und in Ihrem damaligen Alter war dies in Ihrem Leben nur ein Aspekt unter vielen. Sie hatten an Ihre Ausbildung zu denken oder eine Karriere in Gang zu bringen. Nun sind die Gewichte anders verteilt. Viele gesellschaftliche Werte und Moralvorstellungen sehen heute anders aus, und auch Ihre Kinder spielen im Gesamtbild eine Rolle.

Einige Gesichtspunkte, die Sie im Gedächtnis behalten sollten, wenn Sie wieder auszugehen beginnen:

Betrachten Sie das Ausgehen nicht einzig als eine Suchaktion nach einem neuen Partner. Es kann auch einfach eine Möglichkeit sein, etwas Zeit mit einem Menschen zu verbringen, den Sie besonders mögen oder mit dem Sie etwas gemeinsam haben.

Verhalten Sie sich Ihrem Alter und Ihrem Wesen entsprechend. Manche erst seit kurzem wieder alleinstehenden Menschen glauben, sie könnten sich selbst attraktiver machen, indem sie sich einen »hippen« Haarschnitt zulegen oder Kleidung tragen, die für Teenager oder sehr junge Erwachsene bestimmt ist. Vielleicht kaufen sie sich ein Sportauto oder beginnen sich ihre Zeit in Lokalitäten um die Ohren zu schlagen, in denen Leute im Studentenalter ein- und ausgehen. Manche Leute vergnügen sich sogar mit – nur vermeintlich harmlosen – Flirts mit dem Freund oder der Freundin ihres Kindes. Allerdings sind solche Menschen in Wirklichkeit weniger sexy und »in« als vielmehr Karikaturen ihrer eigenen Jugendzeit und damit weniger bewunderns- als bemitleidenswert. Ihre Kinder nehmen es ihnen oft übel, daß sie nicht wie die erwachsenen Menschen aussehen und handeln, die die Kinder zu sehen erwarten und die sie brauchen. Vor allem bei Teenagern kann leicht der Eindruck entstehen, daß sie sich gegen ihre Mütter und Väter behaupten müssen, wenn diese so offensichtlich versuchen, ihren Sexappeal zu steigern und ihre Jugend zurückzuholen.

Natürlich kann es ein durchaus lobenswertes Ziel sein, wenn Sie etwas für Ihre Erscheinung zu tun beschließen, etwa indem Sie etwas Gewicht verlieren, sich physisch in Form bringen oder sich eine neue Frisur zulegen, aber Sie sollten sich über Ihre Motive im klaren sein: Was Sie tun, sollten Sie zu Ihrem eigenen Vergnügen tun, nicht um einen neuen Partner anzulocken.

Wenn Sie noch mitten in der Scheidung stecken und Ihr bisheriger Partner bereits mit anderen ausgeht, versuchen Sie Ihren Ärger und Ihre verletzten Gefühle nicht mit den Kindern zu teilen. Denken Sie daran, Sie sind zwar legal nach wie vor verheiratet, aber die Grenzlinie zwischen einer Trennung und einer gesetzlich gültigen Scheidung ist dünn.

Versuchen Sie Ihre Verabredungen nicht vor Ihren Kindern zu verheimlichen – Sie werden keinen Erfolg damit haben. Die Kinder werden die Mosaiksteinchen zusammensetzen und sich von Ihrer Unaufrichtigkeit vielleicht tiefer verletzt fühlen als von den Verabredungen selbst. »Ich weiß immer, wenn meine Mama sich mit einem Mann trifft«, beschwerte sich der zehnjährige Evan einmal in halb amüsiertem, halb beleidigtem Ton bei mir. »Sie sagt dann immer, sie geht Tante Rhonda besuchen.«

Stellen Sie Ihren Kindern Ihre Bekannten in einer direkten, vertrauenerweckenden Weise vor, und geben Sie dabei nicht mehr Auskünfte, als die Kinder brauchen. Eine Mutter könnte etwa sagen: »Marty, dies ist Mr. Smith. Wir gehen zum Abendessen in das neue Restaurant neben dem Kino. Ich habe der Babysitterin die Telefonnummer gegeben, sie kann mich anrufen, wenn es irgendwelche Probleme gibt. Ich bin gegen elf Uhr zurück. Natürlich wirst du dann längst schlafen, aber ich werde trotzdem zu dir hineinschauen und dir noch einen Gutenachtkuß geben.«

Eine solche Auskunft zeigt Ihren Kindern, daß Sie ihre Besorgnis darüber anerkennen, wo Sie stecken könnten und ob alles in Ordnung ist, und mildert eventuelle Gefühle des Verlassenseins, die Ihre zeitweise Abwesenheit wiederbeleben könnte.

Lassen Sie sich in sexuellen Fragen von Ihrem gesunden Menschenverstand leiten. Halten Sie sich zum Beispiel in Gegenwart Ihrer Kinder mit sexuellen Aktivitäten zurück und bringen Sie keine wechselnden Partner für die Nacht mit nach Hause. Die beste Zeit für Intimitäten ist, wenn die Kinder aus dem Haus sind – zum Beispiel zu Besuch bei ihrem anderen Elternteil. Gewöhnen Sie sich auch nicht daran, sich auf Kurzaffären einzulassen. Sie sind nicht ungewöhnlich bei frisch geschiedenen Leuten, die sich auf diese Weise für die in der Ehe erlittenen Entbehrungen entschädigen wollen oder meinen, ihre sexuelle Attraktivität beweisen zu müssen.

Sie sind vielleicht der Ansicht, daß die Verhaltensregeln, die für Sie gelten, sich von denen unterscheiden sollten, die Sie für Ihre heranwachsenden Kinder aufstellen werden, weil Sie ein erwachsener Mensch sind. In Wirklichkeit sollte der Unterschied nicht allzu groß sein. Immerhin werden Sie einen der am stärksten prägenden Einflüsse auf das Sexualverhalten Ihrer Kinder ausüben. »Mach es so, wie ich sage, nicht so, wie ich es selber mache«, wird auf einen Teenager, dessen Hormonproduktion auf Hochtouren läuft, kaum den gewünschten Eindruck machen. Davon abgesehen ist es nicht mehr und nicht weniger als dumm, die Gefahr einer Infektion mit Aids oder einer anderen Geschlechtskrankheit zu ignorieren.

Wenn Sie eine stabile, langfristige Liebesbeziehung mit einem festen Partner haben, wird es wahrscheinlich keinen Schaden anrichten, wenn diese Person über Nacht in der Wohnung bleibt. Trotzdem würde ich in den meisten Fällen zu getrennten Schlafzimmern raten. Eine Ausnahme ist es, wenn Ihr Partner ganz zu Ihnen zieht und Sie die Absicht haben, auf Dauer zusammenzubleiben.

Lassen Sie sich nicht auf eine Abfolge kurzlebiger, aber intensiver Beziehungen ein. Es ist in Ihrem Interesse, das Familienleben so stabil wie möglich zu halten, und dazu gehört auch, daß Sie Ihre Kinder nicht einem ständigen Strom von Leuten aussetzen sollten, die ebenso schnell wieder aus ihrem Leben verschwinden werden. Jeder einzelne solche Abschied bedeutet einen neuen Verlust und neue Verlassenheit für die Kinder. Vielleicht sieht dies für Sie nach einer weiteren Hürde für eine neue Beziehung aus. Aber denken Sie daran, Sie können die Zeit nutzen, wenn die Kinder bei ihrem anderen Elternteil zu Besuch sind.

Sie sollten im Hinblick auf Verabredungen und sexuelle Aktivität vorsichtig sein, bis Ihre Scheidung endgültig ist. Wenn Ihr Partner das Sorgerecht beantragt, kann Ihr Verhalten in dieser Hinsicht unter Umständen gegen Sie verwendet werden.

Rekrutieren Sie den Menschen, mit dem Sie gerade ausgehen, nicht als »Ersatz« für den zweiten Elternteil. Sie allein sind für das Wohl und die Erziehung Ihrer Kinder verantwortlich. Allerdings spricht nichts dagegen, einen Menschen, der in Ihrem Leben seinen festen Platz hat, um einen Freundschaftsdienst Ihren Kindern gegenüber zu bitten. So könnte eine Mutter ihren Freund durchaus bitten, ihrem Sohn Ratschläge für den Umgang mit Klassenzimmertyrannen zu geben; ein Vater könnte seine Freundin fragen, ob sie seiner Tochter bei der Auswahl eines Kleides für den Tanzstundenball helfen würde.

Setzen Sie Ihre Verabredungen nicht als ein Mittel ein, um Ihren früheren Partner zu verletzen oder um ihm oder ihr Ihre sexuelle Attraktivität zu beweisen.

Instruieren Sie Ihre Kinder auf keinen Fall, von Ihrem Privatleben zu erzählen, wenn sie bei ihrem anderen Elternteil zu Besuch sind. (Sie können davon ausgehen, daß sie von allein darüber sprechen werden, mit oder ohne besondere Aufforderung, aber ihre Erzählungen sollten nicht von Ihnen vorgegeben sein.) Im Gegenzug sollten Sie auch das Recht Ihres früheren Partners auf seine Privatsphäre achten und die Kinder nicht nach Informationen ausfragen.

Wenn Ihr früherer Partner einen festen Freund oder eine Freundin hat, hetzen Sie Ihre Kinder nicht gegen diese Person auf, wenn sich die Beteiligten ansonsten gut zu verstehen scheinen. Die Kinder werden verwirrt sein und an ihrer eigenen Loyalität Ihnen gegenüber zweifeln, wenn Sie etwas über den neuen Partner sagen, das ihren eigenen Wahrnehmungen widerspricht. Sie sollten froh sein, daß es im Leben der Kinder noch einen weiteren Menschen gibt, dem an ihnen liegt. Es besteht kein Grund, um Ihren Platz im Herzen Ihrer Kinder zu fürchten: in der Zuneigung eines Kindes sind seine Eltern durch niemanden zu ersetzen.

Es gibt wenige Ereignisse in einem Menschenleben, die mit dem Trauma einer Scheidung zu vergleichen sind, und Sie brauchen jetzt so viele Freunde und Verwandte an Ihrer Seite wie möglich. Sie werden vielleicht Zeit und Geduld brauchen, um sich wieder ein Leben aufzubauen, aber es ist auch möglich, dies in einer Weise zu tun, die Ihnen und Ihren Kindern zugute kommt.

Einen neuen Wirkungskreis finden

Es folgen einige erprobte Methoden, andere Menschen kennenzulernen, die vielleicht ähnliche Interessen haben wie Sie. Wenn Sie sich keinen Babysitter leisten können, wechseln Sie sich mit anderen Eltern im Kinderhüten ab.

● Arbeiten Sie ehrenamtlich in öffentlichen Einrichtungen, etwa Krankenhäusern, der Stadtbibliothek oder politischen Parteien. Auch eine Kandidatur für den Elternbeirat kann eine gute Idee sein. Auf diese Weise lernen Sie nicht nur andere Eltern kennen, verheiratet oder nicht, die Ihnen bei Krisen im Zusammenhang mit der Schule weiterhelfen können; Sie werden auch die Schulverwaltung und die einzelnen Lehrer besser kennenlernen, und Ihr Einsatz wird ihnen zeigen, wie wichtig Ihnen die Ausbildung Ihrer Kinder ist.

- Schließen Sie sich einer örtlichen Alleinerziehendengruppe an.

- Nutzen Sie die Angebote von Erwachsenenbildungseinrichtungen. Sie brauchen sich dabei nicht auf akademische oder »Lebensqualität«-Themen zu beschränken. Oft reicht das Angebot von Hausgärtnerei bis zu Reparaturen am eigenen Auto. Wenn Sie sich an Seminaren über Kindererziehung oder Arbeitsgruppen für geschiedene Eltern beteiligen, treffen Sie Menschen mit ähnlichen Anliegen und lernen zugleich etwas für den Umgang mit Ihren Kindern.

- Wenn Sie jemals erwogen haben, Ihr Studium wieder aufzunehmen oder eine andere Laufbahn einzuschlagen, die Ihnen höhere Einkünfte verspricht, dann haben Sie jetzt die beste Gelegenheit dazu. Im Augenblick mag eine solche Entscheidung die Situation noch zusätzlich komplizieren, aber auf die Dauer werden Sie und Ihre Familie davon profitieren, wenn Sie auf einem Gebiet arbeiten, das Ihnen Freude macht und auf dem Sie mehr verdienen. Sie sollten sich auch bei Ihrem Arbeitgeber nach Fortbildungsmöglichkeiten erkundigen.

- Beteiligen Sie sich an Unternehmungen, die von Ihrer Kirche oder sonstigen Religionsgemeinschaft organisiert werden. Manche dieser Aktionen, zum Beispiel Gruppen für Alleinstehende, dienen ausschließlich der Geselligkeit, andere haben eine soziale Komponente.

- Rufen Sie sich Ihre besonderen Fähigkeiten und Talente ins Gedächtnis, ebenso die Dinge, die Sie interessieren, für die Sie aber bisher nie Zeit gehabt haben: die französische Küche, das Bridgespiel, ein Musikinstrument ... Wahrscheinlich gibt es für all das bereits Gruppen, denen Sie sich anschließen könnten. Nehmen wir zum Beispiel an, Sie interessieren sich für Lokalgeschichte. Sie könnten sich an den örtlichen Heimatkundeverein oder an die Vereinigungen und Freundeskreise wenden, die sich um historische Monumente in der Umgebung kümmern. Wenn Sie Schwierigkeiten haben, eine passende Gruppe zu finden, könnten Sie im einschlägigen Institut der nächstgelegenen Universität anrufen; dort wird man Ihnen vermutlich weiterhelfen können.

- Hat unter Ihren Freunden und Verwandten jemand ein Steckenpferd, das Sie fasziniert? Erzählen Sie ihm von Ihrem Interesse; er könnte Ihnen einen Einstieg zeigen oder Sie anderen Menschen vorstellen, die Ihnen weiterhelfen.

● Sie brauchen das Rad nicht noch einmal zu erfinden. Höchstwahrscheinlich gibt es in Ihrem Bekanntenkreis jemanden – einen Verwandten, Freund oder Kollegen –, der schon seit einiger Zeit geschieden ist. Erkundigen Sie sich, was ihm oder ihr dabei geholfen
(oder auch nicht geholfen) hat, den Übergang vom Ehepartner
zum alleinerziehenden Elternteil zu bewältigen. Versuchen Sie so
viele Leute wie möglich zu befragen. Was einem anderen Menschen
geholfen hat, braucht nicht unbedingt auch für Sie das Richtige zu
sein.

Das Besuchsrecht: Chance für eine gesunde Eltern-Kind-Beziehung

Untersuchungen haben ergeben, daß für die Kinder einer der schlimmsten Aspekte einer Scheidung der verlorene Kontakt mit einem ihrer Eltern ist. Kinder wollen und brauchen eine regelmäßige und intensive Beziehung zu dem Elternteil, mit dem sie nicht mehr zusammenleben, und in aller Regel ist dieser auch sehr motiviert, die Verbindung zu seinen oder ihren Kindern so eng wie möglich zu halten.

Über die Besuchsrechtsregelungen hält der nicht sorgeberechtigte Elternteil diesen wichtigen direkten Kontakt zu seinen Kindern aufrecht. Unglücklicherweise sind die Möglichkeiten des Besuchsrechts begrenzt. Der schwerste Mangel ist vielleicht, daß solche Besuche wenig mit den wirklichen Wünschen und Bedürfnissen der Beteiligten zu tun haben. Daß der Elternteil und das Kind einander vermissen und ganz einfach zusammen sein wollen ist oft weniger wichtig als die Frage, welcher Wochentag gerade ist oder wessen Wochenende mit den Kindern bevorsteht. Schon das Wort *Besuchsrecht* selbst betont die Schwächen des Arrangements: es macht den nicht sorgeberechtigten Elternteil zu einer Art Gastgeber auf Zeit für Gäste, die währenddessen unterhalten werden müssen. Viele Fachleute ziehen es vor, von geteilter Elternschaft zu sprechen. Dies ist eine treffendere Bezeichnung für das, was zwischen dem nicht sorgeberechtigten Elternteil und den Kindern während dieser Zeit vor sich gehen sollte.

Es ist verständlich, daß manche Menschen es nicht ertragen, nach jedem Besuch wieder von ihren Kindern getrennt zu werden, und sich deshalb nicht mehr regelmäßig mit ihnen treffen. Manche gehen so weit, sich allmählich aus dem Leben ihrer Kinder zurückzuziehen oder sie ganz im Stich zu lassen, weil sie von der durch das Besuchsrecht geschaffenen abnormalen Situation so frustriert sind. Andere Menschen glauben irrigerweise, weil sie ihren Kindern schon vor der Scheidung keine guten Eltern sein konnten, sei es jetzt zu spät für einen erneuten Versuch – oder sie schließen daraus, daß sie als Ehepartner versagt haben, sie müßten auch als Eltern versagen. Ganz von der Bildfläche zu verschwinden mag in diesem Fall die einfachste Lösung sein, aber Menschen, die diese Lösung wählen, erkennen nicht, welche manchmal irreparablen Schäden sie damit im Leben ihrer Kinder anrichten. Die Mutter eines zehnjährigen Jungen, dessen Vater seit zwei Jahren nicht mehr von sich hatte hören lassen, faßte die Situation mir gegenüber einmal so zusammen: »Im Stich gelassen zu werden ist für die Kinder viel schlimmer als die Scheidung selbst. Sie werden sich immer fragen, was mit ihnen eigentlich nicht stimmt oder warum sie einen ihrer Eltern vertrieben haben. Dieses Loch im Leben kann nichts und niemand mehr füllen.«

Das Besuchsrecht ist eine der emotional am schwersten befrachteten Fragen, mit denen sich geschiedene Eltern auseinandersetzen müssen. Wenn die Erwachsenen sich nicht aufrichtig bemühen, ihre Konflikte zu begraben und sich auf die Zukunft zu konzentrieren, können sie eine Gelegenheit finden, den Streit weiterzuführen, wann immer die Kinder abgeholt und wieder zurückgebracht werden. Wenn der nicht sorgeberechtigte Elternteil sich zum Beispiel mit der Abholung der Kinder verspätet, könnte der sorgeberechtigte Partner anmerken: »Nicht einmal dafür seid ihr ihm wichtig genug.« Wenn der Vater bei einem Besuch seines Sohnes feststellt, daß das Kind ein zu klein gewordenes Hemd trägt, sagt er vielleicht: »Ich gebe deiner Mutter genug Geld, daß sie dich ordentlich anziehen könnte. Was macht sie eigentlich damit?« Solche Kommentare zeigen, daß es dem Erwachsenen weniger um das Wohl der Kinder als um sein ungeklärtes Verhältnis zu seinem ehemaligen Partner geht.

Auch aus der Sicht der Kinder können die Besuche von einem freudig erwarteten Ereignis zu einem schmerzlichen Dilemma ausarten. Viele geschiedene Paare leben nicht mehr im selben Stadtviertel oder auch nur in derselben Stadt, und für jeden Besuch müssen größere Strecken zurückgelegt werden. Für die Kinder wird es dadurch schwierig, am Zielort an Unternehmungen teilzunehmen, die Kinder ihres Alters in der Regel interessieren: Mannschaftssportarten, Jugendgruppen, Ballett- oder sonstige Unterrichtsstunden. Darüber hinaus zwingen die Besuche das Kind jedes Mal, den einen Elternteil zurückzulassen, um mit dem anderen zusammen sein zu können. Es kommt vor, daß es den zurückgelassenen Elternteil vermißt. Auch in diesem Fall treten die Bedürfnisse des Kindes den Begleitumständen der Scheidung gegenüber in den Hintergrund.

Selbst wenn die Besuche anfangs ohne Schwierigkeiten vonstatten gehen, kann es Probleme geben, sobald die Kinder das Alter erreichen, in dem sie ihren eigenen Freundeskreis und eigene Vorstellungen von der Einteilung ihrer Zeit haben, also in der Regel wenn sie zwischen elf und dreizehn Jahren alt sind. Wenn Kinder dieses Alters sagen, sie würden sich lieber mit ihren Freunden treffen, hat dies meist sehr wenig mit dem Elternteil zu tun, der sich gleichzeitig um ihre Zeit bemüht. Mit anderen Worten, die Kinder haben nicht beschlossen, diesen Elternteil im Stich zu lassen; sie wollen einfach lieber das tun, was in ihrem Alter normal ist – ihre Zeit mit ihren Freunden verbringen.

≡ Voraussetzung für den Erfolg: Der Einsatz beider Eltern

Regelmäßige Besuche stellen hohe Ansprüche an alle Mitglieder der Familie, aber die meisten Eltern stellen fest, daß sie ihren Kindern die Anpassung an die neue Situation nach der Scheidung erleichtern. Mit etwas Einsatz und Kooperation seitens der Eltern können sie so zu einem sehr wertvollen Bestandteil des familiären Alltags werden.

Die Beziehung, um die es bei den Besuchen in erster Linie geht, ist die zwischen dem nicht sorgeberechtigten Elternteil und den Kindern, aber der Erfolg des Arrangements hängt vom Einsatz *beider* Eltern ab. Wenn der sorgeberechtigte Partner die Besuche nicht unterstützt und ermutigt, wird die gesamte Abmachung ein Mißerfolg werden. Darüber hinaus müssen die früheren Eheleute beschlossen haben, ihre Unstimmigkeiten unter sich auszumachen und sie nicht auf die Besuchsregelungen übergreifen zu lassen. Das bedeutet, daß die Besuche vieles *nicht* sein sollten:

- Belohnungen dafür, daß die Unterhaltszahlungen eingegangen sind – kein Scheck, keine Besuche. (Solche Überlegungen gehen vermutlich ohnehin am eigentlichen Problem vorbei: es sieht so aus, als seien diejenigen nicht sorgeberechtigten Eltern, denen viel an der Beziehung zu ihren Kindern liegt, ohnehin auch diejenigen, die gewissenhaft Unterhalt zahlen.)
- Eine Waffe, mit der das Wohlverhalten des nicht sorgeberechtigten Partners erzwungen werden soll.
- Ein wirkungsvolles Druckmittel, mit dessen Hilfe der nicht sorgeberechtigte Elternteil kontrolliert und dazu gebracht werden kann, um ein Recht zu bitten, das ihm oder ihr ohnehin zusteht – ob es nun vereinbart oder vor Gericht erwirkt wurde.
- Schnüffelaktionen, nach denen die Kinder bei ihrer Rückkehr über das Liebesleben, die ökonomische Lage und andere Privatangelegenheiten des nicht sorgeberechtigten Partners ausgefragt werden.
- Eine Art Kurierdienst, mit dessen Hilfe die früheren Eheleute Nachrichten hin und her schicken.
- Ein Loyalitätstest für die Kinder. Manche sorgeberechtigten Eltern lassen sich für die Wochenenden, die ihre Kinder bei dem anderen Partner verbringen sollen, besonders attraktive Unternehmungen einfallen; auf diese Weise sollen die Kinder dazu gebracht werden, dem anderen Elternteil mitzuteilen, sie wollten lieber doch nicht kommen. Andere Menschen vermitteln ihren Kindern Schuldgefühle dafür, daß sie sich auf den Besuch bei dem anderen Partner freuen.

Wenn der sorgeberechtigte Partner Schwierigkeiten hat, sich mit dem anderen Elternteil zu verständigen oder an die ihm zustehenden Unterhaltszahlungen zu kommen, müssen die beiden versuchen, ihre Differenzen direkt und unter sich auszumachen. Sie sollten dazu einen Zeitpunkt wählen, zu dem die Kinder nicht in Hörweite sind.

Das Abholen und Zurückbringen der Kinder

Oft drehen sich die Auseinandersetzungen geschiedener Paare bei den Besuchsregelungen um den Augenblick, in dem die Kinder von einem zum anderen wechseln – wenn sie also abgeholt und zurückgebracht werden. Derartige Konflikte beeinträchtigen die Vorfreude der Kinder auf ihre Besuche bei dem anderen Elternteil. Irgendwann können die Kinder so verunsichert sein, daß sie gar nicht mehr gehen wollen, nur um die offene Feindseligkeit zwischen den Eltern oder den betrübten Gesichtsausdruck des Elternteils, den sie zurücklassen, nicht miterleben zu müssen.

So pflegte sich eine Mutter unter Tränen und Küssen von ihren Kindern zu verabschieden und sich dann etwa zehn Minuten, bevor ihr früherer Ehemann erschien und die Kinder abholte, in ihr Schlafzimmer zurückzuziehen. Ihr achtjähriger Sohn Ross erzählte mir, wie er versucht hatte, sie zum Herauskommen zu bewegen, aber sie weigerte sich – »Mach dir keine Sorgen um mich. Ich schaffe es schon. Geh nur und amüsier dich gut mit deinem Vater.« Natürlich lief Ross zum Telefon, kaum daß er das Haus seines Vaters betreten hatte und danach alle paar Stunden das ganze Wochenende über, und erkundigte sich nach dem Befinden seiner Mutter. Es braucht kaum besonders betont zu werden, daß Ross bei seinen Besuchen viel mehr mit seiner Mutter als mit seinem Vater beschäftigt war, sich die ganze Zeit Sorgen machte und trotz allem ein schlechtes Gewissen hatte.

Um den Wechsel für Eltern und Kinder weniger aufreibend zu gestalten, sollten sich die Eltern im voraus über die »logistischen« Einzelheiten geeinigt haben: wer wird die Kinder abholen (und zurückbringen); wann, wo und wie soll dies geschehen? Danach sollten die Kinder selbst informiert werden. Um ihnen Enttäuschungen und neuerliche Gefühle von Verlust und Verlassenheit zu ersparen, sollten die Eltern sich alle Mühe geben, ihre Abmachungen einzuhalten.

Wenn die Eltern es nicht fertigbringen, ihre Probleme miteinander auch nur so lange zurückzustellen, daß der Austausch reibungslos vonstatten gehen kann, sollten sie sich überlegen, ob ein neutraler Schauplatz nicht besser geeignet wäre – etwa die Wohnung eines hilfsbereiten Freundes oder Angehörigen oder sogar die eines bei den Kindern beliebten Babysitters. Wahlweise könnte der Freund oder Angehörige die Kinder auch abholen und zurückbringen.

Die Eltern sollten daran denken, die zuständigen Stellen darüber auf dem laufenden zu halten, wer genau die Kinder von Kindergarten, Tagesstätte, Schule oder welchem Ort auch immer abholen darf. Die Kinder sollten von einem Tag zum anderen wissen, wer sie abholen wird. Ein kleiner Junge hat sich einmal bei mir darüber beschwert, daß seine geschiedenen Eltern ihn abwechselnd von der Schule abholten, manchmal aber auch die Nachmittage austauschten, wenn einer von beiden etwas anderes zu tun hatte, der zweite aber Zeit hatte. Nach außen hin sah die Situation nach perfekter Kooperation aus, aber der Junge erzählte: »Ich weiß nie, welcher von ihnen nun auftauchen wird. Einmal ist überhaupt niemand gekommen, und ich habe nicht gewußt, wen ich anrufen soll. Das war, als hätte ich gar keine Eltern.«

Darüber hinaus sollte der nicht sorgeberechtigte Elternteil die Rechte – oder Beschränkungen – im Gedächtnis behalten, die seinen Kontakt mit den Kindern regeln. Unter Umständen gibt es eine Liste von Personen, die das Kind abholen dürfen.

══   Checklisten fürs Gepäck

Eine weitere Quelle von Konflikten kann die Frage sein, was die Kinder zu ihrem nicht sorgeberechtigten Elternteil mitnehmen und was sie von dort wieder mit nach Hause bringen. Vor jedem Besuch könnten der sorgeberechtigte Partner und das Kind eine Liste der Dinge zusammenstellen, die eingepackt werden müssen. Diese Liste kann auch beim Packen für den Heimweg wieder verwendet werden. Der nicht sorgeberechtigte Partner kann auf der Liste weitere Dinge notieren, die er oder sie selbst dem Kind gegeben hat und die es mitnehmen darf. (Allerdings sollte der nicht sorgeberechtigte Elternteil gewappnet sein und für den Fall, daß etwas vergessen wurde, eine Grundausstattung zur Hand haben, etwa eine Zahnbürste, einen Schlafanzug und Wäsche zum Wechseln.) Es kann auch nicht schaden, ein Lieblingsspielzeug einzupacken, das so eine Verbindung zwischen den beiden Wohnungen herstellt.

Das Aufstellen einer Liste sieht vielleicht nach einer kleinlichen Zeitverschwendung aus, aber gerade Kleinigkeiten können zu Mißverständnissen und verletzten Gefühlen führen. »Bloß weil ich vergessen habe, Ians beste Hose einzupacken, hast du deine Entschuldigung gehabt und bist am Sonntag wieder nicht mit ihm in die Kirche gegangen«, beschwert sich etwa eine Mutter, und eine andere könnte sagen: »Du hast Lisas Turnschuhe mit Absicht nicht eingepackt, damit ich ihr neue kaufen muß.« Aber Listen können tatsächlich auch einen praktischen Nutzen haben. Ein Kind, das regelmäßig Medikamente einnehmen muß, braucht diese Medikamente auch während seines Besuches und muß sie danach wieder mit nach Hause bringen. Ein Kind, das ohne seine Lieblingsdecke oder ein bestimmtes Stofftier nicht ins Bett geht, kann untröstlich sein, wenn der Gegenstand einmal vergessen wird.

Stundenpläne

Ist ein Besuchsplan einmal aufgestellt, haben die Kinder den größten Nutzen davon, wenn beide Eltern sich an ihn halten und Änderungen und Absagen auf ein Minimum beschränken. Das Leben des Kindes wird so in einem verläßlichen Rhythmus verlaufen, und es wird wissen, daß es seinen anderen Elternteil in regelmäßigen Abständen wiedersehen wird. Enttäuschungen über Absagen und geänderte Termine würden nur neue Gefühle des Zurückgewiesenseins und der Unsicherheit in ihm wecken und sein Vertrauen in die Erwachsenen untergraben.

Obwohl es wichtig ist, sich an den Grundplan zu halten, sollten auch zusätzliche oder spontane Besuche möglich sein, solange die Eltern sich über die Details einigen können und der Schulbesuch der Kinder nicht darunter leidet. Eine solche Handhabung des Besuchsrechtes erlaubt es den Kindern und dem nicht sorgeberechtigten Elternteil, sich zu treffen, wenn sie es brauchen oder wünschen, nicht nur dann, wenn sie es laut Plan müssen. (Ein Wort der Warnung: Nicht sorgeberechtigte Eltern sollten ihren Kindern keine Überraschungsbesuche auf dem Schulhof machen. Einmal abgesehen von den möglichen juristischen Komplikationen könnte dies die Kinder verwirren und unglücklich machen. Es kann sogar gefährlich sein; kleine Kinder könnten versuchen, dem Elternteil zu folgen, wenn er oder sie wieder geht.) Darüber hinaus sollten die Eltern willens sein, auch einmal ein paar Tage auszutauschen, so daß das Kind wichtige Ereignisse in seinem Leben oder in dem der Familie, etwa das Schultheaterstück oder den Geburtstag der Großmutter, nicht zu versäumen braucht.

Sie können den Kindern einen Kalender geben, in dem sie selbst oder der sorgeberechtigte Partner die Tage markieren, an denen sie ihren anderen Elternteil besuchen werden. Damit kann einiger Verwirrung vorgebeugt werden; Sie vermeiden auf diese Weise, daß wichtige Termine sich überschneiden, geben den Kindern die Sicherheit, daß sie ihren anderen Elternteil wiedersehen werden, zeigen kleinen Kindern, wann genau das geschehen wird, und erlauben den etwas älteren, sich ihre Zeit besser einzuteilen.

Sandra, die sorgeberechtigte Mutter der sechsjährigen Rachel, einigte sich mit ihrem früheren Ehemann auf ein System, das sich als recht erfolgreich herausgestellt hat. Zu Beginn des Jahres notiert sie alle Feiertage, Geburtstage, Reisen und andere wichtige Daten, zu denen sie ihre Tochter gerne bei sich hätte. Dann verhandeln sie und ihr Partner über die Tage, die sich mit den ihm zustehenden Besuchszeiten überschneiden. Bei Tagen, über die sie sich nicht einigen können, halten sie sich an den Wortlaut der Besuchsrechtsregelung. Einmal mußte Sandra einen zehntägigen Skiurlaub unterbrechen, weil Rachel laut Besuchsplan am sechsten Tag bei ihrem Vater erscheinen sollte. »Rachel hat wegen der Abmachungen ein paar Tage mit der Familie verpaßt«, erzählte mir Sandra, »aber das Wichtigste in ihrem Leben ist im Augenblick, daß sie mit ihrem Vater zusammen sein kann.«

Treffpunkte

Wenn die Eltern einigermaßen nahe beieinander leben, ist es üblich, daß die Kinder den nicht sorgeberechtigten Elternteil in seiner oder ihrer Wohnung besuchen. Wohnen die Eltern aber mehr als ein paar Autostunden voneinander entfernt, sollte der Besuch in der Umgebung stattfinden, an die die Kinder gewöhnt sind; auf diese Weise erspart man ihnen jedes Mal eine größere Umstellung. Die Familie könnte sich auch auf halbem Weg treffen; so bleibt mehr Zeit für den Besuch selbst, und die Besuche können öfter stattfinden.

So trifft sich eine Familie zuweilen in einem Hotel, das auf halber Strecke zwischen den Wohnorten der beiden Eltern liegt. Obwohl dies nicht die natürliche Umgebung der Kinder ist, erlaubt es dem Vater, weniger Zeit im Auto und mehr Zeit mit den Kindern zu verbringen. Zudem hat das Hotel einige Attraktionen zu bieten, die allen Spaß machen, zum Beispiel ein Schwimmbad. Die Mutter kehrt währenddessen entweder nach Hause zurück oder nutzt die Zeit für einen Kurzurlaub. Kleine Hotels oder die Angebote preiswerter Ketten machen diese Lösung erschwinglich.

Wenn die Eltern sehr weit voneinander entfernt leben, muß gründlicher geplant werden. Wo kleine Kinder betroffen sind, ist es eine viel bessere Lösung, wenn der nicht sorgeberechtigte Elternteil die Kinder so oft wie möglich in ihrer vertrauten Umgebung besucht, als wenn die Kinder ihn nach einer langen Reise an einem ihnen völlig fremden Ort wiedersehen.

So war Dan, ein sehr wohlhabender Geschäftsmann, nach seiner Scheidung nach Kalifornien gezogen, während seine frühere Frau Jeanne mit ihrer dreijährigen Tochter in Michigan blieb. Dan erbot sich, zweimal im Monat die Flugkosten für einen Wochenendbesuch seiner Tochter bei ihm aufzubringen, aber Jeanne lehnte vernünftigerweise ab, sich auf dieses Arrangement einzulassen, bis das Kind älter war.

Da die wenigsten Eltern in einer solchen Situation es sich leisten können, ihre Kinder bei Flugreisen zu begleiten oder eine dritte Person damit zu beauftragen, gibt es allerlei Sicherheitsfragen zu bedenken. Viele Kinder haben Angst davor, ohne Erwachsene zu verreisen, selbst wenn ihre Geschwister bei ihnen sind, und Sie sollten solche Ängste respektieren. Und angesichts der üblichen Probleme im Flugbetrieb – Verspätungen, verschwundene Gepäckstücke und so fort – muß man sich fragen, wie ratsam es wirklich ist, dem Bord- und Flughafenpersonal verwirrte und verängstigte Kinder anzuvertrauen.

Allerdings können Sie selbst ein paar vernünftige **Vorsichtsmaßnahmen für Flugreisen** treffen, die Ihnen einen Teil der Sorge abnehmen und die Gefahr verringern, daß Ihre Kinder Angst bekommen oder verlorengehen.

- Erkundigen Sie sich schon bei der Buchung nach den Regeln, die bei der betreffenden Fluglinie für unbegleitet reisende Kinder gelten.
- Wenn die Kinder noch nie aus einer Telefonzelle angerufen haben, üben Sie mit ihnen.
- Notieren Sie wesentliche Informationen wie die Namen der Kinder und ihrer Eltern, die Heimatadresse, die wichtigsten Telefonnummern, die nötigen Flugdetails (vor allem wenn Ihre Kinder einen Anschlußflug nehmen müssen) und die Zieladresse auf einem Zettel und deponieren Sie ihn am Reisetag an einem sicheren Ort, zum Beispiel in einer Innentasche des Handgepäcks.
- Packen Sie Gegenstände ins Handgepäck, die Ihren Kindern auf der Reise ein Gefühl der Sicherheit vermitteln – eine beliebte

Leckerei, ein Lieblingsstofftier oder -buch und Spielzeug, mit dem sie sich beschäftigen können, zum Beispiel Ausmal- oder Rätselbücher. (Packen Sie kein Spielzeug ein, mit dem die Kinder anderen Reisenden lästig fallen könnten.)

- Stellen Sie den Kindern die Mitglieder des Bordpersonals vor, die sich während des Fluges um sie kümmern werden. Begleiten Sie sie zu ihren Sitzen, wenn das möglich ist, und helfen Sie ihnen, sich einzurichten.

- Rufen Sie nach Möglichkeit die Person an, die die Kinder am Zielflughafen abholen wird, und bestätigen Sie die Ankunftszeit. Sie sollten sich alle Mühe geben, die Zeitspanne, die die Kinder ganz ohne ein vertrautes Gesicht verbringen müssen, auf ein Minimum zu begrenzen.

Halten Sie Ihr Wort!

Die Eltern sollten auf keinen Fall Versprechen geben, die sie nicht zu halten vorhaben oder bei denen die Wahrscheinlichkeit besteht, daß sie sie nicht halten können. Oft haben Eltern, die ständig ihre Versprechen brechen, gar nicht vor, ihre Kinder zu verletzen; aber ihre Versuche, den Kindern für den Augenblick Kummer zu ersparen, werden später nur zu größerem Kummer führen – und sie werden den Elternteil als unzuverlässig und nicht vertrauenswürdig entlarven.

Lanore zum Beispiel hatte immer wieder gezeigt, daß sie unfähig oder nicht willens war, sich an die Besuchszeiten zu halten, die sie und ihr früherer Ehemann Frederick für ihren gemeinsamen fünfjährigen Sohn ausgearbeitet hatten. Frederick konnte nicht mehr mit ansehen, wie der kleine Junge jedes Mal, wenn seine Mutter wieder nicht auftauchte, in Tränen ausbrach; so legte er sich die üble Gewohnheit zu, ihm bei solchen Gelegenheiten zu versichern, Lanore würde beim nächsten Mal »ganz bestimmt« kommen. Am Tag darauf rief unweigerlich Lanore an, fand für alles eine Entschuldigung und versprach hoch und heilig, sich das nächste Mal durch nichts von ihrem Besuch abhalten zu lassen. Und das Spiel begann von vorn.

Frederick verdient Anerkennung dafür, daß er nicht der Versuchung nachgab, seinem Sohn gegenüber abfällige Bemerkungen über Lanore zu machen, aber im Interesse des Kindes mußte er lernen, die Situation auf eine andere Art zu meistern – indem er seinen Sohn einfach tröstete und nicht mehr versuchte, für seine frühere Frau Versprechungen zu machen. Allerdings fiel es ihm auch zu, Lanore unter vier Augen mitzuteilen, daß sie ihrem Sohn mit ihrem Verhalten emotionalen Schaden zufügte.

Mit oder ohne den neuen Partner?

Im allgemeinen sollten nicht sorgeberechtigte Eltern ihre neuen Partner nicht hinzuziehen, wenn sie mit ihren Kindern etwas unternehmen. Ich habe an anderer Stelle schon darauf hingewiesen: Der Sinn und Zweck der Besuchsregelungen ist, die Beziehung zwischen dem nicht sorgeberechtigten Elternteil und den Kindern zu stärken. Wenn der Freund oder die Freundin bei den Besuchen anwesend ist, wird dieser Person in der Regel mehr Aufmerksamkeit gewidmet als den Kindern. Zudem nehmen die Kinder manchmal die Anwesenheit eines Menschen übel, der nicht zu ihrer Familie gehört und den sie vielleicht sogar für das Auseinanderbrechen der elterlichen Ehe verantwortlich machen.

Eine weitere Gefahr liegt darin, daß die Kinder zuweilen Zuneigung zu dem neuen Partner entwickeln und daß ihnen damit noch mehr Kummer und Enttäuschungen bevorstehen, wenn das Verhältnis in die Brüche geht. Wenn sich dies mehrfach wiederholt, werden die Kinder aufhören, sich überhaupt auf Gefühlsbeziehungen einzulassen, um nicht wieder und wieder verletzt zu werden. Andererseits sollten die Eltern auch nicht so weit ins andere Extrem gehen, daß sie eine neue Beziehung so lange verschweigen, bis eine zweite Heirat bevorsteht. Wenn ein dauerhaftes Verhältnis oder eine neue Ehe ernstlich erwogen wird, sollte die betreffende Person den Kindern vorgestellt und ein Stück weit in die gemeinsamen Unternehmungen mit einbezogen werden. Warten Sie noch etwas länger, bis Sie den Kreis um die Kinder des neuen Partners erweitern, damit Ihre Kinder nicht eifersüchtig werden oder Angst bekommen, Sie könnten sie verlassen.

Wenn ein Besuch länger dauert als eine oder zwei Wochen, kann der nicht sorgeberechtigte Elternteil durchaus einen Babysitter anstellen oder einen Verwandten bitten, auf die Kinder aufzupassen, wenn er oder sie einmal einen Nachmittag oder Abend für sich haben will.

=====   Disziplin

Es hilft allen Beteiligten, wenn sich die Eltern der Kinder auf eine gemeinsame Einstellung zu Fragen der Disziplin und der Hausordnung einigen können (siehe auch ab Seite 183) und in diesen Fragen zusammenarbeiten. Einerseits werden Sie so besser und wirkungsvoller erziehen können, andererseits können Sie Ihren Kindern gegenüber Konsequenz und Übereinstimmung demonstrieren; so ist es weniger wahrscheinlich, daß die Kinder einen Elternteil gegen den anderen auszuspielen versuchen. Sie werden schnell einsehen, daß mit Bemerkungen wie »Aber Mama läßt mich mit dem Fahrrad doch auch auf der Straße fahren!« oder »Bei Papa darf ich jeden Abend bis elf aufbleiben!« nichts zu erreichen ist. Und wenn einer der Eltern eine Strafe verhängt hat (etwa eine Woche lang kein Fernsehen), kann diese Strafe auch dann weiterhin gelten, wenn das Kind zwischendurch den anderen Partner besucht.

Manchmal allerdings können solche Strafen nicht weitergeführt werden. Unter Umständen nimmt der Elternteil, der die von dem anderen verhängte Strafe durchsetzen soll, es übel, daß nun er dem Kind gegenüber die Rolle des schwarzen Mannes übernehmen soll. In einem solchen Fall kann eine Strafe auch wieder aufgenommen werden, wenn das Kind nach Hause zurückkehrt. Allerdings setzen manche Menschen Strafen für ihre Kinder auch ein, um den anderen Elternteil zu bestrafen.

Eine Mutter pflegte ihrem Sohn wenige Stunden, bevor er über das Wochenende seinen Vater besuchen ging, völlig unangemessene Strafen aufzubrummen (einmal verbot sie ihm das Fernsehen für zwei Wochen, weil er am Tag zuvor vergessen hatte, den Müll hinauszutragen). Als nächstes beschwerte sie sich lauthals darüber, wie nachlässig ihr früherer Ehemann doch sei, wenn es darum ging, die von ihr verhängten Strafen auch durchzusetzen. Es ist nicht weiter verwunderlich, daß der Vater sich beklagte: »Sie verdirbt uns einfach unsere gemeinsamen Wochenenden.«

Wenn sich die Eltern in ihrer Einstellung zu Disziplinierungsmaßnahmen gar nicht einigen können, braucht das noch keine Katastrophe zu sein. Kinder sind bemerkenswert flexibel; sie werden sich mühelos zwei verschiedenen Prinzipien anpassen können, solange jedes davon konsequent vertreten wird.

=== Ferien und Feiertage

Welche Arrangements auch immer in der Frage getroffen wurden, bei wem die Kinder Ferien, Geburtstage und ähnliche »besondere« Zeiten verbringen, die Wahrscheinlichkeit ist groß, daß jemand sich betrogen oder enttäuscht fühlen wird. Wenn die Eltern es fertigbringen, wenigstens ein Fundament von Verträglichkeit und gutem Willen aufrechtzuerhalten, ist schon einiges getan, um solche Empfindungen zu mildern und den Kindern einen Teil ihrer Schuldgefühle darüber zu nehmen, daß sie wissen, sie können nicht beide Seiten zufriedenstellen.

● Am Geburtstag jedes Kindes sollte der Elternteil, bei dem das Kind lebt, für einen Anruf bei dem anderen Partner sorgen oder einen Zeitpunkt ausmachen, zu dem er oder sie das Kind anrufen kann. Das gleiche kann an anderen wichtigen Feiertagen wie Weihnachten oder Neujahr geschehen. So wird sich der zweite Elternteil an Tagen, die früher gemeinsam begangen wurden, weniger einsam und ausgeschlossen vorkommen.

● Wenn die Kinder am Geburtstag eines Elternteils nicht bei ihm sind, könnte der andere Partner sie an das Datum erinnern und mit ihnen planen, wie man den Tag begehen könnte. So könnten die Kinder zum Beispiel ermutigt werden, den Elternteil anzurufen, oder man könnte ihnen dabei helfen, ein Geschenk herzustellen oder auszusuchen, das später überreicht oder versandt werden kann. Ein Vorteil solcher Überlegungen ist, daß die Kinder ihrer Zuneigung zu beiden Eltern Ausdruck verleihen können, ohne Gefahr zu laufen, daß man sie dafür lächerlich macht oder sie ihnen übelnimmt. Wenn die Kinder älter werden, werden sie an ihren Eltern die Reife und Umsicht respektieren lernen, die sie einander auch unter schwierigen Umständen noch gezeigt haben.

● Immer mehr geschiedene Eltern entscheiden sich dafür, gewisse Familienfeste und Feiertage gemeinsam zu begehen – mit den Kindern und anderen Angehörigen, von Großeltern bis hin zu Stiefkindern. Da das Benehmen aller Beteiligten bei solchen Gelegenheiten meist untadelig ist, haben die Kinder den Vorteil, die Familienmitglieder harmonisch miteinander verkehren zu sehen. Es wird ihnen helfen, wenn sie zuweilen daran erinnert werden, daß die Familie ursprünglich einmal aus Liebe zusammengefunden hatte und daß sie sich nun zu einer anderen, aber noch immer liebevollen Familie entwickelt hat. Daneben werden sich die Kinder weniger unter Druck gesetzt fühlen, wenn sie sich zur Abwechslung einmal auf keine Seite schlagen und keinen Elternteil »verlassen« müssen, wenn sie mit dem anderen zusammensein wollen. Bevor Sie sich allerdings auf ein solches Unternehmen einlassen, sollten Sie die Risiken und die Vorteile gegeneinander abwägen. Es könnte in den Kindern neue Hoffnungen auf eine Versöhnung der Eltern wecken und Rivalitäten zwischen »alten« und neuen Partnern auslösen. Wenn Sie und Ihre Angehörigen es fertigbringen, solche Anlässe gemeinsam zu begehen, können Sie sich beglückwünschen: Sie haben eine außergewöhnliche Familie.

≡ Normale Reaktionen auf die Besuchszeiten

Es ist völlig normal, wenn ein Kind kurz bevor es seinen zweiten Elternteil besuchen geht und unmittelbar nach seiner Rückkehr ängstlich und verstört wirkt. (Tatsächlich kann es durchaus bedeuten, daß im Verhältnis zwischen dem Kind und seinem nicht sorgeberechtigten Elternteil etwas nicht stimmt, wenn das Kind bei solchen Anlässen überhaupt nicht verstört zu sein scheint.) Wenn der nicht sorgeberechtigte Partner sich schon früher als unzuverlässig erwiesen hat, fürchtet das Kind vielleicht, er könnte gar nicht auftauchen. Kleine Kinder haben manchmal Angst, der sorgeberechtigte Elternteil könnte fort sein, wenn sie nach Hause zurückkommen.

Jedesmal, wenn das Kind den nicht sorgeberechtigten Partner wiedersieht, gibt es Anpassungsschwierigkeiten zu überwinden, bis beide sich wieder aneinander gewöhnt haben. Wenn der Besuch zu Ende und das Kind wieder zu Hause ist, fühlt es sich traurig und im Stich gelassen. Manche Kinder weinen, andere werden wütend und lassen ihre Frustration an dem Elternteil aus, mit dem sie zusammenleben.

Wenn sich Kinder so verhalten, nehmen viele sorgeberechtigte Eltern sofort an, der andere Elternteil müsse dem Kind irgend etwas angetan haben. In diesem Fall folgen unweigerlich Fragen des Typs »Was hat dein Vater (deine Mutter) eigentlich mit dir gemacht?«

In den meisten Fällen ist die Antwort ein aufrichtiges »Gar nichts«. Der aufgestaute Erwartungsdruck, die Wiederbegegnung mit dem Trauma der Scheidung (hätte es keine Scheidung gegeben, wären solche Besuche schließlich nicht nötig geworden) und das immer wiederholte Abschiednehmen von dem Elternteil kann für ein Kind manchmal zuviel werden. Versetzen Sie sich in die Lage Ihres Kindes und überlegen Sie sich, wie es wäre, wenn Sie regelmäßig einen Elternteil zurücklassen müßten, um mit dem anderen zusammen sein zu können.

Wenn Kinder mit einer solchen emotionalen Überlastung zu kämpfen scheinen (immer vorausgesetzt, es ist kein Mißbrauch im Spiel), hilft man ihnen am besten, indem man ihnen Zeit für sich selbst läßt und bereit ist, ihnen zuzuhören, wenn sie von ihren Empfindungen erzählen wollen. Ihre Eltern sollten nicht aus eigener Neugier Suggestivfragen stellen oder den Kindern gegenüber Andeutungen machen, der andere Elternteil sei in irgendeiner Weise für ihren Kummer verantwortlich. Es ist viel hilfreicher, Einfühlungsvermögen zu zeigen, indem Sie etwa sagen: »Ich weiß, das ist alles nicht gerade einfach für dich« oder »Es muß schwer gewesen sein, von Mama wegzugehen, nachdem ihr so einen schönen Tag miteinander verbracht habt.« Wenn das Kind überhaupt zum Reden bereit ist, wird es sich bereitwilliger einem Elternteil anvertrauen, der sich Mühe gibt, seine Gefühle anzuerkennen, statt sie zu bewerten oder von sich zu schieben.

Besuche natürlich und ungezwungen gestalten

Selbstverständlich ist es schwierig für den nicht sorgeberechtigten Elternteil, die gleiche Anteilnahme und die enge Verbindung zu den Kindern aufrechtzuerhalten, die in der intakten Familie selbstverständlich waren. Es ist nicht weiter überraschend, daß nicht sorgeberechtigte Eltern in der Folge oft versuchen, sich die Zuneigung und Aufmerksamkeit ihrer Kinder mit unangebrachten Mitteln zu sichern. Geschenke, Ausflüge, keine festen Schlafenszeiten und keine oder eine sehr nachlässige Disziplin sind häufig und führen zu einer Reihe neuer Probleme. »Ich habe nur so wenig Zeit mit meinen Kindern«, erzählte mir ein Vater einmal. »Ich möchte sie gern ein bißchen verwöhnen. Wenigstens macht es ihnen dann Spaß, bei mir zu sein.«

Die beste Einstellung einem bevorstehenden Besuch gegenüber ist es, ihn so weit wie irgend möglich als Teil eines normalen Familienlebens zu gestalten. Die Zeit sollte nach Möglichkeit auf alltägliche Weise verbracht werden, nicht mit ständigen Attraktionen. Natürlich können gelegentlich Ausflüge ins Kino, in den Zoo, in die Eisdiele, zu Sportveranstaltungen, in den Zirkus und so fort unternommen werden, aber sie sollten nicht Hauptbestandteil der Besuchszeiten sein. Solche Anlässe erlauben weder wirkliche Gespräche noch zwangloses Geplauder über die alltäglichen Vorkommnisse, aus denen das Leben nun einmal besteht. Das Kind kann dem Elternteil nicht von seinen Sorgen erzählen, wenn beide gerade in der neuen Achterbahn im nächstgelegenen Freizeitpark sitzen.

Darüber hinaus sollten die Kinder auch einen normalen Umgang mit beiden Eltern entwickeln. Sie sollten Teil des Alltags ihrer Eltern sein und umgekehrt, denn nur in Alltagssituationen können starke wechselseitige Bindungen entstehen. Wenn Mama zum Beispiel den Rasen zu mähen hat, während die Kinder zu Besuch sind, kann sie ihnen das Gefühl geben, gebraucht zu werden, indem sie sie helfen läßt, und ihnen zugleich etwas über Gärtnerei beibringen. Statt die Kinder zum Essen auszuführen, könnte Papa ein Abendessen planen, bei dem das Kochen selbst der halbe Spaß ist und jeder mithelfen kann. Vielleicht ist es auch möglich, die Kinder für eine Jugendgruppe, Musikstunden oder ein anderes Hobby zu interessieren, das in die Besuche eingebaut werden kann.

Vorschläge für die Gestaltung der Besuchszeit

- Wenn Sie mit Ihren Kindern zusammen sind, lassen Sie den Fernseher ausgeschaltet und widerstehen Sie der Versuchung, jeden Besuch mit Attraktionen und Ereignissen vollzupacken. Die Besuche sollten so gestaltet werden, daß Ihnen und den Kindern genügend Zeit bleibt, um wirklich miteinander zu sprechen und die Bindungen zwischen Ihnen aufrechtzuerhalten.

- Machen Sie für Besuchstage einen Stundenplan. Allzu starr sollte er nicht sein, aber er sollte einen Tagesablauf vorgeben, in dem alle Beteiligten sich einrichten können. Übertragen Sie den Kindern bestimmte Aufgaben, damit sie sich als Mitglieder Ihres Haushalts fühlen und ein Gefühl für Verantwortung entwickeln können.

- Planen Sie Besuche bei in der Nähe lebenden Verwandten ein. Versuchen Sie großzügig genug zu sein, um gelegentlich auch Verwandte Ihres ehemaligen Partners zu besuchen. Ihren Kindern wird es zugute kommen, wenn sie alle Verbindungen aufrechthalten können.

- Ermutigen Sie Ihre Kinder, andere Kinder in der Nachbarschaft kennenzulernen und mit ihnen zu spielen. Je mehr Menschen sie kennen, desto eher werden sie sich zu Hause fühlen.

- Behalten Sie das Alter und die Reife Ihrer Kinder im Gedächtnis. Ältere Kinder werden Sie vielleicht gern zu sportlichen und kulturellen Veranstaltungen begleiten. Kleinere brauchen Ihre Nähe und Aufmerksamkeit bei einfachen Tätigkeiten – ob Sie nun mit ihnen spielen oder malen, ihnen vorlesen oder mit ihnen spazierengehen.

● Lassen Sie die Kinder ihre Hausaufgaben mitbringen und helfen Sie ihnen dabei wenn nötig. (Aber machen Sie nicht die Hausaufgaben für sie!)

● Nutzen Sie öffentliche Einrichtungen in Ihrer Nähe – die Bibliothek, das Freibad und so fort. Während Sie sich gemeinsam amüsieren (und die Kinder unter Umständen etwas Neues lernen), können sie auch neue Freunde finden und Ihren Wohnort besser kennen und schätzen lernen.

● Geben Sie jedem Kind im Schulalter ein Buch mit, wenn es wieder zu seinem anderen Elternteil zurückkehrt. Beim nächsten Besuch können Sie mit ihnen über das sprechen, was sie inzwischen gelesen haben.

● Wechseln Sie sich mit den Kindern bei der Planung Ihrer gemeinsamen Unternehmungen ab. Die Anzahl der Videospiele, die ein Erwachsener ertragen kann, ist in aller Regel ebenso begrenzt wie die Anzahl der Museumsvitrinen, mit denen es ein Kind auf einmal aufnehmen kann.

● Nehmen Sie Ihre Kinder einzeln auch einmal mit an Ihren Arbeitsplatz, wenn es möglich ist. Sie zeigen den Kindern dadurch, wie Ihr Tag abläuft, wenn sie nicht dabei sind, und geben ihnen eine klarere Vorstellung von dem Menschen, der Sie sind.

● Ziehen Sie die Interessen und Fähigkeiten Ihrer Kinder in Betracht, wenn Sie Unternehmungen planen – oder lassen Sie sich ein neues Hobby einfallen, für das sich beide Seiten interessieren könnten, und belegen Sie gemeinsam einen Kurs auf diesem Gebiet.

● Behalten Sie die Bräuche zur Schlafenszeit bei, an die die Kinder vor der Scheidung gewöhnt waren, und führen Sie ein paar neue ein. Versuchen Sie etwas Zeit mit jedem Kind einzeln zu verbringen, und gestalten Sie die Schlafenszeit zu etwas Besonderem, etwa indem Sie eine Geschichte erzählen oder aus einem Buch vorlesen.

● Erlauben Sie den Kindern, ihren anderen Elternteil anzurufen, wann immer sie wollen. Ermutigen Sie sie dazu, während kurzer Besuche mindestens einmal, bei längeren mehrmals zu telefonieren.

● Überlegen Sie sich, ob Sie nicht mit einem längerfristigen Unternehmen beginnen könnten, an dem sich alle beteiligen. Sie könnten zum Beispiel ein Miniaturdorf basteln, ein kompliziertes Puzzle zusammensetzen, ein Baumhaus bauen oder eine Stein- oder Insektensammlung anlegen. Damit schaffen Sie einen besonderen Anreiz, der die Kinder mit Ihnen verbindet und auf den sie sich von Besuch zu Besuch freuen können.

● Lassen Sie sich nicht von Ihrem Geschlecht oder dem der Kinder in der Auswahl Ihrer gemeinsamen Unternehmungen einschränken. Papa kann mit seiner Tochter ebensogut einen neuen Mantel kaufen gehen, wie er mit ihr gemeinsam das Auto waschen kann; Mama kann mit ihrem Sohn bestimmt ebensogut Basketball spielen wie Kekse backen.

Während der Besuche sollten die Eltern versuchen, die Alltagsroutine aufrechtzuerhalten, so wie sie es vor der Scheidung getan haben. Konsequent vertretene Regeln, feste Schlafenszeiten und Familienbräuche wie das gemeinsame Abendessen und der gemeinsame Kirchgang, die Hausarbeit, das Einkaufen und eventuell hinzugekommene neue Bräuche sind wichtig. Wenn irgend möglich sollte jedes Kind einen Ort haben – ob es nun ein ganzes Zimmer ist oder nur eine Schublade –, an dem es einige seiner Besitztümer deponieren kann. So werden die Kinder eher das Gefühl haben, daß sie tatsächlich in der Wohnung des nicht sorgeberechtigten Elternteils wohnen und daß etwas von ihnen immer dort bleibt. Dieses Gefühl können Sie auch fördern, indem Sie ein Haustier halten. In den ersten Stunden eines Besuches, wenn der Elternteil und die Kinder sich mühsam wieder aneinander gewöhnen müssen, kann ein Haustier ein idealer Eisbrecher sein. Das Kind kann sein Tier mit Zuneigung überschütten und dabei allmählich wieder mit dem Elternteil vertraut werden. Dorothy zum Beispiel kaufte für ihre neunjährige Tochter Edith eine Katze. »Dieses Wochenende gehe ich meine Katze besuchen«, erzählte Edith mir einmal strahlend. Es war leichter für sie, als zu sagen »Dieses Wochenende gehe ich meine Mutter besuchen«.

Während der Besuche sollten die Eltern ihre Kinder nicht Verwandten oder Babysittern überlassen und sie auch nicht mit sich oder dem Fernseher allein lassen. Bei längeren Besuchen wird es nicht schaden, sie gelegentlich anderen Menschen anzuvertrauen, aber es würde dem Zweck der Besuche widersprechen, wenn Sie die ohnehin begrenzte Zeit, die Sie mit Ihren Kindern verbringen, regelmäßig noch weiter verkürzten.

≡   Zwischen den Besuchen

Nicht sorgeberechtigte Eltern sollten großen Wert darauf legen, die Kontakt zu ihren Kindern auch zwischen den Besuchen nicht abbrechen zu lassen. So behalten sie nicht nur eine Verbindung zum Leben der Kinder; auch die ersten Augenblicke der Besuche selbst werden auf diese Weise entspannter. Wenn der sorgeberechtigte Elternteil klug ist und seine Aufgabe ernst nimmt, wird er oder sie den Kindern erlauben und helfen, den Kontakt zwischen den Besuchen aufrechtzuhalten. Eine sehr enge Beziehung kann auf den sorgeberechtigten Elternteil störend oder aufdringlich wirken, vor allem wenn er selbst möglichst wenig mit dem früheren Partner zu tun haben will, aber versuchen Sie die Situation einmal mit den Augen Ihrer Kinder zu sehen: sie werden glücklich sein und sich getröstet fühlen, wenn sie von Papa oder Mama hören. Eines der größten Geschenke, die Sie Ihren Kindern machen können, ist Ihre Erlaubnis, den anderen Elternteil liebzuhaben.

Es folgen einige Vorschläge, wie nicht sorgeberechtigte Eltern zwischen den Besuchen die Verbindung zu ihren Kindern aufrechterhalten können.

Anrufe: Das Telefon ist ein naheliegendes Mittel zu diesem Zweck. Eltern und die Kinder sollten es gleichermaßen selbstverständlich finden, in der anderen Wohnung anzurufen. Der sorgeberechtigte Elternteil kann für kleine Kinder, die diese Kunst noch nicht beherrschen, die Nummer wählen.

Wenn die Anrufe grundsätzlich zu unpassenden Zeiten kommen, etwa beim Abendessen oder unmittelbar bevor die Kinder ins Bett gehen, kann man dem nicht sorgeberechtigten Partner einen Zeitabschnitt zur Verfügung stellen, während dem er oder sie anrufen kann, ohne den Tagesablauf durcheinanderzubringen. Übrigens: Solche Anrufe sollten zwischen dem Elternteil und dem Kind stattfinden! Sie sollten von den früheren Eheleuten nicht als eine zusätzliche Gelegenheit zum Streiten genutzt werden, etwa über den ausstehenden Unterhaltsscheck oder irgendwelche anderen Probleme zwischen den Erwachsenen.

Briefe und Karten: Wer bekommt nicht gern Post? Eltern wie Kindern sollte es Spaß machen, in regelmäßigen Abständen Briefe, interessante oder ungewöhnliche Postkarten, Fotografien und anderes zu schicken und zu erhalten. Der sorgeberechtigte Elternteil kann den Kindern die Korrespondenz erleichtern, indem er ihnen Briefpapier und fertig adressierte, frankierte Umschläge zur Verfügung stellt.

Kassetten und Videofilme: Manche Eltern nehmen sich selbst auf Band auf, während sie Gutenachtgeschichten vorlesen, Lieder singen oder einfach Grüße an ihre Kinder ausrichten. Solche Botschaften können für jedes Kind anders abgefaßt und wieder und wieder abgespielt werden. Manchen Leuten fällt es leichter (und macht es mehr Spaß), auf ein Band zu sprechen, als einen Brief zu schreiben, und viele Kinder schätzen das Gefühl der Unmittelbarkeit, das solchen Botschaften eigen ist.

Fotos: Die Kinder sollten in jeder Wohnung ein Bild des jeweils anderen Elternteils aufheben dürfen. Der nicht sorgeberechtigte Elternteil kann Fotos der Kinder in seiner Wohnung aufstellen und ihnen so zeigen, daß sie immer Teil seiner Familie sind.

Computer: Heimcomputer werden zusehends billiger und werden mittlerweile auch in den Schulen eingesetzt. Viele Eltern schaffen sich eigene Geräte für zu Hause an. Wenn beide Eltern einen Computer besitzen, können die Kinder über Modem oder Disketten kommunizieren. Manche Familien stellen fest, daß sie mit E-mail billiger fahren als mit Ferngesprächen – und schneller als mit der regulären Post. Der Empfänger kann die Mitteilung gleich lesen oder warten, bis er Zeit für sie hat.

Schultermine: Der nicht sorgeberechtigte Elternteil sollte sich Mühe geben, zu Elternabenden und am Tag der offenen Tür zu erscheinen. Wenn der sorgeberechtigte Partner ihm die entsprechenden Termine und Tageszeiten nicht freiwillig mitteilt, kann er sich direkt an die Schule wenden. Zu Beginn des neuen Schuljahres sollte sich der nicht sorgeberechtigte Partner den Lehrern vorstellen und darum bitten, daß man ihn oder sie über die Fortschritte der Kinder und etwaige Probleme auf dem laufenden hält.

Wenn Sie weder das alleinige noch einen Teil des gemeinsamen Sorgerechts haben und die Schulverwaltung sich weigert, Ihnen die gewünschten Informationen über Ihre Kinder zu geben, setzen Sie sich mit Ihrem früheren Ehepartner in Verbindung und bitten Sie ihn oder sie um eine schriftliche Bestätigung (oder was auch immer erforderlich ist), daß Sie ein Recht auf solche Auskünfte haben. Wenn Ihr Partner sich weigert, fragen Sie Ihren Anwalt, was Sie in diesem Fall für Rechte haben. Geben Sie nicht einfach auf.

Schulische, kirchliche und kommunale Veranstaltungen: Der nicht sorgeberechtigte Partner sollte so viele Veranstaltungen wie möglich besuchen, an denen auch die Kinder teilnehmen, etwa religiöse Feiern, Schultheaterabende oder Sportveranstaltungen. Wenn der sorgeberechtigte

Elternteil ihm oder ihr nicht freiwillig von den bevorstehenden Terminen erzählt, könnten die Kinder selbst die beste Informationsquelle sein. Eine andere Methode, sich auf dem laufenden zu halten, ist es, für den Elternbeirat oder andere Institutionen zu arbeiten, an deren Unternehmungen Ihre Kinder teilnehmen.

☰ Wenn die Kinder keine Besuche machen wollen

Der sorgeberechtigte Elternteil hat die rechtliche – und meiner Überzeugung nach auch die moralische – Verpflichtung, dafür zu sorgen, daß die Kinder eine angemessene Zeit mit ihrem anderen Elternteil verbringen. Wenn Kinder erklären, sie wollten den anderen Partner nicht besuchen, sollte man ihnen in aller Festigkeit mitteilen, daß sie ihn besuchen *müssen* – und sich nicht bereitwillig Litaneien von Beschwerden anhören. Kinder vor dem Teenageralter sind in der Regel ganz zufrieden, sobald sie tatsächlich bei dem anderen Elternteil sind.

Damit soll nicht gesagt sein, daß die Beschwerden der Kinder nicht zählen. Manchmal zählen sie sogar sehr stark. Die Besuche können das Trauma der Scheidung und der Zeit unmittelbar danach wieder auferstehen lassen. Wenn der zweite Elternteil einen neuen Partner hat, können sich die Kinder in seiner oder ihrer Nähe sehr unbehaglich fühlen. Vielleicht verbringt der Elternteil wenig Zeit mit den Kindern und läßt sie statt dessen vor dem Fernseher sitzen oder sagt ihnen, sie sollten gehen und mit den Nachbarskindern spielen. Ein Mädchen, dessen Vater das Sorgerecht hatte, beschwerte sich einmal bei mir: »Meine Mutter weiß gar nicht, wie ich wirklich bin.« Obwohl die Tochter sich für Sport und für Unternehmungen im Freien interessierte, plante die Mutter, Lehrerin von Beruf, für die Wochenenden unweigerlich Museumsbesuche und kulturelle Aktivitäten.

Beschwerden dieser Art erhalten eine zusätzliche Bedeutung, wenn der sorgeberechtigte Partner sie im Sinne von »Ich bin der bessere Elternteil« interpretiert. Alle Eltern, verheiratet oder nicht, haben ihre eigene Einstellung zu ihrer Rolle; keine zwei Menschen gehen auf genau die gleiche Weise an sie heran. Wenn ein Partner den anderen in der Erfüllung seiner Aufgabe als entweder »gut« oder »schlecht« beurteilt (so lange nicht tatsächlich Mißhandlungen oder Mißbrauch im Spiel sind), schadet dies dem Zweck der Besuche: die Verbindung zwischen den Kindern und dem nicht sorgeberechtigten Elternteil aufrechtzuerhalten. Eines Tages werden die Kinder selbst urteilen können – und ihr Urteil ist das einzige, das wirklich zählt.

Manche Eltern, mit denen ich zu tun hatte, haben sich dadurch Probleme geschaffen, daß sie den Ratschlägen ihrer Rechtsanwälte folgten. Ein Anwalt hat eine Mutter einmal angewiesen, ihre Tochter dabei zu filmen, wie sie in die Videokamera schrie, sie wolle ihren Vater nicht mehr besuchen. Die Mutter hatte sich nicht überlegt, welchen Schaden sie ihrer Tochter auf diese Weise zufügte – ihr ging es einzig darum, daß sie auf diese Weise die Besuchsrechte des Vaters aussetzen lassen konnte.

☰ Der Umgang mit wütenden und entfremdeten Kindern

Wenn die Scheidung von besonderer Feindseligkeit geprägt war, kommt es nicht selten vor, daß ein Elternteil, ob bewußt oder unbewußt, die Kinder gegen den anderen aufhetzt. Wenn ihm dies so gut gelingt, daß die Kinder sich weigern, noch etwas mit dem anderen Elternteil zu tun zu haben, in dem sie nun die Ursache allen Übels sehen, kann man von einem Entfremdungssyndrom sprechen.

Christine, zweiunddreißig Jahre alt und Mutter eines siebenjährigen Sohnes und einer dreijährigen Tochter, war niedergeschmettert, als ihre Ehe zerbrach. Ihr Ehemann hatte sie verlassen, als er erfuhr, daß sie zum dritten Mal schwanger war. Etwa zwei Monate später erlitt sie eine Fehlgeburt und schob sie auf den Streß, unter dem sie seither gestanden hatte. Obwohl Christine sich selbst gegenüber niemals zugegeben hätte, was sie tat, begann sie daraufhin eine ausdauernde Hetzkampagne mit dem Zweck, ihre Kinder von der moralischen Wertlosigkeit ihres Vaters zu überzeugen. Mit der Zeit zahlte die Mühe sich aus. Ein Jahr nach der Scheidung weigerten sich die Kinder strikt, noch etwas mit ihrem Vater zu tun zu haben. Wenn er kam, um sie abzuholen, reagierte der ältere Junge wütend und schrie seinem Vater Gemeinheiten ins Gesicht; das kleine Mädchen wurde hysterisch und klammerte sich an die Mutter. »Siehst du? Sie wollen nun mal nicht«, sagte Christine nach einem solchen Versuch zufrieden zu ihrem ehemaligen Partner.

Solche Fälle enden oft vor Gericht – der zurückgewiesene Elternteil stellt einen Antrag und versucht seine Besuchsrechte durchzusetzen. Aber die Zeit arbeitet natürlich für den sorgeberechtigten Partner, und sein Anwalt wird wissen, wie man einen solchen Fall Monate, vielleicht sogar Jahre in die Länge ziehen kann. Bis die Parteien dann tatsächlich vor dem Richter stehen, ist an den Empfindungen der Kinder oft kaum noch etwas zu ändern. Unter diesen Umständen wird der Richter ungern verfügen, daß die Kinder Zeit mit ihrem nicht sorgeberechtigten Elternteil verbringen *müssen*. Manche Richter allerdings erzwingen Besuche (manchmal unter der Aufsicht eines unparteiischen Dritten und in neutraler Umgebung) in der Hoffnung, daß das Verhältnis noch zu retten ist.

Trotz allem lohnt es sich für den nicht sorgeberechtigten Elternteil, solche schmerzlichen und oft kostspieligen Bemühungen auf sich zu nehmen – aus mehreren Gründen. Wenn die Besuchsrechte erzwungen werden, ist es manchmal nur eine Frage der Zeit, wann die Kinder aufzutauen beginnen und ihre Zuneigung zu ihrem zweiten Elternteil wiederentdecken. Zuweilen stellt sich heraus, daß sie sich den emotionalen Erpressungsversuchen des sorgeberechtigten Partners unterworfen haben, weil sie seine oder ihre Liebe zu verlieren fürchteten oder das Gefühl hatten, ihm beistehen zu müssen. Sobald dieser beherrschende Einfluß einmal gebrochen ist, kommen ihre wirklichen Gefühle zum Vorschein. Darüber hinaus werden die Kinder irgendwann erkennen, daß sie von dem sorgeberechtigten Elternteil getäuscht und ausgenutzt wurden. Wenn der nicht sorgeberechtigte Partner allzu schnell aufgibt, könnten die Kinder ihm seine Nachgiebigkeit übelnehmen – und dann wird es tatsächlich schwer, die Beziehung wieder aufzunehmen.

Unabhängig von ihrem Rechtsstreit können nicht sorgeberechtigte Partner, deren Kinder sich weigern, sie zu besuchen oder auch nur mit ihnen zu sprechen, ihre unveränderte Zuneigung demonstrieren – durch häufige Briefe, Geburtstagskarten, Geschenke und so fort. Sie zeigen so, daß sie ihre Kinder lieben, mit ihnen in Kontakt bleiben wollen und sich auf den Tag freuen, an dem sie sie wieder treffen können. Wenn die Gefahr besteht, daß Post abgefangen wird, können sie einen gemeinsamen Freund oder hilfsbereiten Verwandten bitten, den Kindern die Briefe direkt zu übergeben. Der Elternteil sollte auch mit den Lehrern der Kinder in Kontakt bleiben und zu Elternabenden und anderen Terminen erscheinen, bei denen es um die Kinder geht.

In dem oben beschriebenen Fall gab Christines früherer Ehemann den Kampf auf, als die Kinder sich zu weigern begannen, ihre Zeit mit ihm zu verbringen. Ungefähr zweieinhalb Jahre später heiratete Christine ein zweites Mal. Inzwischen war ihre Feindseligkeit gegenüber ihrem ersten Partner verflogen, aber ihre Versuche, die Kinder dazu zu bewegen, den Kontakt mit ihrem Vater wieder aufzunehmen, stießen auf taube Ohren.

Eine andere Frau meisterte die Situation auf ganz andere Art. Gails früherer Ehemann, der das Sorgerecht für ihre beiden Kinder hatte, begann die Kinder kurz nach der Scheidung gegen ihre Mutter aufzuhetzen. Obwohl seine Hetzkampagne wenig Eindruck auf die Tochter machte, war sie sehr erfolgreich bei dem Sohn: sechs Monate später weigerte er sich, auch nur das Geringste mit seiner Mutter zu tun zu haben. Aber Gail gab nicht auf. Sie lud ihn auch weiterhin zu sich nach Hause ein, wann immer sie vorbeikam und ihre Tochter abholte, und schickte ihm Briefe und Karten. Sie übernahm Ehrenämter an seiner Schule und ging mit auf Klassenausflüge, wenn zusätzliche Erwachsene gebraucht wurden. Als ihr Ex-Ehemann erkannte, wie entschlossen sie war, trotz allem ihren Platz im Leben ihres Sohnes zu behalten, gab er nach. Es dauerte seine Zeit, bis der Schaden wieder gutgemacht war. Das Verhältnis zwischen Mutter und Sohn ist nach wie vor angespannt, aber immerhin ist der Junge nun bereit, einen Teil seiner Zeit mit seiner Mutter zu verbringen.

»Einmal hat er zu mir gesagt: ›Wenn du mit mir ins Kino gehst, komme ich dich dieses Wochenende besuchen‹«, erzählte mir Gail bei Gelegenheit. »Ich weiß schon, daß er mich damit manipulieren wollte. Aber ich denke nicht daran, eine Gelegenheit zu versäumen, bei der ich ihn treffen und ihm zeigen kann, daß ich ihn liebhabe.«

Zuweilen haben mir Eltern erzählt, daß es ihnen einfach zu schwer fiel, eine einseitige Beziehung aufrechtzuerhalten; deshalb gaben sie es ganz auf, ihre Kinder treffen oder mit ihnen in Verbindung bleiben zu wollen. Aber eine so bedeutsame Entscheidung sollte ein Elternteil nicht ganz allein treffen. Viel besser ist es, die Situation mit einem Psychologen oder anderen Sachverständigen zu besprechen. Ein Fachmann kann vielleicht einige Möglichkeiten aufzeigen, die noch nicht ausgeschöpft sind, oder dem Elternteil Unterstützung bieten, die er gerade jetzt dringend braucht, wenn die Chancen so schlecht stehen. Solche Hilfe kann oft auch ernste psychologische Probleme wie etwa Depressionen vermeiden helfen, die sich in der Folge entwickeln könnten.

☰ Für die Sicherheit der Kinder sorgen

Obwohl manche sorgeberechtigten Eltern die Besuche ihrer Kinder bei dem anderen Elternteil zu hintertreiben versuchen, indem sie Befürchtungen anmelden, der ehemalige Partner werde sich nicht richtig oder nicht hinreichend um die Kinder kümmern, sind solche Vorstellungen meist ganz unbegründet. Trotzdem kann es nicht schaden, sich im Interesse aller Beteiligten auf einige grundlegende Sicherheitsmaßnahmen zu einigen. (Ernstere Probleme, etwa Mißhandlungen oder Kindesmißbrauch, werden ab Seite 145 und ab Seite 217 besprochen.)

- Kinder unter vier Jahren sollten im Auto grundsätzlich in einem Kindersitz sitzen. Wenn der nicht sorgeberechtigte Elternteil keinen Kindersitz hat, sollte der sorgeberechtigte Partner dem Kind den Sitz mitgeben. Ältere Kinder müssen ihre Gurte anlegen.

- Die Eltern sollten in Gegenwart der Kinder keinen Alkohol zu sich nehmen. Ein Bier oder ein Glas Wein beim Abendessen wird kaum viel Schaden anrichten, aber jeder Tropfen darüber hinaus gefährdet die Sicherheit der Kinder und die Urteils- und Reaktionsfähigkeit des Erwachsenen beim Autofahren und in anderen potentiell gefährlichen Situationen. (Die Kinder sollten nicht mit einem Erwachsenen alleingelassen werden, der zu viel trinkt oder Drogen nimmt.)

- Kinder sollten sich nicht an Örtlichkeiten aufhalten oder zu ihnen mitgenommen werden, die ihnen nicht angemessen sind. So gehören Kinder nicht in Bars oder Nachtklubs; sie sollten auch nicht in Einkaufszentren sich selbst überlassen werden, und sie sollten nur in einer sicheren Umgebung spielen oder Fahrrad fahren.

- Die Kinder sollten die geltenden Regeln kennen und genau wissen, was sie tun und nicht tun und wohin sie gehen oder nicht gehen dürfen.

- Sie müssen auch wissen, mit wem sie mitgehen dürfen – und mit wem auch dann nicht, wenn die entsprechende Person ein Freund eines Elternteils ist oder sich freundlich gibt.

Und was sagen die Kinder zum Thema Besuche?
Einige der häufigsten Kommentare, die ich zum Thema Besuche von Kindern gehört habe:

Negative Gesichtspunkte

- *»Ganz gleich bei welchem von beiden ich bin, ich vermisse den anderen. Ich wünschte, wir könnten alle zusammen sein.«*
- *»Wenn ich bei meinem Vater bin, vermisse ich meine Freunde. Es tut mir leid um den ganzen Spaß, den ich versäume, wenn ich weg bin.«*
- *»Ich vermisse mein Haustier.«*
- *»Ich habe die ewige Kofferpackerei satt.«*
- *»Meine Mutter sieht immer ganz traurig aus, wenn ich wieder nach Hause muß.«*
- *»Meine Eltern können nicht einmal meine Besuche arrangieren, ohne sich wegen jeder Kleinigkeit zu streiten.«*
- *»Ich habe es satt, daß die beiden mich immer als Boten benutzen. Ich wünschte, sie würden ihre Angelegenheiten miteinander besprechen und mich in Frieden lassen.«*
- *»Meine Mutter hat bei meinen Besuchen immer jede Minute verplant. Wir haben nie Zeit, einfach nur dazusitzen und zu reden.«*
- *»Ich weiß nie, wann ich meinen Vater wieder zu sehen bekomme. Die beiden letzten Male hat er im letzten Moment wegen einer Geschäftsreise abgesagt.«*
- *»Ich würde meinen Vater gern öfter treffen, aber jedesmal, wenn ich damit anfange, sagt meine Mutter, sie wäre dann ohne mich so einsam.«*

Positive Gesichtspunkte

- *»Ich habe eine Menge Spaß.«*
- *»Wenn ich meinen Vater vermisse, kann ich mich immer noch darauf freuen, daß ich ihn bald wieder treffe.«*
- *»Ich kann so auch meine Großeltern und andere Verwandte treffen.«*
- *»Ich habe jetzt viel mehr Freunde als früher, weil ich in der Nachbarschaft von meinem Vater und von meiner Mutter Kinder kenne.«*
- *»Ich helfe meiner Mutter gern im Haushalt, wenn ich sie besuche. Es ist ein gutes Gefühl, daß sie sich auf mich verläßt.«*
- *»Mein Vater kümmert sich jetzt viel mehr um mich als vor der Scheidung.«*
- *»Ich habe jetzt zwei Spielzeugkisten – eine bei meiner Mutter und eine bei meinem Vater.«*
- *»Ich verreise jetzt viel mehr und bekomme mehr zu sehen.«*
- *»Ich habe zwei Familien, die mich beide liebhaben.«*

Sonderfälle in Scheidungsfamilien

Nach der Scheidung ihrer Eltern lebte die fünfjährige Sandy mit ihrer Mutter Deborah zusammen und besuchte regelmäßig ihren Vater Mike. Das Verhältnis zwischen Vater und Tochter war sehr eng. Sandy war der Augapfel ihres Vaters, und zwischen den Besuchen bei ihm vermißte sie ihn so sehr, daß sie unglücklich und verstört wirkte. Ein halbes Jahr nach der Scheidung änderte sich die Situation jäh, als Mike krank wurde und in ein Krankenhaus eingeliefert werden mußte. Die Untersuchungen ergaben, daß er die Hodgkins-Krankheit hatte, aber die Ärzte stellten fest, daß seine Chancen bei regelmäßiger Behandlung auf die Dauer nicht schlecht standen. Mikes anfänglicher Optimismus ließ allerdings wieder nach, als er ansehen mußte, wie die Medikamente in seinem Körper wüteten und seine Stimmung verdüsterten. Er wurde kahl und magerte ab, und schließlich entschied er, daß Sandy ihn in diesem Zustand nicht mehr zu Gesicht bekommen sollte. Er fürchtete, sein Anblick würde sie erschrecken und ihr Bild von ihrem starken, lebenstüchtigen Vater zerstören. Deborah stimmte ihm darin zu.

Als Sandy erfuhr, daß sie ihren Vater nun nicht mehr besuchen durfte, bombardierte sie ihre Mutter zunächst mit Fragen. Wann also würde sie ihn wiedersehen dürfen? War er tot? Wenn er sie liebhatte, wieso kam er dann nicht trotzdem vorbei? Würde er jemals wieder gesund werden? Deborahs Antworten beruhigten sie nicht, und sie begann sich zusehends zurückzuziehen und ihre Zeit allein in ihrem Zimmer zu verbringen. Mikes sporadische Anrufe trugen wenig dazu bei, sie aufzuheitern. Als Sandy wieder am Daumen zu lutschen begann und sich weigerte, mit ihren Schulfreunden zu spielen, kam Deborah zu mir in die Sprechstunde.

Unter anderem erklärte ich ihr, daß kurze Besuche bei Mike sowohl Sandy als auch ihm selbst helfen würden. Bevor Sandy ihren Vater zum ersten Mal seit mehreren Monaten besuchen ging, setzten Deborah und ich uns mit ihr zusammen, um sie auf das Wiedersehen vorzubereiten. Wir sprachen über Mikes Krankheit, seine Behandlung und ihre Auswirkungen. Ich ermutigte Sandy, Bilder von sich selbst und ihrem Papa zu malen, und wir verwendeten ihre Zeichnungen als Ausgangspunkt für unsere Gespräche über ihre Empfindungen. Nach den ersten paar Besuchen bei Mike waren die beiden bald so weit, daß sie Späße über den Verbleib seiner Haare machten und Geschichten über seine Wundermedizin erfanden. Obwohl Sandy sich offensichtlich immer noch Sorgen um ihren Vater machte, hatte die Möglichkeit, ihn wieder regelmäßig zu treffen, zusammen mit einer Gelegenheit, über ihre Gefühle zu sprechen, ihre schlimmsten Befürchtungen ausgeräumt.

Das Verhältnis zwischen einem Kind und einem alleinerziehenden Elternteil ist niemals ganz spannungsfrei. Genau wie in der traditionellen Zwei-Eltern-Familie folgen auch hier immer wieder gute auf schlechte, traurige auf glückliche Phasen. Wenn man Kinder vor einem Elternteil zu schützen versucht, der nicht »vollkommen« ist, ob er nun das Sorgerecht hat oder nicht, nimmt man ihnen eine Chance zu wachsen und die Erkenntnis, daß sich das Leben aus einer unüberschaubaren Menge verschiedener Erfahrungen und unterschiedlicher Menschen zusammensetzt.

Kinder sollten in den allermeisten Fällen nicht von einem ihrer Eltern abgeschnitten oder vor ihm »beschützt« werden, es sei denn, ihre Sicherheit oder ihr Wohlbefinden wäre ernstlich gefährdet. Dagegen kann es durchaus vorkommen, daß zunächst irgendeine Schwierigkeit zu bewältigen ist, und in manchen Fällen könnte die Hilfe eines Psychologen nötig sein, wenn die Beziehung weitergeführt werden soll.

Es folgen einige Probleme, denen ich bei meiner Arbeit mit Scheidungsfamilien oft begegnet bin, und Vorschläge, wie man mit der entsprechenden Situation fertigwerden kann.

Wenn ein Elternteil unbeteiligt oder abwesend ist

Es gibt viele Gründe dafür, daß der nicht sorgeberechtigte Elternteil den Kontakt mit den Kindern einschränkt oder ganz einschlafen läßt. Vielleicht ist er mit dem Kummer überfordert, den ihm die immer wieder neuen Trennungen verursachen, oder seine finanziellen Verhältnisse und die bescheidene Unterbringung der Kinder während der Besuche sind ihm peinlich. Andere Menschen ziehen nach der Scheidung um, haben zu wenig Selbstvertrauen, um in der Erziehung ihrer Kinder auch weiterhin eine Rolle zu spielen, werden physisch oder psychisch krank oder tauschen ihre »alte« Familie gegen eine neue ein. Und leider gibt es auch Menschen, die einfach nicht bereit sind, den für eine dauerhafte Beziehung zu ihren Kindern nötigen Einsatz aufzubringen – obwohl dies eine kleine Minderheit ist.

Manchmal ist ein »unbeteiligter Vater« auch das Produkt eines durchaus wohlmeinenden Experten oder vielmehr seiner Überzeugung,

Kinder unter zwei oder drei Jahren sollten bei Besuchen nicht über Nacht bleiben. Ich bin anderer Ansicht. Es dürfte nicht allzuviele Väter geben, die wirklich nicht imstande sind, sich um ein Baby oder Kleinkind zu kümmern, und denen man das Nötige auch nicht beibringen kann. Es ist absurd, daß manche Menschen keinerlei Bedenken haben, ihre Kleinkinder in Tagesstätten abzuliefern, um weiter berufstätig sein zu können, zugleich aber nicht bereit sind, dieselben Kinder ihrem anderen Elternteil anzuvertrauen.

Aus irgendwelchen Gründen nimmt der sorgeberechtigte Elternteil oft an, der ehemalige Partner kümmere sich deshalb nicht mehr um die Kinder, weil sie ihm nichts mehr bedeuteten. In aller Regel trifft das nicht zu. Schon deshalb fällt es in die Verantwortung des sorgeberechtigten Elternteils, im Interesse der Kinder jede Anstrengung zu unternehmen, um den »abhandengekommenen« Elternteil ins Leben der Familie zurückzuholen – und die Kinder zu ebensolchen Anstrengungen anzuhalten. So sollten sie auch weiterhin Briefe und Karten schreiben, zu besonderen Festtagen Einladungen schicken, Fotokopien von Schulzeugnissen machen, mit den Verwandten dieser Seite Verbindung halten und so weiter. Wenn die Türen offengehalten werden, stehen die Chancen gut, daß der nicht sorgeberechtigte Elternteil sich überzeugen läßt.

Ein Vater hat mir einmal erzählt: »Ich hatte wirklich keine Ahnung, was ich mit einem Kleinkind anfangen soll, das noch Windeln trägt und kaum sprechen kann. Ich habe mich ziemlich unbehaglich gefühlt, wenn ich mit ihm allein war. Aber meine Exfrau hat nicht aufgehört, mir Fotos von Ronnie zu schicken und Kassetten mit seinem Gebabbel. Na ja, irgendwann konnte ich dann nicht mehr wegbleiben. Ich hatte das Gefühl, mir entgeht da was. Meine Exfrau hatte wirklich recht, ich habe gelernt, mit dem Kind umzugehen und meinen Spaß an ihm zu haben, obwohl es noch so klein war. Alle Achtung dafür, daß sie bei der Stange geblieben ist – und dabei war unsere Scheidung nicht gerade die allerfreundlichste.«

Nun muß man fraglos ein außergewöhnlicher Mensch sein, um in dieser Situation so zu handeln wie Ronnies Mutter. Der Lohn dafür ist aber das Wissen, daß man seinen Kindern einen unschätzbaren Dienst erweist und daß sie irgendwann auch lernen werden, Voraussicht und Großzügigkeit des sorgeberechtigten Elternteils zu schätzen.

Ich habe im zweiten Kapitel schon darauf hingewiesen, daß es im Leben eines Jungen ein männliches Element geben sollte. Wenn der Vater

aus dem Gesichtskreis des Kindes verschwindet, könnte die sorgeberechtigte Mutter einen Mann rekrutieren, der den Jungen ein geeignetes männliches Vorbild geben könnte – jemanden, der der Familie nahesteht, zum Beispiel einen Lieblingsonkel oder einen Freund. Umgekehrt kann der sorgeberechtigte Vater, wenn die Mutter sich bei der Familie gar nicht mehr
blicken läßt, eine Tante, eine Großmutter oder eine Freundin der Familie
als weibliche Bezugsperson heranziehen.

Wenn ein Elternteil überfürsorglich ist

Am anderen Ende des Spektrums finden sich überfürsorgliche Elternteile. Dies sind die Leute, die mehrmals am Tag anrufen, Lehrer Woche
für Woche über die Leistungen und Fortschritte ihrer Kinder ausfragen,
sich ständig Sorgen um die Gesundheit der Kinder machen, alles und jedes
über ihre Freunde wissen wollen und so fort. Jedes dieser Anliegen für sich
genommen kann durchaus legitim sein; alle zusammen weisen darauf hin,
daß der abwesende Elternteil ein Mensch mit neurotischen Ängsten ist.
Kurz gesagt, er oder sie (ob sorgeberechtigt oder nicht) kann die Kinder
nicht loslassen.

Überfürsorgliche Elternteile werden allen Betroffenen lästig, vor
allem aber den Kindern selbst, die sich von ihnen erdrückt und in ihrer
Freiheit eingeschränkt fühlen. In der letzten Konsequenz wird den Kindern
die Möglichkeit genommen, Verantwortung und Selbstvertrauen zu lernen,
und sie leiden unter den Auseinandersetzungen ihrer Eltern und deren un-
vereinbaren Einstellungen zu ihrer jeweiligen Rolle.

Vor nicht allzulanger Zeit rief mich ein Vater an, der sich über die
Haltung seiner früheren Ehefrau Sorgen machte. »Dawn war
schon immer ein Hypochonder, und jetzt hat sie ihren Gesund-
heitsfimmel anscheinend auf die Kinder übertragen«, erzählte mir
Frank. »Dauernd schleppt sie sie zum Arzt, sie beschweren sich
schon über die ganzen Untersuchungen. Mein älterer Sohn hat mir
erzählt, daß sie ihn letzte Woche drei Tage lang zu Hause behalten
hat, weil sie sich in den Kopf gesetzt hatte, er hätte eine Grippe. Er
selbst hat sich absolut nicht krank gefühlt, aber sie wollte einfach
nicht zuhören. Ich mache mir wirklich Sorgen, daß sie die Kinder
zu lauter kleinen Hypochondern erzieht. Aber ich will natürlich
auch nichts riskieren – was, wenn sie am Ende wirklich krank
sind?«

Ich riet Frank, das Einverständnis seiner Frau einzuholen und den betreffenden Kinderarzt anzurufen, um die Angelegenheit zu besprechen. Der Arzt konnte Frank entweder versichern, daß Dawns Sorgen begründet waren, oder Dawn selbst auf ihre Überbesorgtheit hinweisen. Es war fraglos klug gewesen, daß Frank seine Zweifel nicht direkt seiner früheren Frau mitgeteilt hatte – sie wäre vermutlich sofort in die Offensive gegangen und hätte ihm vorgeworfen, die Gesundheit der Kinder sei ihm nicht wichtig.

Eine wirkungsvolle Methode für den Umgang mit überfürsorglichen Elternteilen ist es, ihnen Grenzen zu setzen. Wenn der nicht sorgeberechtigte Partner zum Beispiel die Angewohnheit hat, grundsätzlich zur Abendessenszeit anzurufen, könnte der sorgeberechtigte Elternteil die Zeit von sieben bis neun Uhr abends für Anrufe zur Verfügung stellen. Dies empfiehlt sich auch bei sorgeberechtigten Eltern, die pausenlos anrufen, wenn ihre Kinder bei dem anderen Partner zu Besuch sind.

≡ Wenn ein Elternteil psychisch krank ist

Eine psychische Krankheit bedeutet an sich noch nicht, daß der entsprechende Mensch seiner Elternrolle nicht gerecht werden könnte; entscheidend sind Natur und Schwere der Krankheit und die Frage, ob die Person sich behandeln läßt oder nicht. Selbst wenn die Krankheit das Leben eines Menschen ernstlich beeinträchtigt, können manchmal noch überwachte Besuche bei diesem Elternteil möglich sein.

In den letzten zwanzig Jahren haben unsere Kenntnisse über psychische Krankheiten und ihre Behandlung große Fortschritte erbracht. Das Ergebnis ist, daß viel mehr Menschen als früher mit Hilfe von Spezialisten wieder ein zufriedenes und erfülltes Leben führen können. Die heute in der Psychiatrie verwendeten Medikamente sind häufig sehr viel verläßlicher und haben weniger Nebenwirkungen als Medikamente, die noch vor wenigen Jahren im Gebrauch waren, und unsere wachsende Vertrautheit mit den Möglichkeiten der Psychotherapie bestätigt die Wirksamkeit der Methode bei der Behandlung vieler Störungen. Es gibt nur noch wenige Fälle, in denen Kinder einen psychisch kranken Elternteil tatsächlich nicht besuchen sollten. In diese Kategorie gehören:

- Menschen mit einer ernstzunehmenden psychischen Krankheit, die sich weigern, sich behandeln zu lassen. Diese Menschen können irgendwann einen Punkt erreichen, an dem sie nicht mehr in der Lage sind, sich angemessen um die Kinder zu kümmern, oder an dem es die Kinder seelisch oder körperlich schädigen könnte, der Krankheit weiter ausgesetzt zu sein. Zum Beispiel leiden manche Menschen unter so schweren Depressionen, daß sie verwahrlosen oder den ganzen Tag im Bett bleiben. In diesem Fall besteht die Gefahr, daß die Kinder den Elternteil zu versorgen beginnen statt umgekehrt.

● Menschen, die eine Behandlung vorzeitig abbrechen oder sich weigern, die verschriebenen Medikamente zu nehmen. So war ich einmal unabhängige Gutachterin in einem Besuchsrechtsstreit, in dem es darum ging, daß der manisch-depressive Vater der Familie sich weigerte, seine Medikamente zu nehmen. In der manischen Phase seiner Krankheit war sein Verhalten gefährlich, und die Mutter fürchtete um die Sicherheit ihrer Kinder. Nachdem ich die Situation geprüft hatte, riet ich davon ab, weiterhin unbeaufsichtigte Besuche der Kinder bei ihrem Vater zuzulassen. (Inzwischen hält er sich an die Auflagen seiner Ärzte, und die Besuche sind wieder aufgenommen worden.)

● Menschen mit einer psychotischen Störung, die die Verbindung zur Wirklichkeit verloren haben. Mit einem Menschen alleingelassen zu werden, der sich völlig in sich selbst zurückzieht oder Dinge sagt, die keinerlei Sinn ergeben, erschreckt kleine Kinder. Sie sind noch zu jung, um Psychosen oder Halluzinationen verstehen zu können; also nehmen sie ernst, was der kranke Elternteil sagt, und glauben, das seltsame Verhalten gelte ihnen.

Einer meiner Patienten ist ein geschiedener Vater mit einer psychotischen Krankheit. In seinem Fall haben sich kurze strukturierte Besuche unter der Aufsicht der Großeltern bewährt, die gelernt haben, unterschiedliche Aufgaben zu übernehmen – die Kinder zu schützen, notfalls einzuschreiten und die Verbindung zur Wirklichkeit aufrechtzuerhalten. Wenn es dem Vater besonders schlecht geht, werden die Besuche bis auf weiteres ausgesetzt.

Wenn Ihr ehemaliger Partner in eine dieser Kategorien fällt, ist es Ihre wichtigste Aufgabe, die Kinder zu schützen. Sie sollten über Ihren Anwalt versuchen, die Besuchs- oder Sorgerechtsregelungen so lange auszusetzen, bis Ihr Partner sich in Behandlung begibt und wieder in der Lage ist, sich verläßlich um die Kinder zu kümmern. Aber nehmen Sie seine oder ihre Krankheit nicht zum Anlaß, den Kontakt mit den Kindern auf Dauer zu unterbinden. Auf jeden Fall sollte eine Begutachtung durchgeführt werden, um zu klären, ob in der Zwischenzeit überwachte Besuche stattfinden können.

≡ Wenn ein Elternteil alkohol- oder drogenabhängig ist

Wie der psychisch kranke Elternteil stellt auch der Elternteil, der Alkohol oder andere Drogen mißbraucht, ein ernstzunehmendes Sicherheitsrisiko für die Kinder dar. Das Verhalten solcher Menschen ist unberechenbar, und damit muß man auch mit der Möglichkeit körperlicher oder seelischer Mißhandlungen rechnen. Solche Elternteile sollten die Kinder unter keinen Umständen mitnehmen oder auch nur besuchen dürfen, wenn sie gerade betrunken sind oder unter Drogen stehen. Überwachte Besuche können eine Möglichkeit sein, wenn die betreffende Person sich zu ihrem Problem bekannt und in Behandlung begeben hat.

Wenn Ihr ehemaliger Partner Drogen oder Alkohol mißbraucht, sollten Sie sich sofort an Ihren Anwalt wenden und ihn bitten, die Besuche oder auch das Sorgerecht so lange aussetzen zu lassen, bis er oder sie sein Verhalten ändert und mit einer Therapie beginnt. Es ist nicht nur das Wohl der Kinder, das auf dem Spiel steht. Auch Sie selbst können gefährdet sein, wenn Sie sich zum Beispiel weigern, Ihrem früheren Partner die Kinder zu einem Zeitpunkt zu überlassen, zu dem er oder sie betrunken oder high ist.

≡ Wenn ein Elternteil das Kind körperlich oder seelisch mißhandelt

Zum Zeitpunkt der Scheidung wissen die meisten Menschen, ob ihr Partner die Kinder in irgendeiner Weise mißhandelt oder mißbraucht hat, und diese Fragen sollten bei den Sorge- und Besuchsrechtsverhandlungen bereits mitberücksichtigt worden sein. Es gibt aber auch Fälle von Eltern, die ihre Kinder erst nach der Scheidung zu mißhandeln beginnen.

Wenn ein Elternteil (oder auch ein anderer Erwachsener) Bemerkungen wie die folgenden macht, kann dies darauf hindeuten, daß das Kind mißhandelt wird: »Dich kann man nirgendwohin mitnehmen, ohne daß du Probleme machst.« »Du bist ja so dumm (langsam, ungeschickt, häßlich, gedankenlos etc.).« »Du hast wirklich keinen Funken Verstand.« »Du bist das egoistischste Kind, das ich jemals getroffen habe.« »Du verdienst nicht, daß irgendjemand dich gern hat.« »Du bist genau wie deine Mutter.« Kinder geben solche Bemerkungen manchmal weiter, indem sie etwa sagen: »Papa hat gesagt, ich bin der größte Dummkopf, den er kennt« oder »Mama sagt, ich blamiere sie immer bloß vor ihren Freundinnen.«

Natürlich braucht keiner dieser Kommentare für sich genommen ein Anzeichen für Kindesmißhandlung zu sein. Wenn sich aber ein Muster abzuzeichnen beginnt, können Sie davon ausgehen, daß die seelische Gesundheit und die Selbstachtung des Kindes, dem ständig solche Bemerkungen gelten, unter ihnen leiden werden. In ihrer vertrauensvollen und bedingungslosen Zuneigung glauben Kinder an das, was ihre Eltern zu ihnen sagen.

Es ist nicht ungewöhnlich, daß seelische Mißhandlungen mit körperlichen einhergehen. Wenn es den Eltern nicht gelingt, ihrer Rage mit Worten Luft zu machen, versuchen manche von ihnen es mit Stößen, Schlägen, Ohrfeigen und anderen Handlungen, die für liebevolle Eltern kaum nachzuvollziehen sind. Deutliche Anzeichen für körperliche Mißhandlung sind Schnitt- und Brandwunden, Blutergüsse, Beulen, Knochenbrüche und blaue Augen, für die das Kind nur ungern oder furchtsam eine Erklärung abgibt, die sich an ungewöhnlichen Stellen finden (zum Beispiel im Genitalbereich) oder die nach einem bestimmten Muster aufzutauchen scheinen. Ein anderes Indiz ist, wenn das Kind sich nicht seinem Alter entsprechend zu entwickeln scheint; dies kann auf Mangelernährung oder Isolation zurückgehen.

Viele Eltern, die ihre Kinder beschimpfen oder anschreien, sind nicht notwendigerweise »schlechte« Eltern. Oft stehen sie unter unüberwindlichem Streß und wissen nicht, wie sie ihrer Elternrolle gerecht werden sollen. Vielleicht sind sie überarbeitet und frustriert, haben zuwenig Zeit oder zuwenig Geld zur Verfügung, und sie haben die Erfahrung gemacht, daß man ein ungezogenes Kind durch Anschreien oder Ohrfeigen dazu bringen kann, sich zusammenzureißen oder aus dem Blickfeld zu verschwinden. Unglücklicherweise haben sie dabei nicht gelernt, daß diese Methoden nicht nur unmenschlich sind, sondern auf die Dauer auch wirkungslos (siehe auch ab Seite 183).

Wenn Sie Ihren früheren Partner in einer dieser Beschreibungen wiedererkennen, sollten Sie sich vielleicht an einen Psychologen oder eine Beratungsstelle wenden und einen Termin für eine Familienberatung ausmachen. Oft erscheint die Situation dem gewalttätigen Elternteil weniger bedrohlich, wenn die ganze Familie an einem Beratungsgespräch teilnimmt, und die Kinder bekommen hier Gelegenheit, mit ihren Gefühlen und Reaktionen umgehen zu lernen. Auch die Teilnahme an einem Elternschulungsprogramm, wie es heute vielerorts angeboten wird, gibt den Eltern Gelegenheit, angemessene Erziehungsmaßnahmen kennenzulernen.

Wenn die Mißhandlungen allerdings ernster Natur sind, wie körperliche Verletzungen oder sexueller Mißbrauch, müssen Sie die Kinder sofort ärztlich untersuchen lassen. Der Arzt muß einen Bericht für die zuständige Behörde abfassen, die daraufhin eigene Nachforschungen anstellen wird. Sie sollten auch mit Ihrem Anwalt über Möglichkeiten sprechen, die gegenwärtigen Besuchs- oder Sorgerechtsvereinbarungen bis auf weiteres auszusetzen. Das Gericht wird unter Umständen Besuche unter Aufsicht zulassen, bis der Fall verhandelt wird. Weitere Informationen finden Sie in dem Abschnitt über körperliche Mißhandlungen und sexuellen Mißbrauch von Kindern ab Seite 217.

Wenn ein Elternteil im Gefängnis sitzt

Bei meiner Arbeit mit Familien, bei denen ein Elternteil im Gefängnis sitzt, habe ich die Erfahrung gemacht, daß die Eltern in ihren Reaktionen meist zu einem von zwei möglichen Extremen neigen: Entweder versuchen sie die Tatsache vor ihren Kindern zu verheimlichen, oder sie vertreten die Ansicht, daß das Ganze »doch gar nicht so schlimm« sei. Beide Haltungen können Probleme verursachen. Lieber sollten die Kinder erfahren, daß Papa oder Mama im Gefängnis ist – und warum. Wieviele und welche Details man ihnen mitteilt, hängt von ihrem Alter ab. Es ist offensichtlich, daß die Erklärung um so einfacher ausfallen sollte, je jünger das Kind ist. Der Ernst der Situation sollte ihnen vermittelt werden, aber man sollte ihnen auch versichern, daß an ihnen selbst nichts Falsches oder Schlechtes ist und daß das Verhalten des Angehörigen nicht auf sie abfärben wird. Sie sollten auch darin geschult werden, mit dem unvermeidlichen Klatsch umzugehen.

In der Regel sollten die Kinder den betreffenden Angehörigen besuchen, wenn dies möglich ist.

≡   Wenn ein Elternteil stirbt

Die Anhänglichkeit eines Kindes an seine Eltern hat wenig damit zu tun, ob ihre Ehe geschieden wurde oder nicht. Wenn ein Elternteil stirbt, müssen die Kinder den Tod ebenso anerkennen lernen und den gleichen Trauerprozeß durchmachen, als habe die Scheidung nie stattgefunden.

Die wenigsten alleinerziehenden Eltern versuchen ihre Kinder daran zu hindern, an der Beerdigung des verstorbenen Elternteils teilzunehmen und so von ihm Abschied zu nehmen, aber oft sind sie ihnen keine Hilfe dabei, mit ihrem Kummer fertigzuwerden. Häufig fällt es ihnen schwer, das nötige Einfühlungsvermögen aufzubringen, denn anders als ihre Kinder können sie für einen Menschen, von dem sie vielleicht schon seit vielen Jahren geschieden sind, keine Zuneigung mehr empfinden.

Wenn der andere Elternteil Ihrer Kinder stirbt, ermutigen Sie sie, über ihre Erinnerungen zu sprechen und über die schöne Zeit, die sie zusammen verbracht haben. Erzählen auch Sie von Augenblicken, an die Sie gern zurückdenken. Seien Sie darauf vorbereitet, daß Ihre Kinder unglücklich und weinerlich sein werden, und gehen Sie während dieser Phase auf ihre Gefühle ein. Hören Sie zu, wenn sie reden wollen, oder lassen Sie ihnen Zeit für sich selbst. Ermutigen Sie sie, Fotos des verstorbenen Angehörigen in ihren Zimmern aufzustellen; helfen Sie ihnen, mit den Verwandten dieser Seite in Kontakt zu bleiben. Sie sollten auch darauf vorbereitet sein, daß das Benehmen der Kinder eine Weile lang zu wünschen übrig lassen wird: vielleicht sind sie wütend darüber, daß der Elternteil gestorben ist, und bei manchen Kindern äußert sich auch Trauer als Wut. Es ist auch möglich, daß die Kinder nun eher dazu neigen werden, sich an Sie zu klammern oder in allen Dingen auf Sie zu verlassen. Vor allem kleine Kinder haben jetzt vielleicht Angst, daß Sie auch sterben und sie ganz allein zurücklassen könnten. Vor allem aber sollten Sie sich nicht bedroht fühlen, wenn Sie die Intensität ihrer Gefühle für den verstorbenen Elternteil kennenlernen – Sie können sicher sein, daß Ihre Kinder Sie ebenso lieben und brauchen wie zuvor.

Wenn Ihr ehemaliger Partner Selbstmord begangen hat, sollten Sie Ihren Kindern erklären, was geschehen ist, und zwar in Wendungen, die sie verstehen können. Überfordern Sie sie nicht mit mehr Information oder mehr unschönen Details, als sie brauchen oder verarbeiten können. Sie sollten auf keinen Fall Vermutungen anstellen oder Gründe erfinden, weshalb der Selbstmord stattgefunden haben könnte, aber stellen Sie klar, daß nicht die Kinder der Grund waren.

Manche Kinder werden von sich aus keine Fragen stellen und nicht über den Selbstmord eines Elternteils sprechen.

Der neunjährige Ken kam eines Tages aus der Schule nach Hause und fand seinen Vater tot auf dem Wohnzimmerteppich; er war an einer Überdosis Drogen gestorben. Trotz des entsetzlichen Anblicks und trotz des Schocks, den das Erlebnis ihm verursacht haben mußte, stellte Ken niemals auch nur eine einzige Frage dazu, bis er zwei Jahre später in eine Therapie geschickt wurde. Unglücklicherweise hatten die Erwachsenen sein Schweigen zunächst als ein Zeichen dafür aufgefaßt, daß er sich mit dem Tod seines Vaters abgefunden hatte.

Wenn die Bedürfnisse und die Fragen Ihrer Kinder über das hinausgehen, was Sie ertragen können, sollten Sie sich mit Ihrer Familie an einen Psychologen oder eine Beratungsstelle wenden.

Wenn ein Elternteil ein anderes Wertesystem hat

Jim war ein begeisterter Jäger. Er war auf einer Farm in ländlicher Umgebung aufgewachsen und hatte schon als Kind von Vater und Onkel gelernt, Rotwild, Gänse, Enten und Kaninchen zu jagen. Seine Erinnerungen an die Wochenenden, die er mit den Männern seiner Familie in einer Berghütte verbracht hatte, bedeuteten ihm viel. Nun, längst erwachsen, hoffte er seinem Sohn beibringen zu können, wie man wilde Tiere jagt und zubereitet, zusammen mit dem Respekt vor der Wildnis und der Wertschätzung der Natur, die er von seinem eigenen Vater gelernt hatte.

Jims Frau Ellie hatte sich mit seiner Jagdleidenschaft nie anfreunden können, aber sie hatte eingesehen, daß sie ein wichtiges Band zwischen ihm und seiner Familie war. Nach ihrer Scheidung allerdings wollte sie nicht, daß Jim ihren achtjährigen Sohn Tad auch weiterhin auf Jagdausflüge mitnahm. Sie machte sich Sorgen um Tads Sicherheit und wollte ihre Ansicht, daß die Jagd ein grausamer und unnötiger Sport sei, nicht mehr verschweigen müssen.

Als Ellie sich weigerte, Tad die Wochenenden während der Jagdsaison mit seinem Vater verbringen zu lassen, ging Jim vor Gericht, um seine Besuchsrechte einzuklagen. Der Richter entschied in seinem Sinne und erklärte, Ellies persönliche Gefühle seien kein ausreichender Grund dafür, die Besuche zu verweigern.

Dieser Fall dreht sich um eine Frage, die sich in vielen Scheidungsfamilien stellt: Was geschieht, wenn die Eltern unterschiedliche Wertvorstellungen haben und jeder von ihnen die Kinder nach seinen oder ihren Idealen erziehen will? Der Streitpunkt zwischen Jim und Ellie ist die Jagd; in anderen Familien ist es Religion oder Sexualität, Lebensanschauung, Ausbildung, die Einstellung zur Disziplin oder die Ansichten darüber, was richtig und was falsch ist.

Zwei Erwachsene unter sich können lernen, ihre Differenzen beizulegen oder auszugleichen; wenn es um die Kinder geht, sieht die Sache gleich ganz anders aus. Toleranz und Flexibilität können vor dem Ehrgeiz, den Nachwuchs so perfekt wie möglich zu erziehen, ihre Bedeutung verlieren. Nach einer Scheidung kompliziert sich die Situation noch weiter, denn nun hofft jeder der beiden, den Kindern seine eigenen Wertvorstellungen aufzuprägen. Das Resultat ist, wenig überraschend, ein Konflikt zwischen den Eltern, in dem die Kinder auf jeden Fall die Verlierer sind. Ganz gleich wie sie selbst in der Frage denken, die Kinder wissen genau: wenn sie sich auf Mamas Seite stellen, wird Papa glauben, er zählte nicht mehr; wenn sie zu Papa halten, denkt Mama, sie würde nicht mehr geliebt.

Kinder aufzuziehen ist keine Aufgabe, die man »perfekt« erledigen kann. Die Kinder haben etwas von jedem Menschen aufgenommen, der in ihrem Leben eine Rolle spielt, sie sind die Summe all ihrer Erfahrungen, und schließlich hat auch die Genetik noch mitzureden. Sie unterschiedlichen Wertesystemen auszusetzen wird ihre Entwicklung nicht beeinträchtigen; es wird sie im Gegenteil wahrscheinlich sogar fördern und ihnen helfen, selbständig zu denken, eigene Entscheidungen zu treffen und die daraus resultierenden Konsequenzen zu verstehen. Zu den wichtigsten Aufgaben der Eltern gehört es, ihren Kindern eine Grundlage zu geben, auf der sie solche Entscheidungen mit Kompetenz und Selbstvertrauen treffen können. Wenn sie dieser Aufgabe gerecht geworden sind, haben die Eltern nicht mehr viel zu befürchten.

Eine Mutter, Lara, sagte einmal zu mir: »Wie kann ich einem Mann, den ich nicht mehr achte und nicht einmal mehr mag, das Kostbarste anvertrauen, das ich habe – meinen Sohn?« Ihr früherer Ehemann verbrachte seine Wochenenden damit, sich Sportsendungen im Fernsehen anzusehen, Bier zu trinken und Klatsch mit seinen Freunden auszutauschen. Wie sein Freundeskreis hatte er recht spießige Ansichten über alles und jedes; sie sprachen abwertend über jeden Menschen außerhalb ihres eigenen Kreises, von Angehörigen anderer Nationen über Frauen bis hin zu Akademikern.

Lara wollte nicht, daß ihr Sohn einem so trostlosen Umgang ausgesetzt wurde; andererseits wußte sie, daß es wichtig für ihn war,
den Kontakt zu seinem Vater aufrechtzuerhalten. Statt die Besuche zu hintertreiben, sprach sie mit ihrem früheren Ehemann und
schlug ihm vor, wenigstens einige Grundregeln zu beachten, etwa
während der Besuche seines Sohnes mit seinen Freunden keinen
Alkohol zu trinken, nicht zuviel fernzusehen und für ordentliche
Mahlzeiten zu sorgen. Er willigte ein.

Als ihr Sohn elf Jahre alt war, stellte Lara fest, daß er sich aus den
Besuchen bei seinem Vater nicht mehr sonderlich viel machte. »Da
gibt es doch nichts zu tun für mich«, beschwerte er sich. »Papa will
nie irgendwas mit mir unternehmen. Er hat immer seine Freunde
da, und ich kann sehen, wo ich bleibe. Und außerdem mag ich
nicht, wie er mit der Oma redet, wenn sie zu Besuch kommt. Er
sagt nie irgendwas Nettes zu ihr.« Es spricht sehr für Lara, daß sie
all dies auch jetzt nicht zum Vorwand nahm, die Besuche zu beenden; sie ermutigte ihn auch weiterhin, die Wochenenden bei seinem Vater zu verbringen, sprach aber gleichzeitig mit ihm darüber,
was er bei diesen Gelegenheiten noch zu tun finden konnte, außer
mit den erwachsenen Männern herumzuhängen und seine Zeit totzuschlagen.

»Er ist gerade dabei herauszufinden, daß er mit seinem Vater eigentlich nicht viel gemeinsam hat«, erzählte mir Lara. »Wenn ich
versucht hätte, ihn von seinem Papa fernzuhalten, hätte er mir das
wahrscheinlich übelgenommen und seinen Vater erst recht für den
fabelhaftesten Menschen der Welt gehalten.«

Was können Eltern tun, um die Selbstachtung ihrer Kinder zu fördern?

Fast alle Kinder, deren Eltern sich scheiden lassen, verlieren einen Teil ihrer Selbstachtung. Wenn Mama oder Papa sie wirklich geliebt hätte – wie hätte sie oder er dann einfach weggehen können? Zu allem Überfluß suchen viele Kinder die Verantwortung für die Scheidung bei sich selbst oder glauben doch, zu ihr beigetragen zu haben. Sie sind hilflos ihrer Verwirrung und ihren Schuldgefühlen ausgeliefert und verstehen nicht, weshalb sie nun solche Schwierigkeiten haben, sich in ihrer begrenzten Welt zurechtzufinden.

Während und gleich nach den traumatischen Erlebnissen von Trennung und Scheidung gibt es vieles, das die Eltern tun können, um ihren Kindern bei der Wiedergewinnung ihres Bildes von sich selbst als lebenstüchtigen, zufriedenen und selbstsicheren Menschen zu helfen. Für den Anfang ist es wichtig, sich darüber klar zu werden, daß die Scheidung und die Art, wie man jetzt und in der Zukunft mit ihr umgeht, großen Einfluß auf die Einstellung der Kinder zu sich selbst haben wird.

In diesem Kapitel geht es um Techniken, mit denen man das Selbstvertrauen der Kinder stärken und eine hilfreiche, stützende häusliche Atmosphäre schaffen kann. Das nächste Kapitel behandelt Fragen der Disziplin.

Was ist Selbstachtung?

Selbstachtung ist die Summe der Empfindungen und Einstellungen, die ein Mensch im Hinblick auf sich selbst mit sich herumträgt – auf seine Kompetenz, seinen Wert für sich selbst und andere, sein Selbstvertrauen und seine Fähigkeit, Herausforderungen zu begegnen und andere Menschen zu achten. Ein Kind, das eine gesunde Selbstachtung entwickeln konnte, wächst zu einem Erwachsenen heran, der in der Lage ist, sein Leben zu meistern. Diese Menschen kennen sich selbst, können Verbindung zu anderen halten, haben eine positive Grundeinstellung und ein Ziel im Leben.

Natürlich können Kinder ihren Eltern nicht in präzisen Wendungen mitteilen, daß ihre Selbstachtung Schaden genommen hat. Statt dessen geben sie zu verstehen, daß etwas nicht stimmt – durch nachlassende Leistungen in der Schule, eine Reihe körperlicher Beschwerden (Kopfschmerzen, Magenschmerzen und so weiter), Unfälle, Schwierigkeiten beim Umgang mit anderen Kindern, Konzentrationsstörungen, Hilflosigkeit und erhöhte Aggressivität. Eine meiner Methoden, eine Vorstellung von der Einstellung eines Kindes zu sich selbst zu bekommen, besteht darin, ihm Fragen wie die folgenden zu stellen: »Wenn du drei Wünsche frei hättest, wie würden sie lauten?« »Was willst du werden, wenn du erwachsen bist?« Wenn das Kind gar keine oder aber bizarre Pläne und Wünsche hat, kann das ein Zeichen dafür sein, daß es besondere Aufmerksamkeit oder sogar die Hilfe eines Fachmannes braucht.

Lucy zum Beispiel erzählte mir, sie wolle am liebsten eine Dreschmaschine sein. Sie war groß für ihr Alter und ungewöhnlich dick, hatte große Schwierigkeiten dabei, mit gleichaltrigen Kindern auszukommen, und war sich klar darüber, daß sie in irgendeiner Weise anders war. Lucy hatte keine Zukunftsvision, in der sie als Berufstätige, Freundin, Mutter oder Ehefrau auftrat; statt dessen sah sie sich selbst als eine Maschine, mit der man vor allem ihr destruktives Potential verbindet.

Die Eltern können die Selbstachtung ihrer Kinder fördern, indem sie ihnen zu verstehen geben, daß ihr Wohl für die Familie ganz obenan steht und daß sie bedingungslos geliebt und gewürdigt werden, einfach weil sie sie selbst sind. Die Art und Weise, wie man sie dies wissen läßt, sollte über bloße Worte hinausgehen. Solche Empfindungen müssen Tag für Tag durch die Art des Umgangs mit den Kindern vermittelt werden: wie man sich um sie kümmert, mit ihnen spricht, sie berührt und sie diszipliniert. Die Voraussetzung für all das müssen Wahrheit und Aufrichtigkeit sein.

Doreen hatte eine harte Lektion zu lernen. Ihrer Tochter Jackie hatte sie jahrelang erzählt, sie sei das hübscheste Kind weit und breit. Als Jackie elf Jahre alt und übergewichtig war, hatte sie längst herausgefunden, daß dies nicht der Wahrheit entsprach, aber ihre Mutter machte ihr unverdrossen auch weiterhin das gleiche Kompliment. Jackie versuchte den Hymnen ihrer Mutter gerecht zu werden, probierte ständig neue Diäten aus und entwickelte schließlich eine Bulimie. Inzwischen hat sie mit einer Therapie begonnen. »Irgendwann hatte ich heraus, daß meine Mutter etwas anderes sagt, als sie denkt«, erzählte mir Jackie. »Wie soll ich ihr jetzt noch glauben, wenn sie mir etwas erzählt?«

Besondere Probleme bei Kindern geschiedener Eltern

Die Methoden, mit denen Sie Ihren Kindern Selbstachtung vermitteln oder sie in ihr bestärken können, sind bei verheirateten und geschiedenen Eltern die gleichen. Allerdings müssen geschiedene Eltern und ihre Kinder einige zusätzliche Aspekte bedenken, die großen Einfluß auf die emotionale Entwicklung der Kinder haben können.

Kinder geschiedener Eltern befinden sich in der Situation, daß die beiden wichtigsten Menschen in ihrem Leben, die Grundlage ihrer eigenen Existenz, getrennte Wege gegangen sind und daß sie jeweils nur mit einem von ihnen zusammenleben können. Für die Erwachsenen ist es fast unmöglich, sich die Tiefe der Verzweiflung vorzustellen, die diese Erkenntnis für ihre Kinder mit sich bringt. Was die Kinder nun mehr als alles andere brauchen ist die Erlaubnis, beide Eltern liebzuhaben und mit beiden einen Teil ihrer Zeit zu verbringen. Wenn sie sie erhalten, sind die Vorteile groß: eine tragfähige Beziehung zwischen Eltern und Kindern schützt die Kinder vor einem großen Teil der Belastungen, die die Scheidung und die Anpassung an die neuen Verhältnisse auf lange Sicht mit sich bringen können.

Wenn man dagegen den Kindern ständig zu verstehen gibt (ob nun ausdrücklich oder nicht), ihre Zuneigung zu einem Elternteil müsse bedeuten, daß sie den anderen nicht liebten, werden sie ihre eigenen Wahrnehmungen anzuzweifeln und ihrem Urteilsvermögen zu mißtrauen beginnen. Sie werden fürchten, ein Elternteil könne sie dafür zurückweisen, daß sie den anderen liebhaben, und dies wiederum wird sie noch unsicherer und noch anspruchsvoller und liebebedürftiger werden lassen. Sie glauben einen Elternteil verloren zu haben; nun werden sie alles tun, um nicht auch den anderen noch zu verlieren.

Geschiedene Eltern täten gut daran, einander einmal durch die Augen ihrer Kinder zu sehen zu versuchen. In den meisten Fällen betrachten die Kinder beide Eltern als wunderbare Menschen, und niemandem ist gedient, wenn man ihnen das Gefühl vermittelt, dies sei falsch. Menschen, denen es gelingt, ihre Kinder gegen den zweiten Elternteil aufzuhetzen, werden feststellen, daß der Erfolg kurzlebig ist. Sie gefährden nicht nur das seelische Wohlergehen ihrer Kinder; wenn die Kinder älter werden und herausfinden, in welcher Weise sie ausgenutzt wurden, riskieren die Eltern zudem, die Zuneigung zu verlieren, die sie mit solchen Mitteln erzwingen wollten.

Im weiteren Sinne gilt dies auch für neue Liebesbeziehungen und unter Umständen eine zweite Heirat der Eltern (siehe auch ab Seite 232).

Wenn die Kinder es fertigbringen, Zuneigung zu den neuen Partnern ihrer Eltern zu entwickeln (und umgekehrt), werden sie von der zusätzlichen emotionalen Unterstützung und von der freundlichen, entspannten Atmosphäre profitieren, in der sich ihr Leben und ihre Besuche nun abspielen. Wenn aber die Kinder den neuen Partner des einen Elternteils gernzuhaben und schließlich vielleicht sogar zu lieben beginnen, reagiert der andere aus Eifersucht oder Unsicherheit zuweilen damit, daß er ihnen zu verstehen gibt, der neue Partner sei »böse« oder sei der Grund dafür, daß Mama und Papa nicht wieder zueinanderfinden. Die Kinder sind verständlicherweise verwirrt. Ihre eigene positive Einschätzung des neuen Partners widerspricht den negativen Behauptungen des Elternteils. Aus Loyalität und aus dem Bedürfnis heraus, einen Ausweg aus ihren widerstreitenden Empfindungen zu finden, werden sie zu dem Schluß kommen: »Papas neue Frau ist ja wirklich nett, aber wenn Mama sie nicht mag, sollte ich sie auch nicht mögen.«

Ein weiterer wichtiger Gesichtspunkt ist das Verhältnis zwischen den Eltern während und nach der Scheidung. Die Eltern können ihren Kindern wirkungsvoll demonstrieren, wie man Meinungsverschiedenheiten auf eine reife Art, durch Diskussion, Verhandlungen und Kompromisse, beilegt. Wenn der Konflikt aber bestehen bleibt, *müssen* die Eltern ihre Kinder vor ihm schützen; tun sie das nicht, können sie damit rechnen, daß die Kinder mit Aggressivität, Ängstlichkeit und Frustration reagieren.

Ich habe an anderer Stelle schon betont, daß viele Kinder – vor allem kleine Kinder – sich für die Scheidung ihrer Eltern verantwortlich fühlen. Wenn sie bei der Ansicht bleiben, alles sei ihre Schuld gewesen, können sie irgendwann zu dem Schluß kommen, daß sie nichts richtig machen können und daß etwas an ihnen falsch oder schlecht sein muß. Kinder von dieser egozentrischen Denkweise abzubringen ist außerordentlich schwierig – genauer gesagt, es ist unmöglich, wenn sie jünger als fünf Jahre alt sind. Deshalb müssen die Eltern ihre Kinder immer und immer wieder daran erinnern, daß der Grund für die Trennung ein Problem zwischen den beiden Erwachsenen war und nicht etwas, das die Kinder getan oder nicht getan haben. Auch wenn ein Elternteil nach der Scheidung seinen Pflichten den Kindern gegenüber nicht nachkommt, sollte der andere den Kindern versichern, daß nicht sie daran schuld sind.

Wenn Eltern wollen, daß ihre Kinder ein gesundes Selbstbild entwickeln, sollten sie selbst eines besitzen. Die Zeit unmittelbar nach einer Scheidung ist eine schwierige Phase für alle Beteiligten. Menschen, die sich die Mühe machen, richtig mit der Belastung umzugehen, sich Zeit für sich selbst zu nehmen und eine positive Einstellung zu behalten, werden eher die nötige Energie und Geduld aufbringen können, um eine Atmosphäre zu schaffen, in der ihre Kinder gedeihen können. Je gesünder die Einstellung der Eltern zu sich selbst und ihren Leistungen ist, je höher also ihre Selbstachtung, desto besser sind sie auch dafür gerüstet, ihren Kindern ein positives Rollenvorbild zu geben.

Wenn Sie sich mit all diesen Anliegen auseinandersetzen, behalten Sie im Gedächtnis, daß Sie Ihren Kindern Ihre Zuneigung besser als auf jede andere Weise durch körperliche Kontakte zeigen können. Gehen Sie großzügig mit Küssen und Umarmungen um; klopfen Sie ihnen immer wieder einmal auf die Schulter oder den Rücken. Sehen Sie Ihren Kindern ins Gesicht, wenn Sie mit ihnen sprechen. Schmusen Sie mit den Jüngeren. Auch durch Berührungen können Sie Ihren Kindern das Gefühl vermitteln, behütet und geliebt zu werden.

Aktives Zuhören

Viele Menschen unserer Generation sind nach dem Prinzip erzogen worden, daß man Kinder zwar sehen, aber nicht hören sollte – mit anderen Worten, die Eltern reden, das Kind hört zu und gehorcht. Das Problem bei diesem Ansatz ist, daß das Kind als eine Art leere Tafel betrachtet wird, als ein Roboter; er übersieht, daß Kinder Gedanken, Bedürfnisse und Gefühle haben, die unsere Aufmerksamkeit und unsere Achtung fordern. Wenn Kinder mit eiserner Hand erzogen werden, nutzen sie oft die erste Gelegenheit zur Rebellion oder lernen niemals eigenständig zu denken, oder sie erweisen sich als Erwachsene als unfähig, eine harmonische Beziehung des Gebens und Nehmens zu anderen Menschen zu entwickeln.

Sehr viel konstruktiver ist es, für eine häusliche Atmosphäre zu sorgen, in der die Gefühle und Bedürfnisse der Kinder gefahrlos zur Sprache gebracht und anerkannt werden können. Sie werden sie damit nicht verwöhnen oder ihnen nahelegen, Ansprüche zu stellen, wie manche Eltern irrigerweise annehmen. Wenn die Kinder daran gewöhnt sind, daß ihre Bedürfnisse in der Regel befriedigt werden, entwickeln sie ein Gefühl innerer Sicherheit und lernen, daß sie sich auf die Erwachsenen in ihrer Umgebung verlassen können. Tatsächlich werden sie auf diese Weise mehr Vertrauen und weniger Ansprüche entwickeln.

Behalten Sie im Gedächtnis, daß Ihre eigene Art und Weise, mit Ihren Emotionen umzugehen, einen großen Einfluß auf Ihre Kinder haben wird. Kinder gestalten ihr eigenes Verhalten am Beispiel ihrer Eltern; wenn sie sehen, daß Sie regelmäßig in Ihrem Schlafzimmer verschwinden, wenn Sie traurig sind, oder die Beherrschung verlieren, wann immer Sie sich ärgern, werden sie sich vermutlich ebenso benehmen. Sie werden verwirrt sein, wenn sie Ihr Verhalten nachahmen und daraufhin von Ihnen zu hören bekommen, dieses Verhalten sei falsch. Versuchen Sie also so zu handeln wie Sie reden – das mag sich vielleicht nach einer Binsenweisheit anhören, aber es erfüllt seinen Zweck.

Die Grundvoraussetzungen für aktives Zuhören:

1. Hören Sie aufmerksam zu, während das Kind spricht. Unterbrechen Sie es nicht und gehen Sie nicht davon aus, Sie wüßten schon, was Ihr Kind will oder wovon es redet.
2. Bestätigen Sie das, was Sie hören, mit Gesten oder Kommentaren, die das Kind zum Weitersprechen ermutigen. Kritisieren oder verunglimpfen Sie es nicht für das, was es sagt; machen Sie sich nicht darüber lustig und sprechen Sie ihm nicht das Recht auf seine Empfindungen ab. Sie sollten versuchen, Ihre Worte und Ihre Mimik dem anzupassen, was das Kind sagt.
3. Wenn das Kind ausgeredet hat, fassen Sie zusammen, was Sie eben gehört haben. Versuchen Sie nach Möglichkeit, für die Gefühle des Kindes einen treffenden Begriff zu finden.
4. Zeigen Sie Einfühlungsvermögen. Eine Möglichkeit, dies zu tun, besteht darin, daß Sie sich in die Lage des Kindes versetzen. Was würden Sie in einer solchen Situation empfinden?
5. Trösten Sie das Kind, wenn die Situation es verlangt. Vielleicht will es im Grunde nur in den Arm genommen werden oder ein paar freundliche Worte hören.

Es folgt ein Beispiel für aktives Zuhören. Der neunjährige Mark kommt mit unglücklichem Gesicht zu seiner Mutter ins Zimmer. Sie beschließt zunächst nichts zu sagen und abzuwarten, ob Mark von sich aus ein Gespräch beginnen wird.

Vergleichen Sie diese beiden Szenen:

Mark: *Mama, Papa hat gerade an-gerufen.*

Mutter (unterbricht ihre Tätigkeit und sieht ihn an): *Mhm?*

Mark: *Er sagt, ich kann ihn dieses Wochenende nicht besuchen kom-men.* (Er sieht aus, als werde er gleich zu weinen anfangen.)

Mutter: *Ach, das ist aber schade, Mark.* (Sie wartet ab, ob er noch etwas sagt.)

Mark: *Jetzt hat er's schon wieder so gemacht! Das ist jetzt das dritte Wochenende hintereinander, und immer sagt er, er muß arbeiten.*

Mutter: *Ja, Liebes, ich weiß. Es muß eine furchtbare Enttäuschung sein.*

Mark: *Na ja, eigentlich bin ich eher sauer als sonst was. Also weißt du, manchmal habe ich das Gefühl, sehr lieb hat er mich nicht, oder wieso will er sonst nie was mit mir unternehmen?*

Mark: *Mama, Papa hat gerade ange-rufen.*

Mutter: *Was wollte **der** denn jetzt?* (Ihr Tonfall ist mißtrauisch.)

Mark: *Er sagt, ich kann ihn dieses Wochenende nicht besuchen kommen.*

Mutter: *Ach so, er hat dich wieder mal versetzt. Das ist jetzt das dritte Wochenende hintereinander, daß er seine Pläne für dich absagt, nicht wahr?* (Sie greift den Vater an; daß Mark sehr unglücklich ist, ignoriert sie vollständig.)

Mark: *Ja, schon, aber er wird schon einen Grund haben.* (Mark reagiert auf die Aggressivität seiner Mutter damit, daß er seinen Vater vertei-digt.)

Mutter (hält den Blickkontakt aufrecht, während sie spricht): *Dein Papa hat dich sehr lieb, und ich bin ganz sicher, er würde lieber etwas mit dir unternehmen, als zu arbeiten.* (Jetzt fängt Mark an zu weinen, und seine Mutter widersteht der Versuchung, die Unterhaltung weiterzuführen und dabei über seinen Vater herzuziehen. Statt dessen nimmt sie Mark in den Arm.) *Ich wäre auch sehr traurig, wenn jemand, den ich liebhabe, mich enttäuschte.*

Mark: *Aber jedenfalls hat er gesagt, er ruft mich morgen an, und dann können wir etwas für einen anderen Tag ausmachen.*

Mutter: *Gut! Und vielleicht finden wir ja etwas, das wir zwei dieses Wochenende tun können.* (Sie nimmt Mark noch einmal in den Arm, er hört auf zu weinen und verschwindet wieder zum Spielen.)

Mutter: *Ich wüßte nicht, was das für ein Grund sein sollte. Er teilt sich einfach seine Zeit nicht richtig ein, und du bekommst es dann zu spüren.* (Sie widerspricht seinem Gefühlseindruck, um weiter auf seinem Vater herumhacken zu können.)

Mark: *Mama, das stimmt nicht! Ich habe ihn die letzten Monate ziemlich viel gesehen.* (Es sieht aus, als werde er gleich zu weinen anfangen.)

Mutter: *Na ja, du brauchst dich nicht gleich aufzuregen. Was ist schon dran – du kannst ihn ja ein anderes Mal besuchen. Wir finden dieses Wochenende schon etwas zu tun.* (Sie spielt auch diesmal seine Empfindungen herunter und zeigt keinerlei Mitgefühl für seine Enttäuschung.)

Ein weiteres Gefühl, mit dem für Kinder sehr schwer umzugehen ist, ist Wut – vor allem dann, wenn sie Streit und Beschimpfungen zwischen ihren Eltern miterlebt haben. Ihre Aufgabe besteht nun darin, Ihren Kindern erkennen zu helfen, daß sie wütend sind und wie sie diese Wut auf angemessene Weise ausdrücken können. Die Kinder sollten weder ihren Ärger hinunterschlucken noch Aggressionen ausleben, indem sie etwa zuschlagen, die Gefühle anderer verletzen oder destruktiv werden.

Einige Grundregeln, mit denen Sie Ihren Kindern helfen können, mit Wut umzugehen:

1. Wut ist ein Gefühl. Gefühle sind niemals schlecht. Es kommt nur darauf an, wie man sie ausdrückt.
2. Wenn man wütend ist, hat man das Recht, dies auszudrücken – aber auf eine Weise, die niemandem schadet.
3. Man sollte sich die Zeit nehmen, um herauszufinden, weshalb man ärgerlich ist. Was genau ist es, das man will oder braucht?
4. Was immer man will – die Wut allen anderen deutlich vorzuführen wird einem nicht dazu verhelfen. Man erreicht sein Ziel viel eher auf andere Weise, zum Beispiel indem man darüber spricht, danach fragt oder sich eine Lösung für sein Problem überlegt. Was glaubt man selbst, was man tun könnte, um das Ziel zu erreichen?
5. Wenn das Ziel nicht zu erreichen ist, was könnte man statt dessen tun, um sich besser zu fühlen?

▬▬▬▬ Die folgende Situation illustriert, wie man über Wut sprechen kann, indem man diese Prinzipien anwendet. Sie werden die Vorgehensweise ein paarmal durchspielen müssen, bis Ihre Kinder sie wirklich verstanden haben, aber Hartnäckigkeit zahlt sich in diesem Fall aus.

Aaron, acht Jahre alt, spielt eines Samstagmorgens mit seiner sechsjährigen Schwester Becky. Sie bauen ein Zelt, indem sie zwischen dem Sofa und dem Eßtisch ein Laken spannen. Der Vater der beiden sieht von der Küche aus zu. »Was hast du denn jetzt schon wieder gemacht!« schreit Aaron seine Schwester an, und als es ihm nicht gelingt, das Laken wieder an Ort und Stelle zu bringen, verliert er die Geduld. »Du hast mein ganzes Zelt kaputtgemacht. Du bist ein richtig blödes Baby, du versaust alles, was du in die Finger kriegst. Nun hau schon ab!« Er schubst Becky so hart, daß sie mit dem Kopf gegen die Tischplatte stößt, und Becky beginnt zu weinen. Der Vater kommt dazu und überzeugt sich davon, daß sie sich nicht verletzt hat.

(1. Wut ist ein Gefühl. Gefühle sind niemals schlecht. Es kommt nur darauf an, wie man sie ausdrückt.)

Vater: *Du bist ziemlich wütend auf Becky, was?*

Aaron: *Sie hat mein Zelt kaputtgemacht, und ich hatte mir so viel Mühe gegeben.*

Vater (versucht es mit aktivem Zuhören): *Ich wäre auch ziemlich ärgerlich, wenn mir das passierte.*

Aaron: *Ja, ich kann's nicht leiden, wenn sie sowas macht.*

(2. Wenn man wütend ist, hat man das Recht, dies auszudrücken – aber auf eine Weise, die niemandem schadet.)

Vater: *Weißt du, Aaron, Gefühle zu haben und sie ausdrücken zu können ist gut. Aber es gibt eine richtige und eine falsche Art, deinen Ärger auszudrücken. Du kannst Becky nicht einfach stoßen oder schlagen oder so etwas oder ihr Schimpfnamen geben, nur weil du wütend auf sie bist. Verstehst du das?*

Aaron (widerwillig): *Ja, schon.*

(3. Man sollte sich die Zeit nehmen, um herauszufinden, weshalb man ärgerlich ist. Was genau ist es, das man will oder braucht?)

Vater: *Jetzt überlege dir mal einen Augenblick, warum du eigentlich so wütend bist.*

Aaron: *Weil sie so ein blödes Mädchen ist. Und sie ist immer im Weg und bringt meine Sachen durcheinander. Ich habe sie richtig satt.*

Vater: *Na, das ist ja eine ganze Menge auf einmal. Aber warte mal, gerade eben hast du doch noch gesagt, du bist wütend, weil sie dein Zelt kaputtgemacht hat.*

Aaron: *Ja, bis gerade eben hatten wir ja auch noch Spaß zusammen. Warum mußte sie das auch machen.*

Vater: *Und nachdem du nun also wütend bist, weil sie das Zelt kaputtgemacht hat – wovon würdest du dich wieder besser fühlen?*

Aaron: *Ich will das Zelt wieder aufbauen, dann kann ich reinkriechen und mein neues Heft lesen.*

(4. Was immer man will – seine Wut allen anderen deutlich vorzuführen wird einem nicht dazu verhelfen. Man erreicht sein Ziel viel eher auf andere Weise, zum Beispiel indem man darüber spricht, danach fragt oder sich eine Lösung für sein Problem überlegt. Was glaubt man selbst, was man tun könnte, um das Ziel zu erreichen?)

Vater: *Aber davon, daß du Becky herumstößt, wird dein Zelt ja auch nicht wieder ganz, oder? Wovon denn sonst, was meinst du?*

Aaron (denkt ein paar Sekunden lang nach): *Na ja, ich werd' wohl ganz von vorn anfangen müssen.*

Vater: *Das stimmt schon. Paß auf, ich helfe dir und zeige Becky dabei gleich, wie es geht.*

(5. Wenn das Ziel nicht zu erreichen ist, was könnte man statt dessen tun, um sich besser zu fühlen?)

Wenn aus dem Wiederaufbau des Zeltes aus irgendeinem Grund nichts wird (zum Beispiel weil Becky sich nun weigert mitzuhelfen), könnte der Vater Aarons Aufmerksamkeit auf etwas anderes lenken.

Vater: *Vielleicht können wir das Zelt später wieder aufbauen. Kannst du dein Comic-Heft auch anderswo lesen?*

Aaron: *Ja, klar. Ich geh' jetzt eine Weile in mein Zimmer.*

In diesem Fallbeispiel konzentriert der Vater seine Bemühungen auf Aaron, weil dessen Verhalten im Augenblick das gefährlichere war. Er hätte die gleichen Prinzipien auch anwenden können, um Becky zu helfen, nachdem sie das Zelt ihres Bruders ruiniert hatte. Wäre Aaron nicht in der Lage gewesen, sich zu beruhigen und über seinen Ärger zu sprechen, hätte man das Zeltspielen für eine festgelegte Zeit – etwa den Rest des Tages – beenden und später noch einmal über das Thema sprechen können. Diese Art von Maßnahmen, die auf Ursache und Wirkung beruhen, nennt man die *logischen Konsequenzen* von Ungezogenheiten. Mehr darüber finden Sie im nächsten Kapitel.

Wut ist ein sehr starkes und manchmal beängstigendes Gefühl, und den meisten Kindern fällt es schwer, sie unter Kontrolle zu halten. Es wird eine Weile dauern, bis sie in der Lage sind, zuerst zu denken, bevor sie zuschlagen oder die Beherrschung verlieren. Als Eltern sollten Sie sie also nicht nur ermutigen, über ihre Empfindungen zu sprechen, sondern ihnen auch Möglichkeiten bieten, ihre Wut abzureagieren, oder sie um eigene Vorschläge bitten. Die Kinder könnten zum Beispiel auf ein Kissen einschlagen, draußen herumrennen, Fußball oder andere Bewegungsspiele spielen, duschen oder ein Bad nehmen – oder kleinere Gewichte heben.

Auch durch Zeichnen und Malen kann ein Kind Ärger abreagieren. Dies ist eine ungefährliche Methode, kann fast überall angewandt werden, und Sie können die Bilder verwenden, wenn Sie später mit dem Kind über seine Wut sprechen. Vor allem bei kleineren Kindern, die noch nicht in der Lage sind, ihre Empfindungen zu identifizieren und zu beschreiben, kann das Malen sehr nützlich sein. Übrigens können sowohl das Malen als auch die anderen Methoden, mit denen Sie Kindern bei der Bewältigung ihrer

Wut helfen, auch bei anderen Gefühlen angewandt werden – Trauer, Einsamkeit, Frustrationen, Enttäuschung.

Sie werden nicht lange brauchen, um diese Methoden und die Kunst des aktiven Zuhörens zu meistern. Aber es kommt vor, daß Eltern in einer Krise vergessen, worauf es im Grunde ankommt. In einem solchen Fall sollten Sie in Gedanken ein paarmal wiederholen: Einfühlungsvermögen, Einfühlungsvermögen, Einfühlungsvermögen! Wenn Sie sich nur die nötige Zeit nehmen, um Verbindung mit den Gefühlen Ihrer Kinder aufzunehmen, haben Sie die meisten schwierigen Situationen schon entschärft.

Kooperation fördern

In vielen Familien scheinen die Erwachsenen gegen die Kinder zu stehen und umgekehrt. Die Eltern versuchen die Kinder dazu zu bringen, ihre Wünsche auszuführen; die Kinder verwenden den größten Teil ihrer Energie darauf, jeweils das genaue Gegenteil zu tun. Spannungen in der Familie sind das Ergebnis. Dabei muß es gar nicht unbedingt in einen Willenskampf ausarten, wenn man die Kinder dazu bringen will, ihre Hausaufgaben zu machen, bei der Hausarbeit zu helfen und so weiter. Teamwork ist durchaus möglich, wenn die Eltern ihre Kinder mit Respekt behandeln und grundsätzlich das Beste von ihnen erwarten. So werden sich die Kinder kompetent und im Haushalt gebraucht fühlen.

Einige Methoden, mit denen Sie Kinder zur Kooperation ermutigen können:

● Bringen Sie den Kindern bei, die Arbeiten zu tun, die Sie von ihnen erwarten. Zeigen Sie ihnen zum Beispiel, wie man ein Bett macht, den Müll hinausbringt, die Geschirrspülmaschine füllt und ausräumt, am Telefon etwas ausrichtet. Gehen Sie schrittweise vor, sehen Sie Ihren Kindern zu und geben Sie konstruktive Ratschläge. Wenn sie die Aufgabe einmal beherrschen, lassen Sie ihnen ihre eigenen Methoden. Die meisten Arbeiten kann man auf mehr als eine Art tun.

● Sie müssen Ihre Ansprüche dem Alter und Entwicklungsstadium Ihrer Kinder anpassen. Ein fünfjähriges Kind kann zum Beispiel keine schweren Mülleimer tragen, es kann aber durchaus die Papierkörbe in der ganzen Wohnung leeren.

● Klären Sie, wer für was verantwortlich ist. Nehmen wir an, Sie stellen beim Nachhausekommen von der Arbeit fest, daß in allen Zimmern Licht brennt. Sie können Ihre Kinder nun nicht einfach anschreien, wenn Sie ihnen zuvor nicht deutlich gesagt haben, daß sie beim Verlassen eines Zimmers immer das Licht ausmachen sollen. Weitere Beispiele: Spielzeug muß fortgeräumt sein, wenn die Kinder abends ins Bett gehen; schmutziges Geschirr sollte abgespült und ins Becken oder in die Geschirrspülmaschine gestellt werden; Nahrungsmittel dürfen nicht auf der Anrichte stehenbleiben. (Mehr zum Thema Hausordnung finden Sie ab Seite 191.)

● Verteilen Sie Verantwortlichkeiten gerecht auf die Kinder. Stellen Sie nötigenfalls einen Stundenplan auf und bringen Sie ihn an einer Stelle an, wo alle ihn sehen können.

● Kritisieren Sie nicht und greifen Sie niemanden an, wenn eine Arbeit liegengeblieben ist. Stellen Sie statt dessen in möglichst wenig Worten fest, was getan werden muß, und gestehen Sie dem Kind zu, daß es weiß, was es zu tun hat. Zum Beispiel: »Shanice, dein Spielzeug liegt noch auf dem Boden« oder auch nur »Shanice, das Spielzeug.« (Shanice weiß recht gut, was Sie ihr damit sagen wollen –, daß sie ihr Spielzeug aufheben und an seinen Platz tragen soll.) Aber nicht: »Shanice, wie oft soll ich dir eigentlich noch sagen, daß du dein Spielzeug aufräumen mußt, bevor du ins Bett gehst? Du weißt ganz genau, daß das alles in den Schrank gehört. Kannst du eigentlich niemals zuhören?«

● Bleiben Sie hellhörig für die Art und Weise, wie Sie mit Ihren Kindern reden. Sie sind sich wahrscheinlich im klaren darüber, daß Sie sie nicht anschreien sollen (und das allein kann schon eine herkulische Aufgabe sein, wie wir alle wissen!), aber viele Eltern merken nicht, daß sie ihren Kindern gegenüber manchmal einen Ton anschlagen, der viel von Anschreien hat.

So hörte Roberto eines Tages, wie seine Mutter sich allem Anschein nach mit ihrer besten Freundin stritt. Die beiden saßen am Küchentisch, und er kam dazu und sagte wütend: »Ich hasse es, wenn ihr euch streitet!« Die Frauen waren sehr erstaunt über seinen Ausbruch. »Wir haben uns nur über Politik unterhalten«, erzählte mir die perplexe Mutter später. »Wir haben absolut nicht gestritten.« Roberto war vor der Scheidung seiner Eltern zwei Jahre lang häufigen Streitereien ausgesetzt gewesen und konnte zwischen einer freundschaftlichen intellektuellen Debatte und wüsten Auseinandersetzungen nicht unterscheiden. Für ihn klang beides gleich und führte auch zu dem gleichen emotionalen Aufruhr.

● Lassen Sie den Kindern die Wahl, wann immer es möglich ist. Sie werden eher kooperieren, wenn sie ein gewisses Mitspracherecht haben. So wird zum Beispiel die Frage:»Willst du deine grünen Sachen anziehen oder lieber das rote Kleid?« ein Kind eher in Bewegung bringen, als wenn Sie es anschreien:»Wenn du dich nicht sofort anziehst, wirst du wieder nicht rechtzeitig fertig!«

● Lassen Sie die Kinder wissen, wie Sie sich fühlen, wenn sie nicht kooperieren – aber wiederum ohne zu predigen oder persönlich zu werden! Zum Beispiel:»Michael, es nervt mich, wenn du vergißt, beim Heimkommen aus der Schule die Geschirrspülmaschine auszuräumen – ich brauche dann noch länger, bis ich das Abendessen fertig habe«, nicht aber:»Du denkst einfach nie daran, die Geschirrspülmaschine auszuräumen. Du tust doch nichts weiter, als mir zusätzliche Arbeit zu machen.«

● Widerstehen Sie nach Möglichkeit der Versuchung, Aufgaben, die Sie den Kindern übertragen hatten, selbst zu übernehmen oder zu Ende zu führen. Viele Eltern sagen, auf diese Weise sparten sie Zeit und hielten den Frieden in der Familie aufrecht, aber es schadet der Entwicklung einer gesunden Selbstachtung bei den Kindern, wenn sie erkennen, daß die Eltern sich nicht wirklich auf sie verlassen und ihnen kein verantwortungsvolles Verhalten zutrauen.

● Gelegentlich können Sie die Kinder »zufällig« mithören lassen, was Sie anderen Erwachsenen über ihre größeren oder kleineren Leistungen erzählen. Auf den stolzen Unterton Ihrer Stimme werden sie mehr achten als auf das, was Sie tatsächlich sagen. Verwenden Sie spezifische Ausdrücke im richtigen Verhältnis zu dem, was geleistet wurde:»Dylan hat eine großartige Note für seine Rechtschreibarbeit bekommen. Aber er hatte sich auch gründlich darauf vorbereitet« – und nicht:»Dylan ist so intelligent, er ist jedesmal der Klassenbeste in Rechtschreibung.«

≡ Kindern zum Erfolg verhelfen

Jedes Kind kann irgend etwas besonders gut. Eltern, die Schwierigkeiten dabei haben, die Stärken eines Kindes zu identifizieren, sollten sich vielleicht eine offenere und kreativere Haltung bei ihrer Beurteilung zulegen.

Viele Eltern glauben, ein Kind, das »glänzt«, müsse Begabung auf musikalischem, sportlichem oder akademischem Gebiet aufweisen. In diese Kategorie gehören die Kinder, die makellos vorspielen, in ihren Zeugnissen Kolonnen von Einsen mit nach Hause bringen und ihre Basketballmannschaft von Sieg zu Sieg führen. Aber viel wichtiger und gegebenenfalls die Aufmerksamkeit und das Lob der Eltern viel eher wert ist die Art und Weise, wie sich die Kinder in Alltagssituationen verhalten. Zugleich gibt dieser Aspekt den Eltern mehr Gelegenheiten, kleine Erfolge ihrer Kinder herauszupicken und auf ihnen aufzubauen.

Einige Beispiele für Verhaltensweisen im Alltag, die es wert sind, beachtet zu werden:

- Rechtzeitig von einem Besuch bei einem Freund nach Hause kommen.
- Ohne Theater ins Bett gehen.
- Hausarbeiten gründlich erledigen.
- Sich vor dem Essen die Hände waschen.
- Geschwistern helfen oder mit ihnen teilen.
- Sich in einem Schulfach verbessern.
- Aufräumen, nachdem etwas umgeschüttet oder zerbrochen wurde.
- Mitgefühl oder Hilfsbereitschaft zeigen, etwa einen Angehörigen, der krank war, fragen, ob es ihm besser geht oder einem gehetzten Elternteil Hilfe anbieten.
- Sich um das Haustier kümmern.
- Schmutzige Wäsche ohne zusätzliche Erinnerung in den Wäschekorb legen.
- Einen Anruf vollständig und korrekt ausrichten.

Wenn eine Aufgabe nicht ganz makellos ausgeführt wurde, sollten die Eltern sich auf die Aspekte konzentrieren, die zufriedenstellend erledigt wurden, nicht auf das, was nicht ganz bewältigt wurde oder noch aussteht.

Sie sollten auch dort Lob spenden, wo eine erwünschte Verhaltensweise gelehrt oder gefestigt werden soll. Anerkennen können Sie so gut wie alles. Wenn zum Beispiel ein Dreijähriger die Toilettenspülung bedient, nachdem er die Toilette benutzt hat, könnte der Elternteil kommentieren: »Es gefällt mir, daß du daran gedacht hast zu spülen«, oder auch einfach: »Gut gemacht!«

Sie werden festgestellt haben, daß es eine gewandelte Einstellung zum Familienleben ausdrückt, wenn man diese Art von Leistung kommentiert. Statt sich auf die negativen Seiten zu konzentrieren – also darauf, was das Kind falsch gemacht oder gar nicht getan hat –, bauen Sie auf den positiven Entwicklungen auf. So erhalten die Kinder den Eindruck, daß sie in der Regel kompetent, tüchtig und besonnen sind – und nicht etwa dumm, faul und vergeßlich.

Natürlich sollten die Eltern ihre Kinder dazu ermutigen, zum Beispiel an sportlichen Aktivitäten teilzunehmen, Unterricht auf Gebieten zu nehmen, für die sie Interesse oder Talent zeigen, oder einer Schul- oder Jugendtheatergruppe beizutreten. All das gibt ihnen zusätzlich Gelegenheit, Selbstvertrauen zu entwickeln. Wenn Einzelunterricht für Sie unerschwinglich ist, können Sie sich nach Gruppenkursen oder nach Aktivitäten erkundigen, die von der Schule oder der Kommune getragen werden.

Noch einige Möglichkeiten, wie Sie Ihren Kindern helfen können, sich tüchtig und kompetent zu fühlen:

● Stellen Sie eine bestimmte Fläche – den Kühlschrank, eine Pinwand oder eine Tür – zur Verfügung, um dort Zeichnungen, Gedichte und Geschichten, Klassenarbeiten und so weiter auszustellen. Wenn die Kinder ihre Arbeiten nicht freiwillig anbieten, fragen Sie danach – Sie können sie sogar in Auftrag geben (»Sylvia, könntest du uns ein Erntedankbild malen?«).

● Übertragen Sie jedem Kind Aufgaben und ziehen Sie dabei die Fähigkeiten und Interessen und die Persönlichkeit der Kinder heran. Frühaufsteher können jeden Morgen die Zeitung hereinholen; dem Kind, das sich am liebsten im Freien aufhält, kann die Verantwortung für das Bewässern des Gartens übertragen werden.

● Teilen Sie eine Zeitspanne ein (am besten täglich), in der Sie jedem einzelnen Kind bei Bedarf zur Verfügung stehen. Die Kinder werden daraus schließen, daß sie Ihnen etwas bedeuten, und es wird sie ermutigen, ihre Gedanken mit Ihnen zu teilen.

● Helfen Sie Ihren Kindern dabei, sich eigene Gelegenheiten zu schaffen, bei denen sie glänzen können. Kinder, die gern malen, können an Malwettbewerben teilnehmen; ein Kind, das es liebt, Lehrer zu spielen, kann vielleicht in Förderkursen und dergleichen helfen. Die Kinder könnten auch Modelle bauen oder sich an Theaterstücken, Jugendgruppen und Sportveranstaltungen beteiligen, um ein Publikum für ihre Begabungen zu finden.

- Ermutigen Sie die Kinder, Tagebuch zu führen. Dies ist eine gute Methode, Angstgefühle abzubauen, und eine weitere Möglichkeit, Gedanken und Empfindungen freizulegen.

- Zeigen Sie Interesse am Tagesablauf der Kinder. Sie werden Ihnen mehr erzählen, wenn Sie es mit den weiter oben beschriebenen Methoden des aktiven Zuhörens versuchen, als wenn Sie sie mit einer Abfolge der typischen Elternfragen bombardieren.

- Setzen Sie realistische Ziele auf Gebieten, auf denen Ihre Kinder sich verbessern müssen oder sollen. Anerkennen Sie ihre Leistungen, wenn sie die Ziele erreicht haben.

- Gewöhnen Sie Ihre Kinder daran, sich in bestimmten Situationen lieber auf sich selbst als auf ihre Eltern zu verlassen. Wenn Sie zum Beispiel gebeten werden, ein Wort für sie zu buchstabieren, verweisen Sie sie an das Wörterbuch. Öffnen Sie nicht die Limonadenflasche für sie; zeigen Sie ihnen statt dessen, wo der Flaschenöffner aufbewahrt wird und wie man mit ihm umgeht. Wenn Sie etwa gefragt werden: »Wie werden Raupen zu Schmetterlingen?«, erkundigen Sie sich zuerst, was Ihre Kinder selbst sich vorstellen, und helfen Sie ihnen dann beim Nachschlagen.

- Bringen Sie Ihren Kindern bei, mit anderen Erwachsenen zu verkehren – zum Beispiel wie sie sie ansprechen sollten, wie sie andere Menschen (etwa Lehrer oder Polizisten) um Hilfe bitten können und daß sie den Leuten ins Gesicht sehen sollten, mit denen sie sprechen. Solche Fähigkeiten machen es wahrscheinlicher, daß andere Menschen aufgeschlossen und freundlich auf Ihre Kinder reagieren werden, und dies wiederum wird ihnen Selbstvertrauen geben und neue Freunde einbringen.

- Ermutigen Sie die Kinder zu spielen und sich ihrem Alter gemäß zu verhalten. In der Hektik, in der das Leben vieler Familien heute verläuft, bleibt den Kindern oft wenig Gelegenheit, einfach Kind zu sein.

≡ Loben

Lob ist eines der wirkungsvollsten Werkzeuge, die ein Erwachsener überhaupt einsetzen kann, um eine erwünschte Verhaltensweise zu fördern und die Selbstachtung der Kinder zu heben. Auf lange Sicht ist das Loben viel wirkungsvoller als materielle Belohnungen. Kinder, die man belohnt, lernen, nur dann zu tun, was man von ihnen erwartet, wenn etwas »dabei herausspringt«. Kinder, die man lobt, haben im Gegensatz dazu Gelegenheit, etwas über sich selbst zu erfahren und sich an ihren eigenen Fähigkeiten zu freuen. Allerdings hängt es manchmal von der Art und Weise ab, wie ein Lob vorgetragen wird, ob es als unaufrichtig und abgedroschen oder als wertvoll und nützlich empfunden wird.

Die Aussage einer wirkungsvollen Belobigung bezieht sich nicht auf das Kind, sondern auf das Verhalten des Kindes. Sie ist zudem realistisch und zielt darauf, dem Kind eine ehrliche Reaktion zu zeigen, und sie steht in einem angemessenen Verhältnis zu dem Verhalten selbst. Schließlich sollte sie dem Kind auch keinen unerreichbaren Verhaltensstandard setzen.

Manchmal braucht man zum Loben nicht einmal Worte. Kyle, der kleine Junge von Seite 85, der sich vor dem Mond fürchtete, schätzte es sehr, wenn seine Mutter ihm die Hand schüttelte, wann immer er etwas Lobenswertes getan hatte.

Vergleichen Sie einmal die folgenden Aussagen:

1. *»Sally, du hast den Freßnapf gespült, das Hundespielzeug weggeräumt und den Schlafkorb saubergemacht, und dabei warst du nicht mal an der Reihe. Das nenne ich gründlich und aufmerksam!«*
2. *»Sally, ich bin ja froh, daß du versucht hast Ordnung zu machen, aber ich sehe gerade, daß du das Hundefutter wieder nicht weggeräumt hast. Trotzdem, danke.«*
3. *»Sally, du bist wirklich wunderbar. Du bist die beste Tochter, die man überhaupt haben kann.«*

Die erste dieser Aussagen stellt die wirkungsvollste Art dar, ein Kind zu loben. Der Vater kommentiert das, was seine Tochter getan hat, lobt sie dafür und gebraucht zwei Begriffe – gründlich und aufmerksam –, die sie nun verwenden kann, um sich selbst zu beschreiben. Nun stellen Sie sich vor, wie die Sally der zweiten Aussage sich wahrscheinlich fühlen wird, nachdem sie sich so viel Mühe gegeben hat. Dies ist offensichtlich ein Vater, der niemals zufrieden sein wird, was man auch immer tut – weshalb sollte sie es also in Zukunft überhaupt noch versuchen? Die Reaktion des Vaters im dritten Szenario steht in keinem Verhältnis zu dem, was die Tochter tatsächlich getan hat, und liefert ihr auch keinerlei brauchbare Information. Schlimmer noch – Sally hat jetzt die Verpflichtung, dem unmöglichen Maßstab der besten Tochter, die man überhaupt haben kann, gerecht zu werden.

Kritik äußern

Auch Kritik kann auf eine Weise vorgetragen werden, die dem Kind etwas beibringt und es nicht herabsetzt. Tatsächlich gilt vieles von dem, was wir über das Loben gesagt haben, auch hier. Kritik sollte sich auf das Verhalten beziehen, nicht auf das Kind, und sie sollte mit einer liebevollen und hilfreichen Einstellung vorgetragen werden. Nach Möglichkeit sollte das Kind etwas Nützliches lernen, das ihm hilft, mit ähnlichen Fehlern in Zukunft besser umzugehen oder sie ganz zu vermeiden. Zudem wird Kritik eher angenommen, wenn sie durch Lob ausgeglichen wird.

Auch hier haben Sie zwei Szenarios zur Auswahl:

1. *»Luis, wie konntest du nur so dumm sein, deine Winterjacke zu verlieren! Weißt du, wieviel die gekostet hat? Was sollen wir jetzt eigentlich machen? Womöglich muß ich deinen Vater diesen Monat um mehr Geld bitten, damit ich dir eine neue kaufen kann. Warte nur, was er sagt, wenn er die Geschichte hört!«*

2. *»Luis, ich weiß natürlich, daß du deine Winterjacke nicht mit Absicht verloren hast. Aber du hättest sie noch ein paar Monate lang gebraucht, und es wird teuer werden, sie zu ersetzen. Ich fürchte, du wirst das Geld selbst verdienen müssen. Ich bin ziemlich enttäuscht, aber ich weiß genau, daß du in Zukunft besser aufpaßt.«*

In der ersten Aussage wird Luis als dumm gebrandmarkt. Wenn er diese Bezeichnung oft genug hört, wird er irgendwann an sie zu glauben beginnen. Außerdem bringt die Mutter Luis' Vater ins Spiel. Nun hat er also nicht nur seine Jacke verloren, sondern möglicherweise auch noch den Anlaß zu einem Streit zwischen seinen Eltern gegeben. Die Reaktion der Mutter im zweiten Szenario ist angemessen. Sie gibt Luis zu verstehen, was sie denkt, bietet ihm aber gleichzeitig eine Möglichkeit, die Lage zu retten und so das Gesicht zu wahren. Zudem bestätigt sie ihm, daß sie Vertrauen zu ihm hat und daran glaubt, daß er in Zukunft vorsichtiger sein wird. Luis weiß, daß er die Möglichkeit hat, ihren Erwartungen gerecht zu werden.

☰ Probleme lösen

Luis' Mutter in dem oben beschriebenen Beispiel hätte seinen Fehler auch einsetzen können, um seine Selbstachtung auf andere Weise aufzubauen: sie hätte ihm helfen können, das Problem selbst zu überdenken und sich Lösungen einfallen zu lassen, die er selbst hätte bewerkstelligen können. So hätte Luis nicht nur gelernt, daß er das Ergebnis (zumindest teilweise) unter Kontrolle hat, sondern auch, daß Fehler behoben werden können.

Mutter (beschreibt das Problem und teilt ihre Empfindungen mit Luis): *Jetzt ist deine Jacke also weg. Ich weiß schon, manchmal ist es schwer, an alles Nötige zu denken, wenn du es eilig hast und mit den Gedanken anderswo bist. Trotzdem, ich mag es einfach nicht, wenn du mit deinen Sachen so nachlässig umgehst. Wir haben einfach nicht genug Geld, um dauernd irgendwelches teure Zeug zu ersetzen. Aber darum geht es jetzt gar nicht. Es ist einfach wichtig, daß wir Verantwortung übernehmen und auf unser Eigentum aufpassen. Was sollen wir jetzt also machen?*

Luis: *Na ja, ich bin mir gar nicht sicher, daß ich die Jacke wirklich verloren habe. In der Mittagspause hatte ich sie noch. Dann hab' ich sie ausgezogen, weil wir auf dem Schulhof Ball gespielt haben, und mir ist es zu warm geworden. Ich glaube, ich habe vergessen, sie wieder mit ins Klassenzimmer zu nehmen.*

Mutter: *Mhm. Sie könnte also noch irgendwo in der Schule herumliegen.*

Luis: *Ja, genau.*

Mutter: *Und was meinst du, was du jetzt tun solltest?*

Luis: *Ich könnte morgen gleich als erstes den Hausmeister fragen.*

Mutter: *Das klingt nach einer guten Idee.*

Luis: *Und dann nachsehen, ob sie noch irgendwo auf dem Schulhof rumliegt.*

Mutter: *Auch gut. Und wenn du sie trotzdem nicht findest, was machen wir dann? Der Winter dauert noch zwei Monate, weißt du.*

Luis: *Ich könnte das Geld für eine neue vielleicht verdienen, wenn du mich läßt.*

Mutter: *Wie würdest du das machen?*

Luis: *Ich kann mehr im Haus arbeiten. Und Papa läßt mich bei sich vielleicht auch was machen.*

Mutter: *Ja, das ginge wahrscheinlich. Aber mit Geld sieht es diesen Monat nicht sehr üppig aus. Wir müssen nach einem Sonderangebot suchen, und wir können dabei nicht wählerisch sein, Luis.*

Luis: *Das ist schon o.k.*

Mutter (zeigt Luis, daß sie nach wie vor an ihn glaubt): *Das nächste Mal machst du das mit Sicherheit besser. Hast du schon irgendwelche Ideen, wie man sowas in Zukunft vermeiden kann?*

Luis: *Na ja, wahrscheinlich sollte ich die Jacke eben im Schulhof nicht ausziehen. Ich muß nur dran denken, sie anzubehalten oder sie gar nicht erst mit rauszunehmen.*

Mutter: *Das hört sich gut an. Du kannst verantwortungsvoll sein, wenn du es versuchst, das weiß ich genau.*

In diesem Entwurf wendet die Mutter eine sehr wirkungsvolle Problemlösungstechnik an. Statt ihren Sohn anzugreifen, zeigt sie, daß sie sowohl seine Empfindungen als auch ihre eigenen anerkennt. Dann ermutigt sie ihn, sich mögliche Lösungen für das Problem einfallen zu lassen, ohne seine Vorschläge zu beurteilen. Sie hätte auch selbst Vorschläge machen und sie dann gemeinsam mit ihm durchsprechen können, wobei sie alle unbrauchbaren Ideen ausgeschieden hätten. Ein solcher Ansatz kann auch im Familienrat verwendet werden, wenn Probleme gelöst werden müssen, die alle Beteiligten betreffen oder die den Familienfrieden stören. In diese Kategorie fallen zum Beispiel morgendliche Streitereien der Kinder um das Badezimmer, das alle gleichzeitig benutzen wollen, mangelnde Kooperation, wenn der Elternteil um etwas bittet, und ungezogenes oder gefährliches Benehmen im Auto.

Wenn man Kindern gestattet, ihre Probleme selbst zu lösen, setzt man zugleich voraus, daß sie intelligent und kompetent genug für diese Aufgabe sind. Darin liegt der Erfolg dieser Methode, wenn es darum geht, ihnen Selbstachtung zu vermitteln. Der Elternteil behält zwar die Kontrolle über das Vorgehen und die schließlich gefällte Entscheidung, aber die Kinder arbeiten als Partner mit ihm zusammen. Sie haben ein berechtigtes Interesse am Ergebnis, weil sie es mit zustandegebracht haben.

Der Ansatz kann zur Lösung kleiner wie großer Probleme verwendet werden. Manchmal sind die Eltern in ihrem Bedürfnis, die Kinder zu schützen, allzu schnell bereit, einzugreifen und die Kontrolle zu übernehmen. Dabei sind Kinder, wenn man sie ihrem eigenen Einfallsreichtum überläßt, in der Regel durchaus in der Lage, die meisten Alltagsprobleme selbst zu lösen.

So spielte die vierjährige Winnie eines Tages mit einem Nachbarjungen im Garten, während ihre Mutter in der Nähe arbeitete. Plötzlich kam Winnie tränenüberströmt auf sie zugerannt. »Frankie haut mich!« schluchzte sie. Patricia erzählte mir später, daß sie Winnie selbst eine Lösung finden lassen wollte, um zu sehen, was geschehen würde. Sie fürchtete, ihre Tochter werde sonst nicht lernen, ihre eigenen Anliegen zu vertreten.

»Und das macht dich ganz schön sauer«, sagte sie also nach allen Regeln des aktiven Zuhörens.

»Ja, genau. Er soll sowas nicht machen.« Winnie weinte noch ein paar Sekunden lang, und Patricia wartete geduldig ab.

»Mama, komm mit und sag ihm, er soll aufhören!«

»Winnie, ich glaube wirklich, damit wirst du selbst fertig. Was meinst du, was du tun könntest?«

Winnie hörte auf zu weinen und sah nachdenklich von ihrer Mutter zu Frankie. Nach ein paar Sekunden sagte sie: »Na ja, ich könnte ihm sagen, er soll mich nicht mehr hauen.«

»Gut! Sonst noch etwas?« fragte ihre Mutter.

»Ja – daß ich's nicht mag, wenn er das tut.«

»Sehr gut, Winnie. Warum probierst du es nicht?«

Winnie rannte zu Frankie zurück. Patricia konnte auf die Entfernung nicht hören, was sie zu ihm sagte, aber sie war zufrieden, als die beiden ihr Spiel wieder aufnahmen.

≡ Überlebenstraining lehren

Kinder, die sich selbst helfen können und darauf vorbereitet sind, mit Alltagsschwierigkeiten fertig zu werden, stehen dem Leben selbstsicherer und furchtloser gegenüber. Sie verlassen sich weniger auf die Erwachsenen in ihrer Umgebung und mehr auf ihren eigenen Einfallsreichtum.

Einige der Fähigkeiten, die Sie Ihre Kinder je nach ihrem Alter und ihrer Reife lehren und mit ihnen einüben sollten:

Selbstidentifikation: Wie und wann Name, Adresse, Telefonnummer und die Namen der Eltern angegeben werden sollten.

Umgang mit dem Telefon: Das Kind sollte Anrufe entgegennehmen, Mitteilungen ausrichten, selbst wählen und das Telefonbuch benutzen können. Kinder, die noch zu klein sind, um siebenstellige Nummern wählen zu können, sollten wenigstens eine oder zwei Notrufnummern beherrschen. Üben Sie mit ihnen, am Telefon Name, Adresse und Telefonnummer zu nennen.

Krisenmanagement: Was ist in Notfällen zu tun, etwa bei Verletzungen, Feuer oder Wetterschäden oder in anderen potentiell gefährlichen Situationen, zum Beispiel wenn der Elternteil nach der Schule nicht erscheint, um das Kind abzuholen?

Gewöhnliche Vorsichtsmaßnahmen: Kinder müssen wissen, was sie zu tun haben, wenn es an der Tür klingelt, wie sie über die Straße kommen, wie und wo sie gefahrlos Rad fahren und spielen können und wie sie sich Fremden gegenüber verhalten sollten. Die Familie könnte ein Kennwort einführen, das außer den Kindern nur noch die Eltern und andere Vertrauenspersonen kennen, und den Kindern einschärfen, nur mit Menschen zu sprechen oder mitzugehen, die zuerst das Kennwort nennen. Die Kinder sollten auch lernen, nein zu sagen und sich selbst zu schützen, wenn jemand sie unsittlich berührt oder sich ihnen auf eine Weise nähert, die ihnen unangenehm ist.

Alltagsbewältigung: Tischmanieren, die Zubereitung einfacher kleiner Mahlzeiten, das Ausgießen von Getränken, der Umgang mit Haushaltsgeräten, Wäsche zusammenfalten und wegräumen, Geschirr spülen, Knöpfe annähen, das Bett machen, Ordnung halten, Benehmen und persönliche Hygiene.

Umgang mit Geld: Geld bei sich zu tragen, ohne daß es verlorengeht oder gestohlen wird; in Geschäften bezahlen und das Wechselgeld zählen; Preise vergleichen; mit Taschengeld auskommen und eigene Entscheidungen darüber treffen, was ausgegeben oder gespart werden soll.

Ebenso wichtig ist es, daß die Kinder sich darüber im klaren sind, was sie *nicht* tun und wohin sie *nicht* gehen dürfen. Dies ist etwas, worüber sich sowohl der sorgeberechtigte als auch der nicht sorgeberechtigte Elternteil mit ihnen unterhalten sollte.

☰ Haustiere halten

Ein Haustier zu haben, für das es selbst verantwortlich ist, kann sich entscheidend auf das Selbstvertrauen eines Kindes auswirken und die Empfindungen von Trauer und Einsamkeit mildern, die es mit der Scheidung verbindet. Viele geschiedene Eltern reagieren entsetzt auf die Vorstellung, *noch* ein Lebewesen im Haus zu haben, für das gesorgt werden muß, aber es kann die Mühe wert sein. Ein Haustier kann ein Fenster zu den Emotionen der Kinder aufstoßen. Ihre Art, mit ihm umzugehen, weist oft darauf hin, wie sie sich fühlen oder was sie gerade beschäftigt. Es gibt ihnen auch eine zusätzliche Gelegenheit, sich mit dem fürsorglichen Aspekt des Elternteils zu identifizieren – Kinder ahmen bei der Fürsorge für ihr Tier oft die Bemühungen liebevoller Eltern nach. So hat fast jedes kleine Mädchen die Hauskatze schon einmal im Puppenwagen durch die Wohnung geschoben. Umgekehrt sorgen manche Kinder auf die Art für ihr Tier, auf die sie selbst gern umsorgt würden.

Die meisten Kinder würden sich natürlich für einen Hund entscheiden, und vom elterlichen Standpunkt aus muß das keine schlechte Wahl sein. Hunde bieten bedingungslose Zuneigung und können Schlüsselkindern oder Kindern, die dazu neigen, ihre Gefühle völlig für sich zu behalten, viel Trost spenden. Auch eine Katze kann eine gute Wahl sein, aber ihre Unabhängigkeit macht sie zu einem emotional weniger verläßlichen Partner, und manche Katzenrassen sind für Kinder nicht geeignet. Andererseits fressen Katzen weniger und brauchen nicht spätabends noch ausgeführt zu werden – und dies sind durchaus Gesichtspunkte, die einen noch unentschiedenen Elternteil dazu bewegen könnten, über seinen Schatten zu springen und ein Haustier anzuschaffen.

Wenn weder ein Hund noch eine Katze in Frage kommt, werden Kinder mit ihrem natürlichen Interesse an allen Lebewesen auch zu einem anderen Haustier eine Beziehung finden, etwa einem Hamster, einem Vogel, einer Schildkröte oder Fischen.

Wenn Sie sich dafür entschieden haben, ein Haustier anzuschaffen, lesen Sie zunächst ein paar Bücher über die richtige Auswahl. Auch die Kinder sollten sie lesen; wenn sie noch zu klein sind, können Sie ihnen den Inhalt zusammenfassen. Auch ein Tierarzt oder der Tierschutzbund können Ihnen nützliche Informationen geben. Wenn irgend möglich, sollten die Kinder einen Teil des Kaufpreises selbst verdienen; so stärken Sie ihr Gefühl, für das Tier zuständig und verantwortlich zu sein.

Wenn das Tier einmal da ist, sollten Sie von Anfang an klarstellen, daß Ihre Kinder (je nach ihrem Alter) für es verantwortlich sind. Zeigen Sie ihnen, wie sie sich um das Tier kümmern müssen, und lassen Sie sie die Arbeit dann selbst tun. Halten Sie ein Auge darauf, daß das Tier nicht vernachlässigt oder gequält wird, und nutzen Sie jede Gelegenheit, Ihre Kinder für eine gründlich erledigte Arbeit zu loben.

Disziplin: Kinder konsequent erziehen

Nach der Scheidung geben viele Eltern es auf, ihren Kindern wirksame Erzieher sein zu wollen. Sie brauchen einen so großen Teil ihrer Energie dafür, mit dem neuen Leben zurechtzukommen, daß jeder Versuch, die Kinder konsequent zu erziehen, dagegen in den Hintergrund tritt.

In vielen Familien war dieser Prozeß wahrscheinlich schon lang im Gange, bevor die Scheidungspapiere unterzeichnet wurden. Während sich die Eltern mehr und mehr in ihren Eheproblemen verfangen, wird ihnen das Anliegen, ihre Kinder angemessen zu erziehen, entsprechend weniger wichtig. Die Kinder ihrerseits bemerken die einsetzende Anarchie und nutzen das Machtvakuum zu ihrem Vorteil aus. Wenn die Scheidung dann schließlich überstanden ist und die Familie in ihrer neuen Form zu funktionieren beginnt, besteht ein hoher Bedarf an entschlossener und konsequenter Autorität.

Allerdings fühlen sich viele geschiedene Eltern unbehaglich, wenn sie ihre Kinder an Disziplin gewöhnen sollen. Manche Menschen, vor allem sorgeberechtigte Eltern, die vor der Scheidung nicht für die Disziplin in der Familie zuständig waren, fürchten nun, daß die Kinder sie ablehnen oder ihnen den anderen Partner vorziehen werden, wenn sie eine zu harte Linie vertreten. Andere versuchen ihre Kinder durch Nachgiebigkeit für die unglückliche Zeit vor und während der Scheidung zu entschädigen oder ihre eigenen Schuldgefühle abzuschwächen, vor allem wenn sie glauben, in der Scheidung die Ursache für das Verhalten der Kinder gefunden zu haben.

Wieder andere Eltern, die bereits mit den vielen Anforderungen des Alltags überlastet sind, üben nur dann Kontrolle aus, wenn die Kinder etwas getan haben, das nicht mehr ignoriert werden kann. Vielleicht hat ein Lehrer sie darüber informiert, daß das Kind in der Schule versagt oder auf dem Schulhof andere Kinder terrorisiert. Ansonsten gehen diese Eltern davon aus, daß sie sich in Anbetracht der Umstände kaum einzumischen brauchen. Manchmal finden sie eine Begründung für diese Haltung, indem sie sagen, sie seien zu erschöpft oder hätten zu wenig Zeit. Schließlich gibt es auch noch Eltern, die zuviel Kontrolle ausüben und versuchen, jede Bewegung der Kinder zu überwachen.

Wie ihre Gründe auch immer aussehen, Eltern, die der Verantwortung aus dem Weg gehen, ihre Kinder erfolgreich zu erziehen und ihnen Grenzen zu setzen, nehmen in Kauf, daß die Kinder Schwierigkeiten mit anderen Autoritätsfiguren bekommen, in ihren schulischen Leistungen nachlassen und mit anderen Kindern nicht auskommen. Irgendwann werden die Kinder jeden Respekt vor den Eltern verloren haben und sich ihrer Autorität offen widersetzen. So könnte ein Kind dann sagen:»Ich habe Papa lieber als dich!«, wann immer es etwas tun soll, das ihm nicht gefällt. »Dazu kannst du mich nicht zwingen. Ich ziehe einfach zur Mama!« droht ein anderes. Wenn ein solcher Zustand einmal erreicht ist, wird es fast unmöglich sein, das Familienleben ohne professionelle Hilfe wieder ins Lot zu bringen.

Kinder wollen und brauchen Disziplin; sie sind darauf angewiesen, daß die Eltern ihnen Grenzen setzen, wenn sie selbst es nicht können. Diese Grenzen auszutesten ist unter Umständen die einzige Möglichkeit, wie Kinder feststellen können, ob ihre Eltern standhaft bleiben und folglich auch, ob sie in der Lage sind, sie zu schützen. Wenn die Eltern nicht die Kontrolle übernehmen, werden es gezwungenermaßen die Kinder tun.

Dieses Kapitel soll Ihnen helfen, einen Erziehungsplan für Ihre Kinder aufzustellen, in dem die Leitung bei Ihnen liegt, der aber zugleich die Autonomie und die Bedürfnisse jedes Kindes berücksichtigt. Ein Kind wirkungsvoll an Disziplin zu gewöhnen ist keine Fertigkeit, die den meisten Eltern ohne weiteres in den Schoß fällt; sie erfordert Arbeit und sorgsame Überlegung. Wenn Sie sich aber einen Plan machen, werden Sie in Zukunft wissen, wie Sie Ihre Kinder aufziehen wollen und wie Sie auf Ungezogenheiten reagieren werden.

Erhalten Sie sich eine positive Grundeinstellung, wenn Sie Ihren Plan in die Tat umzusetzen beginnen. Vertrauen Sie darauf, daß Sie Ihre Kinder auch allein erziehen können. Lassen Sie sich nicht wie so viele Menschen dazu verführen, einzig aus dem einen Grund massive Schwierigkeiten von Ihren Kindern zu erwarten, daß sie jetzt in einer »kaputten Familie« leben. Unter den gegebenen Umständen ist ihre Erziehung vielleicht eine größere Herausforderung, aber behalten Sie im Gedächtnis: Je mehr Sie und Ihr Partner den Kindern helfen, mit ihren emotionalen Reaktionen unmittelbar nach der Scheidung selbst und in den Jahren danach umzugehen, desto erfolgreicher werden Sie sie lehren können, ihr eigenes Verhalten unter Kontrolle zu bringen.

≡ Was ist Disziplin?

Im ersten Jahr nach der Scheidung können Sie damit rechnen, daß Ihre Kinder eine ganze Reihe von Verhaltensproblemen zeigen, darunter Aggressivität, Impulsivität, Zerstörungswut, Weinerlichkeit und Zurückgezogenheit. Ich habe ab Seite 66 schon darauf hingewiesen, daß dieses Symptom in der Regel mit der Zeit abklingt; aber die Art und Weise, wie die Eltern mit ihm umgehen, kann dabei einen ungeheuren Unterschied machen. Das Kind kann ein ausgeglichener, an den überwundenen Schwierigkeiten gereifter Mensch werden, oder es kann jedes Gespür für sein Selbst verlieren. (Ernsthafte Probleme wie Depressionen und Selbstmordgefahr erfordern die Hilfe eines Fachmannes. Sie werden ab Seite 217 behandelt.)

Als erfahrener Vater oder routinierte Mutter haben Sie wahrscheinlich eine ganze Reihe von Artikeln und Büchern über Kindererziehung gelesen. Die meisten davon betonen, daß Disziplinierung und Strafe nicht das gleiche sind; tatsächlich können sie sogar im Widerspruch zueinander stehen. Strafen können Kinder lehren, was sie *nicht tun sollen;* sie werden ihnen nicht beibringen, was sie *tun sollen.* Sie lenken ihre Aufmerksamkeit auf das, was ihnen angetan wurde, und rufen Rachephantasien gegen die Eltern hervor. Und wie Strafgefangene kommen Kinder oft zu dem Schluß, daß die ganze Angelegenheit abgeschlossen ist, sobald sie für ihr Vergehen »bezahlt« haben.

Das Verb *disziplinieren* bedeutet unterweisen oder lehren. Disziplin ist demnach ein systematisches Lehren oder Trainieren mit dem Ziel, erwünschte Verhaltensweisen hervorzubringen und die moralische Entwicklung zu fördern. Erwünschtes Verhalten allerdings umfaßt mehr als eine elterliche Vorstellung von Wohlverhalten. Das angestrebte Ziel ist, die Kinder in die Lage zu versetzen, ihrem eigenen Verhalten Grenzen zu setzen – in anderen Worten, Selbstdisziplin zu lernen –, ein Gewissen und eine Vorstellung von richtig und falsch zu entwickeln, zu lernen, wie sie erfolgreich mit anderen Menschen umgehen können, negative Gefühle wie etwa Wut in Worten auszudrücken, statt sie zu internalisieren oder körperlich abzureagieren, und kompetent mit Frustrationen und widerstreitenden Empfindungen umzugehen.

Tatsächlich ist es eine schwierige Aufgabe, Kinder zu disziplinieren, denn die Methoden, für die sich die Eltern entscheiden, sind ebenso wichtig wie die Dinge, die sie ihre Kinder lehren wollen. Die Methoden sollten den Kindern helfen, sich mit sich selbst im reinen zu fühlen und ihren sich entwickelnden Fähigkeiten zu vertrauen. Dies bedeutet, daß die Eltern für die Bedürfnisse und die Grenzen ihrer Kinder empfänglich bleiben müssen. Mehr von ihnen zu verlangen, als sie leisten können, oder sie für eine Ungezogenheit persönlich anzugreifen untergräbt ihr Selbstvertrauen und tötet ihre Lebensfreude und ihr Temperament ab.

Betrachten Sie in diesem Licht einmal einige der übelsten Reaktionen auf kindliches Fehlverhalten, die mir begegnet sind. Ich habe Eltern erlebt, die ihre Kinder beißen, wenn die Kinder jemand anderen gebissen haben, die ein Kind in einen Mülleimer gesteckt, es mit einer Narrenkappe in die Ecke gestellt oder in einen Schrank oder ein Zimmer eingeschlossen haben, die ihre Kinder nach einem »Malheur« zwingen, die beschmutzte Kleidung weiter zu tragen, oder ihnen ein Schild mit der Aufschrift »Dummkopf« um den Hals hängen. Ist es verwunderlich, wenn Kinder, die man auf diese Weise beschämt und gedemütigt hat, ihre Selbstachtung und ihr Selbstvertrauen verlieren? Würden Sie anders reagieren?

In den letzten zwanzig Jahren haben viele Menschen sich ihren Kindern gegenüber eher wie Freunde als wie Eltern verhalten. Sie vermeiden es mit voller Absicht, ihre Kinder an Disziplin zu gewöhnen, weil sie befürchten, sie damit in ihrer Kreativität oder ihrer Selbstverwirklichung einzuschränken. Sie versuchen, eine Demokratie aufrecht zu erhalten, in der jedes Familienmitglied eine Stimme hat. Dieser Ansatz bildete sich als eine Reaktion auf die traditionelle autoritäre Ansicht heraus, daß die Eltern ihre Kinder mit eiserner Hand beherrschen und dafür sorgen sollten, daß jede einzelne ihrer vielen Vorschriften und Regeln eingehalten wurde.

Es hat sich herausgestellt, daß das eine dieser Erziehungsmodelle ebenso weitgehend unbrauchbar ist wie das andere. Statt dessen sollten die Eltern etwa die Rolle von Leitplanken auf der Autobahn spielen – sie sollten Begrenzungen setzen, innerhalb derer die Kinder sich frei bewegen können; wenn die Kinder zu weit von der vorgegebenen Spur abweichen, sollten sie behutsam zu ihr zurückgelenkt werden. Die Eltern sollten auf dieser Autobahn weder ganz fehlen, noch sollten sie sich benehmen wie Zugmaschinen – mit den Kindern als bewegungsunfähigen Anhängern im Schlepptau.

Eine vernünftige Einstellung zu Fragen der Disziplin

Ob man es nun Spielen oder Lernen nennen will oder auch eine Kombination von beiden, was Kinder den größten Teil ihrer Zeit über tun ist ihre Umgebung zu erforschen und herauszufinden, welchen Platz sie selbst in ihr innehaben. Wenn Kinder »ungezogen« sind oder Fehler machen, haben sie dabei in aller Regel nicht die Absicht, ihre Eltern zu ärgern oder sie durch Manipulation zu irgend etwas zu bewegen – obwohl viele Eltern dies irrigerweise annehmen. Das zweijährige Mädchen, das sein Badewasser im ganzen Bad über Boden und Wände verspritzt, versucht nicht, seiner Mutter Arbeit zu machen: es ist einfach fasziniert von dem Geplätscher, den glitzernden Spuren der Wassertropfen an der Wand, dem schwimmenden Spielzeug, das es ins Wasser geworfen hat. Auch der Achtjährige, der mit dem Fahrrad weiter fährt als abgemacht, will nicht etwa seinen Vater ärgern oder erschrecken; wahrscheinlich möchte er nur wissen, was hinter der nächsten Straßenecke liegt, oder die neue Freiheit auf Rädern auskosten. Ja, natürlich können Sie davon ausgehen, daß Ihre Kinder die Grenzen auf die Probe stellen werden, die Sie ihnen gesetzt haben, und sie so weit hinauszuschieben versuchen, wie es irgend geht; aber die Kinder müssen in ihrem eigenen Interesse daran erinnert werden, daß diese Grenzen fest sind.

Unglücklicherweise halten sich viele Eltern an das Beispiel, das ihre eigenen Eltern ihnen gegeben haben, und reagieren mit Ärger, wenn die Kinder sich nicht den Regeln entsprechend verhalten. Noch kürzer ist der Geduldsfaden, wenn die Eltern unter starkem Streß stehen, wie es bei vielen geschiedenen Menschen der Fall ist. (Tatsächlich gibt es einen direkten Zusammenhang zwischen elterlichem Streß und Kindesmißhandlungen.) Aber auf diese Art die Kontrolle zu verlieren erschreckt die Kinder, schüchtert sie ein und erbringt auf lange Sicht gar nichts. Die Kinder werden zwar durchaus etwas lernen, aber es werden genau die falschen Lektionen sein: sich nicht erwischen zu lassen und so den elterlichen Wutausbrüchen zu entgehen – und über andere herzufallen, wann immer sie selbst wütend oder frustriert sind.

Bei einer wirkungsvollen Erziehung zur Disziplin hängt viel von einer angemessenen Einstellung ab. Es ist viel wahrscheinlicher, daß die Eltern mit der richtigen Haltung auf das Verhalten der Kinder reagieren, wenn sie sich die Zeit nehmen, die Dinge aus der Perspektive ihrer Kinder zu betrachten. So werden sie auch die kindlichen Lernprozesse und die Rolle des Spielens besser würdigen können. Behalten Sie dabei aber im Gedächtnis, daß es ein Unterschied ist, ob man ein Verhalten verstehen kann oder ob man bereit ist, es hinzunehmen.

Die Eltern können sich die Tatsache zunutze machen, daß Kinder an Beispielen lernen. Wenn sie ihre Kinder mit dem gleichen Respekt behandeln, den sie auch Freunden und anderen Menschen zeigen, an denen ihnen liegt, werden die Kinder ihrerseits andere so behandeln. Kinder wollen ihren Eltern gefallen, und sie blühen auf, wenn sie merken, daß sie ihre Billigung haben.

Damit soll nicht gesagt sein, daß die Eltern ihren Kindern nicht bei passender Gelegenheit zeigen dürfen, wie ärgerlich sie sind. Es kommt nur darauf an, daß sie es auf beherrschte und gemäßigte Art tun. Weiteres dazu finden Sie ab Seite 198.

Verhaltensweisen und ihre Bedeutung

Es kommt vor, daß Kinder durch Ungezogenheiten gezielt die Aufmerksamkeit ihrer Eltern auf sich ziehen. Wenn dies ständig geschieht, sollten sich die Eltern nach den Gründen dafür fragen. Nach einer Scheidung sind die Gefühle der Kinder in Aufruhr, und sie brauchen nun besonders dringend Zuspruch und Aufmerksamkeit; wenn ihre Empfindungen außer Kontrolle geraten, wird ihr Benehmen es ebenfalls tun.

Es ist verständlich, daß alleinerziehenden Eltern häufig nicht genug Zeit zum Leben zu bleiben scheint, weil sie den gesamten Haushalt allein führen müssen. Sie wenden ihre Aufmerksamkeit jeweils dem Anliegen zu, das ihnen im Augenblick das dringendste zu sein scheint, ob das nun der überquellende Wäschekorb, der leere Kühlschrank, ein nahender Termin oder ein kaputtes Auto ist. Solange sichergestellt ist, daß ihre Grundbedürfnisse befriedigt sind, scheinen Kinder oft ein weniger dringendes Anliegen zu sein, und die Eltern werden leicht nachlässig bei der Aufgabe, ein Auge auf sie zu haben. Im gegebenen Augenblick mag das bequem sein, aber es kann auf die Dauer zu Problemen führen. Wenn die Eltern später versuchen, die Kontrolle zurückzugewinnen oder ihre Autorität wieder zu etablieren, werden sich die Kinder, längst an die relative Freiheit gewöhnt, gegen die plötzlich angezogenen Zügel zur Wehr setzen. Vor allem zwischen geschiedenen Müttern und ihren Söhnen ist derlei nicht ungewöhnlich.

Wenn Kinder sich vernachlässigt fühlen, verfallen sie oft auf eine mögliche Methode, die elterliche Aufmerksamkeit auf sich zu ziehen, indem sie etwas Verbotenes tun oder etwas, das nicht ignoriert werden kann. In ihren Augen ist die Gereiztheit oder der Ärger, den sie so hervorrufen, immer noch besser als gar keine Beachtung. Sie können solche Vorfälle vermeiden, indem Sie regelmäßig Zeit in Ihre Kinder investieren. Bauen Sie ein Minimum von einer Viertelstunde bis einer halben Stunde Zeit für jedes einzelne Kind in Ihren täglichen Stundenplan ein. Wenn das völlig unmöglich ist, versuchen Sie diese Zeit abwechselnd mit jedem Kind einmal zu verbringen. Sie werden feststellen, daß eine solche Regel ihre Vorteile hat: die Kinder beeilen sich oft mit ihren Hausaufgaben und den abendlichen Arbeiten im Haushalt, um sicherzugehen, daß ihnen vor dem Schlafengehen noch etwas Zeit mit Ihnen bleibt.

Diese gemeinsame Zeit sollte damit verbracht werden, sich miteinander zu beschäftigen – nicht mit Fernsehen oder einem ähnlichen passiven Zeitvertreib. Einige Vorschläge: Brettspiele (keine Videospiele), ein Spaziergang um den Block oder zum nächsten Spielplatz, aus einem Buch vorlesen, gemeinsames Basteln, Spiele im Hof oder Garten – vielleicht sogar die gemeinsam getane Hausarbeit. Ich kenne eine Familie, die Wochen damit verbracht hat, Tonfiguren für eine Weihnachtskrippe zu bemalen; eine andere hat eine Miniatureisenbahn aufgebaut. Eine Mutter und ihre beiden Töchter gewöhnten sich an, jeden Abend einen Rundgang durch ihre Vorstadtsiedlung zu machen, was im Lauf der Zeit dazu führte, daß sie zusammen zum Jogging gingen und sich an Gemeinschaftsläufen beteiligten.

Wenn Sie sich mögliche gemeinsame Unternehmungen überlegen, achten Sie darauf, daß Sie den Kindern nicht Ihre Entscheidungen aufzwingen; ermutigen Sie sie, selbst Vorschläge zu machen. Folgen Sie nicht dem Beispiel des Vaters, der bereit war, mit seinem Sohn Sport zu treiben – sonst aber auch nichts; wenn sein Sohn nicht interessiert war, hatte er eben Pech gehabt. Und vor allem – entziehen Sie den Kindern diese Zeit mit Ihnen nicht, auch dann nicht, wenn sie ungezogen waren.

☰ Machen Sie sich einen Plan!

Eines der wichtigsten Elemente wirkungsvoller Disziplin ist es, im voraus entschieden zu haben, was Sie Ihren Kindern beibringen wollen, warum Sie es ihnen beibringen wollen und wie Sie das anfangen werden. Der Plan sollte auf positiven Zielen beruhen, nicht einfach darauf, daß Sie die Ungezogenheiten Ihrer Kinder bestrafen wollen. Sie sollten bereit sein, Ihren Plan mit Entschlossenheit und Konsequenz in die Praxis umzusetzen.

Ein Plan hilft nicht nur Ihnen, sondern auch den Kindern: alle Familienmitglieder wissen, was von ihnen erwartet wird und was geschieht, wenn sie sich nicht daran halten. Auf diese Weise ist die Gefahr geringer, daß Sie bei Kleinigkeiten über- oder bei ernsteren Vorfällen unterreagieren. Auch die Konflikte in Ihrem Haushalt werden entschärft; im Rampenlicht stehen nun nicht mehr Sie als der »gemeine« Elternteil, sondern die Hausordnung. Statt Ihrer alten Reaktion – »Ich habe dir doch gesagt, daß du erst die Hausarbeit erledigen mußt, bevor du zum Spielen rausgehen kannst« –, können Sie nun sagen: »Du kennst die Regel. Erst Arbeit, dann Spielen.« Sie werden weniger Zeit mit Nörgeln und Manövrieren verbringen und haben mehr davon für produktivere Dinge übrig.

═══   Wertvorstellungen

Einige Punkte, die Sie mitbedenken sollten, wenn Sie Ihren Plan aufstellen:

1. Die in Ihrer Familie geltenden Werte: Fragen Sie sich, welche Anliegen Ihnen besonders wichtig sind. Joseph Novello, der Autor von *Bringing Up Kids Family Style*, empfiehlt Eltern, sich die Frage zu stellen: »Was für ein Mensch soll jedes meiner Kinder einmal werden?« Der Rest Ihres Plans sollte sich aus Ihrer Antwort ergeben.

Identifizieren Sie zunächst lockere Kategorien von Anliegen, etwa Selbstverständnis, Liebe, Gesundheit, Religion, Ehrlichkeit, Verantwortung, Arbeit, Freunde und persönliche Lebensanschauung. Verwenden Sie diese Liste, um einen Anfang zu finden, aber Sie brauchen sich von ihr nicht gebunden zu fühlen. Suchen Sie sich Ihre eigenen Schlüsselbegriffe und arbeiten Sie mit ihnen.

Entscheiden Sie, welche spezifischen Anliegen in jeder dieser Kategorien für Sie wichtig sind, und formulieren Sie sie im Hinblick auf Ihre Familie. So könnten Sie zum Beispiel zum Stichwort »Selbstverständnis« notieren, daß die Entwicklung eines stabilen Gefühls von Selbstidentität und die Fähigkeit, sich selbst zu genügen, bei Ihren Kindern die obersten Ziele sein sollen. Zu »Religion« könnten Sie festhalten, daß Sie Ihre Kinder in Ihrem eigenen Glaubensbekenntnis erziehen und sich in der entsprechenden Gemeinde engagieren wollen. Zum Stichwort »Liebe« entscheiden Sie vielleicht, daß Ihre Kinder anderen Menschen Respekt und Höflichkeit erweisen müssen.

2. Als nächstes müssen Sie Ihre Entscheidungen praxistauglich machen, indem Sie sich überlegen, wie Sie Ihre Kinder dazu bringen können, sie zu verinnerlichen. Wenn zum Beispiel Selbstgenügsamkeit eines der Ziele ist, die Sie für Ihre Kinder ausgesucht haben, könnten Sie etwa folgendes notieren: »Jenny beibringen, wie sie Dinge selbst erledigen kann – Bett machen, Schulfrühstück vorbereiten, Kleider wegräumen usw. –, so daß ich sie nicht dauernd daran erinnern muß.« Wenn Sie beschlossen haben, daß Ihre Kinder mit den Grundlagen Ihrer Religion vertraut sein sollen, könnten Sie sich aufschreiben: »Wir werden jede Woche in den Gottesdienst gehen.«

Wenn Ihr früherer Partner mit den von Ihnen ausgewählten Anliegen nicht einverstanden ist (was verhältnismäßig häufig vorkommt), machen Sie sich keine Sorgen: Ihr Plan ist damit noch nicht zum Scheitern verurteilt. Als erstes sollten Sie Ihre Prinzipien mit ihm oder ihr durchgehen. Sie werden vielleicht überrascht sein, wie oft Sie feststellen, daß Sie im Grunde einer Meinung sind. Er oder sie respektiert vielleicht die Grundlagen, die Sie bereits geschaffen haben, und stellt fest, daß es einfacher ist, sich mit Ihnen zu verständigen als zu widersprechen. Versuchen Sie in Fragen, in denen Sie sich nicht einigen können, zu einem Kompromiß zu kommen. Wenn das nicht möglich ist, erklären Sie Ihren Kindern, daß in Ihrem Haushalt Ihre Wertvorstellungen gelten und daß Sie von ihnen erwarten, sich daran zu halten. In diesen Fragen gibt es keine Diskussion.

3. Wenn Ihre Ziele feststehen und Sie entschieden haben, wie Sie sie erreichen wollen, sind Sie so weit, daß Sie eine Hausordnung aufstellen können, die zum Beispiel folgende Punkte enthalten könnte:

- Unter der Woche müssen zuerst die Hausaufgaben gemacht werden, bevor mit irgend etwas anderem begonnen werden kann, etwa Fernsehen oder Spielen auf der Straße.
- Wenn die schulischen Leistungen unter ein bestimmtes Niveau fallen, kann das Kind an außerschulischen Veranstaltungen so lange nicht mehr teilnehmen, bis die Noten wieder besser geworden sind.
- Unter der Woche gelten bestimmte Schlafenszeiten.

Sie müssen die Regeln realistisch und dem Alter, dem Verständnis und den körperlichen Fähigkeiten der Kinder angemessen gestalten. Kinder brauchen die Herausforderung, ihr Bestes zu tun, aber Sie sollten keine Situation schaffen, in der ihr Versagen und ständige Konflikte mit Ihnen schon angelegt sind. Eltern, die unangemessene Forderungen stellen, ohne die Grenzen und Bedürfnisse ihrer Kinder anzuerkennen, mißhandeln die Kinder seelisch. Dagegen sind Eltern, die zu wenig Anforderungen stellen, oft nachlässig und spielen im Leben ihrer Kinder kaum eine Rolle.

Es sollte in Ihrem Haushalt nicht so viele Regeln geben, daß das System unter seinem eigenen Gewicht zusammenbricht oder daß eine Kasernenhofatmosphäre entsteht. Zudem sollten die Kinder zumindest an der Aufstellung eines Teils der Regeln beteiligt werden und ein Mitspracherecht bei ihrer Durchsetzung haben. Der Vater oder die Mutter muß an der Spitze des Haushalts stehen, aber die Kinder müssen das Gefühl haben können, daß sie selbst etwas beitragen. Damit helfen Sie ihnen auch, ein Gefühl für Verantwortung zu entwickeln und die Beweggründe hinter den Regeln zu verstehen.

4. Legen Sie so weit wie möglich im voraus fest, wie die Konsequenzen aussehen werden, wenn wichtige Regeln gebrochen werden. Viel-

leicht haben Sie es ja bereits festgestellt: allein dadurch, daß Sie diese Regeln festlegen, sind Sie schon einen Schritt voraus. In dem oben angeführten Beispiel weiß das Kind, auch ohne daß Mama es eigens erinnern muß, daß bestimmte Unternehmungen gestrichen werden, wenn seine Schulnoten unter ein bestimmtes Niveau fallen.

Einige Techniken für eine gute Disziplin

Es folgt eine Zusammenfassung einiger Grundsätze, die Sie in das System einbauen können, mit dem Sie Ungezogenheiten vermeiden oder sich mit ihnen auseinandersetzen und die Kinder das erwünschte Verhalten lehren.

Geben Sie Ihren Kindern ein gutes Beispiel. Die Eltern sollten ihren Kindern das Verhalten vorleben, das sie sie lehren wollen, und alles vermeiden, von dem sie nicht wollen, daß ihre Kinder es übernehmen. Wenn die Kinder verfolgen können, wie ihre Eltern dem Alltag mit Zuversicht und Kompetenz begegnen, werden sie lernen, es ebenfalls zu tun. Dabei ist es natürlich nur folgerichtig, daß Kinder, die ihre Eltern nur unglücklich, deprimiert, wütend, ängstlich und so weiter erleben, ihnen auch darin folgen werden.

Einige Gebiete, denen Sie Ihre Aufmerksamkeit besonders widmen sollten, sind Ihre Art, mit Streß, Ärger und Frustrationen umzugehen, Verantwortung zu übernehmen, Selbstvertrauen und Verläßlichkeit zu demonstrieren, Probleme zu lösen, an unerfreuliche Aufgaben heranzugehen, mit anderen Menschen auszukommen und bei Bedarf fremde Hilfe in Anspruch zu nehmen.

Halten Sie Ausschau nach Anlässen, um das Verhalten Ihrer Kinder zu belohnen. Positive Verstärkung ist viel wirkungsvoller als negative Verstärkung (Strafen). Aber Vorsicht – diese Feststellung gilt für »gutes« ebenso wie für »schlechtes« Benehmen! Mit anderen Worten, Sie werden sicherstellen wollen, daß Sie erwünschtes Verhalten belohnen, und gleichzeitig müssen Sie darauf achten, nicht versehentlich unerwünschtes Verhalten zu ermutigen. Nehmen wir an, ein Vater geht mit seiner vierjährigen Tochter in einen Lebensmittelladen. Während sie an der Kasse warten, verlangt das Kind, Papa solle ihm einen Schokoladenriegel kaufen. Sie kennen diese Szene – Sie haben sie entweder mitverfolgt oder am eigenen Leib erlebt! Wenn Papa nachgibt, was für den Augenblick sicher die bequemste Lösung ist, wird das Kind gelernt haben, daß Weinen und Winseln ihm zu dem verhilft, was es haben will. Sein unerwünschtes Verhalten ist

reich belohnt worden, und es wird die Methode mit Sicherheit wieder anwenden. Statt dessen sollte der Vater entschieden sagen, daß es jetzt keine
Süßigkeiten gibt, und dabei bleiben. Wenn das Kind anfängt, eine Szene zu
machen (zum Beispiel kreischt, trampelt, mit Gegenständen um sich wirft
usw.), sollte der Vater seine Tochter nehmen und mit ihr den Laden verlassen. Das mag schwierig sein, vor allem dann, wenn die Zeit knapp ist und
die Einkäufe wirklich gebraucht werden; aber es wird ein Fundament für
die Selbstbeherrschung und Kooperationsbereitschaft der Tochter in der
Zukunft legen.

Eine sehr wirkungsvolle Belohnung für Kinder ist Lob. Lob sollte
sich auf die Leistung beziehen, nicht auf das Kind selbst (siehe auch Seite
175). Wenn eine Mutter zum Beispiel sieht, wie die sechsjährige Tochter un-
aufgefordert ihr Bett macht, sollte sie die Initiative des Kindes würdigen,
nicht aber in Verzückung darüber ausbrechen, wie wundervoll es ist.

Sie müssen auch sorgsam darauf achten, daß Sie das Kind nicht
versehentlich für seine Leistung bestrafen. Die Mutter in diesem Fallbeispiel würde dem kleinen Mädchen jede Initiative nehmen, auch in Zukunft
selbständig zu handeln, wenn sie etwa anmerkte:»Na, es wird allmählich
auch Zeit, daß du von allein darauf kommst, dein Bett zu machen! Und
schau, du hast es nicht einmal richtig hingekriegt. Hier, ich mache das.«

Belohnungen können gelegentlich auch eingesetzt werden, um die
Kinder zur Mitarbeit zu ermutigen – etwa ein Besuch in der Eisdiele, wenn
das Geschirr gespült ist, oder eine zusätzliche Gutenachtgeschichte, wenn
sie mit dem Baden eine Viertelstunde vor der üblichen Zeit fertig sind. Aber
übertreiben Sie es nicht damit; Kinder sollten lernen, ihre Aufgaben deshalb vollständig und gründlich zu erledigen, weil sie selbst mit sich und ihrer Leistung zufrieden sein wollen.

Gibt es wirklich ein Problem? Manche Anliegen sind es ganz
einfach nicht wert, ihretwegen die pädagogischen Muskeln spielen zu lassen. Fragen Sie sich, ob es auf lange Sicht wirklich darauf ankommt. Etwas
Flexibilität Ihrerseits könnte nutzlose Scharmützel vermeiden helfen und
Ihren Kindern zeigen, daß Sie ihrem Urteilsvermögen trauen und ihre
Beiträge zum Familienleben zu würdigen wissen. Wenn sie sehen, daß Sie in
manchen Dingen auch einmal nachgeben können, werden sie eher bereit
sein, Standfestigkeit in Fragen hinzunehmen, die Ihnen wirklich wichtig
sind.

So beschloß zum Beispiel eine Mutter, es zu ignorieren, wenn ihr
achtjähriger Sohn in riesigen T-Shirts und mit grellfarbigen Schnürsenkeln

dekorierten Turnschuhen zum Spielen hinausging. Dafür bestand sie auf ihren Vorstellungen davon, welche Kleidung für den Kirchenbesuch noch akzeptabel war.

Bringen Sie Kinder nicht in Situationen, denen sie nicht gewachsen sind. Wenn zum Beispiel ein Elternteil gezwungen ist, die Kinder zum Einkaufen mitzunehmen, sollte er oder sie zu einem Zeitpunkt zu gehen versuchen, zu dem sie nicht müde oder hungrig sind. Zu Besuchen bei Verwandten oder Freunden können die Eltern Spiele oder Malbücher mitnehmen – so haben die Kinder etwas anderes zu tun, als Schränke zu durchstöbern und auf den Möbeln herumzuturnen.

Ignorieren Sie das Verhalten der Kinder, wenn es angemessen ist. Nur weil ein Dreijähriger um ein neues Bilderbuch bettelt, braucht sich der Elternteil nicht auf lange Diskussionen darüber einzulassen, weshalb er das Buch nicht kaufen kann oder will. Er oder sie sollte ganz einfach nein sagen und weitergehen; das Kind wird bald nachkommen. Wenn das Kind sich zu Hause irritierend verhält, kann der Elternteil in ein anderes Zimmer gehen. Ich habe weiter oben schon darauf hingewiesen – wenn man einem bettelnden, winselnden Kind nachgibt, bringt man ihm nur bei, es bei der nächsten Gelegenheit wieder mit dieser Methode zu versuchen.

Die Eltern sollten im Gedächtnis behalten, daß sie sich auch bei älteren Kindern nicht in Streitereien oder endlose Verhandlungen verwickeln lassen müssen. Wenn ein Kind bittet, mit Freunden einen Kinofilm ansehen zu dürfen, von dem der Elternteil nichts hält, sollte dieser bei seiner Weigerung bleiben. Es ist nicht nötig, die unvermeidliche Litanei von Argumenten zu beantworten; Sie würden damit nur den Eindruck erwecken, daß Sie vielleicht doch noch zu überreden sind. »Aber Papa, Jack und Matt dürfen doch auch ... Die denken doch, ich bin ein Baby, wenn ich nicht mitkomme ... Der Film ist wirklich nicht so schlimm, wie du denkst ...« Statt dessen sollte der Elternteil Verständnis für die Enttäuschung des Kindes zeigen und ihm wenn möglich einen Ersatz anbieten. »Jeff, ich weiß, wie enttäuscht du bist, daß du nicht in diesen Film gehen kannst. Aber er ist mir einfach zu gewalttätig. Wenn ihr euch den neuen Disneyfilm ansehen wollt, fahre ich dich und deine Freunde gerne hin.«

Weniger ist manchmal mehr. Wenn der Elternteil das Verhalten des Kindes mißbilligt, genügt oft ein scharfer Blick, eine emporgezogene Augenbraue, eine Hand auf der Schulter oder ein kurzes »Hör auf damit« oder »Es gefällt mir nicht, was du da machst«, um einzugreifen. Kleine Kinder sind dadurch motiviert, daß sie Mama und Papa gefallen wollen. Ältere, die in der Regel zwischen richtig und falsch unterscheiden können, reagieren positiv auf freundliche Gedächtnishilfen, wenn sie Schwierigkeiten haben, ihr eigenes Verhalten unter Kontrolle zu bringen, und wissen sie oft sogar zu schätzen.

Lassen Sie Kinder ihre Fehler selbst beheben. Ein siebenjähriges Kind, das Geschirrspülmittel über den ganzen Küchenfußboden verschüttet, sollte nicht angeschrien oder als tolpatschig bezeichnet werden. Damit stellen Sie die Ordnung nicht wieder her; statt dessen können Sie erreichen, daß das Kind seiner eigenen Geschicklichkeit zu mißtrauen beginnt und womöglich mehr Fehler macht als zuvor. Sie sollten aber auch nicht aufwischen. Geben Sie ihm statt dessen die Möglichkeit, den Unfall selbst wiedergutzumachen. »Hier ist ein Eimer heißes Wasser. So drückt man den Schwamm aus und wischt dieses klebrige Zeug auf.« Vielleicht können Sie ihm so auch beibringen, das nächste Mal vorsichtiger zu sein.

Lassen Sie die Handlungsweise der Kinder zu den unvermeidlichen Folgen führen und halten Sie sich aus der Situation vollständig heraus. Dies nennt man auch *natürliche Folgen*. Ein Kind, das seine Wäsche nicht in den Wäschekorb legt, wird nichts Sauberes anzuziehen haben. Das Kind, das seine Hausaufgaben vergißt, muß dem Lehrer Rede und Antwort stehen.

Lassen Sie die Ungezogenheit des Kindes folgerichtig zu einem Ergebnis führen (*logische Konsequenzen*). Im Gegensatz zu natürlichen Folgen sind logische Konsequenzen eine Entscheidung des Vaters oder der Mutter. Wenn ein Kind z.B. etwas stiehlt, sollte der Elternteil dafür sorgen, daß es den Gegenstand in den Laden zurückbringt und sich dort entschuldigt. Das Kind, das sein Dreirad nicht wegräumt, darf am nächsten Tag nicht damit fahren.

Eine weitere logische Konsequenz für den Umgang mit einem Problem, das viele Familien mit einem hektischen Alltag kennen: Wenn die Kinder ihre Besitztümer in der Wohnung herumliegen lassen und sie nicht wegräumen, können Sie sie einsammeln und in einem Fach oder Schrank einschließen. Die Schranktür wird nur einmal in der Woche geöffnet – keine Ausnahmen, ganz gleich was sich gerade im Fach befindet.

Natürliche Folgen und logische Konsequenzen lehren die Kinder, daß ihre Handlungsweise zu einem bestimmten Ergebnis führt und daß sie die Möglichkeit haben, diese Ergebnisse zu ihrem Vorteil zu gestalten. Indem Sie den Kindern gestatten, diese Möglichkeit zu nutzen – zum Guten oder Schlechten (und mit der Zeit werden sie sie zunehmend zum Guten nutzen) –, helfen Sie ihnen, in ihrer eigenen Vorstellung zu wachsen und unabhängiger und selbstsicherer zu werden. Die Eltern müssen sich die wohlmeinende, aber irrige Ansicht abgewöhnen, Kinder müßten vor sich selbst »beschützt« werden. Durch solche Schutzmaßnahmen macht man sie hilflos und abhängig – das genaue Gegenteil dessen, was Sie eigentlich erreichen wollen.

Bestrafen Sie das Kind direkt für seine Ungezogenheit. Solche Strafen sollten sehr sparsam angewandt werden! Einige Beispiele:

Verhandeln: Einigen Sie sich mit dem Kind auf eine Strafe; lassen Sie es gelegentlich selbst eine Strafe wählen. Ich habe oft festgestellt, daß Kinder sich selbst gegenüber härter sind als ihre Eltern, wenn man ihnen die Entscheidung überläßt. Wenn dies der Fall ist, kann der Elternteil die selbstverordnete Strafe auf ein erträgliches Maß herabmildern.

Hausarrest: Diese Methode wirkt vor allem bei älteren Kindern, die ihren eigenen Freundeskreis haben. Hausarrest bedeutet, daß das Kind eine festgesetzte Zeitspanne lang nicht ausgehen darf. Wenn Sie es damit versuchen, legen Sie die Länge dieser Zeitspanne genau fest, und übertreiben Sie es nicht damit. Einen Monat Hausarrest zu verhängen steht in keinem Verhältnis zu dem ursprünglichen Vergehen und wird nur dazu dienen, während ebendieser Zeit einen Kleinkrieg zwischen dem Elternteil und dem Kind aufrechtzuerhalten.

Privilegien beschneiden: Hier geht es darum, dem Kind während einer bestimmten Zeit etwas zu verweigern, das es gerne tut, etwa fernsehen oder mit einem Lieblingsspielzeug spielen. Ein Privileg zu beschneiden steht allerdings in der Regel in keinem direkten Zusammenhang mit dem Verhalten des Kindes, und deshalb ist der Lerneffekt bei dieser Methode minimal.

 Eine Strafe festzulegen ist eine schwere Verantwortung. Wenn Sie etwas falsch machen, können Sie das Kind mit der Strafe selbst und Ihren Kommentaren so beschämen, daß es noch lange daran zu tragen hat oder emotionale Schäden davonträgt.

Nachdem der vierjährige Sam sich beim Einkaufen mit seinem Vater aus Versehen in die Hosen gemacht hatte, setzte der Vater ihn im Auto in einen Pappkarton. »Ich will nicht, daß du mein Auto versaust«, sagte er dazu. Sie können sich vorstellen, wie hilfreich und tröstlich etwas Freundlichkeit und Verständnis in einem so peinlichen Augenblick gewirkt hätten.

Wenn Sie eine Strafe festlegen, kommt es vor allem darauf an, sie an das Vergehen des Kindes anzupassen. Nehmen wir an, ein achtjähriges Mädchen zerbricht das Lieblingsspielzeug seines jüngeren Bruders, einen Tag vor dem Kinobesuch zu zweit, den seine Mutter ihm versprochen hat. Die erste Reaktion der Mutter ist nun vielleicht, den Kinobesuch mit der Tochter zu streichen. Das Problem dabei ist, daß diese Strafe zu hart ist und daß ihr das lehrreiche Element fehlt, das für eine wirkungsvolle Disziplinierung notwendig ist. In diesem Fall würde diese Maßnahme sogar besonders viel Schaden anrichten, denn sie würde das kleine Mädchen um etwas bringen, das es braucht – Zeit allein mit der Mutter. Viel wirkungsvoller wäre es, das Kind mit seinem Taschengeld ein Ersatzspielzeug kaufen zu lassen.

Viele Eltern verhängen ohne nachzudenken ihre Lieblingsstrafe oder auch die erste, die ihnen gerade einfällt, völlig unabhängig davon, was das Kind getan hat. Manchmal lassen sie sich von ihren Stimmungen leiten: je schlechter ihre augenblickliche Laune, desto härter die Strafe. Das Resultat solcher Gedankenlosigkeiten kann dann so aussehen, daß Johnny eine Woche Hausarrest aufgebrummt bekommt, als er seine Schwester das erste Mal schlägt, und dann dafür, daß er es ein zweites Mal tut, eine Viertelstunde in sein Zimmer geschickt wird.

Prügel und andere körperliche Strafen sind hier nicht als Beispiele aufgeführt. Der Grund dafür ist, daß sie nichts bewirken und auf die Dauer eine ganze Reihe neuer Probleme schaffen, die schwerer zu beheben sind als jede ursprüngliche Ungezogenheit. Geprügelte Kinder sind in größerer Gefahr, ihrerseits aggressiv zu werden, und die Wahrscheinlichkeit ist groß, daß sie einem Elternteil aus dem Weg zu gehen lernen, der ihnen körperliche und seelische Schmerzen zufügt. Durch Körperstrafen können Kinder vielleicht dazu gebracht werden, für den Augenblick zu gehorchen, aber sie lernen auch unangebrachte Methoden, mit ihrer Wut fertigzuwerden. Wenn sie ins Teenageralter kommen und zu alt sind, um noch verprügelt zu werden, können sie außerhalb jeder elterlichen Kontrolle geraten sein; unter Umständen sind sie ohne die Hilfe eines Fachmannes dann nicht mehr in der Lage, auf die elterlichen Disziplinierungsversuche überhaupt zu reagieren. Dazu kommt noch, daß die Kenntnisse über Kindesmißhandlung und die entsprechende Gesetzgebung heute an einem Punkt angelangt sind, an dem Eltern, die ein Kind verletzen – ganz gleich, ob sie nun die Hände, den Gürtel oder was auch immer dazu nehmen –, damit rechnen müssen, wegen Kindesmißhandlung angezeigt zu werden.

Kindliches Verhalten korrigieren

Wenn die Eltern ein Kind korrigieren, sollten sie ihr Augenmerk auf das Verhalten und nicht auf das Kind selbst richten. Sie sollten ihre Kommentare kurz und sachlich halten und dem Kind ins Gesicht sehen, während sie sprechen. Dabei können sie ruhig erklären, wie sie selbst über das Verhalten des Kindes denken. Sie sollten aber niemals Schimpfworte gebrauchen. Auch das Beschimpfen kann eine Form der Kindesmißhandlung sein, wenn man es zum Extrem treibt: In diesem Fall erwirbt und hält der Elternteil seine Machtposition einzig dadurch, daß er die Selbstachtung des Kindes untergräbt und Furcht verbreitet.

Ein Beispiel dafür, wie Sie ein Kind korrigieren können, das Sie angelogen hat: »Lügen ist falsch. Du weißt doch, eine der wichtigsten Regeln in diesem Haus ist es, immer ehrlich zu sein. Vertrauen beruht auf Ehrlichkeit. Ich bin enttäuscht, daß du gelogen hast, aber ich bin sicher, das nächste Mal machst du es besser.« Sie können die Lektion abschließen, indem Sie das Kind in den Arm nehmen oder ihm auf andere Weise Ihre Zuneigung zeigen und vielleicht eine der Methoden anwenden, die ich weiter oben beschrieben habe. Der Elternteil sollte nicht immer weiterreden: »Du bist einfach ein Lügner. Ich bin wirklich sehr enttäuscht von dir. Das ist diese Woche schon das dritte Mal, daß ich dich beim Lügen erwischt habe. Lügst du in der Schule eigentlich auch? Morgen gehe ich hin und rede mit deiner Lehrerin. Du darfst nie wieder lügen, hast du das verstanden?« Kein Kind kann diesem »nie wieder« gerecht werden.

Auch ihre Zuneigung sollten die Eltern nicht als Belohnung oder Strafe einsetzen. Die Kinder müssen wissen, daß sie von ihren Eltern bedingungslos geliebt werden, was auch geschieht, einfach weil sie ihre Kinder sind. Besonders wichtig ist dies gerade für Kinder geschiedener Eltern, weil viele von ihnen ohnehin schon mit der Furcht vor Verlassenwerden und Zurückweisung leben müssen. Die Eltern sollten niemals Bemerkungen wie diese machen: »Ich habe dich nicht mehr lieb, wenn du deine Schwester schlägst. Vielleicht werde ich dich später wieder liebhaben, wenn du damit aufgehört hast« oder »Wenn du jetzt dein Spielzeug aufräumst, nehme ich dich auch in den Arm.«

Im Idealfall sollten disziplinarische Maßnahmen so schnell wie möglich nach der Regelverletzung erfolgen. Vor allem kleine Kinder haben keinerlei Zeitgefühl; »morgen« ist für sie nicht allzu verschieden von »nächstes Jahr«. Zuerst aber sollten Sie dem Kind eine deutliche Warnung geben. Sagen Sie ihm, es solle mit seinem Verhalten aufhören, und erklären Sie,

was geschehen wird, wenn es weitermacht. Wenn zum Beispiel der dreijährige Kerry mit seinem neuen Spielzeugauto auf den Kaffeetisch trom-
melt, könnte die Mutter sagen: »Kerry, schlag bitte nicht auf den Möbeln
herum. Das gibt Kratzer.« Wenn er wieder damit anfängt, sagt die Mutter:
»Kerry, wenn du weiter so mit dem Auto spielst, muß ich es dir für eine Viertelstunde wegnehmen.« Danach sollte sie standhaft bleiben und ihre
Ankündigungen ausführen – sie sollte nicht mit Kerry verhandeln und ihm
auch keine weitere Chance geben.

Konsequenzen sollten konsequent gezogen werden. Wenn die Mutter Kerry sein Auto zurückgibt und er wieder beginnt, damit auf den
Möbeln herumzutrommeln, sollte sie die gleiche Maßnahme wiederholen
und dadurch zeigen, daß es ihr ernst ist. Wenn sie das nicht tut, wird er lernen, daß es sich lohnt, es darauf ankommen zu lassen.

Viele Eltern machen den Fehler, auf jedes Fehlverhalten ihrer Kinder mit der gleichen Heftigkeit zu reagieren, ob die Kinder nun auf die Ta-
pete kritzeln oder bei starkem Verkehr über die Straße rennen. Um eine
Wirkung zu erzielen, müssen die Eltern die Stärke ihrer Reaktion dem Vergehen anpassen; tun sie das nicht, werden ihre Kinder bald gar nicht mehr
zuhören.

Wenn die Mutter oder der Vater besonders ärgerlich auf das Kind
ist oder aber zu müde oder gehetzt, um sich mit seinem Verhalten angemessen auseinanderzusetzen, kann die Situation auch später noch besprochen werden. Es ist viel besser, sich ein paar Minuten oder sogar über Nacht
Zeit zu lassen und die Angelegenheit in Ruhe zu überdenken, als auf unfai-
re oder unbedachte Weise zu reagieren. Dabei sollte die Ungezogenheit des
Kindes nicht unkommentiert bleiben: »Janie, ich bin ziemlich ärgerlich auf
dich. Du weißt genau, wir haben die Regel, daß du mich nach der Schule an-
rufst und mir sagst, wo du hingehst. Ich muß immer genau wissen, wo du
bist, das ist wichtig für deine Sicherheit und meine Nervenruhe. Aber wir
haben einen langen Tag hinter uns, und ich versuche rechtzeitig das Abendessen fertigzukriegen. Wir werden uns später darüber unterhalten. Jetzt
deck bitte erstmal den Tisch.«

In diesem Fallbeispiel stellt die Mutter fest, daß die Hausordnung
gebrochen wurde, äußert ihre Empfindungen, erinnert ihre Tochter daran,
weshalb die geltenden Regeln wichtig sind, und stellt klar, daß das Problem
später noch besprochen werden wird. Es wäre sehr unfair gewesen, zuerst
nichts zu sagen und später am Abend oder am nächsten Tag über das Kind
herzufallen.

≡   Besondere Probleme geschiedener Eltern

Eine vernünftige Einstellung zur Disziplin sieht in jeder Familie gleich aus, ob an ihrer Spitze nun ein Elternpaar oder ein alleinerziehender Elternteil steht. Aber geschiedene Eltern, ob sorgeberechtigt oder nicht, sollten einige zusätzliche Punkte im Gedächtnis behalten.

● Schaffen Sie ein stabiles Zuhause für Ihre Kinder, in dem für regelmäßige Essens- und Schlafenszeiten gesorgt ist und in dem Regeln gelten, die Ihre Kinder kennen und verstehen.

● Ihre Wohnung braucht nicht auszusehen wie eine Seite aus dem Katalog eines Möbelhauses, aber versuchen Sie ein behagliches und einladendes Zuhause zu gestalten, in dem sich alle Familienmitglieder wohlfühlen. Sie könnten Einrichtungsgegenstände aus zweiter Hand kaufen und Ihren Kindern so etwas über Werte beibringen; Sie könnten auch ein Spiel aus Ihrer Suche nach wiederverwertbaren Gegenständen machen.

● Sie müssen Ihre Kinder auch weiterhin erziehen. Auch wenn Sie manchmal das Gefühl haben, daß Sie alle im selben Boot sitzen – Sie sind kein Altersgenosse Ihrer Kinder und sollten sich auch nicht so verhalten, als wären Sie es. Sie sind nach wie vor der Elternteil, und die Kinder brauchen Sie in dieser Eigenschaft. Aller Wahrscheinlichkeit nach waren Sie vor der Scheidung eine gute Mutter oder ein guter Vater; hören Sie also nicht auf, es zu sein. Ja, es kann durchaus sein, daß Sie jetzt mehr Zeit und Energie für Ihre Elternpflichten aufwenden müssen, aber Ihre Kinder brauchen Sie auch mehr als je zuvor.

● Wenn Sie müde oder gestreßt sind, geben Sie es sich selbst und den Kindern gegenüber zu. Aber versuchen Sie Ihren Erziehungsplan so weit wie irgend möglich durchzuhalten. Für den Erfolg ist es wichtig, daß Sie konsequent sind. Besonders aufmerksam sollten Sie sich selbst beobachten, wenn Sie unter starkem Druck stehen, damit Sie auch dann noch ruhig und vernünftig auf die Ungezogenheiten Ihrer Kinder reagieren können.

● Sie *können* nicht neben Ihrer eigenen Rolle auch noch die des abwesenden Elternteils spielen; versuchen Sie es also gar nicht erst. Wenn Sie vor der Scheidung derjenige Elternteil waren, der auf Disziplin Wert legte, während Ihr Partner lieber verhandelte, können Sie jetzt nicht beide Haltungen vertreten. Mit der Zeit werden Sie Ihren eigenen neuen Erziehungsstil finden.

- Schaffen Sie ein gutes Beispiel, indem Sie Ihren früheren Partner mit Respekt behandeln und indem Sie demonstrieren, daß Meinungsverschiedenheiten mit Worten und auf rationale Weise beigelegt werden können. Kinder, deren geschiedene Eltern ihre Konflikte fortführen, zeigen mehr Verhaltensauffälligkeiten; der größte Teil der elterlichen Aufmerksamkeit ist darauf gerichtet, den Ehekrieg aufrechtzuerhalten, nicht darauf, die Kinder zu erziehen. Viele Kinder reagieren auf diese Situation mit unerfreulichen Verhaltensweisen, mit denen sie die Erwachsenen zwingen wollen, sie zur Kenntnis zu nehmen.

- Arbeiten Sie in Fragen der Disziplin mit Ihrem früheren Partner zusammen. Ihre Kinder werden so weniger Schwierigkeiten haben, sich umzugewöhnen, wenn sie von einem Elternteil zum anderen wechseln. Versuchen Sie sich auf ein System von Maßnahmen für eine gute Disziplin zu einigen, zumindest was die Fragen betrifft, an denen Ihnen wirklich liegt, und erwägen Sie Möglichkeiten, Strafen, die von einem Elternteil verhängt wurden, durch den anderen weiterführen zu lassen. Wenn das Kind zum Beispiel eine Woche Hausarrest hat, könnte diese Strafe weiterbestehen, bis die Woche herum ist, gleichgültig bei welchem Elternteil sich das Kind gerade aufhält. Wenn Sie und Ihr früherer Partner sich nicht über Disziplinierungsmaßnahmen einigen können, geben Sie nicht auf. Wenn Sie fair, entschlossen und konsequent bleiben, werden Ihre Bemühungen bei den Kindern Wirkung zeigen. Sagen Sie ihnen auch, daß Sie von ihnen erwarten, sich in beiden Wohnungen an die Regeln zu halten.

- Bestrafen Sie die Kinder nie damit, daß Sie einen Besuch bei ihrem zweiten Elternteil oder anderen nahen Verwandten, etwa den Großeltern, streichen. Diese Strafe ist immer unfair und unangemessen. Sie hat zudem die Wirkung, daß der andere Elternteil oder die Verwandten ebenfalls bestraft werden, und verstößt unter Umständen sogar gegen die vereinbarten Besuchsregelungen. Eltern, die etwas Derartiges tun, suchen im Grunde wahrscheinlich nach einer Entschuldigung dafür, den anderen Elternteil von den Kindern fernzuhalten, und vermeiden es, sich mit ihren eigenen Gefühlen im Zusammenhang mit der Scheidung auseinanderzusetzen.

- Sagen Sie niemals zu einem ungezogenen Kind »Du bist genau wie deine Mutter oder wie dein Vater« oder dergleichen. Sie würden damit zu verstehen geben, daß mit dem anderen Elternteil etwas nicht stimmt. Ich habe an anderer Stelle schon erläutert, daß Sie die Beziehung der Kinder zu ihrem zweiten Elternteil unterstützen, nicht untergraben sollten.

- Sabotieren und kritisieren Sie niemals die Disziplinierungsmaßnahmen Ihres früheren Partners. Wenn er oder sie die Kinder wirkungsvoll diszipliniert, profitieren auch Sie davon.

- Geben Sie Ihre Verantwortung dafür, die Kinder zu disziplinieren, nicht an einen anderen Menschen ab, sei es nun Ihr ältestes oder fähigstes Kind oder ein neuer Partner. Diese Rolle müssen Sie als der Elternteil selbst übernehmen.

Die Unterstützung anderer in Anspruch nehmen

Schon lange bevor Annes Vater ihre Mutter verließ, hatte Anne ein eher kühles Verhältnis zu ihren Eltern gehabt. Der Vater war ein gewalttätiger Alkoholiker, und seine Frau und Tochter hatten gelernt, ihm aus dem Weg zu gehen, wenn sie sich nicht einer Ohrfeige oder einem Schwall von Beschimpfungen aussetzen wollten. Es gehörte nicht viel dazu, ihn zu reizen, und er konnte sich gleichermaßen übel aufführen, ob er nun beim Pferderennen Geld verloren oder einen schlechten Tag an seinem Arbeitsplatz erlebt hatte. Annes Mutter unternahm wenig, um sich oder ihre Tochter vor ihm zu schützen; sie war der Ansicht, damit würde sie nur noch mehr Ärger hervorrufen.

Als Anne in den Kindergarten kam, lernte sie eine ganz neue Welt kennen, und in der Schule fand sie einen sicheren Zufluchtsort vor ihrem chaotischen Zuhause. Die Erwachsenen, von der Rektorin bis zum Kantinenpersonal, waren warmherzige und freundliche Menschen, die immer ein nettes Wort für das fröhliche kleine Mädchen hatten. Anne blühte unter der Aufmerksamkeit, die man ihr entgegenbrachte, auf; sie schloß Freundschaft mit vielen Erwachsenen ihrer Umgebung, und dieses Talent behielt sie ihre ganze Schulzeit über. Als sie in der zweiten Klasse war, brachte ein Lehrer ihr seine eigenen Bücher mit und erlaubte ihr, sie zum Lesen mit nach Hause zu nehmen. Ein Jahr später ermutigte die Musiklehrerin sie, dem Schulchor beizutreten, und begann ihr außerhalb des Unterrichts kostenlose Gesangsstunden zu geben, als sie herausfand, daß Anne eine schöne Stimme hatte.

Je mehr Anne sich an die Menschen in ihrer Schule anschloß, desto distanzierter wurde sie zu Hause. An Feiertagen und in den Ferien, wenn sie nicht in die Schule gehen konnte, hatte sie das Gefühl, ihr Leben stehe inzwischen still.

Annes Vater verließ die Familie, kurz nachdem seine Tochter neun Jahre alt geworden war. Obwohl das Familienleben danach ruhiger und etwas berechenbarer verlief, war die Situation nach wie vor nicht erfreulich. So trostlos die Ehe auch gewesen war, Annes Mutter hatte sich in allem auf ihren Mann verlassen und kam nur mit Mühe allein zurecht. Von Anne wurde erwartet, daß sie den größten Teil der Zeit über für sich selbst sorgte – wie sie es im Grunde ja schon jahrelang getan hatte. Ihr Vater ließ wenige Monate nach der Trennung schon nichts mehr von sich hören.

Daß Anne Unterstützung bei anderen Erwachsenen fand, nachdem ihre Angehörigen sie so erbärmlich im Stich gelassen hatten, wirkte sich wie ein Schutzfaktor in ihrer Entwicklung aus.

Die meisten Kinder können von Kontakten mit anderen verläßlichen Menschen in ihrem Leben profitieren, ganz unabhängig davon, wie ihre häusliche Situation aussieht.

Ich hatte vor einiger Zeit das Vergnügen, auf einem langen Heimflug ein echtes Naturtalent in Aktion zu erleben. Ein Naturtalent nenne ich sie aus Bewunderung und als Tribut an ihre Fähigkeit, Menschen anzuziehen und freundliche, offene Reaktionen hervorzurufen.

Marissa, acht Jahre alt, war absolut frei von Berechnung oder Manipulation. Ein paar Minuten nach dem Start wandte sie sich an die Frau im Sessel links neben ihr und fragte leise: »Wie heißen Sie?« Im Lauf der Unterhaltung fand Marissa nicht nur den Namen der Frau heraus, sondern auch ihren Beruf, den Grund, weshalb sie die Stadt besucht hatte, die sie gerade verließen, und ihre Eindrücke von dieser Stadt – in der Marissa zu Hause war. Die Frau ihrerseits erfuhr Marissas Namen und Alter, ihre Lieblingsfächer in der Schule und ihren Zielort. Marissa erklärte, daß ihre Eltern geschieden waren und daß sie in den Osten flog, um die Verwandten ihres Vaters zu besuchen. Ihre Mutter hatte wieder geheiratet, und Marissa hatte eine vierjährige Halbschwester.

Als das Essen serviert wurde, schnitt die Frau ganz selbstverständlich das Fleisch für Marissa und half ihr, Butter auf ihr Brötchen zu streichen, als sie Schwierigkeiten mit den seltsam geformten Messern der Fluglinie hatte. Nach dem Essen suchte Marissa Block und Stifte heraus und malte Bilder für die Frau. Ganz offensichtlich entwickelte sich zwischen den beiden eine Freundschaft.

Marissas Vater war ebenfalls im Flugzeug, hatte aber so spät gebucht, daß er einen Sitz in einer Reihe weiter hinten hatte nehmen müssen. Aber auch wenn er neben seiner Tochter gesessen hätte, hätte sie sich vermutlich nicht anders verhalten. Diese Annahme bestätigte sich, als nach einer Zwischenlandung einige Plätze leer blieben, Marissa aber ihren Sitz neben der Frau beibehielt.

Angesichts von Marissas Geschicklichkeit, echte, wechselseitige Unterhaltungen mit Erwachsenen anzuknüpfen, und ihrer Unschuld und Unbefangenheit ist es recht wahrscheinlich, daß sie auch in Zukunft die nötige Aufmerksamkeit und Fürsorge von anderen Menschen erhalten wird. Nicht alle Kinder sind von Natur aus so liebenswert wie Anne und Marissa, aber die Eltern können es ihren Kindern ermöglichen, wertvolle Beziehungen zu den Erwachsenen in ihrem Leben zu entwickeln. Solche Kontakte helfen den Kindern, Erwachsenen wieder vertrauen zu lernen, geben ihnen neben den Eltern zusätzliche Rollenmodelle und erleichtern dem sorgeberechtigten Elternteil die Bürde, seinen Kindern gegenüber alle möglichen Rollen übernehmen zu müssen.

Wer also sind nun diese »anderen« Erwachsenen? Zu ihnen kann fast jeder Mensch zählen, zu dem die Kinder eine feste Beziehung haben – Großeltern, Onkel, Tanten und Cousins auf beiden Seiten der Familie, enge Freunde und Nachbarn der Eltern, Pfarrer, Lehrer, Ärzte, Babysitter und so weiter. Vielleicht haben Ihre Kinder schon erwachsene Freunde, von denen Sie nicht einmal wissen; die Entscheidungen von Kindern können manchmal unberechenbar und überraschend sein.

Ich kenne einen zehnjährigen Jungen, der sehr an dem Fahrer seines Schulbusses hing. Der Junge war das erste Kind, das morgens in den Bus ein-, und das letzte, das nachmittags ausstieg, und auf der langen Fahrt über das flache Land hatten er und der Fahrer reichlich Zeit, um sich zu unterhalten und Scherze zu machen. Nachdem die Eltern des Jungen sich hatten scheiden lassen und der Vater fortgezogen war, wurde der Fahrer für ihn zu einer Art Ersatzvater. Die beiden verbrachten an Schultagen nur jeweils eine Stunde zusammen, aber das vertraute Gesicht war ein sicherer und tröstlicher Faktor im Leben des Jungen.

Warum Freunde und Verwandte für Kinder wichtig sind

Die Verwandten und Freunde jedes scheidungswilligen Paares haben ihre ganz eigene Art, auf die Scheidung zu reagieren. Manche Menschen stellen sich offen auf die Seite des Partners, mit dem sie verwandt sind oder zu dem sie das engere Verhältnis haben; andere wählen gerade den Partner, mit dem sie nicht verwandt sind (selbst Eltern eines der Eheleute können eine solche Entscheidung treffen). Manche Menschen gehen beiden aus dem Weg, weil sie sich nicht auf eine Seite stellen wollen, oder sie behaupten nicht zu wissen, was sie zu der ganzen Angelegenheit sagen sollen. Vielleicht fürchten sie insgeheim auch, sie könnten in irgendeiner Weise »angesteckt« werden.

Man kann viel Zeit damit verschwenden, die wahren Motive hinter den Reaktionen anderer Menschen ermitteln zu wollen. Am besten gehen Sie mit einer solchen Situation um, indem Sie selbst die Kontrolle übernehmen. In den vorangegangenen Kapiteln habe ich schon betont, daß Sie den Menschen, die im Leben Ihrer Kinder eine Rolle spielen, von Ihrer Scheidung erzählen sollten, sobald der Entschluß zu ihr gefaßt ist. Je nachdem, wie Ihre Beziehung zu jedem einzelnen dieser Menschen aussieht, wird Ihnen dies einige Verlegenheit im Umgang mit Leuten ersparen, die die Neuigkeit sonst durch Gerüchte oder über die Kinder erfahren hätten; es wird zeigen, daß Sie mit Ihrer Entscheidung einigermaßen ruhig leben können und daß Sie Ihr Leben wieder in Gang bringen wollen, und es wird den Ton Ihres weiteren Umgangs miteinander vorgeben. Sie schaffen so auch die Möglichkeit, darüber zu sprechen, wie andere Menschen Ihnen und den Kindern in dieser schwierigen Zeit zur Seite stehen können.

Es ist schon deshalb wichtig, daß Sie sich offen mit den Verwandten Ihres früheren Partners verständigen, weil so auch Ihre Kinder den Kontakt zu ihnen aufrecht halten können. Einer der schlimmsten Fehler, die geschiedene Eheleute machen können, ist es, die Verwandten des ehemaligen Partners aus dem Leben der Kinder auszuschließen. Es ist nicht nur unfair; es beraubt sie auch eines konstanten Elementes in ihrem Leben und einer möglichen Quelle emotionaler Unterstützung.

Die meisten eben geschiedenen Eltern stellen fest, daß viele ihrer Verwandten und Freunde gern bereit sind zu helfen, wenn man ihnen genau sagt, wie sie helfen können. Vielleicht könnten sie die Kinder einmal in der Woche zum Essen einladen, zum Beispiel an einem Samstagmittag in die Lieblingspizzeria, gelegentlich am Wochenende babysitten, Ausflüge veranstalten, zum Beispiel in den Zoo oder ins Kino, oder sie könnten zu den Schulsportfesten erscheinen. Wie diese Ausflüge genau aussehen, ist weniger wichtig als daß sie regelmäßig stattfinden.

Die Eltern brauchen keine Schuldgefühle zu haben, weil sie die Hilfe von Freunden und Verwandten in Anspruch nehmen. Dies bedeutet nicht, daß sie »die Kinder bei jemandem abladen, der dann kostenlos Babysitter spielen darf«, wie es jemand mir gegenüber einmal ausgedrückt hat; es ist eine wichtige Gelegenheit für die Kinder, Verbindungen zu anderen vertrauenswürdigen und verläßlichen Erwachsenen anzuknüpfen oder zu festigen. Die Kinder bekommen so auch eine Chance, über Dinge zu sprechen, die sie aus irgendwelchen Gründen nicht mit ihren Eltern besprechen wollen – vielleicht weil sie befürchten, sie könnten sich einen von ihnen entfremden oder sie würden einen Elternteil zusätzlich belasten, der ohnehin schon unter Streß steht.

So fiel es zum Beispiel der zehnjährigen Tina schwer, mit der Scheidung ihrer Eltern fertigzuwerden. Sie schwankte zwischen dem Gefühl, ihren Vater vertrieben zu haben, weil er über ihre Lernbehinderung so enttäuscht gewesen war, und Ärger darüber, daß ihre Mutter ihn nicht hatte zurückhalten können. Aber Tina wandte sich mit diesen Empfindungen nicht an ihre Mutter, die über die Scheidung selbst noch nicht hinweggekommen war. Bei einer Tante, die Tina sehr viel bedeutete, fand sie Gelegenheit, ihren Gefühlen Luft zu machen; die Tante erklärte ihr auch, daß die Eltern sich einzig deshalb hatten scheiden lassen, weil sie einander nicht mehr liebten.

Wenn Freunde und Verwandte eine Hilfe und nicht eine zusätzliche Belastung sein wollen, sollten sie folgende Regeln beachten:

- Sie sollten den zweiten Elternteil niemals in Hörweite der Kinder heruntermachen. Selbst ganz beiläufige Bemerkungen oder Kommentare, die das Kind eigentlich trösten sollten, können verletzend wirken, etwa »Jetzt, wo dein Vater fort ist, bist du viel besser dran« oder »Ich habe deine Mutter sowieso nie besonders gemocht«.

- Sie sollten es vermeiden, in einer Weise über die Scheidung oder einen der beiden Partner zu sprechen, die vermuten läßt, sie ergriffen Partei. Statt dessen sollten sie alles tun, um den Kindern in ihrem Bedürfnis zu helfen, beiden Eltern gegenüber loyal zu bleiben.

- Sie sollten die Kinder nicht über das Privatleben eines der Elternteile ausfragen. Es spricht nichts dagegen, Fragen zu stellen wie »Und wie geht es deiner Mutter inzwischen?« oder »Ich habe gehört, dein Papa hat eine neue Stelle. Gefällt es ihm dort?«. Solche Fragen geben den Kindern die Chance, auf positive Art über ihre Eltern zu sprechen. Gefährlich wird es erst, wenn man über die normale Konversation hinausgeht, um persönliche Einzelheiten zu erfahren, nach unerfreulichen Details zu forschen oder Indizien dafür zu sammeln, daß ein Elternteil mit seiner Rolle oder seinem Leben nicht fertig wird. Beispiele für solche unangebrachten Fragen wären etwa: »Ich habe gehört, deine Mutter hat zur Zeit ganz schöne Probleme«, »Und geht dein Vater jetzt wieder mit einer Frau aus?«

- Sie sollten den Kindern erlauben, über ihre persönlichen Empfindungen zu sprechen, sie aber nicht dazu drängen, wenn sie nicht wollen. Wenn die Kinder reden wollen, fahren Sie am besten, wenn Sie Einfühlungsvermögen zeigen: »Ich habe das Gefühl, irgendwas macht dir Schwierigkeiten, Nicki. Du wirkst zur Zeit so bedrückt.« »Ja, ich bin sicher, daß dein Vater dir furchtbar fehlt. Es muß dich sehr traurig machen, wenn du bei ihm sein willst und das einfach nicht geht.«

- Sie sollten mit den Kindern auch in Zukunft so umgehen, wie Sie es früher getan haben, und nicht anfangen, nur der Scheidung wegen mit Schwierigkeiten zu rechnen. Die Kinder sind nach wie vor die einzigartigen Individuen, die sie vor dem Auseinanderbrechen ihrer Familie waren, und sollten weiterhin so behandelt werden.

- Sie sollten das Vertrauen respektieren, das die Kinder Ihnen mit ihren Mitteilungen erweisen. Fürchten zu müssen, daß andere Erwachsene den Eltern weitererzählen werden, was sie von den Kindern gehört haben, macht einen Teil der Vorteile zunichte, die die Kinder aus dem Umgang mit Erwachsenen außerhalb des unmittelbaren Familienkreises ziehen könnten. Vor allem wird es ihnen einen Verdacht bestätigen, den viele Kinder geschiedener Eltern hegen – daß Erwachsenen nicht zu trauen ist. Wenn ein Problem so ernster Natur ist, daß der erwachsene Freund des Kindes meint, es dem Elternteil mitteilen zu müssen (etwa gesundheitliche Schäden), sollte der Erwachsene dem Kind erklären, weshalb die Mutter oder der Vater in diesem Fall Bescheid wissen sollte, und das Kind ermutigen, das Problem zu Hause selbst anzusprechen. Wenn dies nicht möglich ist und der Erwachsene den Elternteil selbst informiert, sollte dieser es so einzurichten versuchen, daß das Kind von allein auf das Thema zu sprechen kommt, und seine Informationsquelle nach Möglichkeit für sich behalten.

Verwandte

Großeltern

Die Großeltern auf beiden Seiten der Familie können für geschiedene Eltern und ihre Kinder zu einem wahren Glücksfall werden. Sie können diese Familienbande besser nutzen, wenn die Kinder schon vor der Scheidung eine enge Beziehung zu ihren Großeltern hatten, aber auch nachträglich lohnt es sich für alle Seiten noch, ein solches enges Verhältnis aufzubauen. Wenn Sie es zulassen, daß diese Beziehungen gepflegt und ausgebaut werden, erweitern und festigen Sie den Familienkreis Ihrer Kinder und ihr Verständnis für ihre Familiengeschichte, entledigen sich eines Teils Ihrer eigenen Bürde und schaffen Anlässe für Erinnerungen, die allen Seiten später noch viel Freude machen werden. Vor allem Jungen scheinen von einem engen Verhältnis zu ihren Großvätern zu profitieren. Leider geht aus Untersuchungen hervor, daß sich die meisten Eltern nur in Krisensituationen an die Großeltern wenden.

Oft sind die Großeltern weniger gehetzt und haben mehr Zeit für die Kinder übrig als der sorgeberechtigte Elternteil. Manchmal stehen sie auch finanziell besser da und sind in der Lage, den Kindern etwas Besonderes zukommen lassen, für das den Eltern das Geld fehlt, zum Beispiel Ballettstunden oder eine Reise. Umgekehrt hilft es den Kindern, seelisch zu reifen und Wechselbeziehungen innerhalb der Familie schätzen zu lernen, wenn sie ihren alternden Großeltern bei Besorgungen oder der Hausarbeit helfen.

Wenn eine Familie durch eine Scheidung gespalten wird, stellen manche Großeltern sich hinter das eigene Kind, manche aber auch auf die Seite von Schwiegersohn oder -tochter. Es ist ein höchst menschliches Bedürfnis, sich auf eine von zwei Seiten schlagen zu wollen, und es wäre unrealistisch, vollkommene Neutralität zu erwarten. Nichtsdestoweniger müssen die Eltern beim Umgang zwischen Großeltern und Enkeln darauf bestehen, daß die Großeltern ihre Ansichten über die Scheidung für sich behalten und sich an die oben aufgeführten Regeln halten. Wenn sie versuchen, die Kinder gegen einen Elternteil aufzuhetzen, oder sich auf eine Weise verhalten, die diese Wirkung erzielen könnte, müssen die Besuche unter Umständen beaufsichtigt oder ganz abgebrochen werden. Bevor die Eltern allerdings einen so drastischen Schritt unternehmen, sollten sie die Großeltern warnen und ihnen erklären, daß ihre Worte und Handlungen letzten Endes den Kindern schaden, nicht dem Elternteil, dem die Erbitterung der Großeltern gilt.

Manchmal vermeiden auch die Großeltern selbst nach der Scheidung den Kontakt mit ihren Enkeln. Vielleicht wollen sie nichts mit dem Elternteil zu tun haben, bei dem die Kinder leben; vielleicht glauben sie auch, die Scheidung habe die Familienbande aufgelöst. Wie ihre Gründe auch immer aussehen mögen, die Eltern sollten sie wissen lassen, daß die Türen noch offen stehen und daß die Großeltern jederzeit willkommen sind, wenn sie ihre Meinung ändern sollten. Zugleich sollten die Kinder ermutigt werden, Geburtstagsgrüße und Urlaubspostkarten zu schicken und ihre Großeltern zu Familienfesten einzuladen.

Andere Verwandte

Auch Tanten, Onkel und andere Verwandte der Eltern können im Leben der Kinder wichtige Rollen spielen. Wenn sie regelmäßig mit ihnen zu tun haben, werden die Kinder lernen, daß sie über ein Netzwerk geliebter Menschen verfügen, auf die sie sich verlassen und an die sie sich bei Bedarf wenden können. Besonders wichtig ist dies insofern, als es ihnen ein gewisses Gefühl von Sicherheit geben kann, während sie noch versuchen, die Nachwirkungen der Scheidung zu verarbeiten.

In den erwachsenen Mitgliedern der erweiterten Familie können die Kinder auch zusätzliche Rollenmodelle finden. Vor allem für die Entwicklung kleiner Kinder spielen Vorbilder ihres eigenen Geschlechts eine wichtige Rolle. Wenn die entsprechenden Erwachsenen selbst Familien haben, können sie die Kinder vielleicht in ihre Unternehmungen mit einbeziehen.

Aufgrund der Familienbande und der gemeinsamen Wurzeln können Vettern und Cousinen besonders gute Spielgefährten abgeben. In aller Regel kommt Verlegenheit zwischen ihnen gar nicht erst auf, weil sie sich fast von Geburt an kennen.

≡ Freunde

Viele Paare, vor allem Paare, die keine Verwandten in unmittelbarer Nähe haben, schließen enge Freundschaften mit anderen Menschen, die damit zu einer Art erweiterter Ersatzfamilie werden. Auch wenn eine der Familien durch eine Scheidung auseinandergerissen wird, können die Kinder unter Umständen noch wechselseitige Besuche machen und an den Unternehmungen der Gruppe beteiligt werden. Die Eltern sollten ihr Unbehagen und ihren eigenen Wunsch, für sich zu bleiben, zu überwinden versuchen und alles in ihrer Macht Stehende tun, um diese wichtigen und lohnenden Beziehungen am Leben zu halten. Enge Freunde der Eltern können für die Kinder die Stelle von Onkeln und Tanten einnehmen.

Eine weitere wichtige Quelle von Trost und Kontinuität stellen die Freunde der Kinder selbst dar. Wenn Kinder älter werden, spielen ihre Freunde eine zunehmend wichtigere Rolle in ihrem Leben, und es ist völlig normal, wenn ein Kind sich mit einem Problem oder auch einer guten Nachricht zuerst lieber an einen Freund wendet, bevor es sich seinen Eltern anvertraut. Sie können sich darauf verlassen, daß Ihre Scheidung und die Reaktionen Ihrer Kinder darauf eines von vielen Dingen sind, die sie mit Freunden besprechen werden wollen.

Die Eltern können diesem Bedürfnis ihrer Kinder nach Unterstützung durch gleichaltrige Gefährten entgegenkommen, indem sie dafür sorgen, daß die Kinder genügend Zeit für ihre Freunde und für die Teilnahme an organisierten Gruppen und Aktivitäten haben. Der Alltag der Kinder sollte nicht mit einer unrealistischen Menge von Haushaltsarbeiten oder anderen Pflichten ausgefüllt sein, die sie noch gar nicht bewältigen können. Die Beziehungen zu anderen Menschen, die sie jetzt entwickeln, werden sie soziale Fähigkeiten lehren, die sie ihr ganzes Leben lang brauchen.

Vielleicht gibt es sogar noch eine weitere Möglichkeit, Kinder mit Gleichaltrigen in Kontakt zu bringen: über Diskussionsgruppen eigens für Kinder geschiedener Eltern, geleitet von einem dafür ausgebildeten Lehrer oder einem anderen Fachmann, wie sie in den Vereinigten Staaten von manchen Schulen angeboten werden. Sie könnten sich bei der Schule Ihrer Kinder erkundigen, ob es dort etwas Vergleichbares gibt. Ein achtjähriger Junge, der an einem solchen Angebot teilgenommen hatte, erzählte mir einmal: »Es ist ein tolles Gefühl, wenn man mit anderen Kindern reden kann, die auch geschiedene Eltern haben. Ich hatte schon gedacht, ich wäre der einzige, der immer noch nachts weint, weil er seinen Vater so vermißt.«

≡   Lehrer

Unter der Woche verbringen viele Kinder einen größeren Teil ihres Tages in der Schule und in Betreuungseinrichtungen als zu Hause. Die Art, wie man ihnen dort begegnet, kann einen ungeheuren Einfluß auf ihre Entwicklung haben, vor allem im Hinblick auf ihre Selbstachtung, ihre Bereitwilligkeit zu lernen und ihre Fähigkeit, mit anderen Menschen auszukommen. Die Schule ist eine klar gegliederte und vorausberechenbare Einrichtung und hat damit das Potential, dem Kind ein Gefühl von Sicherheit zu vermitteln, das es zu Hause vielleicht nicht vorfindet – wie im Leben von Anne, dem kleinen Mädchen, dessen Fall zu Beginn dieses Kapitels geschildert wurde.

Wenn ein Ehepaar sich trennt und irgendwann scheiden läßt, sollten die Lehrer der Kinder so bald wie möglich unterrichtet werden. Viele erfahrene Lehrer merken, daß etwas nicht stimmt, noch bevor sie den genauen Grund erfahren. (Wenn die Familie nach der Scheidung umgezogen ist, sollten auch die neuen Lehrer informiert werden.) Im Idealfall sollten die Eltern jeweils gemeinsam mit den Lehrern sprechen. Damit demonstrieren sie eindrücklich, daß ihnen die Ausbildung ihrer Kinder wichtig ist. Wenn ein gemeinsames Auftreten unmöglich ist, sollten sich die Eltern getrennte Termine geben lassen – wichtig ist vor allem, daß die Lehrer *beide* Eltern kennenlernen.

Einige der wichtigsten Punkte, über die Sie sich mit den Lehrern unterhalten sollten:

- Verschaffen Sie den Lehrern eine Vorstellung von der familiären Situation – bei wem das Kind wohnt, welche Schwierigkeiten es unter Umständen haben könnte, ob sie in einem Zusammenhang mit der Scheidung stehen oder nicht und so weiter.

- Weisen Sie auf die schulischen Stärken des Kindes hin, so daß der Lehrer versuchen kann, auf ihnen aufzubauen. Wenn Sie die Stärken des Kindes besonders betonen, vermitteln Sie den Lehrern eine Vorstellung von einem erfolgreichen und optimistischen Kind.

- Bitten Sie die Lehrer, Sie über Lernschwierigkeiten oder Veränderungen im Verhalten des Kindes zu informieren, sobald sie sie bemerken. Je früher Eltern und Lehrer in solchen Fällen eingreifen können, desto wahrscheinlicher ist es, daß die Kinder sich noch umstellen können.

- Versuchen Sie die Selbstachtung Ihrer Kinder zu stärken, indem Sie die Lehrer bitten, ihnen auf diesem oder jenem Gebiet Verantwortung zu übertragen. Weisen Sie auch auf spezielle Interessen und Fähigkeiten Ihrer Kinder hin, auf die der Lehrer zurückgreifen und mit deren Hilfe er dem Kind Gelegenheit geben kann zu glänzen. So war zum Beispiel die neunjährige Kee künstlerisch begabt, und ihr Klassenlehrer bat sie, ihm bei der Gestaltung der Anschlagtafeln im Klassenzimmer zu helfen. Nach der Scheidung seiner Eltern hatte der siebenjährige J. J. Schwierigkeiten, lange Zeit stillzusitzen. Sein Lehrer übertrug ihm die Aufgabe eines »Briefträgers« zwischen Klassenzimmer und Sekretariat, so daß er von Zeit zu Zeit eine Pause machen konnte. J. J. fühlte sich als etwas Besonderes, weil er für diese Aufgabe ausgewählt worden war.

- Ermutigen Sie die Lehrer, Ihrem Kind auch einmal etwas Extrazeit oder -aufmerksamkeit zu widmen, wenn es unglücklich oder verstört wirkt.

- Lassen Sie sich zusammen mit Ihrem früheren Partner Termine für die Elternsprechstunde geben. Wenn er oder sie sich mitzukommen weigert, teilen Sie dies den Lehrern mit, damit sie spezielle Termine ausmachen können. Erkundigen Sie sich nach den rechtlichen Aspekten – wenn Sie der nicht sorgeberechtigte Elternteil sind, können Sie sich nur mit Zustimmung des Sorgeberechtigten *direkt* an die Lehrer wenden.

- Erkundigen Sie sich bei den Lehrern oder bei der Schulverwaltung, ob es an der Schule besondere Angebote für Kinder geschiedener Eltern gibt.

- Wenn Sie es nicht ohnehin schon getan haben, ziehen Sie Erkundigungen über sportliche, musikalische, künstlerische oder andere Programme ein, die die Schule für Kinder anbietet. Solche Unternehmungen außerhalb des Unterrichts geben den Kindern zusätzlich Gelegenheit, sich neue Fähigkeiten anzueignen, mit anderen in Kontakt zu kommen und mit Stolz ihre Talente vorzuführen. So verringert sich die Gefahr, daß sie Verhaltensauffälligkeiten entwickeln.

- Auch wenn der nicht sorgeberechtigte Elternteil weit entfernt lebt, sollte er sich die Mühe machen, die Lehrer seiner Kinder kennenzulernen. Er sollte sich auch erkundigen, ob die Lehrer bereit sind, ihn per Telefon über die Fortschritte der Kinder auf dem laufenden zu halten.

Es ist durchaus möglich, daß es den Eltern schwerfallen wird, mit der nötigen Offenheit mit den Lehrern ihrer Kinder zu sprechen. Dabei sollten sie aber im Gedächtnis behalten, daß die meisten Lehrer durchaus daran gewöhnt sind, mit Kindern geschiedener Eltern zu tun zu haben, und sich oft sogar die Mühe machen, ihnen besonders freundlich und verständnisvoll zu begegnen. Aufgrund ihrer Ausbildung sind Lehrer zudem oft besonders klarsichtig und objektiv, wenn es darum geht, das Verhalten eines Kindes richtig einzuschätzen und den Eltern vernünftige Empfehlungen zu geben. Wenn also ein Lehrer anregt, das Kind brauche eine psychologische Beratung, sollten die Eltern nicht gekränkt reagieren: vermutlich handelt es sich dabei um einen befolgenswerten Rat.

Nichtsdestoweniger müssen die Eltern auch auf die (hoffentlich) rare Spezies von Lehrern gefaßt sein, die tatsächlich ein Vorurteil gegen Kinder aus Scheidungsfamilien haben und sie von vornherein als Problemkinder betrachten. Solche Lehrer werden vermutlich auch geringere schulische Leistungen von ihnen erwarten, und wenn es Probleme gibt, besteht die Gefahr, daß sie sie mit einem »Was soll man von Kindern aus kaputten Familien auch anderes erwarten?« vom Tisch fegen. Wenn die Eltern Grund zu der Annahme haben, daß ihre Kinder an einen solchen Lehrer geraten sind, sollten sie das Problem der Schulleitung gegenüber ansprechen. Unter Umständen kann es nötig werden, das Kind in eine andere Klasse zu versetzen.

Wenn die Schule dem Kind nicht die nötige Unterstützung gewähren kann, sollten die Eltern die Initiative ergreifen und ihre Anliegen vortragen. Ich kenne eine Mutter eines körperlich schwer behinderten Kindes, die eng mit der Schule zusammenarbeitete, um ihrem Sohn die nötige Hilfe und Aufmerksamkeit zukommen zu lassen. Der Junge schloß Freundschaften mit mehreren Lehrern und Verwaltungsangestellten der Schule, was seiner Selbstachtung den Auftrieb gab, den er brauchte, und seine Noten wurden zusehends besser. Als die Schule die gewährte Unterstützung wieder einstellen wollte, wandte sich die entschlossene Mutter an einen Anwalt, um mit seiner Hilfe zu beweisen, daß diese Angebote ihrem Sohn genützt hatten und daß sie auch weiterhin gebraucht wurden. Was der Mutter an Geld und Ausbildung fehlte, machte sie dadurch wett, daß sie sich über die Rechte ihres Sohnes gründlich informierte und daß sie keine Angst davor hatte, die Möglichkeiten des Systems in seinem Interesse zu nutzen.

Die Eltern müssen ihrerseits bereit sein, den Lehrern auf halber Strecke entgegenzukommen. Lehrer sind keine Ersatzeltern und können keine Lücken füllen, die durch unzureichende elterliche Fürsorge entstanden sind. Die Kinder sollten ausgeruht, gewaschen, mit einem Frühstück im

Magen und gut gekleidet in die Schule kommen und für alles vorbereitet sein, was der Tag bringen wird. Dazu ist es erforderlich, daß die Eltern durch ihre Einteilung des Tages dafür sorgen, daß die Schularbeiten für die Kinder an oberster Stelle stehen können und daß die Kinder rechtzeitig ins Bett gehen und morgens genug Zeit haben, um zu frühstücken und sich für den Tag fertigzumachen. Ich kenne viele Lehrer, die sich über die zunehmend höhere Zahl von Kindern beklagen, die morgens hungrig, müde und schlecht angezogen zum Unterricht erscheinen. Sie sind so nicht in der richtigen Verfassung, um einen Tag voll anstrengender Arbeit hinter sich zu bringen.

≡ Beziehungen erleichtern

Es folgen einige Vorschläge, wie Verwandte und Freunde die Kinder in ihrer Zuneigung und Zugehörigkeit zu dem anderen Elternteil unterstützen können. (Vielleicht können Sie Photokopien für sie herstellen.)

Zu empfehlen	Zu vermeiden
1. Stellen Sie Fragen über das Leben der Eltern.	1. Machen Sie in Gegenwart der Kinder keine abfälligen Bemerkungen über den zweiten Elternteil.
»Wie gefällt deinem Vater seine neue Stelle?« *»Freut deine Mutter sich auf den Umzug in die neue Wohnung?«*	*»Deine Mutter hat über andere Leute doch nie etwas Nettes zu sagen.«* *»Ist dein Vater eigentlich wenigstens einmal zu einem von deinen Basketballspielen gekommen?«*
2. Ermuntern Sie sie, über ihre Empfindungen zu sprechen.	2. Wenn die Kinder ihre Gedanken und Gefühle nicht mit Ihnen teilen wollen, drängen Sie sie nicht dazu.
»Ich habe das Gefühl, irgend etwas macht dir Sorgen.« *»Du bist ein bißchen zerstreut heute, kann das sein?«*	*»Nun mach doch endlich den Mund auf.«* *»Du behältst eine ganze Menge für dich, das merke ich doch.«*

Zu empfehlen

3. Zeigen Sie Verständnis für ihre Empfindungen.

»Ich wäre auch ärgerlich, wenn ich das Gefühl hätte, meine Mutter hört mir überhaupt nicht zu.«
»Ich verstehe genau, warum du dich manchmal einsam fühlst.«

4. Ermutigen Sie die Kinder durch offene Fragen oder Kommentare dazu, über ihr Leben zu sprechen.

»Deine Mutter hat mir erzählt, du hast ein erstklassiges Biologiereferat abgeliefert. Wie bist du eigentlich auf diese Idee gekommen?«
»Ich habe gehört, du gehst mit deiner Jugendgruppe zum Zelten. Was habt ihr euch für die Woche denn alles vorgenommen?«

5. Verabreden Sie sich mit den Kindern zu Unternehmungen, die ihnen Spaß machen.

6. Respektieren Sie das Recht der Kinder auf Vertraulichkeit.

Zu vermeiden

3. Sagen Sie den Kindern nicht, wie sie sich fühlen sollten.

»Ich weiß wirklich nicht, was so schlimm daran sein soll, mit deinem Bruder das Zimmer zu teilen. Ihr werdet jede Menge Spaß miteinander haben.«

4. Verbringen Sie die Zeit mit den Kindern nicht damit, daß Sie die Unterhaltung ganz allein bestreiten oder ständig die Richtung des Gesprächs vorgeben.

5. Versprechen Sie den Kindern nicht, daß Sie sich mit ihnen treffen werden, wenn Sie nicht sicher sind, daß Sie die Verabredung einhalten können.

6. Erzählen Sie den Eltern nicht weiter, was Sie von den Kindern erfahren haben – es sei denn, ihr Wohlergehen ist ernstlich gefährdet.

Warnsignale: Wann Sie einen Fachmann zu Rate ziehen sollten

Während Sie die Reaktionen Ihrer Kinder auf Ihre Trennung und Scheidung von Ihrem Partner beobachten, müssen Sie sich unbedingt davor hüten, ständig mit dem Schlimmsten zu rechnen. Wenn Sie pausenlos auf der Lauer liegen und darauf warten, daß sich Probleme zeigen, werden Sie höchstwahrscheinlich welche finden – vielleicht sogar ein paar verursachen. Die meisten Kinder finden sich mit der Zeit und unter den Voraussetzungen, die in diesem Buch behandelt werden, sehr gut mit der neuen Situation in der Familie ab. Wenn Sie den Eindruck haben, Ihre Kinder hätten Schwierigkeiten, müssen Sie sich ins Gedächtnis rufen, daß diese Schwierigkeiten vielleicht gar nichts mit Ihrer Scheidung zu tun haben – es ist gut möglich, daß sie einfach ein natürlicher Bestandteil des Heranwachsens sind. Sie sollten auf jeden Fall zunächst einmal davon ausgehen, daß Ihre Kinder völlig normal sind. Nichtsdestoweniger kann es nicht schaden, wenn Sie zwischen normalen Reaktionen, wie Sie sie nach einer Scheidung von Ihren Kindern erwarten dürfen, und einem Verhalten unterscheiden können, das vielleicht wirklich die Hilfe eines Kinderarztes oder eines Psychologen erfordert.

Ab Seite 66 habe ich erörtert, weshalb es normal und gesund ist, wenn Scheidungskinder den fehlenden Elternteil vermissen und sich nach der Familie zurücksehnen, in der sie einmal gelebt haben. Vielleicht geben sie auch vor, der abwesende Elternteil sei noch da, oder spinnen Tagträume um den Gedanken, die Familie sei wieder »vollständig«. Über ihre Erinnerungen zu sprechen und ihren Gefühlen Ausdruck zu verleihen ist eine gute Therapie für die Kinder, nicht etwas, das man unterbinden sollte. Die Eltern sollten sich an solchen Gesprächen beteiligen; sie sollten sich Mühe geben, keine herabsetzenden Bemerkungen über den früheren Partner zu machen und den Kindern nicht das Gefühl vermitteln, ihre Tränen und Befürchtungen seien »schlecht« oder albern.

Es kann recht hilfreich sein, wenn man sich darüber im klaren ist, daß alle Kinder gelegentlich berechnende kleine Teufel sind, deren einziger Daseinszweck es zu sein scheint, ihre Eltern zur Verzweiflung zu treiben. Ich habe festgestellt, daß geschiedene Eltern dann besonders empfindlich auf dieses Talent reagieren, wenn die Kinder es dazu nutzen, die Eltern gegeneinander auszuspielen oder sich ihre Schuldgefühle zunutze zu machen. Solche Manipulationsversuche sind völlig normal und können durchaus unter Kontrolle gebracht werden. Verräterisch sind Bemerkungen wie die folgenden:

- »*Wieso darf ich nicht bis zehn Uhr aufbleiben? Papa läßt mich immer aufbleiben, wenn ich bei ihm zu Besuch bin.*«
- »*Mama kauft mir schönere Sachen als du.*«
- »*Papi hat gesagt, du gehst bestimmt nicht mit mir in den Zoo. Er sagt, für sowas hast du doch sowieso nie Zeit.*«
- »*Bei Mama habe ich immer viel mehr Spaß. Ihr neuer Freund hat ein tolles Cabrio, und er nimmt uns jedesmal mit, wenn er damit fährt.*«

Mit einer Dosis Humor erreichen Sie sehr viel mehr, als wenn Sie auf derlei mit ärgerlichen Kommentaren oder einem Gefühl der Beklemmung in der Magengrube reagieren. Die Eltern brauchen solche Mitteilungen nicht zu ignorieren, aber sie sollten sich auch nicht dazu verleiten lassen, auf das zu antworten, was sie für die versteckte eigentliche Botschaft halten: daß der Elternteil, dessen Gesellschaft die Kinder vorziehen oder den sie lieber haben, derjenige ist, der sie mit Geschenken überschüttet oder immer nur ja sagt. Wenn Sie nicht so reagieren, wie Ihre Kinder es erwarten – nämlich damit, daß Sie sich in eine Diskussion verwickeln lassen und irgendwann so weit sind, daß Sie ihren Forderungen nachgeben –, nehmen Sie ihnen den Wind aus den Segeln. Die Kinder werden bald feststellen, daß es sich bei Windstille nicht gut segelt.

Als der achtjährige Seth seine Mutter dazu bringen wollte, ihm ein Videospielsystem zu kaufen, versuchte er es damit: »Meine Freunde haben alle eines, ich bin der einzige, der keins hat! Und alles bloß, weil ihr beide geschieden seid und wir keines kaufen können.«

Die Mutter antwortete gelassen: »Vielleicht können wir ja anfangen, auf eines zu sparen, du und ich. Wir machen das zu einer Familienangelegenheit. Für jeden Dollar, den du sparst, lege ich einen Dollar drauf. Womöglich können wir uns ein paar Extraarbeiten überlegen, die du im Haushalt tun kannst, oder die Oma findet etwas für dich zu tun, wenn du das nächste Mal zu Besuch kommst. Wir machen uns eine Tabelle, an der wir sehen, wie weit du bist. Und dann achten wir auf die Zeitungsanzeigen – vielleicht finden wir ein gebrauchtes Gerät oder ein Sonderangebot.«

Auf diese Weise wurden Seths Ärger und sein Gefühl, um etwas betrogen worden zu sein, umgeleitet in eine Art Spiel, das Mutter und Sohn Spaß machte. Eine Mutter, die sich nicht die Zeit genommen hätte, die Situation abzuschätzen, und die nach wie vor auf ihren früheren Partner wütend gewesen wäre, hätte vermutlich gesagt: »Ich weiß schon, du hast das Gefühl, daß die anderen Kinder mehr bekommen als du, und es tut mir

wirklich leid, daß wir uns das zur Zeit nicht leisten können. Dein Papa gibt
mir einfach nicht genug Geld ...« Selbst wenn all das zutrifft, die Schuld auf
einen anderen Menschen zu schieben löst kein einziges Problem; es führt
nur dazu, daß die Beteiligten sich weiterhin als hilflose Opfer betrachten
können.

Die Schwelle zum Abnormalen

Von einem gewissen Punkt an beginnen die normalen Reaktionen
eines Kindes auf das Auseinanderbrechen seiner Familie ins Abnormale zu
tendieren; in diesem Fall sollte ein Kinderarzt oder ein Psychologe zu Rate
gezogen werden. Es ist schwer zu sagen, wie lange man abwarten sollte, um
zu sehen, ob ein Problem sich von selbst verflüchtigt, aber eine einigermaßen verläßliche Regel lautet: wenn Ihr Instinkt Ihnen sagt, daß Ihr Kind
Hilfe braucht, haben Sie vermutlich recht.

Einige Warnsignale, die Sie beachten sollten:

- Die normalen Reaktionen, mit denen Sie im Gefolge einer Trennung oder Scheidung rechnen können (wie ab Seite 66 beschrieben), halten über einen längeren Zeitraum hinweg an – etwa sechs
  Monate bis ein Jahr lang, je nachdem, um welches Problem es sich
  handelt.
- Das Kind macht den Eindruck, als sei es von seinen Problemen
  überwältigt und verschreckt und könne sie nicht mehr meistern.
- Das Kind weint viel.
- Das Kind bittet um Hilfe bei der Bewältigung seiner Gefühle oder
  anderer Dinge, denen es zuvor mühelos gewachsen war, entweder
  ausdrücklich oder in Andeutungen.
- Die schulischen Leistungen des Kindes fallen ab und verbessern
  sich nicht wieder, aber es gibt keine Anzeichen für eine Lernbehinderung oder für Probleme mit den Mitschülern (etwa daß die
  anderen Kinder sich über den Kleidungsstil des Kindes lustig machen).
- Lehrer, Angestellte der Schule oder andere Erwachsene im Leben
  des Kindes erkundigen sich bei Ihnen, was Ihr Kind so bekümmert.
- Das Kind wirkt ständig geistesabwesend, besorgt, ängstlich und
  angespannt. Manche Kinder entwickeln Ängste vor allen möglichen Dingen – Regen, bellenden Hunden, Einbrechern, der Möglichkeit, den Eltern könne etwas zustoßen, wenn sie sie aus den

Augen lassen und so weiter. Andere sehen einfach ständig veräng-
stigt aus.

● Das Kind entwickelt Ängste oder Phobien, die völlig unverständ-
lich sind oder die ein normales Alltagsleben beeinträchtigen. So
weigerte sich ein kleiner Junge, sich auf das Sofa zu setzen, auf
dem er gesessen hatte, als seine Mutter ihm von ihrer bevorstehenden Scheidung erzählte. Er fürchtete, weitere schlimme Dinge
würden sich ereignen, sollte er diese Regel brechen.

● Das Kind kann sich in der Schule und bei anderen seinem Alter angemessenen Aufgaben nicht konzentrieren.

● Die Spiele des Kindes drehen sich ausschließlich um das Auseinanderbrechen oder die Wiedervereinigung der Familie.

● Das Kind wirkt nicht mehr kindlich und verliert jedes Interesse am
Spielen. So begann zum Beispiel ein sechsjähriger Junge aus meinem Bekanntenkreis auf eine gewichtige, pseudoerwachsene Art
zu sprechen und verhielt sich, als sei er viel älter als ein Erst-
kläßler.

● Das Kind versucht sich auf die eine oder andere Art selbst zu stimulieren. Beispiele für solche Verhaltensweisen sind exzessives
Daumenlutschen oder Haareausreißen, Hin- und Herschaukeln
mit dem Körper, mit dem Kopf gegen die Wand zu schlagen, bis das
Kind sich dabei weh tut, und häufiges Masturbieren oder Selbstbefriedigung in aller Öffentlichkeit.

● Das Kind hat keine Freunde und streitet häufig mit seinen Alters-
genossen. Unter Umständen äußern sich Lehrer oder andere Leute darüber, wie wütend (oder destruktiv) dieses Kind doch sei.

● Das Kind sondert sich von anderen Menschen ab.

● Das Kind spricht regelmäßig über Sterben und Tod.

● Das Kind scheint eine geringe Selbstachtung und wenig Selbstver-
trauen zu besitzen. Es macht immer wieder Bemerkungen wie die
folgenden:
  – *»Ich kriege nie etwas richtig hin.«*
  – *»Ich bin so dumm.«*
  – *»Ich weiß nicht, wieso irgend jemand mich liebhaben sollte.«*
  – *»Ich weiß genau, daß du (oder jemand anderes) mich haßt.«*
  – *»Mich mag niemand.«*
  – *»Ich bin häßlich ... zu klein ... zu groß ... zu dick ... zu dünn ...«*

● Das Kind hat Schlafstörungen, die nicht abzuklingen scheinen. Dazu
kann gehören, daß es sich zur Schlafenszeit nicht von Vater oder
Mutter trennen will, nicht einschlafen kann, zuviel schläft, nur im elterlichen Bett schläft, Alpträume oder nächtliche Angstzustände hat.

- Das Kind gewöhnt sich ein provozierendes, sexuell getöntes Verhalten an. Am häufigsten kommt dies bei Mädchen kurz vor und während der Pubertät vor, aber auch viel jüngere Mädchen können auf eine sexuell suggestive Weise mit Männern flirten.

Wenn eines oder zwei dieser Probleme auftreten, ist das noch nicht unbedingt ein Grund zur Besorgnis. Vielleicht müssen Sie sich einfach eine praktische Lösung einfallen lassen; vielleicht sollten Sie konsequenter auf Disziplin achten oder sich einen Termin bei dem Klassenlehrer oder bei einer Elternberatungsstelle geben lassen, um herauszufinden, ob etwas Ungewöhnliches vor sich geht. Mehrere dieser Symptome auf einmal sollten jedoch von einem Fachmann näher untersucht werden.

≡ Wann Sie schnell handeln müssen

Manche Symptome oder Reaktionen sind bedenklich genug, daß Sie sofort einen Kinderarzt oder einen Psychologen zu Rate ziehen sollten:

- Das Kind redet von Selbstmord. Kinder sprechen keine leeren Selbstmorddrohungen aus, um Aufmerksamkeit zu erregen. Wenn sie darüber zu sprechen beginnen, haben sie sich unter Umständen schon überlegt, wie sie ihr Vorhaben ausführen könnten.
- Das Kind scheint Mißgeschicke und Unfälle geradezu anzuziehen. Bei kleinen Kindern kann eine Abfolge von Unfällen gleichbedeutend mit einer Reihe von Selbstmordversuchen sein.
- Das Kind verstümmelt sich auf irgendeine Weise selbst – indem es sich schneidet, kratzt oder auf andere Art verletzt, sich Haare ausreißt oder auf den Fingernägeln kaut, bis das Nagelbett zu bluten beginnt.
- Das Kind verstümmelt oder tötet Tiere.
- Die Eßgewohnheiten des Kindes ändern sich so stark, daß sie sich auf sein Gewicht auswirken. Dabei kommt es nicht darauf an, ob das Kind nun zu viel oder zu wenig ißt.
- Das Kind legt sich rituelle Angewohnheiten zu. Sie weisen auf eine zwangsneurotische Störung hin. So kann das Kind sich zum Beispiel verpflichtet fühlen, sein Spielzeug jeden Abend auf eine genau festgelegte Weise anzuordnen, oder es bereitet sich auf das Schlafengehen in einer bestimmten Reihenfolge vor, die sich niemals ändert. Wenn das Kind ein einziges Detail vergißt, muß es noch einmal ganz von vorne anfangen.

- Das Kind schlägt auf andere Menschen ein – ein anderes Kind, einen seiner Eltern oder andere Erwachsene. Bei gewalttätigen Kindern oder Kindern, die zu Hause Zeugen von Gewalttätigkeit geworden sind, besteht die Gefahr, daß sie früher oder später einen anderen Menschen ernsthaft verletzen.
- Das Kind mißbraucht Alkohol oder andere Drogen.
- Das Kind ist sexuell aktiv, oder Sie haben zumindest Grund zu der Annahme, daß es bald sexuell aktiv sein wird. Bei Kindern unter zwölf Jahren kommt dies selten vor, aber es gibt durchaus solche Fälle, auch deshalb, weil auf Kinder dieser Tage ein erheblicher Druck zum »Erwachsenwerden« ausgeübt wird, der sie immer früher sexualisiert. Wenn ein Kind deprimiert ist oder unter seinem geringen Selbstwertgefühl leidet, hat es diesem Druck wenig entgegenzusetzen. Zudem sehnen sich Kinder, die noch unter den durch die Scheidung hervorgerufenen Gefühlen von Einsamkeit und Zurückgewiesensein leiden, oft nach Liebe und Geborgenheit und fühlen sich leicht gedrängt, sich selbst als liebenswert zu erweisen.

≡ Jungen und Mädchen

Die oben aufgeführten Probleme können bei Jungen wie bei Mädchen auftreten, werden von den Geschlechtern aber in etwas unterschiedlicher Weise erfahren und ausgedrückt. So ist es bei Jungen wahrscheinlicher, daß sie ihre Gefühle durch Wut und Aggression ausdrücken (externalisiertes Verhalten, Abreagieren); Mädchen empfinden meist mehr Schuldgefühle, Depressionen und Angstzustände (internalisierte Verhaltensweise). Mädchen kurz vor der Pubertät entwickeln ihre Sexualität früher als Jungen.

Zwischen sorgeberechtigten Müttern und ihren Töchtern besteht in aller Regel ein enges Verhältnis, und Mutter und Tochter können sehr stark aufeinander bezogen sein. Ich habe ab Seite 94 schon darauf hingewiesen, daß die Mutter darauf achten muß, keine allzu große Abhängigkeit aufkommen zu lassen (weder ihrer Tochter von ihr selbst noch umgekehrt). Dagegen sind bei Jungen und ihren Müttern die Aussichten größer, daß sie miteinander streiten werden. Heranwachsende Jungen verbringen weniger Zeit zu Hause und mehr davon allein oder mit Freunden. Jungen haben größere Schwierigkeiten dabei, über ihre Gefühle zu sprechen.

Solche Verallgemeinerungen sind allerdings für Forscher von größerem Interesse als für die Eltern, denn es ist unmöglich vorherzusagen, wie ein bestimmtes Kind auf das Auseinanderbrechen seiner Familie reagieren wird. Die Eltern sollten zumindest eine Vorstellung von dem gesamten Spektrum möglicherweise auftretender Probleme haben. Zugleich aber können Sie darauf vertrauen, daß die meisten Kinder höchst widerstandsfähig sind und daß sie sich ein bis zwei Jahre nach der Scheidung weitgehend an die neuen Lebensumstände gewöhnt haben werden.

Die Auswahl eines Therapeuten

Die erste Instanz, die man zu Rate zieht, wenn ein Kind Probleme zu haben scheint, ist in der Regel der Kinderarzt. Wahrscheinlich kennt er die Familie schon seit einer ganzen Weile und ist mit der Familiengeschichte vertraut, und die Eltern werden mit ihm oder ihr natürlich und unbefangen über ihre Sorgen sprechen können. Der Kinderarzt wird feststellen, ob das Problem des Kindes auf gesundheitlichen Schwierigkeiten beruht. Wenn es nicht allzu ernst ist, wird er auch in der Lage sein, den Eltern nützliche Ratschläge geben, wie sie mit der Situation umgehen oder wie sie dem Kind helfen können, sie selbst zu bewältigen. Beispiele für Beschwerden, bei denen die Eltern den Kinderarzt zu Rate ziehen werden, sind Bettnässen, allgemeines Unwohlsein (für das es keinen offensichtlichen Grund gibt) oder Fälle, in denen das Kind sich etwa weigert, in die Schule zu gehen, sich vor Familie und Freunden zurückzieht oder sich ständig über Bauch- oder Kopfschmerzen beklagt.

Wenn das Problem schon seit längerer Zeit besteht oder wenn Sie den Eindruck haben, es beeinträchtigte die Fähigkeit des Kindes, mit seinem Leben fertigzuwerden, sollten Sie sich an einen auf die Behandlung von Kindern spezialisierten Fachmann wenden.

Psychiater, Psychologen und Psychotherapeuten sind die Fachleute, die eine psychotherapeutische Behandlung vornehmen können. Ein Psychiater ist ein Arzt, der zusätzlich Psychiatrie studiert hat. Aufgrund seiner Ausbildung kann er feststellen, ob es für ein seelisches oder Verhaltensproblem eine körperliche Ursache gibt, und eine Vielzahl unterschiedlicher Behandlungsmethoden anwenden, die heute zur Verfügung stehen – von der Psychotherapie bis hin zur Medikation. Ein Psychologe hat eine psychologische Ausbildung abgeschlossen; bei der Behandlung geistiger, seelischer und Verhaltensstörungen wendet er psychologische Erkenntnisse in einer Reihe möglicher Therapien an. Psychologen und Psychotherapeuten können keine Medikamente verschreiben.

Viele Kinderärzte arbeiten eng mit auf Kinder spezialisierten Psychotherapeuten zusammen und sollten in der Lage sein, die Eltern an einen Fachmann weiterzuleiten. Auch bei den örtlichen Ärztekammern, bei den Sozialämtern und Beratungsstellen, bei Berufsverbänden und bei anderen Dachorganisationen, denen Psychiater, Psychologen und Psychotherapeuten angehören, können Sie Empfehlungen einholen.

Weitere Informationsquellen sind Freunde und Verwandte, die selbst schon einmal einen Therapeuten aufgesucht haben oder ihrerseits Menschen kennen, die eine Therapie machen. Ob ihre Empfehlungen allerdings Ihren Bedürfnissen entsprechen, hängt davon ab, aus welchem Grund sie selbst sich an den entsprechenden Therapeuten gewandt haben.

Bevor Sie in dieser Richtung etwas unternehmen, empfiehlt es sich, sich bei Ihrer zuständigen Versicherung zu erkundigen, in welchem Maß die Behandlung abgedeckt ist. Unter Umständen müssen Sie eine Zusatzversicherung abschließen; es ist auch möglich, daß die Versicherungsbedingungen Sie in der Auswahl Ihres Therapeuten einschränken, und manche Verträge beschränken die Anzahl der Therapiesitzungen.

Die Kosten einer psychiatrischen Behandlung werden Ihnen vielleicht sehr hoch erscheinen, aber die Kosten, die entstehen, wenn Sie das Kind *nicht* behandeln lassen, werden auf die Dauer noch viel höher sein: Sie müssen das seelische Leiden und die unterbrochene Entwicklung des Kindes und die daraus möglicherweise resultierenden Gesundheitsprobleme bedenken. Sie sollten sich mit dem zweiten Elternteil Ihrem jeweiligen Einkommen entsprechend die Kosten teilen. Schieben Sie die Therapie für das Kind nicht auf, auch dann nicht, wenn Sie sich nicht gleich einigen können!

Wenn Sie sich einige in Frage kommende Therapeuten herausgesucht haben, sollten Sie sie anrufen und im Gespräch mit ihnen oder ihren Angestellten herausfinden, welche Praxis Ihren Bedürfnissen am ehesten entspricht. Einige Fragen, die Sie bei dieser Gelegenheit stellen können:

1. Sind Sie auf die Behandlung von Kindern spezialisiert?

Viele Psychotherapeuten sind Generalisten, andere sind auf bestimmte Fälle oder Patientengruppen spezialisiert. Sie brauchen jemanden, der Erfahrung mit Kindern oder Teenagern hat. Natürlich ist es auch nützlich, wenn der Arzt schon mit Kindern aus Scheidungsfamilien gearbeitet hat, aber Sie sollten im Gedächtnis behalten, daß das Problem des Kindes möglicherweise gar nichts mit Ihrer Scheidung zu tun hat.

2. Welche Form der Therapie wenden Sie an?

Es gibt viele Therapieformen, die heute bei Kindern angewandt werden, unter anderem die Spiel-, Mal- und Gesprächstherapie (in Einzel-, Gruppen- und unter Umständen Familiensitzungen), Verhaltenstherapie und in seltenen Fällen auch Medikation. Der Behandlungsplan sollte das Kind und *beide* Eltern einschließen, nicht nur den Partner, der die Behandlung initiiert hat. Auch die Teilnahme an einschlägigen Arbeitskreisen kann empfohlen werden.

3. Wieviel wird die Therapie kosten?

Therapeuten berechnen die einzelnen Sitzungen, in der Regel fünfundvierzig oder fünfzig Minuten, einmal pro Woche. Die Kosten schwanken; meist sind sie in Großstädten am höchsten. Die anfängliche Beurteilung, zu der auch psychologische Tests gehören können, wird gesondert berechnet.

Kein Therapeut kann Ihnen am Telefon sagen, wie viele Sitzungen die Behandlung erfordern wird, aber er sollte willens sein, Ihnen die Grundsätze mitzuteilen, nach denen in seiner Praxis abgerechnet wird. Wenn Sie auf diese Frage keine Antwort bekommen, sollten Sie den Therapeuten von Ihrer Liste streichen.

4. Nehmen Sie Kassen- oder nur Privatpatienten an?

Diese Telefongespräche sollen Ihnen helfen, den für Sie und Ihre Familie geeigneten Therapeuten zu finden. Die Aussichten, daß Sie den oder die Richtige finden, sind gut; wenn Sie aber feststellen, daß das erste Treffen für Sie eine Enttäuschung wird, lassen Sie sich nicht gleich entmutigen. Die ersten Termine bei einem Therapeuten können recht aufreibend wirken, und es dauert eine Weile, bis Sie ein Vertrauensverhältnis zu einem Menschen aufgebaut haben, mit dem Sie immerhin höchst persönliche Anliegen besprechen. Wenn Sie sich allerdings nach einer Weile immer noch unbehaglich fühlen, sollten Sie es vielleicht mit einem anderen Therapeuten versuchen. Auch ein solcher Wechsel ist nichts Ungewöhnliches. Je mehr Mühe Sie sich bei der Auswahl Ihres Therapeuten geben, desto besser stehen Ihre Chancen, daß die Therapie erfolgreich ist.

Ob Sie nun der sorgeberechtigte Partner sind oder nicht, Sie sollten (und unter Umständen *müssen*) auf jeden Fall die Einwilligung des anderen Elternteils einholen, bevor Sie das Kind zu einem Therapeuten bringen. Viele Therapeuten werden sich sogar weigern, mit dem Kind zu arbeiten, wenn nicht beide Eltern mit der Behandlung einverstanden und zur Kooperation bereit sind. Wenn ein Elternteil seine Zustimmung verweigert, kann der andere sich vor Gericht die Erlaubnis zu einer Therapie erstreiten.

Die Beurteilung durch den Therapeuten

Bei einer gründlichen Beurteilung wird sich der Therapeut mit dem Kind selbst und mit seinen Eltern unter vier Augen und in der Gruppe unterhalten, psychologische Tests durchführen oder durchführen lassen, sich die Krankheitsgeschichte und die schulischen Leistungen des Kindes ansehen und Auskünfte von anderen Menschen in seinem Leben einholen, zum Beispiel seinen Lehrern und den Großeltern. Auch eine ärztliche Untersuchung kann nötig werden.

Eltern, die ihre Scheidung noch nicht verwunden haben, sich an den Problemen des Kindes schuldig fühlen oder entschlossen sind, die Verantwortung für alle Schwierigkeiten dem früheren Partner zuzuschieben, versuchen den Therapeuten manchmal irrezuführen oder verweigern ihm den Zugang zu Informationen oder Menschen, die Auskunft über das Leben des Kindes geben könnten. Wenn der Therapeut dem Kind nach besten Kräften helfen soll, ist es unbedingt notwendig, daß die Eltern ohne Einschränkungen kooperieren und ihm gegenüber absolut ehrlich sind.

Beim ersten Treffen mit der Familie wird der Therapeut erläutern, daß die von ihm gesammelten Informationen vertraulich behandelt werden. Die Eltern müssen sich mit dem Gedanken abfinden, daß vieles von dem, was zwischen dem Therapeuten und dem Kind gesprochen wird, vertraulich ist und nicht an sie weitergegeben wird. Damit sollen ihnen nicht etwa wichtige Informationen vorenthalten werden; diese Grundbedingung hat lediglich den Zweck, eine vertrauensvolle Atmosphäre zu schaffen, in der das Kind dem Therapeuten ohne Scheu und ohne Furcht vor elterlicher Mißbilligung oder Vergeltungsmaßnahmen alles erzählen kann, was es erzählen will. Der Therapeut wird die Eltern informieren, wenn er fürchtet, das Kind könne sich selbst oder anderen Schaden zufügen oder sei in irgendeiner Weise gefährdet. Die Bedingungen für diese vertraulichen Gespräche sollten unmißverständlich geklärt werden, bevor mit der Therapie begonnen wird, damit alle Beteiligten wissen, woran sie sind.

Die Eltern werden wahrscheinlich sehr gespannt auf das Ergebnis der Beurteilung sein, aber es kann sein, daß sie etwas Geduld aufbringen müssen. Je nachdem, wie das Problem und die Situation beschaffen sind, können durchaus zwei bis fünf Treffen erforderlich sein, bis alle für eine Diagnose nötigen Informationen gesammelt sind und ein Behandlungsplan erstellt werden kann.

Wenn der Therapeut schließlich berichtet, was er herausgefunden hat und welches Vorgehen er empfiehlt, sollten die Eltern sich nicht eingeschüchtert fühlen. Sie sollten nachfragen, bis sie wirklich verstanden haben, worum es geht. Manchmal wird für den Augenblick keine Behandlung empfohlen; in anderen Fällen empfiehlt der Therapeut eine begrenzte Anzahl von Sitzungen, etwa sechs oder zwölf.

Die meisten Menschen brauchen etwas Zeit, bis sie die Ergebnisse der Beurteilung verarbeitet haben. Zu dem nächsten Treffen mit dem Therapeuten könnten die Eltern eine Liste von Fragen mitbringen, die sie ihm stellen wollen. Einige Beispiele:

- Worin besteht das Problem meines Kindes?
- Welche Therapie würden Sie empfehlen?
- Wie lang wird sie dauern? Wie bald wissen wir, wann es Zeit ist, die Therapie zu beenden?
- Werden Sie das Kind behandeln, oder wird jemand anderes es tun? Wenn es jemand anderes ist, ist die Person einer Ihrer Mitarbeiter, oder werden Sie uns an einen anderen Arzt weiterempfehlen? Werden Sie die Therapie weiter mitverfolgen oder die Behandlung überwachen?
- Wenn Sie eine Behandlung außer Haus empfehlen, zum Beispiel in einem Krankenhaus – wie lauten Ihre Gründe dafür? Wie heißt das Krankenhaus, wo liegt es? Wie weit ist es entfernt? Wie oft kann ich das Kind besuchen? Und anrufen? Dürfen auch Geschwister und andere Verwandte oder Freunde es besuchen?
- Welche weiteren Behandlungsmethoden gibt es?
- Worin bestehen die Vorteile und die Risiken der von Ihnen empfohlenen Behandlungsmethode? Und worin die der anderen Möglichkeiten?
- Welche Rolle werde ich selbst bei der Behandlung spielen? Und der andere Elternteil? Und die Geschwister? Und wie sieht es mit anderen Menschen aus?
- Was geschieht, wenn das Kind keine Therapie machen will?
- Was kann ich sonst noch tun, um meinem Kind zu helfen?
- Wie oft werden Sie mich über die Fortschritte des Kindes informieren?

≡   Sexueller Mißbrauch und körperliche Mißhandlung

Körperliche und sexuelle Mißhandlungen von Kindern kommen in Scheidungsfamilien meist auf eine von zwei Arten ans Licht. Entweder veranlaßt einer der Eltern eine medizinische oder psychologische Untersuchung, weil er oder sie annimmt, der zweite Elternteil habe das Kind mißhandelt, oder der Arzt oder Psychologe vermutet oder stellt im Verlauf einer Behandlung fest, daß das Kind mißhandelt wurde. In den Vereinigten Staaten von Amerika muß jeder mit dem Kind befaßte Fachmann – vom Arzt bis zum Lehrer – aufgrund gesetzlicher Verpflichtung bei begründetem Verdacht auf Kindesmißhandlung oder -mißbrauch bestimmten staatlichen Stellen, die von Bundesstaat zu Bundesstaat variieren können, hierüber eine Mitteilung machen. Hingegen überläßt die Rechtsordnung der Bundesrepublik Deutschland die Auswahl der Schritte zum Schutze des Kindes professionellem Ermessen. Zwar bestehen hier keine vergleichbaren Anzeigepflichten, dennoch muß ein Fachmann nach verantwortlicher Abwägung seine Entscheidung treffen.

Eltern, die vermuten, ihr Kind sei körperlich oder sexuell mißhandelt worden, sollten das Kind auf jeden Fall ärztlich untersuchen lassen. Das Problem ist in diesem Fall, daß viele Elternteile solche Verdächtigungen als Waffe gegen den früheren Partner einsetzen, um ihn oder sie für die Scheidung zu bestrafen oder um das Besuchsrecht zu umgehen. Tatsächlich sind manche dieser Menschen so haßerfüllt und haben solche Angst davor, sich die Loyalität ihrer Kinder mit dem anderen Elternteil teilen zu müssen, daß sie aufrichtig an ihre eigenen Beschuldigungen glauben. Oft nehmen sie sich ganz harmlose Bemerkungen der Kinder zum Anlaß für ihre Verdächtigungen, etwa: »Papa ist gestern zu mir ins Bett gekommen, bis ich eingeschlafen bin.« Sie greifen gierig nach jedem Anzeichen dafür, daß der andere Elternteil »schlecht« oder für seine Aufgabe nicht geeignet ist, und sind nicht bereit, andere Möglichkeiten auch nur in Betracht zu ziehen. Der Verlierer dabei ist letzten Endes das Kind, das unter Umständen auf die Besuche bei seinem zweiten Elternteil verzichten muß und weiterer Auseinandersetzungen unter den Erwachsenen ausgesetzt wird. Zudem wird es in einen emotional verheerenden Rechtsstreit hineingezerrt, in dem es höchst intime Fragen beantworten muß. All das wird sich mit Sicherheit noch monate-, vielleicht auch jahrelang auf die Entwicklung des Kindes und sein Verhältnis zu beiden Eltern auswirken.

Eine Studie hat ergeben, daß der Prozentsatz erfundener Beschuldigungen dieser Art gerade im Zusammenhang mit Sorge- und Besuchsrechtsstreitereien besonders hoch ist. Allerdings sind derartige Anschuldigungen oft auch begründet, und Fachleute auf dem Gebiet der Kinderbetreuung neigen dazu, jeden solchen Vorwurf sehr ernst zu nehmen.

Was können Sie tun?

Eltern, die vermuten, ein Kind werde mißhandelt oder mißbraucht, sollten auf keinen Fall im Alleingang handeln. Sie dürfen das Kind weder detailliert ausfragen, noch dürfen sie ihm Suggestivfragen stellen, die später die Suche nach dem wirklichen Sachverhalt beeinflussen könnten. Statt dessen sollten sie sich mit einem Rechtsanwalt in Verbindung setzen und sich an unsere Empfehlungen halten.

Der Arzt, der das Kind untersucht, sollte Erfahrung mit Fällen von Kindesmißhandlung haben. Wenn er keine Anzeichen von Mißhandlungen oder sexuellem Mißbrauch feststellen kann, sollte der Elternteil nicht so lange bei anderen Ärzten die Klinken putzen, bis er endlich jemanden gefunden hat, der bereit ist, seine Theorien zu unterstützen.

Zum Schutz des Kindes gehen Gerichte zunächst einmal davon aus, daß der Mißbrauch tatsächlich stattgefunden hat, und geben eine Evaluation durch einen Psychologen oder Psychiater in Auftrag (der oft auch als unabhängiger Gutachter bezeichnet wird, weil er keinen der beiden Eltern vertritt). Wenn der nicht sorgeberechtigte Partner beschuldigt wurde, werden vorerst keine nicht überwachten Besuche mehr zugelassen; ist es der sorgeberechtigte Elternteil, werden ihm die Kinder meist fortgenommen und jemand anderem anvertraut – dem nicht sorgeberechtigten Elternteil, den Großeltern oder einer Pflegefamilie. Manchmal bleiben auch die Kinder in der Wohnung, während der beschuldigte Elternteil sie verlassen muß.

Im Verlauf der Untersuchung befragt der Gutachter die Eltern, das Kind und andere Menschen, deren Aussage von Bedeutung sein könnte. Die Beeinflußbarkeit des Kindes, seine Fähigkeit zu lügen, sein Gedächtnis und seine intellektuellen und sprachlichen Fähigkeiten werden ebenso ermittelt wie die Motive, die es unter Umständen dafür haben könnte, die Unwahrheit zu sagen. Wenn sexueller Mißbrauch unterstellt wurde, wird der Therapeut auch herausfinden, wieviel das Kind über Sexualität weiß. In der Regel sind Kinder, wenn sie die Wahrheit sagen, in der Lage, die Geschehnisse auf neutrale Fragen hin wiederzugeben, und sie tun dies in Ausdrücken, die ihrem Alter und ihrer Intelligenz angemessen sind. Unter Umständen nimmt der Therapeut das Kind während des Interviews auf Video auf. In

Spieltherapien ändern Kinder das wirkliche Geschehen im Lauf der Zeit oft ab, um ein Gefühl der Kontrolle über den Täter zu erlangen oder den Ausgang nachträglich umzukehren. Ein kleines Mädchen, das bei mir in Behandlung war, nahm einmal eine männliche Puppe und schleuderte sie gegen die Schlafzimmerwand des Puppenhauses. »Du kannst das nicht mit mir machen, sonst tue ich dir weh!« schrie es, und zugleich entfernte das Kind die Puppe, die es selbst darstellte, aus dem Puppenzimmer. In Wirklichkeit hätte es den Angreifer natürlich niemals überwältigen können.

Je nachdem, wie kompliziert der Fall ist, können auch noch weitere Gutachter hinzugezogen werden, die die Position des Vaters oder der Mutter vertreten oder als Berater fungieren.

Das Gericht stützt sich vor allem auf den Bericht des gerichtlich bestellten Gutachters, aber es ist Sache des Richters zu entscheiden, ob ein Fall von Kindesmißhandlung vorliegt und, wenn dies der Fall ist, welche Schritte als nächstes getan werden müssen. Ob und gegebenenfalls wann nach einer festgestellten Mißhandlung Kontakte wieder möglich sind, ist umstritten. Hauptziel ist in jedem Fall die Sicherheit des Kindes.

Wie Sie den Vorwurf des sexuellen Mißbrauchs vermeiden

Lee Ann, die Mutter der neunjährigen Tracy, reagierte sehr verstört, als ihre Tochter nach einem Wochenendbesuch bei ihrem Vater Richard nach Hause kam und sich über seine Vorliebe für ausgedehnte Ringkämpfe beklagte. »Er hat mich einfach nicht losgelassen!« sagte sie. »Und meine Bluse ist immerfort hochgerutscht!« Lee Ann war der Ansicht, Tracy sei zu alt für diese Art von Spielen mit ihrem Vater, und versuchte Richard dazu zu bewegen, die Raufereien einzustellen. Richard dagegen hielt dies für eine Überreaktion; er meinte, ein bißchen herumzutoben könne seiner zurückhaltenden Tochter nicht schaden.

Daraufhin wandte Lee Ann sich an mich. Sie hatte nicht vor, Richard sexuellen Mißbrauch vorzuwerfen, aber sie war entschlossen, den Ringkampfspielen ein Ende zu machen. So kam die ganze Familie eines Tages zu mir in die Praxis, um sich darüber zu einigen, ob dieser Wunsch vernünftig war oder nicht, und was ich bei dieser Gelegenheit erfuhr, überraschte mich nicht sehr. Richards Ringkämpfe wirkten auf Tracy sexuell stimulierend, und sie fühlte sich offensichtlich sehr unbehaglich dabei. Es stand außer Frage, daß diese Spiele beendet werden mußten, obwohl es Richard sehr schwer fiel einzusehen, daß das Herumtoben ein neunjähriges Mädchen sexuell stimulieren konnte.

Natürlich hätte man diesem Zeitvertreib im Grunde schon viel früher ein Ende machen sollen. Richard hätte Tracys Wünsche von dem Augenblick an respektieren müssen, in dem sie ihn zum ersten Mal bat, mit den Ringkämpfen aufzuhören. Tracy hatte das Recht, selbst über ihren Körper zu bestimmen.

Die meisten Anklagen wegen sexuellen Mißbrauchs werden von dem sorgeberechtigten Elternteil, in der Regel der Mutter, gegen den nicht sorgeberechtigten, meist den Vater, erhoben. Schon in ihrem eigenen Interesse – um derartige Vorwürfe zu vermeiden oder um doch wenigstens über solchen Verdächtigungen zu stehen –, sollten die Eltern ein paar vernünftige Verhaltensregeln beachten.

1. Baden oder duschen Sie nicht zusammen mit den Kindern.
2. Überlassen Sie es den Kindern, sich zu waschen. Mit fünf Jahren können die meisten Kinder sich einigermaßen selbst waschen – mit Sicherheit gut genug für den Zeitraum, bis sie wieder zu ihrem sorgeberechtigten Elternteil zurückkehren. Vielleicht können ältere Geschwister des gleichen Geschlechts ihnen dabei helfen.
3. Schlafen Sie nicht mit den Kindern in einem Bett.
4. Gestatten Sie den Kindern nicht, Filme oder andere Fernsehsendungen mit eindeutigen Sexszenen oder sexuellen Bezügen anzusehen.
5. Bewahren Sie kein pornographisches oder sexuell eindeutiges Material in Ihrer Wohnung auf.
6. Machen Sie in Gegenwart der Kinder keine sexuell gefärbten Witze und keine erotischen Andeutungen.
7. Raufen Sie nicht mit den Kindern, kitzeln Sie sie nicht und setzen Sie niemals Ihren Körper dazu ein, ein Kind einzuschüchtern.
8. Vermeiden Sie es, die Geschlechtsteile Ihrer Kinder zu berühren, es sei denn es ist wirklich notwendig – etwa wenn Sie die Windeln eines Babys wechseln oder ein Kleinkind säubern, nachdem es auf dem Töpfchen war. Wenn ein Kind sich andauernd über Schmerzen im Genitalbereich beklagt, informieren Sie den zweiten Elternteil, und wenden Sie sich dann an einen Arzt.
9. Vermeiden Sie es, im Umgang mit einem anderen Erwachsenen in Gegenwart der Kinder ein Verhalten zu zeigen, das eindeutig sexuell geprägt ist. Es spricht nichts dagegen, daß Sie mit Ihrem neuen Partner Hand in Hand gehen oder Begrüßungs- und Abschiedsküsse tauschen, aber Zungenküsse, Liebkosungen, Auf-dem-Schoß-Sitzen und dergleichen sollten Sie sich für die Zeit aufheben, wenn Sie allein sind.

Mit der Stieffamilie leben lernen

Wenn Ihre Scheidung endgültig ist, die Sorge- und Besuchsrechtsregelungen beschlossen und ausprobiert worden sind und der neue Lebensstil Ihnen allmählich vertraut wird, können Sie sich mit Ihren Kindern unversehens vor der nächsten Entscheidung finden: und was jetzt?

Ein bis drei Jahre nach der Scheidung haben sich die meisten Erwachsenen an das neue Leben gewöhnt und ihr inneres Gleichgewicht wiedergefunden. Zu dieser Umgewöhnung gehört häufig auch ein ernsthaftes neues Liebesverhältnis. Immer mehr geschiedene Menschen leben zunächst mit einem neuen Partner zusammen, bevor sie sich auf eine zweite Ehe einlassen; letzten Endes aber heiraten zwei Drittel der geschiedenen Frauen und drei Viertel aller geschiedenen Männer ein zweites Mal. Ganz offensichtlich hat die Scheidung dem Wert, den sie der Ehe als Institution beimessen, nichts anhaben können.

Die Erwachsenen mögen ihre Wiederverheiratung als glückliche und höchst willkommene Entwicklung betrachten; die Kinder werden vielleicht genau das Gegenteil in ihr sehen. Für viele von ihnen bedeutet sie zunächst einen weiteren Verlust in der langen Reihe von Verlusten, die die Scheidung ihrer Eltern für sie schon mit sich gebracht hat. Zunächst einmal kann die zweite Heirat allen Hoffnungen ein Ende setzen, die Eltern würden doch wieder zusammenfinden (andererseits können solche Hoffnungen aber selbst dies noch überstehen, zur großen Überraschung vieler Eltern, die seit Jahren wieder verheiratet sind). Daneben besiegelt die zweite Ehe die Tatsache, daß der Elternteil sein Leben nun mit einer anderen Person teilt, was natürlich bedeutet, daß für die Kinder weniger Zeit und Aufmerksamkeit zur Verfügung stehen. Die Kinder haben ganz und gar nicht das Gefühl, einen Stiefvater oder eine Stiefmutter *gewonnen* zu haben – im Gegenteil, sie meinen ein weiteres Mal einen ihrer leiblichen Eltern zu verlieren. Und schließlich werden die Kinder nun, da wieder zwei Erwachsene an der Spitze der Familie stehen, wahrscheinlich einen Teil der Freiheit und Unabhängigkeit einbüßen, die sie in der Zwischenzeit gewonnen hatten oder die ihnen im Haushalt ihres alleinstehenden Elternteils vielleicht auch geradezu aufgezwungen wurde.

Eine Wiederverheiratung bringt für die Kinder meistens eine neue Welle von Veränderungen mit sich. Ein Erwachsener, mit dem sie nichts verbindet, den sie nun aber gernhaben sollen, kommt in die Familie. Unter Umständen werden sie sich an eine neue Adresse, eine neue Schule, eine neue Nachbarschaft und neue Spielgefährten gewöhnen müssen. In der

Wohnung kann es eng und unbehaglich werden, zumindest eine Weile lang und vor allem dann, wenn der neue Stiefelternteil ebenfalls Kinder hat. Und schließlich kommt ein vollständiger Satz neuer Verwandter – Tanten, Onkel, Großeltern – ins Spiel.

All diese Verluste und Veränderungen im Leben der Kinder bestätigen ihnen ein Gefühl, das ihnen schon seit der Scheidung ihrer Eltern vertraut ist – daß sie so gut wie keine Kontrolle über ihr eigenes Leben haben. Mit diesem Gefühl sind sie nicht weit von der Wahrheit entfernt. Die hohe Scheidungsrate ist nur eine von vielen Veränderungen, die dieser Tage in der Familie vorgehen. Ein Viertel aller Kinder muß damit rechnen, vor dem Erreichen der Volljährigkeit eine Weile in einer Stieffamilie zu leben. Viele von ihnen werden die emotionalen Erschütterungen einer zweiten Scheidung miterleben. Etwa 37 Prozent aller Zweitehen, die geschiedene Frauen eingehen, enden innerhalb der ersten zehn Jahre mit einer erneuten Scheidung (verglichen mit 30 Prozent der ersten Ehen).

Eine Heirat ist ein Vertrag zwischen zwei erwachsenen Menschen, nicht zwischen den Erwachsenen und den eventuell vorhandenen Kindern. Wenn aber Kinder in die Ehe mitgebracht werden, scheint es in diesem Vertrag eine Klausel zu geben, nach der der neue Elternteil an jedem Aspekt der Erziehung der Kinder in vollem Umfang beteiligt ist. Dies ist nicht nur eine Garantie dafür, daß er oder sie Enttäuschungen und unter Umständen auch Zurückweisung erleben wird, es kränkt auch die Kinder in ihrer Zuneigung zu ihrem leiblichen Elternteil. Ganz gleich wie harmonisch die Beziehung zwischen Stiefvater oder Stiefmutter und den Kindern im Lauf der Zeit werden wird, der neue Partner wird den leiblichen Elternteil in den Gefühlen und im Leben der Kinder niemals ersetzen können.

Es besteht kein Zweifel, daß eine Wiederverheiratung für alle Beteiligten einige schwierige Herausforderungen mit sich bringt, aber der Übergang wird glatter verlaufen, und die Chancen für einen Erfolg werden besser stehen, wenn die Erwachsenen auf die Reaktionen ihrer Kinder vorbereitet sind und die Rolle des Stiefelternteils im Familienleben rechtzeitig durchdacht haben.

≡ Kindliche Reaktionen auf die zweite Ehe

Die Reaktionen von Kindern auf die Wiederverheiratung von Vater oder Mutter können, wie die folgende Sammlung von Zitaten zeigt, sehr unterschiedlich ausfallen, und natürlich kann niemand vorhersagen, wie ein bestimmtes Kind reagieren wird. Alter, Geschlecht, Temperament, Persönlichkeit, Entwicklungsstadium und Intelligenz des Kindes gehören zu den Faktoren, die hier eine Rolle spielen.

– *»Als meine Mama wieder geheiratet hat, ist sie ganz anders geworden. Ich habe gedacht, jetzt zähle ich gar nicht mehr.«*
(Sechsjähriger Junge)

– *»Mein Papi will, daß ich meine Stiefmutter Mami nenne, aber sie ist nicht meine richtige Mami.«*
(Achtjähriges Mädchen)

– *»Meine Mutter hat gedacht, wenn sie meinen Stiefvater heiratet, sind wir wieder eine richtige Familie. Aber wir werden nie wieder eine richtige Familie sein.«*
(Neunjähriges Mädchen)

– *»Ich mag meinen Stiefpapa. Aber manchmal, wenn ich ihn mit meiner Mutter zusammen sehe, vermisse ich meinen Papi nur noch mehr.«*
(Siebenjähriger Junge)

– *»Bevor meine Mutter wieder geheiratet hat, hatten wir nicht viel Geld. Aber wenn ich jetzt so sehe, was die Kinder von meinem Stiefvater alles haben, möchte ich das auch gern haben.«*
(Elfjähriger Junge)

Die meisten Kinder machen eine aufreibende Zeit durch, wenn ein Elternteil wieder heiratet. Wie bei jeder anderen einschneidenden Veränderung in ihrem Leben können sie darauf mit Ärger, Streitsucht und Ungehorsam reagieren; sie werden möglicherweise mit Geschwistern und Spielgefährten zanken, und ihre Leistungen in der Schule können abfallen. Manche Kinder ziehen sich in sich selbst zurück und werden depressiv oder ängstlich. Auch die Gefühle, mit denen sie auf die Scheidung ihrer Eltern reagiert haben, können wieder an die Oberfläche kommen.

Im allgemeinen gilt, daß Kinder den Stiefelternteil umso bereitwilliger als Teil ihres Lebens akzeptieren und daß sie umso eher ein gutes Verhältnis zu ihm aufbauen werden, je jünger sie zum Zeitpunkt der Heirat sind. Auch halberwachsene Kinder, die schon ein eigenes Leben führen, scheinen sich im allgemeinen gut mit einer zweiten Heirat abzufinden – sie sind selbst schon kurz davor, aus dem Haus zu gehen. Manche von ihnen reagieren geradezu erleichtert darauf, daß Mama oder Papa nun jemand anderen zur Gesellschaft und Unterstützung hat. Andere verspüren eine Mischung aus Erleichterung und Groll.

Am meisten Schwierigkeiten mit der Wiederverheiratung von Mutter oder Vater und mit dem Stiefelternteil, der damit in ihr Leben tritt, scheinen Kinder kurz vor der Pubertät zu haben. Die Pubertät ist an und für sich schon eine anstrengende Phase im Leben der meisten Kinder. Ihr Körper verändert sich schneller als zuvor. Sie beginnen sich über ihr Aussehen Gedanken zu machen und entdecken ihre Sexualität. Zwei wichtige Lebensbereiche, die Familie und der Freundeskreis, scheinen sie in unterschiedliche Richtungen zu ziehen. Obwohl sie versuchen, sich weniger als zuvor mit den Angehörigen und mehr mit Gleichaltrigen zu identifizieren, sind sie auf die sichere Heimatbasis angewiesen, die die Familie ihnen bietet. Alles, was sie von anderen Kindern ihres Alters unterscheidet, also auch eine alleinstehende Mutter oder ein neuer Stiefvater, wird für sie zu einer zusätzlichen Belastung.

Eine neue Ehe zwingt diese Kinder, sich mit schwierigen und unangenehmen Gefühlen auseinanderzusetzen. Sie stellen fest, daß Mama oder Papa (wer hätte das gedacht!) ein eigenes Leben hat, in dem sie keine Rolle spielen. Vielleicht geht ihnen jetzt auch auf, daß er oder sie auch sexuell aktiv ist. Wenn es die Mutter ist, die wieder heiratet, fühlen sich Mädchen manchmal von der Erkenntnis bedroht, daß Mama ja eine Frau ist, und beginnen sie als Rivalin zu betrachten. Der fremde Mann, der zu ihnen in die Wohnung zieht, kann ihnen die eigenen sexuellen Gefühle ins Bewußtsein rufen, und vielleicht machen sie sich Gedanken darüber, wie sie selbst wohl auf ihn wirken. Jungen können peinlich berührt reagieren, wenn Mama plötzlich einem anderen Mann als Papa ihre Zuneigung zeigt, und mit einiger Verwirrung zur Kenntnis nehmen, daß sie sich auf eine Weise benimmt, die sie aus ihren eigenen Phantasien und dem pubertären Klatsch ihrer Freunde kennen. All dies fällt in eine Phase, in der Kinder eben lernen, ihre eigenen Gefühle für ihre Eltern in akzeptable Bahnen zu lenken: ein Küßchen auf die Wange muß jetzt reichen, während das Kind früher auf Papas Schoß sitzen oder mit der Mama kuscheln durfte.

Auch in anderer Hinsicht können Probleme auftauchen. Viele geschiedene Mütter verlassen sich in einem unangebrachten Umfang auf ihre Töchter, indem sie ihnen die Rolle von Vertrauten und Ratgeberinnen aufzwingen. Wenn diese Töchter in ihrer Funktion dann durch einen neuen festen Partner oder Ehemann verdrängt werden, reagieren sie mit Eifersucht und nehmen es übel, daß sie nun plötzlich wieder eine Nebenrolle spielen sollen. Söhne, denen man die Rolle des »Mannes im Haus« zugeschoben hatte, können ganz ähnlich reagieren, wenn sie erkennen, daß nun der Stiefvater diesen Platz einnimmt. Sowohl Jungen als auch Mädchen, die bisher ihre eigenen Entscheidungen treffen konnten, verübeln es häufig den Eltern, wenn sie plötzlich jemanden um Erlaubnis bitten müssen, der in ihren Augen ohnehin nichts als ein Eindringling ist. Sie wissen recht gut, daß sie nicht mit einem Mal weniger in der Lage sind, auf sich selbst aufzupassen, nur weil sie jetzt von zwei Erwachsenen beaufsichtigt werden statt wie bisher von einem.

Umgekehrt erhalten manche Kinder von ihren Eltern nun weniger und nicht mehr Aufmerksamkeit als zuvor. Das neue Paar möchte Zeit für sich selbst haben, und aller Wahrscheinlichkeit nach ist es die Zeit, die bisher für die Kinder reserviert war, die zu diesem Zweck beschnitten wird, etwa nach der Arbeit und an den Wochenenden. Die Kinder werden dem Eindringling die Schuld an diesem Verlust geben und sich unter Umständen einiges einfallen lassen, um sich die Aufmerksamkeit des Elternteils wieder zu sichern. Unglücklicherweise tun Kinder dies oft auf eine Art und Weise, in der die Eltern nur Ungezogenheit sehen können. Wenn es daraufhin zu Konflikten kommt, wird der Elternteil sich vermutlich auf die Seite des neuen Partners stellen. Letzten Endes können die Kinder zu dem Eindruck kommen, sie seien nun nur noch unerwünschte Außenseiter.

Sich mit dem neuen Partner abzufinden ist für viele Kinder gleichbedeutend damit, ihren zweiten Elternteil zu verraten, von dem sie das Gefühl haben, er werde verdrängt oder ausgeschlossen. Unversehens finden sie sich in einem Loyalitätenkonflikt wieder – sie machen sich Sorgen, sie könnten die Gefühle des abwesenden Elternteils verletzen, wenn sie den neuen Partner zu lieben oder auch nur zu mögen beginnen. Manche Menschen nutzen dies nach Kräften aus, indem sie ihre Feindseligkeit dem neuen Partner des ehemaligen Lebensgefährten gegenüber deutlich zeigen und die Kinder ebenfalls auf ihre Seite zu ziehen versuchen. Loyalitätskonflikte kommen vor allem bei älteren Kindern vor, die mehr Zeit hatten, ein vertrautes Verhältnis zu dem »abgeschobenen« Elternteil zu entwickeln. Die Kinder beziehen Position hinter ihm oder ihr und versuchen jede freundliche Regung dem Stiefelternteil gegenüber abzutöten. Noch aussichtsloser kann die Lage erscheinen, wenn der neue Partner der Grund für das Auseinanderbrechen der ersten Ehe war. Selbst wenn die Kinder den neuen Partner trotz allem gernhaben, verhalten manche sich so, als verabscheuten sie ihn. Aus inneren Konflikten und Schuldgefühlen erwächst so die Notwendigkeit, innerlich ein Doppelleben zu führen.

Selbst wenn die Kinder den neuen Partner des sorgeberechtigten Elternteils vor der Heirat sehr gern gehabt haben, kann sich das Verhältnis nach ihr rapide verschlechtern, zumindest eine Weile lang. Die neue Ehe hat neue Tatsachen geschaffen. Ursprünglich waren alle Beteiligten einmal gute Freunde; nun stellen die Kinder fest, daß der Hausfreund oder die gemeinsame Gefährtin ein neues, vertrautes Verhältnis zu Mama oder Papa hat, in dem für sie kein Platz ist, und fühlen sich betrogen. Und schließlich ist die Person jetzt kein Gast mehr, sondern ein ständig anwesendes Mitglied der Familie, das zudem noch Autorität ausübt – zumindest der Theorie nach.

Obwohl es tatsächlich eine mühselige Aufgabe sein kann, eine zufriedene, funktionierende Stieffamilie aufzubauen, sollten potentielle Stiefeltern nicht gleich von Anfang an mit dem Schlimmsten rechnen. Viele Kinder sind sehr angetan, wenn ein neuer Elternteil zur Familie stößt. So vermissen Töchter sorgeberechtigter Väter oft eine Frau in der Familie, mit der sie einkaufen gehen und sich unterhalten können, und Jungen im Haushalt ihrer Mütter fehlt das männliche Element. Jungen wie Mädchen sehnen sich oft nach den Tröstungen eines »normalen« Familienlebens mit einem Vater und einer Mutter, selbst wenn einer von beiden mit ihnen nicht blutsverwandt ist. Vielleicht wünschen sie sich auch, so zu sein wie ihre Freunde, die in Familien mit zwei Eltern leben.

Die zehnjährige Daphne drückte es mir gegenüber einmal so aus: »Mein Stiefvater war das Beste, was mir je passiert ist.« Daphnes Eltern hatten sich scheiden lassen, als sie fünf Jahre alt gewesen war, und die Sorgerechtsstreitigkeiten hatten sich endlos hingezogen. Ihr Vater war ein geschickter Anwalt, der alle Möglichkeiten des Rechtssystems nutzte. Als ihm das Sorgerecht für Daphne und ihren dreijährigen Bruder schließlich zugesprochen wurde, stellte sich heraus, daß er an seinem Sieg vor Gericht mehr interessiert gewesen war als an den Kindern selbst. Er war kaum jemals zu Hause und ließ die beiden statt dessen von einer Reihe von Babysittern versorgen. Die Geschwister waren einsam und unglücklich; der einzige Lichtblick in ihrem Leben waren die regelmäßigen Besuche bei ihrer Mutter. Als die Mutter ein zweites Mal heiratete, hatte sie die finanziellen Mittel, um die Sorgerechtsentscheidung anzufechten. Dieses Mal gewann sie, auch in Anbetracht der Fakten, die sie nun anführen konnte. Daphnes neuer Stiefvater unterstützte sie unablässig und gab sich große Mühe, Daphne und ihrem Bruder das Gefühl zu vermitteln, daß sie geliebt und gewürdigt wurden. »Ich liebe meinen Vater«, sagte Daphne. »Es tut mir leid, daß er ganz allein ist. Aber ich bin froh, daß ich wieder eine Familie habe.«

≡   ## Stiefmütter und Stiefväter: Fallgruben und Chancen

Den meisten frischgebackenen Stiefmüttern steht eine schwierige Zeit bevor. Schon das Wort Stiefmutter allein weckt Kindheitsvorstellungen von geduldig leidenden Aschenputteln oder Schneewittchen, deren böse Stiefmütter genau so lange Zuneigung heuchelten, bis die Umstände ihnen gestatteten, die Maske fallenzulassen. Und auch ohne solche Assoziationen sind die Einstellungen zu Stiefmüttern heute widersprüchlich. Einerseits gehen manche Menschen davon aus, die Stiefmutter könne die Kinder gar nicht wirklich lieben und sich nicht angemessen um sie kümmern, weil zwischen ihnen und ihr keine Blutsbande bestehen. Andererseits wird aber von ihr erwartet, die Kinder ihres Partners ins Herz zu schließen, als seien sie ihre eigenen; bringt sie das nicht fertig, kann irgend etwas mit ihr oder der Ehe nicht »stimmen«.

Da die meisten Scheidungskinder in der Obhut ihrer Mütter leben, verbringen sie nur wenig Zeit mit der Stiefmutter. Unter diesen Umständen werden sie in ihr vermutlich eher »Papas neue Frau« sehen als einen zusätzlichen Elternteil. Bei einer Heirat jedoch fühlen sich viele Stiefmütter verpflichtet, die Sache in die Hand zu nehmen und von Anfang an die Rolle der Mutter zu spielen. Ihre Absichten dabei sind untadelig – sie wollen sich um die Kinder kümmern und sich so ihre Zuneigung und irgendwann auch Liebe erwerben. Aber Kinder, denen man auf diese Weise begegnet, werden sich wahrscheinlich zurückziehen. Sie wollen keinen Mutterersatz; in ihren Augen haben sie nur eine einzige Mutter, deren Platz kein anderer Mensch jemals einnehmen kann.

Latishas Stiefmutter erfaßte all dies instinktiv. »Meine Mama und mein Papa streiten sich immer noch ziemlich viel, aber meine Stiefmutter versucht immer alles mögliche, damit es keinen Ärger gibt«, erzählte Latisha. »Zum Beispiel richtet sie es immer so ein, daß sie mich zu meiner Mama fährt und mich hinterher auch wieder abholt. Und ich habe gemerkt, daß sie immer versucht, vor meinem Papa ans Telefon zu gehen, nur für den Fall, daß meine Mama dran ist. Ich glaube, mein Papa merkt gar nicht, was sie alles treibt. Sie ist ziemlich schlau, und das gefällt mir.«

Andererseits gibt es auch Stiefmütter, die in den Kindern Rivalen um die Aufmerksamkeit des Partners sehen und es übelnehmen, wenn der Ehemann seine Zeit mit ihnen verbringt. Manchmal ärgern sie sich über die Unterhaltszahlungen und über die zusätzliche Arbeit, die bei den Besuchen der Kinder anfällt. Konflikte zwischen den Partnern sind in solchen Fällen fast unvermeidlich, und die Kinder werden schnell herausfinden, daß sie die Ursache dieser Auseinandersetzungen sind. Um den Frieden in ihrer neuen Familie aufrechtzuerhalten, ziehen sich die Väter oft aus dem Leben der früheren zurück.

Stiefmütter, deren Partner das Sorgerecht für die Kinder haben, stehen wieder anderen Problemen gegenüber. Anders als bei nicht sorgeberechtigten geschiedenen Vätern ist bei den Müttern die Wahrscheinlichkeit gering, daß sie ganz aus dem Leben ihrer Kinder verschwinden. Sie werden die Verbindung vermutlich auch weiterhin aufrechterhalten und es der Stiefmutter damit sehr schwer machen, eine Rolle für sich selbst zu finden, mit der sie leben kann. Zudem werden die Kinder oft erst dann dem Vater zugesprochen, wenn die Mutter nicht mehr mit ihnen fertig wird. Die Stiefmutter hat dann die undankbare Aufgabe, sich um diese schwierigen, verstörten Kinder kümmern zu müssen.

Für Stiefväter kann die Situation nicht weniger abschreckend aussehen. Da sie es in der Regel sind, die zu einem Haushalt mit einer sorgeberechtigten Mutter dazustoßen, müssen sie mit den Kindern zusammenleben, wann immer diese nicht bei ihrem leiblichen Vater zu Besuch sind.

Worauf läßt sich ein Stiefvater also ein? Auf diese Frage würden der Mann selbst, seine neue Frau und ihre Kinder zweifellos mit sehr unterschiedlichen Antworten und Erwartungen reagieren. Vielleicht hat der Stiefvater die Kinder bereits liebgewonnen und freut sich darauf, nun die Rolle des Vaters übernehmen zu können. Eine andere Möglichkeit ist, daß er sich kaum oder gar nicht für sie verantwortlich fühlt: schließlich wollte er nicht die Kinder heiraten, sondern ihre Mutter. Welche Rolle er auch immer spielt, er wird vermutlich hoffen, den früheren Ehemann überstrahlen zu können, dem seine Frau ein so unschmeichelhaftes Zeugnis ausgestellt hat. Die Kinder sehen die Dinge natürlich etwas anders. Sie sind sich klar darüber, daß kein Stiefvater ihren Vater jemals ersetzen kann. Sie wissen noch nicht, wie der Neue sich in ihr Leben einfügen wird; sie sind sich nicht einmal sicher, wie sie ihn anreden sollen. Vielleicht machen sie sich Sorgen darüber, wie ihr Vater auf die Heirat reagieren wird, denn in ihrer Vorstellung sind Mama und Papa nach wie vor eine Einheit. Möglicherweise sehen sie in Mamas neuem Mann auch nur eine weitere Person, die sie früher oder später enttäuschen und im Stich lassen wird.

Meist nimmt die Mutter als selbstverständlich an, daß die Kinder ebenso begeistert sein werden wie sie selbst, wenn es (vermutlich) auf Dauer wieder einen Mann in ihrem Leben gibt. Es ist wieder jemand da, der ihnen allen einen Teil ihrer Bürde abnehmen, die Familie wieder »ganz« machen, eine Stütze im Alltag bieten wird. Die Argumentation lautet: Da sie selbst diesen Mann liebt, werden die Kinder es doch zweifellos auch tun. Wenn der Enthusiasmus der Kinder dann hinter ihrem eigenen zurückbleibt, was in der Regel der Fall sein wird, wird die Mutter – und vielleicht sogar der Stiefvater selbst – überrascht und unter Umständen verletzt sein. Viel zu oft reagieren die Mütter dann damit, daß sie sich auf die Seite des Mannes stellen und sich von ihren Kindern distanzieren, wodurch sich die Probleme in der neuen Familie noch verschärfen.

Auch Disziplinfragen werden in vielen Stieffamilien zu einer Quelle von Auseinandersetzungen. Viele Mütter erwarten von ihren neuen Partnern, daß sie ihnen die Rolle des »Zuchtmeisters« ganz oder teilweise abnehmen. Gleichzeitig haben sie Schwierigkeiten dabei, die Kontrolle aufzugeben, die sie als Alleinerziehende über die Kinder hatten. Bevor eine wirkungsvolle Disziplin überhaupt eingeführt werden kann, müssen gewisse Vorbedingungen geschaffen sein. Der Stiefvater muß sich das Vertrauen und den Respekt der Kinder verdienen, sonst werden sie ihn nicht als Autorität anerkennen, und dies wird ihm viel Zeit, Geduld und Ausdauer abverlangen. Die Mutter sollte in der Erziehung der Kinder auch weiterhin die Hauptrolle spielen, ihnen gegenüber aber keinen Zweifel an der Autorität des Stiefvaters aufkommen lassen und seine Bemühungen unterstützen. Meinungsverschiedenheiten über den Erziehungsstil sollten unter vier Augen ausgetragen werden, nicht in Hörweite der Kinder. Es ist sehr wichtig, daß die Erwachsenen eine geschlossene Front präsentieren und den Kindern so zeigen, daß sie die Eltern nicht gegeneinander ausspielen können, um ihren Willen durchzusetzen oder um zu demonstrieren, daß niemand sie kontrollieren kann.

Im Lauf der Zeit werden sich Unterschiede in der Art und Weise zeigen, wie ältere Jungen und Mädchen auf den Stiefvater reagieren. Ein Junge, der zum Zeitpunkt der Wiederverheiratung seiner Mutter schon an der Schwelle zur Pubertät steht, wird sich mit der Zeit an die neuen Verhältnisse gewöhnen, und die Chancen stehen gut, daß er sich dem Stiefvater zuwenden wird, wenn dieser sich um Verständnis bemüht und keinen Anspruch auf die Rollen des Vaters und Erziehungsberechtigten erhebt.

Bei einer Wiederverheiratung ihrer Mütter scheinen viele Söhne von der Anwesenheit eines Mannes zu profitieren, der die Aufmerksamkeit der Mutter von ihnen ablenkt und in dem sie ein Rollenvorbild, einen Gefährten und eine Quelle seelischer Unterstützung finden können.

Mädchen können dagegen schwieriger zu gewinnen sein. Viele Mädchen entwickeln nach der Scheidung ein enges Verhältnis zu ihren Müttern, und es kann ihnen sehr schwer fallen, in dem neuen Stiefvater etwas anderes zu sehen als einen Rivalen um die Zuneigung und Aufmerksamkeit der Mutter. Zusätzliche Komplikationen können sich ergeben, wenn es zu sexuellen Spannungen zwischen Stiefvätern und heranwachsenden Stieftöchtern kommt. In einem solchen Fall reagieren manche Stiefväter damit, daß sie ständig auf der Hut sind und sich der Tochter gegenüber lieber betont kühl verhalten, als sich um eine warme wechselseitige Beziehung zu bemühen. Andere leben ihre Empfindungen aus, etwa indem sie mit dem Mädchen flirten oder ständig Annäherungsversuche machen. Dadurch untergraben sie die Autorität der Mutter und verängstigen in der Regel auch das Mädchen.

Wie wächst eine Stieffamilie zusammen?

Wenn Stiefeltern bereit sind, die nötige Mühe und Sorgfalt zu investieren und sich um eine wechselseitige Beziehung zu ihren Stiefkindern zu bemühen, können viele der eben beschriebenen Probleme vermieden oder erfolgreich beigelegt werden. Tatsächlich können Stiefkinder sogar von der Anwesenheit eines Stiefelternteils profitieren, wenn sie in ihm einen Freund, einen verständnisvollen und ermutigenden Zuhörer oder einen Ratgeber finden.

Eine der besten Voraussetzungen, die der Stiefelternteil für seine Rolle mitbringt, kann gerade die Tatsache sein, daß er oder sie *nicht* mit den Kindern blutsverwandt ist. Vielen Kindern fällt es leichter, über schwierige oder potentiell peinliche persönliche Anliegen zu sprechen, wenn der Zuhörer nicht einer der eigenen Eltern ist. So könnte es gut sein, daß ein kleiner Junge, den sein Vater kaum jemals besucht, lieber mit seinem Stiefvater über seine Enttäuschungen und verletzten Gefühle spricht, als in Kauf zu nehmen, daß es seinetwegen zu einer Auseinandersetzung zwischen seinen leiblichen Eltern kommt.

Ob sich die Kinder dessen nun bewußt sind oder nicht, auch für sie selbst ist es aus einer Reihe von Gründen sehr wichtig, daß die zweite Ehe des sorgeberechtigten Elternteils erfolgreich wird. Es zeigt ihnen, daß glückliche, harmonische Ehen möglich sind, und gibt ihnen so eine Hoffnung für ihre eigene Zukunft. Mir ist oft aufgefallen, in welchem Maß sich Kinder aus geschiedenen Ehen Sorgen darüber machen, ob sie selbst wohl einmal ein glückliches Familienleben führen werden. Sie wissen genau, welche Verheerungen eine Scheidung anrichten kann, und sind entschlossen, ihren eigenen Kindern nicht ihrerseits etwas so Fürchterliches anzutun.

Wenn sie einen oder beide Eltern eine harmonische zweite Ehe führen sehen, werden sie feststellen, daß es auch noch andere Möglichkeiten gibt. Manchmal sind es gerade Kleinigkeiten, die auf ein Kind den größten Eindruck machen. Ein Junge erzählte mir einmal: »Neulich habe ich gehört, wie mein Stiefvater zu meiner Mutter gesagt hat, wie wunderbar sie für uns sechs Kinder sorgt. Ich habe mich dabei richtig gut gefühlt. Er mag sie wirklich, das hat man gemerkt.«

Eine weitere Reaktion, die fast alle Kinder geschiedener Eltern gemeinsam haben, ist ihr Entsetzen, wenn sie den Elternteil und den neuen Partner streiten hören. Selbst wenn die beiden Erwachsenen sich in der Regel blendend verstehen, ist für die Kinder jede Meinungsverschiedenheit ein Warnsignal – sie könnte das Vorspiel zu einer Scheidung sein. Auf einmal erinnern sich die Kinder wieder an die ärgerlichen Bemerkungen, die zwischen den leiblichen Eltern hin und her gegangen sind, vielleicht jahrelang, bevor es schließlich zur Scheidung kam. Damit soll nicht gesagt sein, daß Meinungsverschiedenheiten um jeden Preis vermieden werden müssen; viel wichtiger ist es, daß Sie sie in ruhigem und rationalem Ton austragen. Damit demonstrieren Sie, daß Unstimmigkeiten auch auf eine Weise beigelegt werden können, die brauchbare Ergebnisse hervorbringt und die Rechte und Bedürfnisse aller Beteiligten berücksichtigt. An einem solchen Vorbild lernen die Kinder nicht nur, selbst mit Konflikten umzugehen, sondern auch, daß nicht jeder Streit gleich das Ende einer Ehe bedeuten muß.

Mit einem guten Anfang geben Sie den Ton für die Zukunft Ihrer neuen Familie vor. Zunächst einmal sollte eine zweite Heirat für die Kinder nicht völlig unerwartet kommen. Wenn es so auszusehen beginnt, als werde aus einem Verhältnis früher oder später eine Ehe werden, sollte der Elternteil den Partner allmählich ins Leben der Kinder einführen. Vielleicht können Sie an einem Wochenende zusammen ins Museum gehen und sich am nächsten zum Abendessen in einer Pizzeria treffen. Auch die künftigen Verwandten einschließlich eventueller Stiefgeschwister sollten den Kindern vorgestellt werden.

Meist ist es die beste Lösung, wenn der Elternteil allein die Kinder über die bevorstehende Heirat unterrichtet. So können die Kinder ihre Reaktionen unbefangener zum Ausdruck bringen. Der Elternteil sollte die Kinder aber nicht um Erlaubnis zum Heiraten bitten! Damit würde er ihnen eine Autorität über sein Leben zuschieben, die ihnen nicht zusteht. Dies ist eine Entscheidung des Vaters oder der Mutter, nicht der Kinder.

Viele der Vorschläge, die ich an anderer Stelle angeführt habe, als es darum ging, Kinder auf ein neues Leben vorzubereiten, gelten auch hier.

Kinder sind egozentrisch und brauchen eine stabile und voraussagbare Umgebung; sie werden also genau wissen wollen, wie sich die neue Ehe auf sie selbst auswirken wird. Sie brauchen Antworten auf Fragen wie die folgenden: Wann heiratet ihr? Wo werden wir wohnen? Werden seine (oder ihre) Kinder auch bei uns leben? Können wir den Hund behalten? In welche Schule gehen wir dann? Was wird aus dem anderen Elternteil? Kann ich ihn (oder sie) noch genauso oft besuchen? Werden Opa und Oma uns besuchen kommen? Bekomme ich ein eigenes Zimmer? Wenn nicht, mit wem muß ich mir ein Zimmer teilen? Werde ich meine alten Freunde noch treffen können? Wie soll ich den neuen Stiefelternteil nennen?

Es gibt noch andere Kommentare, auf die die Eltern vorbereitet sein sollten: Was wird der andere Elternteil dazu sagen, daß du wieder heiratest? Wie kannst du ihn (oder sie) einfach so abschreiben? Wenn du das wirklich machst, will ich lieber bei ihm (oder ihr) leben! Jetzt, wo du jemand anderen liebst, hast du doch sowieso keine Zeit mehr für mich. – Auch wenn die Kinder all das nicht laut sagen, sollten die Eltern diese Anliegen mit ihnen besprechen.

Die Kinder sollten mit ihren Befürchtungen nicht alleingelassen werden. Genau wie nach der Scheidung werden sie verstört und angespannt sein, beides in einem direkten Zusammenhang mit der Menge und dem Umfang der Veränderungen, die ihnen bevorstehen. Und genau wie nach der Scheidung brauchen sie dringend die Sicherheit, daß sie noch immer geliebt und gebraucht werden. Sie werden weniger in Versuchung geraten, die Mitarbeit vollständig zu verweigern, wenn sie wissen, daß sie in den Gefühlen der Eltern ihren festen Platz haben, daß sie bei allen Entscheidungen mitberücksichtigt werden und daß ihnen der Umgang mit dem zweiten Elternteil nicht verwehrt wird.

Nach der Heirat arbeitet die Zeit für Sie. Die Kinder haben mit dem neuen Menschen in ihrem Leben noch kaum Erfahrungen gemacht; nun muß zunächst einmal ein Vorrat von Erinnerungen, eine neue Familiengeschichte, geschaffen werden.

Es dauert ungefähr zwei Jahre, bis alle Beteiligten sich vollständig aneinander gewöhnt haben und die Familie zu einer Einheit zusammengewachsen ist. Während dieser Zeit werden beide Eltern viel Geduld, Toleranz, Humor und Hartnäckigkeit aufbringen müssen. Es kann auch nicht schaden, wenn der »neue« Elternteil ein dickes Fell mitbringt. Viele Kinder tun ihr Möglichstes, um die freundliche Zuwendung des Stiefelternteils zurückzuweisen und auf diese Weise zu demonstrieren, daß ihnen nichts an ihm oder ihr liegt. Wenn ihre Versuche fehlschlagen und die betreffende

Person noch immer zu ihnen hält, werden sie überrascht und insgeheim erfreut sein. Aber derlei ergibt sich nicht über Nacht, und es muß sich auch nicht bei allen Stiefkindern gleichzeitig ergeben.

Auch Vertrauen braucht seine Zeit. Wenn der angeheiratete Partner es fertigbringt, unabhängig von dem leiblichen Elternteil eine Beziehung zu den Kindern zu entwickeln, werden die Kinder den Eindruck gewinnen, daß sie als Individuen gewürdigt und angenommen werden, nicht einfach als Anhängsel ihres Vaters oder ihrer Mutter oder als beliebige Mitglieder eines Clans. Beziehungen wie diese entwickeln sich aus gemeinsam gemachten alltäglichen Erfahrungen und gemeinsam verbrachter Zeit, in der die Beteiligten sich allmählich kennenlernen. In einer solchen unspektakulären Atmosphäre, in der das Kind sich sicher fühlen darf, können sich Vertrauen und Selbstachtung entwickeln.

Je mehr Menschen in der Stieffamilie leben, desto mehr Durcheinander und Verwirrung dürfen Sie am Anfang erwarten. Da sind die beiden Erwachsenen, die Kinder des einen von ihnen und vielleicht noch weitere Kinder, die der zweite Partner mit in die Ehe bringt – und sie alle haben ihre eigene Persönlichkeit, ihre Gewohnheiten und Vorlieben. Sie sollten all das mitberücksichtigen, wenn Sie den neuen Tagesablauf planen und eine neue Hausordnung aufstellen, mit der die ganze Familie leben kann (siehe auch ab Seite 158). Wenn alle Beteiligten ermutigt werden, beim Aufstellen dieser Regeln mitzuhelfen, ist ihr Erfolg schon ein ganzes Stück nähergerückt.

Häufig sind es Fragen der Disziplin, an denen sich Konflikte zwischen Erwachsenen und Kindern in Stieffamilien entzünden. Ich habe schon an anderer Stelle darauf hingewiesen: Die Kinder zu disziplinieren ist Sache des leiblichen Elternteils, nicht des neuen Partners. Die beiden Erwachsenen müssen sich darüber einigen, wo die Autorität des Stiefelternteils endet. Wenn der leibliche Elternteil nicht greifbar ist, müssen sich die Kinder darüber im klaren sein, daß sie dem Stiefelternteil zu gehorchen haben. Sie müssen wissen, daß Bemerkungen wie »Wenn meine Mama hier wäre, bräuchte ich auch nicht abzuwaschen« oder »Du bist nicht mein richtiger Vater, auf dich brauche ich nicht zu hören« nicht als Entschuldigungen für Ungehorsam akzeptiert werden. Wenn der Stiefelternteil sich einem Gefühlsausbruch dieser Art gegenübersieht, sollte er versuchen, die Situation mit Mitgefühl und Verständnis zu entschärfen: »Du hast natürlich recht, ich bin nicht dein richtiger Vater. Du hast nur einen Vater, und ich bin sicher, daß du ihn liebhast und ihn furchtbar vermißt. Es muß sehr schwer für dich sein, daß deine Eltern nicht mehr zusammen sind.«

Wenn der Stiefelternteil nicht gerade im Stil Attilas des Hunnen in die Familie eingefallen ist, sondern sich aufrichtig Mühe gibt, die Kinder einzeln und als einzigartige Persönlichkeiten kennenzulernen, ist die Wahrscheinlichkeit sehr viel größer, daß sie seine Autorität anerkennen werden. Um aber einen Erwachsenen als Autorität anerkennen zu können, müssen die Kinder sich ihm in irgendeiner Weise verbunden fühlen, und sie müssen den aufrichtigen Wunsch haben, ihm zu gefallen und sich seine Anerkennung zu erwerben. Wenn eine solche Verbindung nicht besteht, werden auch Drohungen und Strafen nicht das Geringste ausrichten können. Zuneigung und Respekt können nicht erzwungen, sondern nur verdient werden.

Viele zweite Ehen scheitern, weil die Eheleute den Kindern gestatten, einen Keil zwischen sie zu treiben. Die bekannten Familienforscher John S. und Emily B. Visher vermuten, daß manche zum zweiten Mal verheirateten Menschen Schwierigkeiten mit ihren unterschiedlichen und einander teilweise überlagernden Rollen in der neuen Familie haben und sich fragen, ob sie eher zu ihren Kindern oder zu ihrem neuen Partner gehören. Nun kann die Lösung aber nicht darin bestehen, daß sie sich auf eine von zwei Seiten schlagen. Wiederverheiratete Eltern müssen darauf vorbereitet sein, einen Balanceakt durchzustehen, indem sie sowohl dem Partner als auch den Kindern den Rücken stärken, ohne sich mit einer der beiden Parteien gegen die andere zu verbünden. Der Stiefelternteil sollte den neuen Partner in seiner Elternrolle respektieren und unterstützen und seinerseits versuchen, ein gutes Verhältnis zu den Kindern aufzubauen.

Ich habe bereits erwähnt, daß auch die Kinder von einer erfolgreichen zweiten Ehe profitieren. Im Grunde wünschen sie sich gar nicht die Macht, ihr ganzes Leben ein zweites Mal in sich zusammenstürzen zu lassen. Da sie aber Kinder sind, fehlt es ihnen an der nötigen Einsicht und Reife: sie *müssen* geradezu versuchen, jetzt und hier das zu bekommen, was sie gerade wollen. So muß sich das Elternpaar von Anfang an darüber im klaren sein, daß zwar die Kinder ein Anrecht auf Zeit und Aufmerksamkeit haben, daß aber die Ehe zwischen den beiden Erwachsenen an oberster Stelle stehen muß. Zuallererst müssen sie sich darauf konzentrieren, eine tragfähige wechselseitige Partnerschaft aufzubauen. Daß mindestens einer von ihnen bereits eine gescheiterte Ehe hinter sich hat, braucht nicht zu bedeuten, daß auch der zweite Versuch zum Scheitern verurteilt ist. Wenn eine solche Gemeinschaft und eine positive, zuversichtliche Einstellung zu ihr einmal etabliert sind, werden die Kinder rasch einsehen, daß sie zwischen den Eheleuten keine Konflikte schaffen können. Vielleicht werden sie anfangs frustriert sein, wenn sie erkennen, wie fest die Bindung zwischen den

Eltern ist, und um so nachdrücklicher nach Schwachstellen suchen; letzten Endes werden sie sich aber sicherer und geschützter fühlen, wenn sie feststellen, daß sie keine finden.

Die Eheleute sollten alle wichtigen Familienanliegen im Team durchsprechen und sich auf ihre Vorgehensweise einigen, bevor sich wirkliche Probleme entwickeln können. Zu diesen Anliegen gehören die Disziplinierung der Kinder, Pflichten im Haushalt und das Beilegen von Meinungsverschiedenheiten zwischen ihnen selbst und zwischen Erwachsenen und Kindern. Wenn tatsächlich ein Problem auftaucht, sollten die Erwachsenen versuchen, es gemeinsam zu lösen und die Kinder bei Angelegenheiten, die sie betreffen, so weit wie möglich hinzuzuziehen. Für Erwachsene, die daran gewöhnt sind, ihre Entscheidungen allein zu treffen, können eine solche Zusammenarbeit und die gemeinsame Suche nach Lösungen anfangs recht schwierig sein.

Ein weiteres potentielles Problem für den Stiefelternteil ist der zweite Elternteil der Kinder, der gleichzeitig der frühere Partner des Lebensgefährten ist. Auch hier kann die richtige Einstellung schon sehr viel ausmachen: wenn man in dem betreffenden Menschen in erster Linie den zweiten Elternteil der Kinder und nicht so sehr den oder die »Ex« des Partners sieht, ist bereits die Grundlage für einen freundlicheren Umgangston geschaffen. Mit ihm oder ihr zusammenzuarbeiten, die Zuneigung der Kinder zu ihrem zweiten Elternteil hinzunehmen und seine Rechte und Bedürfnisse anzuerkennen wird letzten Endes auch dem Verhältnis des Stiefelternteils zu den Kindern zugute kommen. Rivalität und Eifersucht haben hier nichts zu suchen, obwohl beides ganz natürliche Reaktionen wären. Die Kinder können von möglichst vielen liebevollen und hilfsbereiten Erwachsenen in ihrem Leben nur profitieren.

Die meisten Kinder sind durchaus in der Lage, ihr Leben realistisch zu betrachten – manchmal sehr viel besser, als Erwachsene ihnen jemals zugestehen würden. Ich habe immer und immer wieder mit Kindern gesprochen, die sich in ihren Stieffamilien eingelebt und ihren Frieden mit der Tatsache geschlossen hatten, daß die Scheidung ihrer Eltern wahrscheinlich für alle Beteiligten die beste Lösung gewesen war. Nun können sie sich endlich wieder entspannen und brauchen nicht mehr pausenlos auf alles mögliche gefaßt zu sein wie damals, als Mama und Papa sich noch Gemeinheiten ins Gesicht geschrien – oder aber überhaupt nicht miteinander geredet haben. Diese Kinder wünschen sich nach wie vor, die Ehe der Eltern hätte gerettet werden können; sie sind aber auch in der Lage einzusehen, daß der Preis dafür einfach zu hoch geworden war.

Vor nicht allzulanger Zeit unterhielt ich mich mit einem jungen Mädchen von fünfzehn Jahren. Seine Familie hatte sich etwa ein Jahr lang von mir beraten lassen, als das Kind acht gewesen war; zwei Jahre davor hatten sich die Eltern scheiden lassen.

»Ich finde es immer noch furchtbar, daß meine Eltern nicht mehr zusammen sind«, sagte Bonnie, ein lebhaftes und aufgewecktes Mädchen. »Aber es ist einfach nicht mehr gegangen. Sie haben sich nur noch gestritten.« Unglücklicherweise führten die beiden ihre Streitereien auch nach der Scheidung noch weiter. Der kritische Punkt war erreicht, als Bonnie eines Tages ihrer sorgeberechtigten Mutter davonlief und vor der Wohnungstür der Großmutter auftauchte. Als sie verlangte, dort bleiben zu dürfen, kamen die Eltern zu dem Schluß, daß sie die Hilfe eines Experten brauchten. Die Entscheidung, wirkliche Veränderungen einzuführen und dabei in erster Linie an Bonnies Wohl zu denken, war für sie schon ein großer Schritt nach vorn. Nach ein paar Monaten begannen sich erste Erfolge abzuzeichnen, und Bonnie zog wieder zu ihrer Mutter.

Drei Jahre später heiratete Bonnies Mutter ein zweites Mal. »Zuerst war es wieder ziemlich übel«, erzählte mir Bonnie, »aber nicht aus denselben Gründen. Meine Mutter und Bill – das ist mein Stiefvater – streiten nicht. Sie verstehen sich ziemlich gut. Mir ist später aufgegangen, daß *ich* die ganze Zeit gestritten habe. Nach dieser fürchterlichen Zeit, als meine Eltern frisch geschieden waren und bevor Bill aufgetaucht ist, war eine Weile alles glatt gegangen. Ich habe bei meiner Mutter gewohnt und jede Menge Zeit für meinen Vater gehabt. Er ist in eine Wohnung nur ein paar Straßen weiter gezogen, und ich war richtig glücklich. Es war, als hätte ich zwei Wohnungen.

Als meine Mutter mir erzählt hat, daß sie und Bill heiraten wollen, war es damit natürlich zu Ende. Sie haben gesagt, wir müßten in ein größeres Haus ziehen. Bill hat drei Kinder mitgebracht, und seine Frau war gestorben, als sie alle noch klein waren. Wir sind dann in die Stadt gezogen, in der Bill gewohnt hat, ungefähr eine Stunde von meinem Vater entfernt. Ich mußte natürlich in eine andere Schule gehen und mir andere Freunde suchen.

Ich habe mein Zimmer in dem neuen Haus nicht ausstehen können, und außerdem mußte ich es mit Eileen teilen. Sie ist zwei Jahre jünger als ich. Sie hatte dauernd die Finger in meinen Sachen, meiner Steinsammlung und dem alten Schmuck, den meine Mutter nicht mehr getragen hat. Meine Mutter hat mich gezwungen, alles mit ihr zu teilen, ob ich nun wollte oder nicht. Dann waren da noch Scott und Bruce. Als Mama und Bill geheiratet haben, war Scott elf und Bruce dreizehn. Die beiden haben mich einfach nicht in Frieden gelassen. Es war so schlimm, daß ich einen anderen Schulweg genommen habe, nur damit ich nicht mit ihnen zusammen gehen mußte, aber dann habe ich natürlich Ärger bekommen, weil ich immer zu spät dran war. Und darüber bin ich noch wütender geworden.«

Zu diesem Zeitpunkt hatte Bonnies Mutter gerade eine neue Stelle angetreten und arbeitete oft bis in den Abend. »Wenn sie dann nach Hause gekommen ist, haben dort vier Kinder und ein Mann auf sie gewartet, da war für mich nicht mehr viel Zeit. Bill hatte sein Büro zu Hause, und so habe ich tagsüber viel mehr mit ihm zu tun gehabt als mit meiner Mutter. Und weil wir so viel zusammen waren, habe ich dauernd mit ihm gestritten.«

Ich fragte Bonnie, ob Bill sich auf die Streitereien eingelassen habe. »Nein – das ist eigentlich das Tolle daran. Verstehen Sie mich jetzt nicht falsch, er war ziemlich streng – jedenfalls strenger als meine Mutter zu der Zeit, als wir beide noch allein waren. Zum Beispiel durfte ich nicht fernsehen oder meine Freundinnen anrufen, bevor ich mit den Hausaufgaben fertig war. Meine Mutter hatte gesagt, daß ich auf Bill hören muß, und meistens habe ich das auch getan. Aber ich habe es mit Kleinigkeiten versucht – meinen Mantel nicht weggeräumt, wenn ich aus der Schule gekommen bin, das Geschirr auf dem Tisch stehenlassen, wenn ich mir was zu essen gemacht hatte, und Eileen genauso gepiesackt, wie Scott und Bruce mich gepiesackt haben. Wenn ich irgendetwas nicht getan habe, das ich hätte tun sollen, hat Bill mich nicht angeschrien oder bestraft und mir auch keine Moralpredigten gehalten. Er hat mich einfach daran erinnert.

Ja, und eines Tages nach der Schule hat Scotts Hund meine Katze auf die Straße gejagt, und sie ist unter ein Auto gekommen. Ich habe wirklich gedacht, jetzt sterbe ich. Mein Vater hatte mir die Katze kurz nach der Scheidung geschenkt. Irgendwie war sie wie eine Verbindung von mir zu ihm. Immer wenn mir mein Vater gefehlt hat, habe ich mit Angel gespielt, und sie hat mich an ihn erinnert. Als Bill mich schreien gehört hat, ist er aus dem Haus gerannt, hat die Katze von der Straße aufgehoben und uns alle zum Tierarzt gefahren. Und die ganze Zeit, während der Tierarzt sie operiert hat, hat er meine Hand gehalten. Er hat meine Mutter angerufen und mich sogar gefragt, ob ich meinen Vater anrufen und ihn auch holen wollte.

Angel ist ein paar Tage in der Tierklinik geblieben, und dann haben Bill und ich sie abgeholt. Meine Mutter hat immer noch sehr viel gearbeitet, und es war eigentlich vor allem Bill, der die Katze gepflegt hat und sie immer wieder zum Tierarzt gefahren hat.

Als es Angel so schlecht ging, habe ich eigentlich zum ersten Mal über jemand anderen nachgedacht als immer nur über mich. Dabei ist etwas Komisches passiert. Ich habe gemerkt, daß ich nicht mehr so wütend war. Und weil ich nicht mehr so wütend war, bin ich allmählich auch noch auf andere Dinge gekommen. Zum Beispiel, daß meine Mutter anscheinend ganz zufrieden war, obwohl sie jetzt so viel zu tun hatte. Und daß Scott und Bruce und Eileen vielleicht gar nicht so schlimm waren. Eileen hat sich wahrscheinlich nur einsam gefühlt und wollte eine Freundin haben, und Scott und Bruce haben sich eigentlich nicht viel anders aufgeführt als die anderen Jungen in der Schule. Ich habe gemerkt, daß ich Glück hatte, weil meine Eltern beide am Leben waren, und daß es schlimm sein muß, wenn man weiß, daß man seine Mutter nie wieder sieht. Und über Bill habe ich natürlich auch nachgedacht. Zum Beispiel daß er mich an den Wochenenden oft zu meinem Vater gebracht hat und daß er mir nach der Schule manchmal etwas zu essen gemacht hat – etwas Richtiges, meine ich, nicht bloß rohe Karotten und Sellerie wie meine Mutter –, und daß er mich auch zu meinen alten Freunden und zurück gefahren hat. Er hat uns damals auch einen Computer gekauft und mir beigebracht, wie ich meinem Vater Briefe auf Diskette schicken konnte. Man muß es ihm lassen, er hat mich wirklich nicht anders behandelt als seine eigenen Kinder. Und das Beste war, daß er und meine Mutter sich nicht gestritten haben.«

Ich fragte Bonnie, wie es in ihrem Leben inzwischen aussähe. Die Scheidung ihrer Eltern lag mittlerweile fast zehn Jahre zurück und die zweite Heirat ihrer Mutter fünf. »Na ja, so ganz perfekt natürlich nicht, aber ganz gut – viel besser als es schon mal war. Meine Eltern vertragen sich inzwischen auch besser. Mein Vater hat letztes Jahr geheiratet, und er und seine Frau kommen zu meinen Fußballspielen, wenn sie können. Manchmal kommen sie bei meiner Mutter und Bill vorbei. Das war am Anfang ein ziemlich merkwürdiges Gefühl, aber eigentlich finde ich es toll, daß diese ganzen Leute einfach deshalb zusammensitzen, weil ihnen an *mir* liegt.

Bruce geht nächstes Jahr aufs College, und ich werde ihn bestimmt vermissen. Er und Scott haben mir beim Fußballtraining geholfen, ich spiele jetzt viel besser als früher. Und bei Eileen habe ich das Gefühl, ich werde gebraucht – sie fragt mich immer um Rat wegen ihrer Freunde und ihrer Kleider. Aber manchmal wünsche ich mir ganz tief innen immer noch, meine Eltern wären zusammengeblieben. Ich habe immer gedacht, meine Familie sollte wie eine von diesen Fernsehfamilien sein, wo es einen Papa und eine Mama und ein paar glückliche Kinder gibt und kein Mensch sich scheiden läßt. Es wäre dann alles viel einfacher. Aber wenn das nun mal nicht geht – es könnte alles wirklich schlimmer sein.«

Richtlinien für Stieffamilien

- Die Ehegemeinschaft hat Vorrang. Die Partner sollten wichtige Entscheidungen, die sich auf die Führung des Haushaltes auswirken, im Team treffen. Sich regelmäßig Zeit für sich selbst zu nehmen wird ihre Beziehung stärken und jedem der beiden das Gefühl geben, daß er oder sie für den Partner an oberster Stelle steht. Wenn die Eheleute miteinander glücklich sind, werden sie auch erfolgreiche Eltern sein.

- Beide, der leibliche und der Stiefelternteil, sollten regelmäßig und unabhängig voneinander Zeit mit jedem der Kinder einzeln verbringen. Der Stiefvater oder die Stiefmutter kann die Kinder so besser kennenlernen und mit der Zeit eine herzliche wechselseitige Beziehung aufbauen. Der leibliche Elternteil sollte sich Mühe geben, den Kindern zu zeigen, daß sie durch den neuen Partner nicht verdrängt worden sind und nicht mit ihm oder ihr um Zeit und Aufmerksamkeit zu wetteifern brauchen.

- Es fällt in die Verantwortung des leiblichen Elternteils, seine Kinder zu disziplinieren. Die beiden Eltern sollten sich zuvor jedoch über die Autorität des anderen Partners und ihre Grenzen geeinigt haben. Wenn er oder sie diese Autorität in Abwesenheit des leiblichen Elternteils ausübt, sollte dieser später den Kindern gegenüber unbedingt zu den Entscheidungen des Partners stehen. Eventuelle Meinungsverschiedenheiten in Disziplinfragen sollten die Eltern später und unter vier Augen besprechen.

- Wie in dem Zeitraum während und kurz nach der Scheidung sollten die Kinder dazu ermutigt werden, über ihre Gefühle bezüglich der Heirat und der neuen Stieffamilie zu sprechen.

- Die Kinder sollten nicht dazu gedrängt werden, den neuen Elternteil zu »lieben« und zu akzeptieren oder Anreden wie »Mama« beziehungsweise »Papa« zu gebrauchen. Jedes Kind muß das Recht haben, eine Anrede für den Stiefelternteil zu finden, mit der es sich einigermaßen wohlfühlt. Auch zur Anwesenheit bei der Hochzeit sollten die Kinder nicht gezwungen werden.
- Respektieren Sie die Gefühle Ihrer Kinder. Wenn ein Kind zu seinem Stiefelternteil etwa sagt: »Ich habe dich nicht lieb, und es ist mir egal, was du sagst«, sollten die Erwachsenen diese Empfindungen nicht mit Bemerkungen à la »Wie kannst du so etwas Abscheuliches nur sagen!« abqualifizieren. Der Stiefelternteil kann dem Kind statt dessen zeigen, daß es ein Recht auf seine Gefühle hat, indem er etwa antwortet: »Ich weiß, daß du mich nicht liebhast. Aber ich habe dich sehr gern, und vielleicht änderst du deine Meinung ja noch.« Der leibliche Elternteil könnte antworten: »Ich verlange ja gar nicht von dir, daß du Susan liebhast. Immerhin kennst du sie erst seit kurzer Zeit. Ich hoffe, daß du sie irgendwann mögen und vielleicht sogar liebhaben wirst, aber bis dahin erwarte ich von dir, daß du sie mit Respekt behandelst.«
- Viele Kinder sind in einem Loyalitätskonflikt gefangen, der es ihnen unmöglich macht, auf den neuen Elternteil zuzugehen. Vielleicht fürchten sie sich davor, aus der Defensive herauszukommen und den Stiefelternteil zu mögen – denn dies könnte ja ein Zeichen dafür sein, daß sie ihren zweiten Elternteil, der in ihren Augen von dem neuen Partner verdrängt wird, nicht hinreichend lieben. Es kommt vor, daß ein Kind sich plötzlich dabei ertappt, wie es in der Gesellschaft des Stiefelternteils seinen Spaß hat, und dem Vergnügen daraufhin sofort ein Ende macht. Ein solches Kind kann man nur mit Geduld und Verständnis davon überzeugen, daß der neue Elternteil ihm wohl will und nicht versucht, Papa oder Mama aus seinen Gefühlen zu verdrängen. Von Zeit zu Zeit könnte er etwa zu dem Kind sagen: »Ich möchte deinen Vater (deine Mutter) wirklich nicht ersetzen. Ich versuche dir nur zu helfen.«
- Wenn der sorgeberechtigte Elternteil wieder heiratet, sollte er daran denken, daß sich damit an dem Bedürfnis der Kinder, einen engen Kontakt zu dem anderen Elternteil aufrechtzuerhalten, nichts geändert hat. Er sollte Verständnis aufbringen und diese Beziehung ermutigen und unterstützen. Die talentiertesten Stiefmütter und -väter bringen es sogar fertig, als Helfer und Vermittler tätig zu werden, wenn sich die leiblichen Eltern der Kinder in den Haaren liegen.

- Die neue Familie wird entweder alte Traditionen und Bräuche weiterführen oder eigene entwickeln. Mit der Zeit wird sich so eine neue Familiengeschichte bilden. Sie brauchen alte Gewohnheiten nicht abzuschaffen – im Gegenteil, es wird die Kinder trösten und ihnen ein Gefühl der Kontinuität im Leben geben, wenn Sie einige davon weiterführen. Zudem geben Sie ihnen so die Möglichkeit, ihre Familiengeschichte mit dem Stiefelternteil und den neuen Geschwistern zu teilen.

- Wenn beide Partner Kinder in die Ehe mitbringen, werden sich erst recht Komplikationen ergeben. In diesem Fall müssen noch mehr unterschiedliche Persönlichkeiten und Temperamente berücksichtigt werden. Unter Umständen werden die Kinder um die Aufmerksamkeit der Erwachsenen wetteifern. Jedes Kind wird nach wie vor eine private Ecke brauchen, die nur ihm gehört. Ein Einzelkind kann auf das plötzliche Menschengewimmel völlig verwirrt reagieren. Manche Kinder werden die neue Hackordnung übelnehmen, die sich jetzt unter ihnen herausbildet – so könnte sich etwa ein Kind, das bisher das älteste der Familie war und sich nun in der Mitte wiederfindet, schlecht behandelt fühlen. Keines dieser Probleme ist unüberwindlich; Sie werden einfach etwas mehr Zeit und Mühe aufwenden müssen, um die beiden Familien zu einer Einheit zu verschmelzen.

- Alle Kinder der Familie sollten fair behandelt und auf die gleiche Weise diszipliniert werden. Trotzdem werden Stiefeltern, ganz gleich wie gewissenhaft sie sich an diese Regel halten, früher oder später zu hören bekommen: »Du hast dein eigenes Kind lieber als mich.« Da dies vermutlich der Wahrheit entspricht, sollten Sie es nicht bestreiten – Sie würden dem Kind nur seinen Verdacht bestätigen, daß Stiefeltern nicht zu trauen ist. Besser ist eine Antwort wie etwa: »Ja, ich habe Tracy wirklich lieber. Schließlich kenne ich sie schon, seit sie ein Baby war, und dich erst seit einer Weile. Aber ich hoffe, daß wir beide uns eines Tages auch liebhaben werden.«

- Schieben Sie den Gang zu einem Therapeuten oder einer Familienberatungsstelle nicht hinaus, wenn Sie den Eindruck haben, daß die Probleme anhalten und das Verhältnis zu den Kindern sich nicht verbessert. Ein Therapeut kann der Familie helfen, ihre Empfindungen auszusprechen, sich Lösungen für ihre Probleme zu überlegen und ganz allgemein die Kommunikation unter den Familienmitgliedern zu erleichtern.

Antworten auf häufige Fragen von Eltern

Was soll ich zu meiner siebenjährigen Tochter sagen, wenn ihr Vater nicht wie erwartet und abgemacht zu Besuch kommt? Sie ist darüber so unglücklich, daß sie sich abends in den Schlaf weint.

Wenn ein Elternteil sich nicht an die abgemachten Besuchsdaten hält, können Sie bei den Kindern mit allen möglichen Reaktionen rechnen – von Kummer und Verschlossenheit bis zu Ärger und Streitsucht. Von einem der wichtigsten Menschen in ihrem Leben enttäuscht zu werden (und das vielleicht immer wieder) ist etwas, das die wenigsten Kinder ohne weiteres verkraften können. Oft ruft es ihnen die seelischen Erschütterungen, die sie bei der Trennung ihrer Eltern durchgemacht haben, wieder ins Gedächtnis. Verschlimmert wird die Situation noch dadurch, daß manche sorgeberechtigten Eltern insgeheim hoffen, der zweite Partner werde nicht auftauchen; wenn ihnen diese Hoffnung bestätigt wird, haben sie einen Beweis dafür, daß er oder sie »schlecht« oder für seine Aufgabe ungeeignet ist.

Zunächst einmal können Sie versuchen, den Vater des Kindes anzurufen. Vielleicht gibt es ja einen guten Grund dafür, daß er die Verabredung nicht einhalten konnte, und Sie sollten ihm diese Möglichkeit wenigstens zugestehen. Wenn er vorhat, noch zu kommen, können Sie Ihre Tochter beruhigen; wenn er nicht kommen kann, könnte er direkt mit dem Kind sprechen und ihm seine Gründe erklären.

Ob Sie ihn nun erreichen können oder nicht, Sie sollten Ihrer Tochter bei der Bewältigung ihrer Gefühle helfen, indem Sie Verständnis für ihre Enttäuschung zeigen und zugleich ihre Zuneigung zu ihrem Vater anerkennen. Dies bedeutet auch, daß Sie auf keinen Fall abfällige Bemerkungen über ihn machen dürfen. Sie sollten sie auch nicht um jeden Preis dazu bringen wollen, »doch ein fröhliches Gesicht zu machen« oder aus ihrem Zimmer zu kommen, wenn ihr nicht danach ist. Machen Sie statt dessen ein paar Vorschläge, wie sie – oder noch besser, Sie beide zusammen – die Zeit verbringen könnte, die eigentlich dem Besuch ihres Vaters vorbehalten war. Sie könnten ungefähr folgendes sagen:

> »Liebes, ich weiß, daß du wahrscheinlich fürchterlich enttäuscht bist, weil Papa heute nicht vorbeikommt. Natürlich hat er dich sehr lieb, aber manchmal kommt einfach etwas dazwischen, das man nicht voraussehen konnte... Wenn du dich ein bißchen besser fühlst, sage mir Bescheid, vielleicht finden wir beide etwas anderes zu tun. Wir könnten einen Spaziergang machen und irgendwo ein Eis essen, wenn du magst. Und dann wäre da ja auch noch das

Buch, das wir gestern aus der Bücherei geholt haben. Ich bin so lange in der Küche.« Nehmen Sie das Kind in den Arm oder zeigen Sie ihm auf andere Art Ihre Zuneigung.

Sie sollten es auch ermutigen, seinem Vater zu sagen, wie es sich fühlt, wenn es im Stich gelassen wird. Wenn das Problem anhält, sollten Sie Ihren früheren Partner direkt darauf ansprechen – allerdings außer Hörweite des Kindes.

Meine geschiedene Frau erzählt den Kindern Lügengeschichten über mich, wenn sie bei ihr zu Besuch sind. Was kann ich tun?

Auch wenn Ihre frühere Frau offenbar entschlossen ist, die Kinder auf ihre Seite zu ziehen – es ist sehr wichtig, daß Sie sich nicht auf das gleiche Spiel einlassen. Versuchen Sie über dieser Art von billigen Tricks zu stehen, und drängen Sie die Kinder nicht dazu, sich zwischen Ihnen und ihr zu entscheiden. Sie können sicher sein, daß Ihre Kinder Sie lieben. Wenn sie älter werden, werden sie auch lernen, die Behauptungen Ihrer geschiedenen Frau zu durchschauen, und es ihr unter Umständen übelnehmen, daß sie versucht hat, sie gegen Sie aufzuhetzen.

Wenn Sie beide einmal miteinander allein oder doch wenigstens außer Hörweite der Kinder sind, sollten Sie sie darauf ansprechen, daß sie mit ihrem Verhalten weniger Ihnen schadet als vielmehr den Kindern. Betonen Sie, daß sie beide Eltern lieben und brauchen und daß abfällige Bemerkungen nur ihrer Selbstachtung schaden und sie dazu bringen werden, ihren eigenen Gefühlen zu mißtrauen. Vermeiden Sie es, einen anklagenden Ton anzuschlagen; vielleicht hilft es Ihnen, wenn Sie sich ins Gedächtnis rufen, daß die Mutter Ihrer Kinder vielleicht eher aus Kummer und legitimen emotionalen Bedürfnissen heraus handelt als aus Rachsucht. Es kann recht schwierig sein, das Gespräch auf dieser sachlichen Ebene zu halten, denn auch Sie werden vermutlich versucht sein, Ihren Gefühlen Luft zu machen.

Wenn Ihre frühere Frau sich weigert zuzuhören – und Sie sollten nicht allzu überrascht sein, wenn sie es tut –, müssen Sie vielleicht einen Fachmann hinzuziehen und einen Termin für eine Partner- oder Familienberatung ausmachen. Oft stellt sich dabei heraus, daß Ratschläge eher angenommen werden, wenn sie von einem neutralen Dritten und nicht von dem zweiten Elternteil gemacht werden.

Was soll ich tun, wenn mein früherer Partner in Gegenwart der Kinder eine Szene anfängt?

Ein Elternteil, der vor den Kindern eine Szene macht, versucht genau wie die Mutter im vorhergehenden Beispiel, die Gefühle der Kinder für den zweiten Partner zu seinen eigenen Zwecken zu unterminieren.

Man braucht vielleicht nur einen Menschen, um einen solchen Auftritt anzufangen, aber zwei, um ihn weiterzuführen. Mit anderen Worten, es gibt keinen Grund, weshalb Sie Punkt für Punkt auf die Anschuldigungen und anderen Unfreundlichkeiten antworten sollten, die Ihnen um die Ohren fliegen. Wenn Sie sich nicht in den Streit hineinziehen lassen, wird der Brennstoff bald zu Ende sein.

Nehmen wir etwa an, Ihr geschiedener Ehemann taucht eines Samstagvormittags auf, um die Kinder abzuholen, und bemerkt: »Tom sagt, er hat dich gestern abend wieder mit diesem Typ ausgehen sehen. Es war ganz schön spät, meint er. Wieso warst du eigentlich nicht bei den Kindern? Hat überhaupt jemand auf sie aufgepaßt? Hast du den Kerl gleich mit nach Hause gebracht?«

Sie könnten etwa antworten: »Ich glaube, die Kinder sind so weit. Hier sind ihre Taschen, und Kelly hat wieder ihre Ohrenentzündung – ich habe die Medikamente hier mit eingepackt. Könntest du sie gleich beim Heimkommen in den Kühlschrank tun?«

Und weiter: »Wieso antwortest du eigentlich nicht? Ich will wissen, ob der Typ gestern mit hergekommen ist, als die Kinder auch zu Hause waren.«

»Ich habe dich schon gehört. Aber mit wem ich meine Zeit verbringe ist meine Sache, und darüber brauchen wir nicht gerade vor den Kindern zu reden.«

»Das soll ja wohl heißen, du hast ihn wirklich mit hergebracht. Ich hab's mir fast gedacht. Was denkst du dir eigentlich dabei?«

»Das ist jetzt wirklich nicht der richtige Moment. Wenn du mit mir über etwas reden willst, was die Kinder betrifft, sage mir Bescheid – wir könnten uns dann einen Zeitpunkt aussuchen, zu dem sie nicht da sind.«

Und so weiter – bleiben Sie einfach standhaft. Er wird bald aufgeben, wenn er begreift, daß Sie sich nicht in einen Streit verwickeln lassen und daß Sie entschlossen sind, die Kinder aus dem Konflikt zwischen Ihnen beiden herauszuhalten. Sie können so auch gleich den Umgangston für die Zukunft prägen.

Meine Kinder sind nie reisefertig, wenn ich komme, um sie für das Wochenende abzuholen. Wie bringe ich ihre Mutter dazu, etwas kooperativer zu sein?

Zunächst einmal sollten Sie mit ihr über das Problem sprechen – vielleicht weiß sie gar nicht, daß es für Sie eines ist. Wenn das nicht hilft, können Sie versuchen, einen anderen Zeitpunkt auszumachen. Eventuell fällt Ihre Ankunft mit etwas anderem zusammen, zum Beispiel Arbeiten im Haushalt oder dergleichen. Achten Sie darauf, daß die Kinder nicht in Hörweite sind, wenn Sie die Frage besprechen, und verwenden Sie einen Ton, der Ihre frühere Frau nicht gleich in die Defensive treibt. Zum Beispiel sollten Sie nicht sagen »Wieso kannst du eigentlich nicht dafür sorgen, daß die Kinder fertig sind, wenn ich komme?«, sondern lieber: »Die Kinder brauchen jedes Mal noch eine Menge Zeit, wenn ich komme. Können wir uns da nicht irgend etwas überlegen?« Die Mutter wird sich viel eher an eine Lösung halten, die sie mit Ihnen zusammen gefunden hat. Sie können Ihr Anliegen auch auf eine Weise formulieren, die ihre Gefühle anerkennt: »Für dich muß das doch auch ein Problem sein, daß es immer so lange dauert, bis die Kinder aus dem Haus und im Auto sind. Können wir das irgendwie beschleunigen?«

Meine frühere Frau bringt die Kinder nie rechtzeitig von ihren Wochenendbesuchen zurück. Sollte ich darauf bestehen, daß sie sich an die abgemachte Uhrzeit hält?

Bringt sie die Kinder immer zur gleichen Zeit nach Hause, oder wechselt die Uhrzeit? Wenn sie sie zum Beispiel immer um acht statt um sechs Uhr abends zurückbringt, können Sie ja acht Uhr abends zum »offiziellen« Zeitpunkt machen, vorausgesetzt, bestimmte Bedingungen sind erfüllt – etwa daß die Kinder ihre Hausaufgaben dann eben in der Wohnung ihrer Mutter machen.

Wenn natürlich der Zeitpunkt von Woche zu Woche anders aussieht und Sie nie wissen, wann die Kinder nun wieder zu Hause sein werden, müssen Sie sich auf ein gemeinsames Vorgehen einigen. Gehen Sie auch diese Frage als ein Problem an, das Sie beide betrifft. Vielleicht gibt es Schwierigkeiten, die Ihnen nicht bekannt sind – vielleicht ziehen sich etwa die Besuche bei der Großmutter regelmäßig bis in den Abend. Wenn Sie alle Details kennen, versuchen Sie gemeinsam eine Lösung zu finden. Unter Umständen können Sie ja von Woche zu Woche etwas Flexibilität aufbringen, oder Sie einigen sich auf einen Kompromiß. Erklären Sie aber auch, daß Stabilität und Verläßlichkeit im Alltag für die Kinder sehr wichtig sind.

Was soll ich zu meiner vierjährigen Tochter sagen, die mich ständig fragt, wann meine Frau und ich wieder zusammenziehen? Es besteht keinerlei Aussicht darauf, daß das jemals geschehen wird.

Vergewissern Sie sich zunächst, daß Sie ihr keinen Grund für Mißverständnisse geben. Ist in letzter Zeit etwas geschehen, das Ihre Tochter als eine Versöhnung interpretieren könnte? Die Kinder *wollen* ja, daß ihre Eltern wieder zusammenfinden, und wenn sie sie miteinander kooperieren sehen, können sie dies durchaus als ein Zeichen dafür auffassen, daß eben dies geschehen wird: »Mami und Papi müssen sich wieder liebhaben. Sie streiten sich überhaupt nicht mehr.«

Sie sollten sich nicht davor scheuen, Ihrer Tochter zu sagen, daß keine Hoffnung auf eine Versöhnung besteht. Vielleicht fürchten Sie, Sie könnten sie mit so deutlichen Worten verletzen, aber die Verletzung wird noch schmerzlicher ausfallen, wenn Sie ihr gestatten, sich weiterhin unrealistischen Hoffnungen hinzugeben.

Meine zwölfjährige Tochter will wissen, ob ich mit meinem Freund schlafe. Ich will sie nicht anlügen, aber ich glaube nicht, daß sie das etwas angeht.

Kinder aus geschiedenen Ehen werden sich oft früher als Kinder in traditionellen Zwei-Eltern-Familien über die sexuelle Seite ihrer Eltern klar. Diese Erfahrung ebenso wie die Tatsache, daß Kinder in unserer Gesellschaft früh sexualisiert werden, und die Aidsgefahr verlangen, daß Sie mit Ihren Kindern über Sex sprechen, sobald das Thema aktuell wird – auch dann, wenn Sie selbst sich dabei unbehaglich fühlen.

Sie sollten Ihr Intimleben nicht mit Ihrer Tochter besprechen. Nutzen Sie ihre Fragen statt dessen als Ausgangspunkt für ein Gespräch über Sex im allgemeinen und ihre eigene Sexualität im besonderen. Sagen Sie ihr in aller Deutlichkeit, welches Verhalten Sie von ihr erwarten; aber Sie müssen sich auch darüber klar sein, wie früh viele Teenager heute sexuell aktiv werden. Ihre Tochter muß verstehen, daß es Anliegen gibt, die privat bleiben sollten. Das gilt für sie selbst ebenso wie für Sie.

Seit meiner Scheidung ist mein Sohn manchmal sehr wütend auf mich und wirft mir entsetzliche Dinge an den Kopf. Was soll ich sagen, wenn er einen von seinen Wutanfällen hat?

Zunächst einmal werden Sie seine Gefühle einfach anerkennen und in Kauf nehmen müssen. Viele Eltern machen den Fehler, ihren Kindern das Recht auf ihre Empfindungen abzusprechen, entweder aus dem Irrglauben heraus, sie könnten ihnen damit über ihren Kummer hinweghelfen, oder weil sie selbst Schuldgefühle haben. Sie sollten Ihren Sohn aber auch nicht dazu zwingen, seine Gefühle mit Ihnen zu diskutieren. Vielleicht fürchtet er, er könnte Sie vor den Kopf stoßen oder Ihre Zuneigung verlieren, wenn er Ihnen sagte, was ihn beschäftigt, und solche Befürchtungen können sich durchaus als Ärger äußern. Geben Sie ihm zu verstehen, daß Sie bereit sind zuzuhören, wann immer er sich aussprechen will, und daß Sie ihn danach noch genauso liebhaben werden wie davor.

Allerdings sollten Sie nicht zulassen, daß er unflätige Ausdrücke verwendet, Sie beschimpft, Gegenstände zerstört oder nach Ihnen schlägt. Erklären Sie ihm, daß es völlig in Ordnung ist, über Empfindungen zu sprechen, nicht aber, diese Empfindungen an anderen auszulassen. Achten Sie darauf, sich ihm gegenüber konsequent zu verhalten – und erwarten Sie nicht, daß das Problem sich von allein verflüchtigen wird, wenn Sie es ignorieren.

Wenn Ihr Sohn auf Dauer so wütend bleibt, sollten Sie einen Fachmann um Rat bitten. Ihr Sohn sollte die Gründe für seine Wut durchschauen und lernen, wie er auf wirksamere Art mit seinen Gefühlen umgehen kann.

Mein geschiedener Ehemann hat das Sorgerecht für unsere beiden Kinder, und seit einiger Zeit wollen sie nichts mehr mit mir zu tun haben. Ich fürchte, er hetzt sie gegen mich auf. Was soll ich tun?

Ihr früherer Partner hat sich offensichtlich noch nicht mit seinem Verhältnis zu Ihnen auseinandergesetzt, und nun benutzt er die Kinder als eine Waffe gegen Sie. Er hat dabei den Vorteil, daß sie mit ihm zusammenleben und im Alltag von ihm abhängen.

Wenn die Kinder sagen, sie wollten Sie nicht besuchen, bestehen Sie darauf, daß sie trotzdem kommen. Die meisten Kinder brauchen nicht lang, um aufzutauen, wenn sie einmal dem unmittelbaren Einfluß des anderen Elternteils entzogen sind. Es ist gut möglich, daß Sie gar nichts erreichen, wenn Sie direkt mit Ihrem früheren Ehemann über sein Verhalten sprechen; schlagen Sie lieber vor, daß Sie sich gemeinsam einen Termin bei einem Psychotherapeuten oder einer Familienberatungsstelle geben lassen und Ihre Schwierigkeiten auf diese Weise beheben.

Wenn das Verhältnis bereits einen solchen Tiefpunkt erreicht hat, daß die Kinder sich strikt weigern, sich von ihrem Vater zu trennen, müssen Sie Ihre Rechte vielleicht vor Gericht einklagen. Bis dahin sollten Sie den Kontakt mit den Kindern durch Briefe, Telefongespräche und Geschenke aufrechterhalten. Lassen Sie das Gericht wissen, daß Sie so handeln werden. Wenn Sie den Verdacht haben, daß Ihr früherer Ehemann Ihre Briefe abfangen würde, könnten Sie einen neutralen Freund oder Verwandten bitten, die Sendungen persönlich abzugeben.

Wenn der Fall einmal in den Händen der Juristen ist, kann er sich sehr lang hinziehen, und es besteht die Gefahr, daß der Richter schließlich entscheidet, die Besuche bei Ihnen seien nicht im Interesse der Kinder. Trotzdem sollten Sie versuchen, die Verbindung aufrecht zu erhalten. Wenn die Kinder älter sind und das Verhalten ihres Vaters zu durchschauen beginnen, können sie so ohne Scheu wieder auf Sie zukommen.

Ist es vertretbar, wenn ich meinen Sohn in ein Sommerlager oder ins Internat schicke?

Ja – falls gewisse Bedingungen erfüllt sind. Wenn Ihre Kinder seelisch zu einer längeren Trennung in der Lage sind und Sie den Eindruck haben, daß sie ihre Gefühle bezüglich Ihrer Scheidung unter Kontrolle haben, können sie von einer solchen Erfahrung eigentlich nur profitieren. Halten Sie sich an Ihren gesunden Menschenverstand, wenn Sie solche Entscheidungen treffen. Allerdings ist es wichtig, regelmäßige Besuche einzuplanen – ob Sie nun die Kinder besuchen oder die Kinder Sie.

Besprechen Sie diese Frage auch mit dem anderen Elternteil, der ja wahrscheinlich das Besuchsrecht hat. Ein Sommerlager wird diese Beziehung kaum beeinträchtigen, aber eine Unterbringung im Internat könnte in dieser Hinsicht Probleme mit sich bringen. Wenn der Internatsaufenthalt bedeuten würde, daß Ihr Sohn seinen anderen Elternteil kaum noch zu sehen bekommt, sollten Sie von der Idee wahrscheinlich doch lieber Abstand nehmen.

Ich fürchte, ich gehöre zu den Leuten, die versucht haben, ihre Kinder gegen den anderen Elternteil aufzubringen. Inzwischen tut es mir wirklich leid, was ich angerichtet habe – ich war furchtbar wütend, als mein Mann einfach ausgezogen ist. Ich habe versucht, meinen Kindern zu erklären, daß ihr Vater in Wirklichkeit ein guter Mensch ist, aber bisher haben sie mir nicht zugehört. Ist es jetzt zu spät?

Wahrscheinlich nicht, aber niemand kann voraussagen, wie lange es dauern wird, bis Ihre Mitteilungen bei den Kindern »ankommen«. Wichtig ist nun vor allem, daß Sie freundlich über Ihren früheren Ehemann sprechen, ganz gleich wie Ihre Kinder darauf reagieren. Sie können auch ihn selbst dazu ermutigen, den Kindern zu zeigen, daß ihm an ihnen liegt. Geben Sie die Hoffnung nicht auf – die meisten Kinder sind in der Lage, zu ihren eigenen Schlußfolgerungen über ihre Eltern zu kommen, wenn sie erwachsen werden. Auf lange Sicht werden sie Sie Ihrer neuen Einstellung wegen höher achten, als wenn Sie an Ihrer Verbitterung festgehalten hätten.

Mein früherer Ehemann weigert sich, irgend etwas mit unserem Sohn zu unternehmen. Wenn ich ihn darauf anspreche, sagt er, jetzt, wo er wieder verheiratet ist und ein Baby hat, fehle ihm einfach die Zeit dafür. Sollte ich darauf bestehen, daß er sich um unseren Sohn kümmert?

Darauf zu »bestehen«, wie Sie es ausdrücken, wird vermutlich nicht wirksam sein. Wenn Sie ihn unter Druck setzen, werden Sie ihn sich nur noch weiter entfremden. Versuchen Sie zu einer Lösung zu kommen, indem Sie betonen, daß sowohl er selbst als auch sein Sohn von ihrer Beziehung zueinander profitieren würden. Stellen Sie nicht Ihre eigenen Gefühle in den Vordergrund. Bis auf weiteres sollten Sie sich eine neutrale Haltung zulegen. Halten Sie Ihren früheren Ehemann über die Aktivitäten und Fortschritte des Kindes auf dem laufenden; schicken Sie ihm Photos, Videos, Briefe und Karten. Wenn Ihr Sohn alt genug ist, kann er selbst die Initiative ergreifen. Sorgen Sie dafür, daß die Türen offen bleiben – Ihr früherer Partner ist im Augenblick vielleicht ausschließlich mit seiner neuen Familie beschäftigt, aber es ist durchaus möglich, daß er später wieder Interesse an seinem Sohn zeigt.

Sie könnten auch erwägen, sich an einen professionellen Familienberater zu wenden – womöglich zusammen mit dem Vater Ihres Sohnes. Vielleicht ist ihm einfach nicht klar, welchen Schaden er im Leben seines Kindes anrichtet, und er könnte eher bereit sein, sich die entsprechenden Ratschläge anzuhören, wenn sie von einem Fachmann kommen. Auch ohne Beteiligung des Vaters könnte eine Familienberatung Ihrem Sohn immerhin noch helfen, mit der scheinbaren Zurückweisung fertig zu werden.

Mein Ex-Ehemann und ich haben sehr unterschiedliche Wertvorstellungen – vielleicht war unsere Ehe deshalb kein Erfolg. Als wir noch verheiratet waren, war er ein Workaholic und hatte sonst überhaupt keine Interessen. Er wollte nicht einmal andere Leute treffen. Ich wäre nicht gerade glücklich darüber, wenn mei-

ne Tochter allzuviel Zeit mit ihm verbringen würde – ich glaube, er würde sie meist einfach ignorieren. Ist sie bei mir nicht besser aufgehoben?

Ihre Tochter hat ein Recht darauf, beide Eltern zu kennen, ganz gleich wie unterschiedlich sie sind. Es wird sogar ihren Horizont erweitern, wenn sie mit unterschiedlichen Menschentypen und Lebensstilen in Berührung kommt. Im Augenblick sollten Sie nach besten Kräften versuchen, Ihre Ansichten über Ihren früheren Ehemann für sich zu behalten und Ihrer Tochter Gelegenheit zu geben, sich ihr eigenes Bild zu machen. Sollte sie tatsächlich Probleme mit ihrem Vater haben, hören Sie verständnisvoll zu und versuchen Sie es mit den Methoden des aktiven Zuhörens, die ich ab Seite 162 beschrieben habe.

Für mich sind die Abende, wenn ich meine Töchter (fünf und sieben Jahre alt) von der Tagesstätte abgeholt habe, der schlimmste Teil des Tages überhaupt. Die beiden fangen meist an zu streiten, kaum daß sie zu Hause sind, und ich habe einfach nicht mehr genug Energie, um mich damit zu befassen. Haben Sie eine Idee, wie man dafür sorgen könnte, daß die Abende etwas glatter verlaufen?

Gönnen Sie allen Beteiligten zunächst einmal eine Atempause, wenn Sie abends heimkommen. Wahrscheinlich haben Sie alle drei einen anstrengenden Tag hinter sich. Experimentieren Sie ruhig ein bißchen – würden Ihre Töchter es vorziehen, wenn Sie etwas Zeit mit ihnen verbrächten, bevor Sie das Abendessen machen, oder geht es ruhiger her, wenn Sie die beiden trennen? Vielleicht kann das ältere Kind mit seinen Hausaufgaben anfangen, und dem jüngeren geben Sie inzwischen ein Buch oder einen Malblock.

Sie können auch eine oder beide von ihnen bitten, Ihnen bei der Vorbereitung des Abendessens zu helfen. Vielleicht würde es schneller gehen, wenn Sie die Arbeit allein täten, aber die Kinder werden die Gelegenheit, selbst etwas beizutragen, zu schätzen wissen und sich gebraucht fühlen. Sie können danach auch beim Aufräumen helfen. Mit solchen Aufgaben sind sie gut beschäftigt, und es kommt weniger leicht zu Streitereien.

Die Abende werden ruhiger verlaufen, wenn Sie einen Plan aufstellen, der allen Familienmitgliedern ihre Aufgaben zuteilt. Jedes Kind könnte ein paar Haushaltsarbeiten übertragen bekommen – damit haben Sie selbst schon etwas weniger zu tun. Legen Sie unterschiedliche Schlafenszeiten fest, etwa acht Uhr für das jüngere Kind und halb neun für das ältere. Versuchen Sie für jedes Kind einen Zeitabschnitt zu reservieren, in dem Sie ihm zur Verfügung stehen, selbst wenn es nur zehn Minuten wären. Sie können auch eine gemeinsame Unternehmung planen – spielen Sie ein Brettspiel, oder machen Sie einen Spaziergang um den Block.

Wenn Ihre Töchter sich sicher sind, daß sie Ihre Aufmerksamkeit bekommen können, wenn sie sie brauchen, werden sie Ihre Geduld wahrscheinlich nicht mehr auf die Probe stellen.

Ich habe das Sorgerecht für unseren Sohn, aber meine Frau weigert sich nun schon seit drei Jahren, Unterhalt zu zahlen. Dabei verdient sie mehr als ich. Ich habe schon mehrmals versucht, das Geld einzuklagen, aber geändert hat sich nichts. Jetzt ist sie weggezogen. Soll ich es weiter versuchen?

Ja, vermutlich sollten Sie das. Unterhalt zu zahlen ist unter anderem auch eine Methode, dem Kind zu zeigen, daß dem Elternteil an ihm liegt – und daß Gerichtsurteile respektiert werden sollten. Zuzulassen, daß jemand sich vor dieser Verantwortung drückt, mag für den Augenblick die einfachere Lösung sein; ein gutes Vorbild, vor allem was Verantwortungsgefühl angeht, geben Sie Ihrem Sohn damit nicht.

Der problematischste Aspekt der Situation ist nicht so sehr, daß Sie weiterhin Druck ausüben müssen, sondern die Art und Weise, wie Sie es tun. Versuchen Sie Ihren Sohn von Ihrem Ärger auf Ihre frühere Frau abzuschirmen. Vermeiden Sie nach Möglichkeit, über Ihren Rechtsstreit und seine Kosten an Zeit und Geld zu sprechen. Machen Sie in Gegenwart Ihres Sohnes keine abfälligen Bemerkungen über seine Mutter. Je nachdem, wie alt er ist, weiß er über die Situation ja vielleicht schon Bescheid; ganz werden Sie das Problem nicht vor ihm verheimlichen können. Wenn Sie mit ihm darüber sprechen, konzentrieren Sie sich auf Ihre Handlungsweise und Ihre Gefühle: »Weißt du, ich bin ziemlich ärgerlich, daß ich mir schon wieder freinehmen muß, damit ich mit unserem Anwalt sprechen kann.«

Sie sollten auch versuchen, nicht alles und jedes im Zusammenhang mit den ausbleibenden Unterhaltszahlungen zu betrachten – obwohl das sehr schwer sein kann, vor allem wenn das Geld eigentlich dringend gebraucht wird. Wenn Sie sich etwas nicht leisten können, das Ihr Sohn will oder braucht, macht es ihm das Leben nur zusätzlich schwer, wenn er zu hören bekommt: »Du weißt ja, daß wir von deiner Mutter seit Monaten kein Geld bekommen haben. Wir können das einfach nicht bezahlen.«

Der Vater meines Kindes ist schwul. Genaugenommen ist das der Grund dafür, daß unsere Ehe auseinandergegangen ist. Ich

bin der Ansicht, daß Homosexualität moralisch falsch ist, und ich möchte auf keinen Fall, daß mein sechsjähriger Sohn ohne Aufsicht seinen Vater besucht. Das Gericht hat meinem Ex-Mann trotzdem die Besuchsrechte zugesprochen. Gibt es irgend etwas, das ich tun kann, um zu verhindern, daß die beiden miteinander allein sind?

Sie gehen, was Ihren früheren Ehemann betrifft, von Vermutungen aus, die wissenschaftlich nicht zu belegen sind. Vermutlich befürchten Sie im Grunde nicht so sehr, daß Ihr Sohn Zeuge eines »unmoralischen« Lebensstils werden könnte, sondern eher, daß der Umgang mit seinem Vater ihn selbst zu einem Homosexuellen machen wird oder daß sein Vater ihn sexuell mißbrauchen könnte.

Es gibt keinerlei Hinweise darauf, daß Kinder durch den Einfluß ihrer Eltern homosexuell werden können. Die jüngsten Forschungsergebnisse zeigen, daß Homosexualität vor allem genetisch bedingt ist, was bedeutet, daß ein Mensch sich seine sexuelle Ausrichtung ebensowenig aussuchen kann wie seine Augenfarbe. Psychologische und soziale Einflüsse können mit Sicherheit keine Homosexualität hervorrufen. Davon abgesehen ist die sexuelle Orientierung der Eltern nicht einmal ein wichtiger Faktor für die Entwicklung des Kindes. Den Statistiken zufolge ist der Prozentsatz schwuler und lesbischer Kinder bei homosexuellen nicht höher als bei heterosexuellen Vätern. Viel wichtiger ist es, daß die Eltern dem Kind ein Verhalten vermitteln, das seinem eigenen Geschlecht angemessen ist.

Ebensowenig gibt es Hinweise darauf, daß homosexuelle Väter dazu neigen, ihre Kinder zu mißbrauchen. Im Gegenteil – Kindesmißbrauch scheint bei heterosexuellen Vätern proportional sogar sehr viel häufiger vorzukommen.

Mit Sicherheit hat die sexuelle Orientierung eines Elternteils nichts mit seiner – oder ihrer – Fähigkeit zu tun, ein Kind angemessen aufzuziehen. Forscher haben herausgefunden, daß für die meisten homosexuellen Eltern ihre Elternpflichten wichtiger sind als ein betont schwuler oder lesbischer Lebensstil. Wenn die Kinder alt genug sind, um zu verstehen, was Homosexualität ist, reagieren sie in der Regel sehr verständnisvoll und loyal auf die Situation. Allein die Tatsache, daß der Elternteil ihnen eine so intime und auch heikle Information über sich selbst anvertraut, ist oft schon ein Zeichen für eine offene und ehrliche Beziehung.

Wie in jeder Scheidungsfamilie hängt die erfolgreiche Anpassung der Kinder an die neue Situation sehr stark davon ab, welches Verhältnis die Eltern nach der Scheidung zueinander aufrechterhalten. Wenn der heterosexuelle Partner den schwulen oder lesbischen kritisiert und angreift, werden die Kinder verwirrt und verstört reagieren – nicht etwa der Homosexualität wegen, sondern wegen der anhaltenden Konflikte zwischen den Eltern und der Angriffe auf jemanden, an dem die Kinder nach wie vor hängen.

Wenn Ihr geschiedener Mann bisher ein verantwortungsvoller Vater war, haben Sie keinerlei Grund zu der Annahme, daß sich dies nun ändern wird. Überlassen Sie es Ihrem Sohn, sich selbst ein Bild von seinem Vater zu machen – so wie er sich irgendwann auch eines von Ihnen machen wird.

Meine frühere Frau ist manisch-depressiv, und ich fühle mich nicht wohl bei dem Gedanken, daß unsere beiden Kinder mit ihr allein bleiben sollen. Sollte ich versuchen, die Besuchsrechtsvereinbarungen dahingehend abändern zu lassen, daß bei den Besuchen noch ein zweiter Erwachsener anwesend sein muß?

Nein, nicht unbedingt. Die relevante Frage ist die Sicherheit der Kinder, nicht ob einer der Eltern krank ist oder nicht. Sie müßten vor Gericht beweisen, daß die Sicherheit der Kinder bei ihren Besuchen bei der Mutter gefährdet ist, um die Besuchsrechtsregelungen ändern zu lassen. Wenn die betreffende Person sich behandeln läßt und sich an die Vorgaben ihres Arztes oder Therapeuten hält, brauchen die Besuche in aller Regel nicht von Dritten überwacht zu werden, es sei denn, es gibt noch weitere Komplikationen.

Ein paar von ihren Mitschülern ziehen meine sechsjährige Tochter pausenlos wegen ihrer geschiedenen Eltern auf. Die Bemerkungen sind oft ziemlich grausam – zum Beispiel, daß sie keinen Vater hat, weil ihr Vater nicht mehr mit uns zusammen lebt. Wie bringe ich diese Kinder dazu, sie in Frieden zu lassen?

Sie erinnern sich vielleicht an Ihre eigene Grundschulzeit – in der Regel wird eine solche Situation um so schlimmer, je mehr die Eltern sich einmischen. Manche Kinder genießen einfach die Macht, die sie mit Worten oder Handlungen über andere ausüben können. Zu diesem Zweck suchen sie sich schwächere und verwundbare Kinder aus. Wenn sie auf ein Kind treffen, das sich wehrt, geben sie oft sehr schnell auf. Versuchen Sie also zunächst, Ihrer Tochter die Einschüchterungstaktiken zu erklären, die ihre Mitschüler anwenden. Üben Sie mögliche Reaktionen in Rollenspielen ein – nicht zu weinen, das andere Kind zu ignorieren, sich umzudrehen und wegzugehen. Tun Sie so, als seien Sie der Schulhoftyrann, und lassen Sie Ihre Tochter für die Wirklichkeit trainieren.

Wahrscheinlich wird das schon reichen, um dem Gestichel ein Ende zu machen. Wenn es aber schlimmer wird, müssen Sie vielleicht dem Klassenlehrer Bescheid sagen. Er oder sie könnte den Kindern erklären, daß ihre Tochter die Unterstützung ihrer Klasse braucht. Eine weitere Möglichkeit wäre, das Mädchen so weit wie möglich von den anderen Kindern fernzuhalten, aber diese Methode sollten Sie nur als allerletzten Ausweg in Betracht ziehen, denn sie würde Ihre Tochter noch weiter isolieren.

Alle meine Kinder haben mich irgendwann einmal gefragt, warum ich mich von ihrer Mutter habe scheiden lassen. Die Antwort »Weil wir uns nicht mehr geliebt haben« führt immer nur zu noch mehr Fragen. Sollte ich ihnen die ganze Geschichte erzählen?

Die ganze Geschichte brauchen Sie ihnen nicht zu erzählen! Weshalb genau Sie und Ihre Frau sich scheiden ließen, ist eine Angelegenheit zwischen Ihnen beiden. Wenn es allerdings offenkundige Gründe gegeben hat – wenn zum Beispiel einer von Ihnen Alkoholprobleme oder eine Affäre hatte –, sollten Sie nicht bestreiten, daß dies bei der Scheidung eine Rolle spielte. Probleme wie Alkohol oder außereheliche Affären wirken sich auch auf das Leben der Kinder aus, und sie sollten über sie sprechen dürfen, schon um sie selbst verstehen zu können. Zudem werden sie, wenn sie alt genug sind, schon von allein auf den Gedanken gekommen sein, daß diese Umstände wahrscheinlich etwas mit der Scheidung zu tun hatten.

Ich bin jetzt seit zwei Jahren geschieden, und meine beiden Kinder scheinen immer noch nicht darüber hinweggekommen zu sein. Wie kann ich herausfinden, ob sie vielleicht eine psychotherapeutische Behandlung brauchen?

Wenn Sie nach zwei Jahren immer noch das Gefühl haben, Ihre Kinder hätten Ihre Scheidung nicht verwunden, sollten Sie sich tatsächlich an einen Psychotherapeuten oder eine Beratungsstelle wenden. Manche Menschen halten es für eine Art Eingeständnis ihres Versagens, wenn sie professionelle Hilfe in Anspruch nehmen. Diese Haltung ist ganz einfach absurd. Im einfachsten Fall kann der Fachmann Ihnen versichern, daß Ihren Kindern absolut nichts fehlt, und Ihnen eventuell bei der Lösung spezifischer Erziehungsprobleme helfen. Wenn eine Therapie nötig wird, werden Sie wissen, daß Sie das Richtige getan haben. Näheres finden Sie ab Seite 217.

Meine Ex-Frau beschuldigt mich, meine vierjährige Tochter während ihrer Besuche bei mir sexuell mißbraucht zu haben. Ich liebe meine Tochter sehr und würde ihr niemals etwas antun. Was kann ich tun?

Nehmen Sie sich sofort einen guten Anwalt. In Ihrem eigenen Interesse und dem Ihrer Tochter müssen Sie sich gegen solche Anschuldigungen zur Wehr setzen. Lassen Sie nicht zu, daß die Besuche eingestellt werden. Wenn Ihre Tochter sich bei Ihnen aufhält, sorgen Sie dafür, daß noch jemand anderes da ist – ein gemeinsamer Freund oder vielleicht ein Babysitter. Großvater oder Großmutter oder Ihr neuer Partner ist weniger geeignet – bei diesen Menschen ist die Gefahr größer, daß sie mit in den Fall verwickelt werden.

Wenn der Anwalt Ihrer früheren Frau versucht, weitere Besuche zu unterbinden, sollten Sie alles tun, um wenigstens das Recht auf Besuche unter Aufsicht zu behalten.

Erklären Sie sich auch bereit, einen Termin bei einem Psychiater oder anderen Fachmann auszumachen und sich einer psychologischen Beurteilung zu unterziehen.

Sie sind zugegebenermaßen in einer sehr schwierigen Situation, aber Sie sollten auf keinen Fall aufgeben. Ihre Kooperationsbereitschaft und Ihr klarer Kopf werden für Sie sprechen – und zwar in genau dem Maß, in dem das irrationale Verhalten Ihrer Ex-Frau gegen sie spricht.

Meine frühere Frau hat das Sorgerecht für unseren Sohn und unsere Tochter. Sie ist vor kurzem befördert worden und zieht jetzt weit weg. Seit unserer Scheidung vor nun zwei Jahren habe ich engen Kontakt zu meinen Kindern gehalten; ich sehe sie regelmäßig drei- bis viermal die Woche. Natürlich ist es mir nicht recht, daß sie umziehen. Sollte ich versuchen, den Umzug zu verhindern? Und wird es den Kindern nicht schaden, wenn ihr Leben schon wieder auf den Kopf gestellt wird?

Zunächst einmal können Sie den Umzug nicht verhindern – jedenfalls nicht auf legalem Weg. Aber natürlich haben Sie völlig recht, wenn Sie sich Gedanken über die Wirkung einer solchen Veränderung auf Ihre Kinder machen. Die Kinder sind daran gewöhnt, Sie regelmäßig zu treffen, und werden den Kontakt mit Sicherheit vermissen. Sie können allerdings einiges tun, um allen Beteiligten den Umzug zu erleichtern. Erklären Sie den Kindern, daß es auch Ihnen sehr leid tut, daß Sie sie nun nicht mehr ganz so oft sehen werden. Versichern Sie ihnen, daß Sie Mittel und Wege finden werden, eine enge Verbindung aufrechtzuerhalten – durch Anrufe, Briefe, Videos, E-Mail und so fort – und ermutigen Sie sie, ihrerseits von sich hören zu lassen (siehe auch ab Seite 120).

Einigen Sie sich mit der Mutter Ihrer Kinder auf einen möglichst großzügigen Besuchsplan. Geben Sie den Kindern dann einen Kalender und streichen Sie gemeinsam die Tage an, an denen entweder Sie die Kinder oder, je nach ihrem Alter, die Kinder Sie besuchen werden.

Wenn der Umzug wirklich aktuell wird, können Sie Ihrer geschiedenen Frau vorschlagen, die Kinder bei Ihnen zu lassen, während sie sich um die neue Wohnung kümmert; wenn wieder etwas Ordnung eingekehrt ist, können Sie die Kinder hinbringen. Auf diese Weise helfen Sie, das unvermeidliche Chaos, das mit jedem Umzug einhergeht, auf ein Minimum zu begrenzen. Wenn dies nicht praktikabel ist, sollten Sie die Kinder so bald wie möglich in der neuen Wohnung besuchen und mit ihnen zusammen ihre neue Umgebung erkunden.

Natürlich machen Sie sich Gedanken über den Umzug und vielleicht auch über Ihre eigenen Reaktionen auf diesen neuen Verlust in Ihrem Leben. Trotzdem sollten Sie versuchen, in erster Linie die Gefühle Ihrer Kinder zu berücksichtigen und ihnen den Wechsel möglichst leicht zu machen. Sie brauchen das Wissen, daß Sie ein steter und verläßlicher Faktor in ihrem Leben sein werden, ganz gleich wo sie nun wohnen.

Eltern in der Pflicht – Ein Nachwort

von Ludwig Salgo*

Die Autorinnen dieses Ratgebers – wie die in- und ausländische Scheidungsforschung – gehen davon aus, daß die Scheidung der Eltern wahrscheinlich zu den traumatischsten Erfahrungen gehört, die ein Kind überhaupt machen *kann.* Zugleich weisen die Autorinnen mit ihrer auf Erfahrungen beruhenden Zuversicht auf eine Fülle von Möglichkeiten zur Vermeidung oder wenigstens Milderung solcher scheidungsbedingter Beeinträchtigungen: Zwar beinhaltet die Scheidung ein erhebliches Potential für eine beeinträchtigte Entwicklung der davon betroffenen Kinder, dennoch gibt es keine Automatismen oder Zwangsläufigkeiten, daß die Scheidung schädlich für die Kinder sein muß. Nur kommen die Eltern häufig nicht von sich aus auf die Möglichkeiten der Schadensbegrenzung – nicht zuletzt aufgrund der scheidungsbedingten Belastungen. *Benedek/Brown* geben für eine Vielzahl typischer Konfliktkonstellationen Hilfestellungen, weisen aber auch auf die Grenzen der Selbsthilfe, wo unbedingt auf professionelle Hilfe zurückgegriffen werden muß.

Die Rechts- und Sozialpolitik des In- und Auslandes in den vergangenen Jahren ist vom Bestreben bestimmt, die Auswirkungen der Scheidung auf die Kinder so gering wie möglich zu halten. Ob dies nachhaltig und langfristig alleine durch gesetzliche Appelle und Ermutigungen an die Adresse der Eltern, trotz Scheidung möglichst in der Verantwortung für die gemeinsamen Kinder zu bleiben, gelingt, läßt sich heute noch nicht definitiv beantworten. Dabei hat sich gezeigt, daß das jeweilige von der Rechtsordnung bereitgestellte Sorgerechtsmodell bei der Verfolgung des obengenannten Zieles von nachrangiger Bedeutung ist und alleine für sich nicht imstande ist, gemeinsame Verantwortung und lebendige Beziehungen im Alltag der Kinder und ihrer Eltern zu erhalten bzw. herzustellen. Der rechtliche Rahmen zur Gestaltung der Nachscheidungssituation kann mit Inhalten nur von den Eltern ausgefüllt und gestaltet werden. *Gemeinsamkeit kann nicht verordnet werden.* Die Eltern bedürfen häufig externer Hilfen, ja sie müssen zu einer aktiven Gestaltung und Wahrnehmung der gegebenen Möglichkeiten nicht nur ermutigt, sondern auch angehalten werden. Angesichts der oben beschriebenen potentiell schädlichen Wirkungen der Scheidung auf die Kinder, ist in der Bundesrepublik die staatliche Gemeinschaft von Verfassungs wegen zu einer aktiven Wahrnehmung des Schutzauftrags

---

* Prof. Dr. jur. Ludwig Salgo lehrt an der Fachhochschule Frankfurt/M. und an der dortigen Universität.

zugunsten der Kinder verpflichtet (Art. 6 Abs 2 GG). Welche Auswirkungen dieser von der Verfassung vorgegebene Schutzauftrag auf die Ausgestaltung der Sorgerechtsregelung nach Scheidung hat, steht im Brennpunkt der rechtspolitischen Debatten der jüngsten Zeit.[1] Wie auch immer die Einzelheiten einer künftigen Regelung aussehen werden[2], Eltern können – wie bisher – davon ausgehen, daß sie es in der Hand haben, zwischen Alleinsorge und gemeinsamer elterlicher Sorge zu wählen, wobei sie den Hinweis von *Benedek/Brown* nicht verdrängen sollten: »Wenn das gemeinsame Sorgerecht ein Erfolg werden soll, wird allerdings beiden Eltern ein ungeheurer Einsatz abverlangt.« Auch die Alleinsorge eines Elternteils mit einer wirklich funktionierenden Unterhalts- und Umgangsregelung kann durchaus die richtige Option und keineswegs nur die zweitbeste oder gar eine Notlösung sein. Die Bedeutung des rechtlichen Sorgerechtsarrangements sollte von Eltern weder über- noch unterschätzt werden: Hinter dem Etikett *gemeinsame elterliche Sorge* kann sich eine Situation finden lassen, die sich in nichts von *Alleinsorge* eines Elternteils unterscheidet, wie umgekehrt trotz Alleinsorge beide Eltern aktiv an der Gestaltung des Alltags des Kindes und an wesentlichen es betreffenden Entscheidungen beteiligt sein können. Das Wohlergehen der Kinder nach Scheidung ist von einer Vielzahl anderer Faktoren abhängig als nur vom rechtsförmig festgelegten Sorgerechtsmodell für die Nachscheidungssituation: von der Beziehungsebene zwischen den Eltern, von der finanziellen Lage des Elternteils, bei dem das Kind überwiegend lebt, von der Wohnsituation, der Tagesbetreuung, der Arbeitszeitregelung und vieles andere mehr.[3] Diese das Wohlergehen der Kinder sicherstellenden Umstände sind teils von den Eltern gestalt- und beeinflußbar, teils sind Eltern wie Kinder auf eine Sozialpolitik des Staates verwiesen, die sich immer noch nicht intensiv genug mit dem Massenphänomen Scheidung befaßt und gesamtgesellschaftliche Konzepte zur Bewältigung der Scheidungssituation den betroffenen Kindern und ihren Eltern bereitstellt. Neben der Arbeitsmarktsituation ist es häufig die Scheidung der Eltern, die für die zunehmende Verarmung der Mütter wie der Kinder nicht nur in der Bundesrepublik ursächlich ist. Diese häufig nach Scheidung anzutreffenden finanziellen Engpässe können zum Beispiel in Verbindung mit geschlechtsspezifischen Rollenmustern[4] dazu führen, daß Väter, die etwa für Reise und gemeinsame Freizeitaktivitäten keine ausreichenden finanzi-

---

[1] Vgl. *Gesetzentwurf der Bundesregierung* vom 13. 06. 1996, BT-Drucks. 13/4899.
[2] Vgl. *Salgo,* Zur gemeinsamen elterlichen Sorge als Regelfall – ein Zwischenruf, FamRZ 1996, 450 ff.
[3] Hierzu insbesondere *Furstenberg/Cherlin,* Geteilte Familien, Stuttgart (1993), S. 149 ff.
[4] Ebenda S. 59 ff.

ellen Mittel zur Verfügung haben, sich schämen und nach und nach zurückziehen. Die höchstrichterliche Rechtsprechung gewährt ihnen Rechtsansprüche nach dem Bundessozialhilfegesetz (BSHG) zur Bewältigung solcher Situationen. (Zum Beispiel gehören Fahrtkosten, die mit der Ausübung des Umgangsrechts verbunden sind, zum notwendigen Lebensunterhalt des Umgangsberechtigten.) Die Nichtinanspruchnahme solcher und anderer spezieller Hilfen kann auf Informationsdefiziten über deren Existenz, aber auch auf Scham insbesondere auf seiten der Väter beruhen, die sozialisationsbedingt (»ein Junge weint nicht«) ihre Hilfsbedürftigkeit Außenstehenden nicht offenbaren können und wollen. Selbsthilfegruppen für Väter oder das Aufsuchen professioneller Berater männlichen Geschlechts könnten Auswege sein. Immerhin bestehen in der Bundesrepublik – im Gegensatz zu den meisten Bundesstaaten in den Vereinigten Staaten von Amerika, von denen *Benedek/Brown* ausgehen –, für Eltern wie für Kinder und Jugendliche gegenüber dem öffentlichen Träger der Jugendhilfe sozialrechtlich begründete *Beratungs- und Unterstützungsansprüche* in dieser prekären Lebenssituation nach dem Kinder- und Jugendhilfegesetz (KJHG). Aber auch eine Vielzahl freier Träger der Jugendhilfe bietet spezialisierte Hilfestellungen an.

Auch innerhalb der Justizorgane hat seit 1977 eine Spezialisierung stattgefunden: Für Konfliktregelungen und Entscheidungen anläßlich Trennung bzw. Scheidung sind bislang schon ausschließlich die *Familiengerichte* zuständig. In Zukunft gilt das auch für Eltern, die nicht miteinander verheiratet sind, und deren minderjährige Kinder. Auch innerhalb der Rechtsanwaltschaft findet seit Jahren eine Spezialisierung und eine damit einhergehende Qualifizierung statt; in absehbarer Zeit wird es *Fachanwälte* und *Fachanwältinnen für Familienrecht* geben, die zur Führung dieser Bezeichnung ihre besondere Qualifizierung nachgewiesen haben müssen. Eltern sollten sich bei der Wahl ihres anwaltlichen Interessenvertreters bzw. ihrer Interessenvertreterin stets nach der besonderen Sachkunde und den Erfahrungen erkundigen: Was in anderen anwaltlichen Tätigkeitsfeldern angemessene Strategien und Taktiken anwaltlichen Vorgehens sein mögen, sind häufig in familienrechtlichen Angelegenheiten nicht nur unangebracht, sondern mittel- und langfristig auch kontraproduktiv. Was auf den ersten Blick ein Sieg auf der ganzen Linie zu sein scheint, kann sich schon in kürzester Zeit als ein Pyrrhussieg erweisen. Solange die Fachanwaltsbezeichnung noch nicht überall verbreitet ist, können sich Eltern an die Rechtsanwaltskammern wenden, um nach Spezialisten zu fragen; äußerst hilfreich sind aber auch die Erfahrungen anderer Eltern mit ihrer anwaltlichen Vertretung in eigenen Scheidungsverfahren.

In der Bundesrepublik wird zunehmend eine stärkere Einbeziehung der – jedenfalls älteren – Kinder[5] und Jugendlichen in die Planungen des sorgerechtlichen Arrangements befürwortet, was keinesfalls mit der Überbürdung der Entscheidung auf das Kind verwechselt werden darf. Für äußerst verfahrene und hochstreitige Sorge- und Umgangsregelungen wird in der Bundesrepublik von einer ständig wachsenden Anzahl von Experten eine *eigenständige* und damit von Eltern und von den mit dem Fall bereits befaßten Behörden *unabhängige Interessenvertretung* (»Anwalt des Kindes«) befürwortet.[6] Vor allem Erfahrungen in den USA haben gezeigt, daß dies keineswegs zu einer Streitverschärfung, sondern zu einer Konzentration auf die wirklichen Kindesbelange geführt hat.

Weil wir in der Bundesrepublik bereits über die erwähnten, flächendeckend vorhandenen Spezialdienste (Beratungsansprüche gegenüber den Jugendämtern, spezialisierte Beratungsstellen freier Träger der Jugendhilfe, Familiengerichte, Fachanwälte und -innen) verfügen bzw. in absehbarer Zeit verfügen werden, besteht nicht in dem Umfang wie in den USA ein besonderes, zunächst auch zusätzliche Kosten verursachendes System der *Mediation* oder *Schlichtung*. Die mittels Mediation bzw. Schlichtung erzielten Ergebnisse können durchaus tragfähiger sein als gerichtlich angeordnete Regelungen. Einvernehmliche – alleine oder mit professioneller Unterstützung erreichte – Regelungen bestimmen inzwischen die weit überwiegende Mehrzahl der Scheidungen in der Bundesrepublik, was häufig aus dem Blickfeld gerät. Die erwähnten Institutionen bzw. Personen verfügen häufig heute schon über entsprechende mediative Kompetenzen, viele eignen sich solche zunehmend an. Jedenfalls ist die Inanspruchnahme dieses – durchaus noch verbesserungsbedürftigen – Beratungsangebots für Eltern und Kinder zumeist kostenfrei.

Vieles von dem, was während einer funktionierenden Ehe selbstverständlich ist, vielleicht auch hingenommen wird, bedarf nach Auflösung der ehelichen Gemeinschaft und auch schon während der Trennungsphase zusätzlicher Klärung und Absprachen sowie entsprechender rechtlicher Absicherung. Eltern trotz Scheidung hierzu zu befähigen, ist das Hauptanliegen dieses Buches. Eltern sollten sich bei ihren Überlegungen und Verhandlungen zunächst nicht an Sorgerechtsmodellen (Alleinsorge oder gemeinsame elterliche Sorge) orientieren, vielmehr daran, in welchen Bereichen sie konkret kooperieren wollen und können und wo sie dies aus-

---

[5] Vgl. *Bergmann/Gutdeutsch,* Der Anspruch des Kindes auf Beteiligung am Scheidungsverfahren, FamRZ 1996, 1187 ff.
[6] s. *Salgo,* Der Anwalt des Kindes, Frankfurt am Main (1996).

schließen. Hierbei sollten sie sich nicht von Erwartungen der Außenwelt in irgendeine Richtung unter Druck setzen oder in ein Schema pressen lassen. Eltern sollten das für sich akzeptable Nachscheidungsmodell unter Berücksichtigung ihrer bisherigen gemeinsamen Erfahrungen entwickeln. »Gewinnen oder verlieren« bzw. »alles oder nichts« sind hier die falschen Kategorien. Auf jeden Fall bedarf es klarer Absprachen über den Lebensmittelpunkt des Kindes, über die Unterhaltsregelung, über den Umgang und andere Kommunikationsformen und bei gemeinsamer elterlicher Sorge zusätzlich darüber, was nur gemeinsam entschieden werden soll; hierbei ist stets zu bedenken, daß auch bei dieser Sorgerechtsform der Elternteil, bei dem überwiegend das Kind lebt, zur Bewältigung sich im Alltag stellender Entscheidungssituationen über klare Handlungskompetenzen im Binnenbereich wie nach außen verfügen muß, ohne jeweils auf die Zustimmung des anderen Elternteils angewiesen zu sein. Oft ist die Alleinsorge – worauf *Benedek/Brown* ausdrücklich hinweisen – die einzig brauchbare Lösung. Aber auch bei dieser Sorgerechtsform kann es Bereiche geben, die völlig außer Streit stehen; hier könnten die Eltern trotz Alleinsorge in den anderen Bereichen gemeinsame Absprachen vereinbaren. Allein das Wohl des Kindes setzt der elterlichen Gestaltungsfreiheit Grenzen. Das Recht stabilisiert rechtsförmig Vereinbarungen der Eltern, setzt aber zugleich kindeswohlabträglichen Absprachen Grenzen, gleicht Machtungleichgewichte tendenziell aus und entfaltet dort, wo es notwendig erscheint, seine Schutzfunktion. Andererseits ist das Recht ein zu grobes Instrument, als daß sich damit alltägliche interpersonale Beziehungen regulieren und kontrollieren ließen; sein Netz ist nicht fein genug, um mit den vielerlei alltäglichen Vorkommnissen fertig zu werden, die zu Schwierigkeiten in der ko-elterlichen Interaktion führen.[7] Gerade für diesen Mikrobereich geben *Benedek/Brown* wertvolle Ratschläge, deren Befolgung oft eher Abhilfe verspricht als der Gang zum Rechtsanwalt bzw. zum Gericht – wenn auch letzteres nicht gänzlich, etwa zur Befriedung anders nicht lösbarer Konflikte, ausgeschlossen werden sollte.

---

[7] So *Maccoby/Mnookin,* Die Schwierigkeiten der Sorgerechtsregelung, FamRZ 1995, 1, 9.

Adressen

Ein Verzeichnis aller Erziehungs-, Familien- und Jugendberatungsstellen in Deutschland erhalten Sie von der

Bundeskonferenz für Erziehungsberatung

Herrnstr. 53
90763 Fürth
Tel. 09 11 / 97 71 40
Fax 09 11 / 74 54 97

**Bundesverband des Deutschen
Kinderschutzbundes (DKSB)**

Beim DKSB können Sie gegen eine geringe Gebühr u.a. verschiedene Schriften zu Fachthemen des Kinderschutzes beziehen, z.B. »Kinder brauchen Liebe, keine Hiebe. Hinweise für eine gewaltlose Erziehung.«

Die Ortsverbände des DKSB bieten u.a. qualifizierte Familienberatung an, auch Hilfen bei Trennung und Scheidung. Auskünfte über die Ortsverbände erteilen die jeweiligen Landesverbände. Eine entsprechende Liste erhalten Sie vom

Deutscher Kinderschutzbund e.V. (DKSB)
Bundesgeschäftsstelle
Schiffgraben 29
30159 Hannover

Tel. 05 11 / 3 04 85-0   Telefonzeiten: Mo – Do: 11.00–17.00 Uhr
Fr: 11.00–13.00 Uhr

Fax 05 11 / 3 04 85-49

Kinder- und Jugendtelefon

Der Kinderschutzbund hört sich auch die Sorgen von Kindern an und vermittelt ihnen Hilfe: In der BundesArbeitsGemeinschaft Kinder- und Jugendtelefon haben sich Kinder- und Jugendtelefone aus derzeit 67 deutschen Städten und Gemeinden zusammengeschlossen. Fast alle sind unter der zeittaktbefreiten Rufnummer 1 11 03 zu erreichen. Für Orte, in denen es kein eigenes Kinder- und Jugendtelefon gibt, besteht ein bundesweit kostenloser Anschluß unter der Rufnummer

0 13 08 / 1 11 03   Telefonzeiten: Mo – Fr: 15.00–17.00 Uhr

Informationen über die Arbeit des Kinder- und Jugendtelefons erhalten Sie vom

Deutschen Kinderschutzbund
BundesArbeitsGemeinschaft
Kinder- und Jugendtelefon e.V.
Buchenstr. 6
42283 Wuppertal

Tel. 02 02 / 2 80 12 86
Fax 02 02 / 2 80 12 88

Mediation

Bundesarbeitsgemeinschaft für Familien-Mediation e.V. (BAFM)
c/o RA u. Notar Claus R. Heße
Haspelstraße 24
35037 Marburg
Tel. 0 64 21 / 2 50 96 Telefonzeiten: Mo, Di, Do, Fr: 15.00–18.00 Uhr
Fax 0 64 21 / 1 59 89

Bei der BAFM erhalten Sie eine Info-Mappe, die u.a. eine Liste aller in Deutschland von der BAFM anerkannten Mediatoren enthält, eine Literaturliste zum Thema sowie Informationen über die Ausbildung zum Mediator.

Österreich

Hilfe in Krisen- und Konfliktsituationen für Kinder, Jugendliche und Eltern beim

Kinderschutzzentrum
Rudolf-Biebel-Str. 50
A-5020 Salzburg
Tel. 00 43 / 6 62 / 4 49 11   Telefonzeiten: Mo–Fr: 8.00–18.00 Uhr
Di: 8.00–19.00 Uhr

Erste Anlaufstelle für Probleme und Fragen aller Art;
u.a. Vermittlung von Therapieplätzen, psychologische und Rechtsberatung (für Kinder, Jugendliche und Erwachsene):

Kinder- und Jugendanwaltschaft
Strubergasse 4
A-5020 Salzburg
Tel. 00 43 / * / 17 08   Telefonzeiten: Mo: 8.00–12.00 Uhr
15.00–19.00 Uhr
Di, Do: 10.00–12.00 Uhr
14.00–16.00 Uhr
Fr: 10.00–12.00 Uhr

* In allen Landeshauptstädten unter der jeweiligen Vorwahl erreichbar (Ausnahme: Vorarlberg, hier gilt statt der Vorwahl Bregenz die Vorwahl Feldkirch)

Bei der Kinder- und Jugendanwaltschaft können interessierte Erwachsene auch die Zeitschrift »Kids & Teens« beziehen (erscheint vierteljährlich).

Schweiz

Informationen über Mediation sowie Adressen von Mediatoren:

Schweizerischer Verein für Familienmediation
CERFASY
Frau Eve Känzig
16, rue des Beaux-Arts
CH-2000 Neuchatel

Tel. 00 41 / 32 / 724 75 20

Erziehungsberatungsstellen
Adressen und Telefonnummern finden Sie in den entsprechenden Telefonverzeichnissen der größeren Orte der Schweiz und der Kantonshauptorte.

Auf Scheidungsverfahren spezialisiert ist die

Schweizerische Gesellschaft für Verhaltenstherapie
SGVT
Chemin de Bois-Gentil 40
CH-1018 Lausanne

Tel. 00 41 / 21 / 648 09 11

Die Gesellschaft vermittelt u.a. Adressen von Therapeuten.

Informationen über Erziehungsberatungsstellen und über therapeutische Beratung:

Pro Familia Schweiz
Laupenstraße 45
Postfach 7572
CH-3001 Bern

Tel. 00 41 / 31 / 3 81 90 30
Fax 00 41 / 31 / 3 81 91 31

Literatur

Bücher für Kinder

Becker, A.; Scharff-Kniemeyer, M.: Und was wird aus uns? Eine Familie geht auseinander. Ab 8 J. Ravensburger, 1993

Dreesen, J.: Tausend Sterne. Ab 10 J. Klopp, 1994

Enders, U.; Wolters, D.: Auf Wieder-Wiedersehn! Ein Bilderbuch über Abschied, Trennung und Wiedersehen. Ab 4. J. Anrich, 1993

Maar, N.; Ballhaus, V.: Papa wohnt jetzt in der Heinrichstraße. Ab 5 J. Modus Vivendi, 1993

Peter, M.; Krauss, F.: Das Geheimnis des Regenbogens. Pro Juventute, 1995

Sakowski, H.: Munzo und ich. Lebenskerben oder Scheidung ist nicht komisch. Ab 11 J. Rowohlt, 1996

Spangenberg, B.: Märchen für Scheidungskinder. Hilfen aus der Zauberwelt für Kinder und Eltern. Mit einer Anleitung für das Erfinden heilender Märchen. Orac, 1996

Mediation

Duss-von Werdt, J.; Mähler, G.; Mähler, H.: Mediation: Die andere Scheidung. Ein interdisziplinärer Überblick. Klett-Cotta, 1994

Friedman, Gary J.: Die Scheidung. Mediation. Anleitungen zu einer fairen Trennung. Rowohlt 1996

Mediation in der Schweiz. Referate anläßlich des Schweizer Forums für Mediation. Hrsg.: Der Schweizer Beobachter. Frey Zürich, 1994

Professionelle Hilfe

Jaede, W.; Zeller-König, B.; Wolf, J.: Gruppentraining mit Kindern aus Trennungsfamilien und Scheidungsfamilien. Materialien für die psychosoziale Praxis, Psychologie Verlagsunion, 1996

Hahn, J.; Lomberg, B. (Hrsg.): Scheidung und Kindeswohl: Beratung und Betreuung durch scheidungsbegleitende Berufe. Asanger, 1994

Schilling, H. (Hrsg.): Wege aus dem Konflikt: Von Therapie bis Mediation: Professionelle Unterstützung von Kindern und Eltern bei Trennung und Scheidung. Veröffentlichung der Bundeskonferenz für Erziehungsberatung. Matthias Grünewald, 1996

Scheidungsfolgen

Beal, E.; Hochman, G.: Wenn Scheidungskinder erwachsen sind. Psychische Spätfolgen der Trennung. Fischer, 1994

Fassel, D.: Ich war noch ein Kind, als meine Eltern sich trennten ... Spätfolgen der elterlichen Scheidung überwinden. Rowohlt, 1996

Freund, C.: Langfristige Effekte der Ehescheidung der Eltern während der Adoleszenz ihrer Tochter. Roderer und Welz, 1996

Furstenberg, F.; Cherlin, A.: Geteilte Familien. Über die Folgen von Familienauflösungen für Kinder. Klett-Cotta, 1993

Figdor, H.: Kinder aus geschiedenen Ehen. Zwischen Trauma und Hoffnung. Psychoanalytische Studie. Matthias Grünewald, 1994

Scheidungsrecht

Baumann, P.: Das aktuelle Scheidungsrecht. Finanzen, Kinder, Unterhalt. Walhalla, 1996

Gnann, T.: Scheidungsrecht. Der Ratgeber zur Ehescheidung und der Folgen. Empfohlen von Pro Familia. Bund Verlag, 1995

Scheidungsverfahren

Salgo. L. (Hrsg.): Vom Umgang der Justiz mit Minderjährigen. Kinder und Jugendliche in familien- und vormundschaftgerichtlichen Verfahren – Kindliche Opferzeugen in Strafverfahren. Luchterhand, 1995

Salgo, L.: Der Anwalt des Kindes. Die Vertretung von Kindern in Zivilrechtlichen Kindesschutzverfahren. Suhrkamp stw 1220, 1996

Sorgerecht

Etter, G.: Sorge- und Umgangsrecht. Bei Trennung und Scheidung. Falken, 1996

Jopt, U.-J.: Im Namen des Kindes. Plädoyer für die Abschaffung des Sorgerechts. Rasch & Röhrig, 1994

Maccoby Eleanor E.; Mnoocin, Robert H.: Die Schwierigkeit der Sorgerechtsregelung. Zeitschrift für das gesamte Familienrecht (FamRZ), 1995, S. 1 ff.

Salgo, L.: Zur gemeinsamen elterlichen Sorge nach Scheidung als Regelfall – ein Zwischenruf. Zeitschrift für das gesamte Familienrecht (FamRZ), 1996, S. 449 ff.

Sluka, J.: Das gemeinsame Sorgerecht – ein Modell für die Zukunft. Eine Untersuchung zu den Auswirkungen des gemeinsamen Sorgerechts auf die Kinder nach einer Scheidung der Eltern. Klotz, 1996

Stieffamilie

Keyserlingk, L. von: Stief und halb und adoptiv. Neue Familie, neue Chance. Patmos, 1994

Maltzahn, B. von: Die Chancen der offenen Familie. Stiefeltern und Stiefkinder: Ihre Probleme, ihre Chancen. Piper, 1994

Langner, Vera M.: Die etwas andere Familie. Über das Zusammenleben von Stiefeltern und Stiefkindern – Ein Plädoyer. Goldmann, 1996

Reberg, L.: Mutters Freund und Vaters Frau. Familienleben nach der Trennung. Rowohlt, 1997

Sachverzeichnis

Abhängigkeit von anderen 22, 98, 100, 107, 113, 222
Abholen der Kinder 123f
Ablehnung 75
Abschiednehmen 132
Aggressionen 165, 222
Aggressionen, Umgang mit 22
Aggressivität 69, 77, 84, 159, 197
Aktivitäten 112, 173, 211
Alkohol 143, 222
Alkoholismus 19, 29
Alltagsroutine s. Bräuche
Alpträume s. Schlafstörungen
Angewohnheiten, rituelle 221
Angst 20, 96, 222
Ängste 68, 85f, 219f
Angstgefühle 67, 174
Angstgefühle s.a. Schlafstörungen
Anrufe 137
Anwalt 42f, 44ff
– Auswahl 40
Arbeitsgruppen 118
Ärger s. Wut
Ärzte 38
Aufgaben für Kinder 102f, 134, 170f, 173, 246
– neue 111, 117
Aufhetzen 140, 142, 160
Ausgehen 114
Autorität 183, 188, 250

Babysitter 38, 129, 136
– Geschwister als 102
Bauchschmerzen 78, 159, 223
Begabung s. Talent
Beispiele geben 192
Bekannte 115
Belohnungen 193, 198
Beratungsstellen 112, 221, 252
Beschimpfungen 198
Beschwerden, körperliche 78, 158f
Besuche 121ff, 132, 201
– überwachte 149ff, 153

Besuchsplan 64, 125
Besuchsrecht 43
Besuchsregelung 21, 120
Betreuungseinrichtungen 14
Bettnässen 223 s.a. Verhaltensweisen, regressive
Beurteilung 226f
Beziehung, neue s. Partner, neuer
Bindungen, feste 20
Bräuche 76, 135
Briefe und Karten 137, 141f, 147

Computer 92, 138

Depressionen 20, 67, 71, 96, 101, 107, 142, 150, 222
Disziplin 130, 183ff, 189, 192, 200f, 240, 244, 250
Disziplinieren 22, 197f, 202, 246, 250, 252
Drogen 143, 222

E-mail 138
Eheberatung 18
Ehrenamt 117
Einfühlungsvermögen 154, 194, 208, 215, 244
Einrichtungen, öffentliche 135
Einsamkeit 74, 92, 168, 181, 222
Elternabende 138, 141
Elternbeirat 117
Elternschaft, geteilte 120
Entfremdungssyndrom 140
Erwachsenenbildungseinrichtungen 118
Erziehungsmodelle 186
Erziehungsplan 184, 189, 200
Eßstörungen 79, 221
Evaluation 229

Fähigkeiten s. Begabungen
Familienfeste 131
Fehler beheben 177, 195
Ferien und Feiertage 131, 147

Fernsehen und Videospiele 74, 92, 136
Flirts 114
Flugreisen 127f
Folgen, natürliche 195
Forderungen, unangemessene 191
Fotos 138
Freunde der Eltern 38, 42, 206f, 211, 215
– der Kinder 88, 121, 211, 220
Freundschaften 111
Furcht 68, 85f

Gebräuche 42
Geburtstage 131
Gepäckliste 124f
Geschenke 141
Geschlechtskrankheiten 89
gesundheitliche Probleme s. Beschwerden, körperliche
Gewalt, körperliche 19
Gewalttätigkeit 29, 105f
Großeltern 38, 42, 209f
Gutachter 55f
– unabhängiger 229f

Hausarbeit s. Aufgaben für Kinder
Hausordnung 130, 189, 191, 199, 244
Haustier 136, 181f
Hobbys s. Interessen
Homosexualität 263f
Hyperaktivität 107

Ideale 156
Identität, geschlechtliche 23
Identität, neue 111
Interessen 101, 111f, 117f, 134f, 173, 213
Internat 259
Intimitäten 115
Inzest 98
Isolation 87, 107, 111, 152

Karriere 111
Kinderarzt 219, 221, 223f
Kinderunterhalt 43
Kindesmißhandlung 106, 197, 229f
Kindeswohl 51
Kirche s. Religionsgemeinschaft

Kompromisse 62
Konsequenz 130
Konsequenzen, logische 195
Konzentrationsstörungen 67, 159, 220
Kooperativität 61, 64, 169f
Kopfschmerzen 78, 159, 223
Kritik 176
Kummer 20, 23, 26, 69f, 96, 107, 109, 154, 168, 181
Kurzaffären 115f

Lehrer 38, 42, 212ff, 219, 221
Liebebedürftigkeit, übertriebene 21, 67
Liebesbeziehungen 109
Lob 172, 175f, 182, 193
Loyalität 83, 87
Loyalitätskonflikte 236, 251

Mangelernährung 152
Mediation s. Vermittlung
Medikation 223, 225
Mißbrauch, sexueller 228ff, 266
Mißhandlungen 28, 105, 152, 228
Mitgefühl 91
Mitspracherecht 170, 191

Netz, soziales 111
Notrufnummern 92

Parteiensystem 43f
Partner, neuer 110ff, 129, 139, 161, 232f, 235ff, 242, 251
Persönlichkeitsstörungen 67
Pflichten s. Aufgaben für Kinder
Phantasien 74 s. a. Wunschdenken
Privatsphäre 93, 117
Probleme lösen 177ff
Programm 76
Psychiater 223f
Psychologe 37, 45, 219, 221, 223f
Psychotherapeut 56, 223f, 252
Psychotherapie 223
Pubertät 88, 90, 221, 235, 240

Rechtsstreit 43
Regression bei Erwachsenen 97f

– bei Kindern 75, 84
Religionsgemeinschaft 112, 118
Rollenmodell s. Rollenvorbild
Rollenvorbild 18, 22f, 88, 148, 162, 210,
    240

Scham 96
Scheidung, gesellschaftliche Aspekte 14
Scheidungsfolgenvereinbarung 43, 47,
    57
Scheidungsrate 14, 233
Schlafenszeit 136
Schlaflosigkeit s. Schlafstörungen
Schlafstörungen 21, 76, 84, 220
– Alpträume 75, 220
– Angstgefühle 75, 220
– Schlaflosigkeit 75
Schlichtung 45, 50
Schuldfrage 34
Schuldgefühle 24, 48, 73, 96, 107, 109,
    122, 158, 183, 217, 222, 236
Schulprobleme 22, 77, 87, 212, 219
Selbstachtung 88, 102, 152, 158f, 171,
    175, 178, 186, 212, 220
Selbstbefriedigung 77, 89, 220
Selbstdisziplin 103, 185
Selbsthilfegruppen 105, 112
Selbstmord 154f, 221
Selbstverstümmelung 221
Selbstvertrauen 88, 148, 174, 181, 186,
    220
Sex, Interesse an 89
– vorehelicher 89
Sexualverhalten der Kinder 116
sexuelle Aktivität bei Kindern 222
sexueller Mißbrauch 29
Sorge, gemeinsame juristische 52, 54
Sorgerecht 43, 51ff, 57
– alleiniges 51, 53ff
– gemeinsames 52ff
Sorgerechtsprozeß 56
Stiefeltern 232ff, 240, 243ff, 250, 252
Stieffamilie 232f, 240f, 244, 246, 250
Stiefgeschwister 242, 252
Stiefkinder 241, 244
Stiefmütter 238f

Stieftöchter 241
Stiefväter 238f, 241
Strafen 130, 185, 196ff, 201
– körperliche 197
– Hausarrest 196, 201
– Privilegien beschneiden 196
Streß 23, 66, 78
Studium 118
Stundenplan 134
Sublimierung 101
Suggestivfragen 133

Tagesablauf, gewohnter 42
Talente 172ff, 212f
Telefon, Umgang mit 180
Therapeut s. Psychotherapeut
Therapie 18, 224f
Trauer s. Kummer
Trauma 66
Treffpunkte 125
Trennung, befristete 32
Trennungsangst 20, 67

Überbedürftigkeit s. Liebebedürftigkeit
Überraschungsbesuche 125
Umgangsverbot 106
Unterhaltszahlungen 58f, 262
Unternehmungen, gemeinsame 189,
    210f

Verabredungen 113, 116
– einhalten s. Versprechen halten
– verheimlichen 115
Veränderungen, körperliche 89
Veranstaltungen 138
Verantwortung 191
Verhaltensprobleme 185
Verhaltensweise, erwünschte 172, 175,
    185, 192
Verhaltensweisen, regressive 75, 92,
    98
– – Bettnässen 75
– – Daumenlutschen 75
– – Wutanfälle 75
Verleugnung 101
Vermittler 43, 45ff, 50

Vermittlung 45ff
Versöhnung, Wunsch nach 79
Versorgung, gemeinsame 52f
Versprechen halten 128
Verständnis s. Einfühlungsvermögen
Vertrauen 244
Vertraute, Kinder als 113, 235
Verwandte 36ff, 207, 210, 215
– des früheren Partners 36, 147, 206f
– des neuen Partners 233, 242
Verweigerung 36
Videofilme 138
Vorsichtsmaßnahmen 180

Weiterbildung 111
Wertvorstellungen 156f, 190f, 260
Wiederverheiratung 232ff, 242f, 250
Wunschdenken 79, 84, 110, 113
Wut 24, 26, 69ff, 82, 109, 165ff, 197, 222
– abreagieren 71, 165

Zeichnen und Malen 168
Zuhören, aktives 162f, 174, 179
Zurückbringen der Kinder 123f
Zurückweisung, Furcht vor 110
– Gefühl von 23, 25f, 222
Zweitehe 241f, 245

Notizen

Gesunde Seiten...

...für Groß

R. Rothenberg
Medizin für jedermann
1.254 S., 216 Abb., 20 Tab.
kart. DM 39,–
ISBN 3-89373-288-8
geb. DM 54,– /
SFr 50,50 / ÖS 394,–
ISBN 3-89373-309-4

...und Klein

M. Hertl / R. Hertl
Das kranke Kind
370 S., 80 Abb.
DM 39,80
ISBN 3-89373-361-2

TRIAS